Familie und Familienwissenschaft

Herausgegeben von
S.-H. Filipp, Trier, Deutschland
I. Gerlach, Bochum, Deutschland
S. Keil, Marburg, Deutschland
N. Ott, Bochum, Deutschland
K. Scheiwe, Hildesheim, Deutschland

Irene Gerlach • Helmut Schneider (Hrsg.)

Betriebliche Familienpolitik

Kontexte, Messungen und Effekte

Springer VS

Herausgeber
Irene Gerlach
Bochum, Deutschland

Helmut Schneider
Berlin, Deutschland

ISBN 978-3-531-17740-3
DOI 10.1007/978-3-531-93330-6

ISBN 978-3-531-93330-6 (eBook)

Die Deutsche Nationalbibliothek verzeichnet diese Publikation in der Deutschen Nationalbibliografie; detaillierte bibliografische Daten sind im Internet über http://dnb.d-nb.de abrufbar.

Springer VS

Gedruckt auf säurefreiem und chlorfrei gebleichtem Papier

Springer VS ist eine Marke von Springer DE. Springer DE ist Teil der Fachverlagsgruppe Springer Science+Business Media
www.springer-vs.de

Inhalt

Geleitwort der Bundesministerin für Familie, Senioren, Frauen und Jugend

Dr. Kristina Schröder

Eine familienfreundliche Gesellschaft gibt Menschen die Unterstützung, die sie brauchen, um ihrer Verantwortung für ihre Familie gerecht zu werden. Dazu gehört zum einen eine Politik, die neben finanzieller Unterstützung und einer guten Infrastruktur auch Zeit für Verantwortung ermöglicht. Dazu gehört zum anderen auch eine Arbeitswelt, deren Kultur geprägt ist vom Respekt vor dem Familienleben der Mitarbeiterinnen und Mitarbeiter.

Nicht nur die Familienpolitik, sondern auch die Arbeitgeber selbst können viel zur Vereinbarkeit von Beruf und Familie beitragen. Familienbewusste Arbeitszeiten oder Teilzeitangebote auch für Führungskräfte sind beispielsweise eine große Hilfe im Familienalltag. In Zeiten des demografischen Wandelns werden solche Themen auch aus personalpolitischen Gründen immer wichtiger. Unternehmen entdecken familienfreundliche Arbeitsbedingungen angesichts des drohenden Fachkräftemangels zunehmend als strategischen Vorteil im Wettbewerb um qualifizierte Mitarbeiterinnen und Mitarbeiter. Mit dem Unternehmensprogramm „Erfolgsfaktor Familie“ will das Bundesfamilienministerium deshalb dazu beitragen, Familienfreundlichkeit zu einem Markenzeichen der deutschen Wirtschaft zu machen.

Die Bundesregierung hat darüber hinaus wichtige Maßnahmen auf den Weg gebracht, um Frauen und Männer in Deutschland bei der Vereinbarkeit von Familie und Beruf zu unterstützen. Leistungen wie das mittlerweile auch bei den Vätern etablierte Elterngeld und der voranschreitende Ausbau der Kindertagesbetreuung unterstützen junge Eltern bei der Vereinbarkeit von Berufstätigkeit und Kindererziehung. Mit Blick auf unsere alternde Gesellschaft kommt es außerdem zukünftig verstärkt darauf an, dass berufstätige Menschen für ihre Angehörigen da sein können. Die Einführung der Familienpflegezeit ab 1. Januar 2012 leistet dazu einen wichtigen Beitrag. Sie gibt Menschen Zeit für Verantwortung im Pflegefall – ohne dafür ihre Erwerbstätigkeit aufgeben zu müssen. Damit ist es der Bundesregierung gelungen, ein modernes, bedarfsgerechtes Modell zu entwickeln, von dem alle profitieren: Pflegebedürftige, pflegende Beschäftigte und Unternehmen.

Politik braucht für die Entwicklung solcher neuen Wege immer auch wissenschaftliche Beratung. Wissenschaftliche Expertise kann der Politik helfen, ihre Instrumente effektiver und effizienter auszugestalten. Das Forschungszentrum Familienbewusste Personalpolitik hat sich dabei in den vergangenen Jahren als das Kompetenzzentrum für betriebliche Familienpolitik etabliert. Der vorliegende Sammelband spiegelt die geleistete Arbeit wider und bildet für Politik, Wirtschaft und Wissenschaft eine wichtige Arbeitsgrundlage.

Mit freundlichen Grüßen

Dr. Kristina Schröder

Vorwort

Irene Gerlach und Helmut Schneider

Die Vereinbarkeit von Beruf und Familie hat sich in den vergangenen Jahrzehnten von einem randständigen Thema in der betrieblichen Praxis und Forschung zu einem zentralen Wettbewerbsfaktor von Unternehmen in einem interdisziplinären wissenschaftlichen Diskurs entwickelt. Während zu Beginn primär Strategien der Vereinbarkeit von Beruf und Kinderbetreuung mit besonderem Fokus auf der Leistungskomponente im Fokus standen, hat sich das Themengebiet über die Einbeziehung der betrieblichen Dialog- und Kulturkomponente sowie hinsichtlich der Berücksichtigung unterschiedlicher Anspruchsgruppen und Betreuungsarten (Bsp.: Alleinerziehende bzw. Pflege) kontinuierlich ausdifferenziert. Obgleich dies auf eine gestiegene gesellschaftspolitische wie betriebliche Relevanz des Themas hinweist, fehlte es lange an empirisch fundierten Analysen zum Familienbewusstsein deutscher Unternehmen. Seit der Gründung des Forschungszentrums Familienbewusste Personalpolitik im Jahr 2005 wurde mit der Konzeptualisierung des Konstruktes Familienbewusstsein sowie der empirischen Durchdringung des Themenfeldes entscheidend zur systematischen Erschließung des Themengebietes Beruf und Familie beigetragen. Anhand der Untersuchung betriebswirtschaftlicher Effekte einer familienbewussten Personalpolitik konnte zudem aufgezeigt werden, dass es sich für Unternehmen lohnt, in eine familienbewusste Personalpolitik zu investieren, in dem die Kosten einer besseren Vereinbarkeit von Beruf und Familie den potenziellen Erträgen gegenübergestellt wurden.

Der ökonomische Wirkungsnachweis familienbewusster Personalpolitik hat hierbei maßgeblich zur Verankerung und Diffusion des Themengebietes im öffentlichen Bewusstsein beigetragen. Familienbewusste Personalpolitik ist angesichts geringer Reproduktionsraten einerseits und Arbeitsmarktengpässen im Bereich Hochqualifizierter andererseits ein Zukunftsthema. Umso wichtiger erscheint es in diesem Kontext, die Genese eines gesellschaftspolitisch relevanten Themas anhand empirischer Forschung kontinuierlich zu begleiten. Durch die vorliegenden Beiträge möchten wir aus unterschiedlichen Blickwinkeln einen Anstoß für die wissenschaftliche und praktische Weiterentwicklung des Themenfeldes leisten.

Dieser Sammelband wendet sich an alle Praktiker und Praktikerinnen, die sich detailliert über die unterschiedlichen Rahmenbedingungen und Facetten der Vereinbarkeit von Beruf und Familie informieren wollen, aber auch an Wissenschaftlerinnen und Wissenschaftler der unterschiedlichen Fachbereiche, die zur systematischen Schließung bestehender Forschungslücken beitragen. Die Herausgeber danken in diesem Kontext allen, die durch ihre finanzielle Unterstützung die wissenschaftliche Arbeit an dem Thema gefördert haben: der berufundfamilie gGmbH, der Gemeinnützigen Hertie Stiftung, dem Bundesministerium für Familie, Senioren, Frauen und Jugend, der DZ BANK AG sowie den beiden Fachstellen für Gleichstellung von

Frauen und Männern der Kantone Basel-Stadt und Zürich. Wir danken darüber hinaus den zahlreichen Unternehmensvertretern für die Zeit, die sie im Rahmen der empirischen Studien aufgebracht haben, sowie für die sehr hilfreichen Anregungen und Verbesserungsvorschläge. Ohne die von ihnen und weiteren Experten damit gezeigte Kooperationsbereitschaft wäre die aus unserer Sicht zentrale Verknüpfung von Theorie und Praxis im Themenfeld Beruf und Familie nicht möglich gewesen.

I. Einführung

Unternehmen als familienpolitische Akteure – eine auch historische Einordnung

Irene Gerlach

Einleitung

Familienpolitik wird zu allererst einmal mit dem Staat assoziiert. Zu ihren mittlerweile klassischen Beschreibungscharakteristika gehört jedoch einerseits, dass sie eine Querschnittspolitik ist, andererseits damit verbunden auch immer eine Multiakteurspolitik. Unternehmen waren und sind dabei in der Familienpolitik wichtige Akteure. Zum einen gab es familienwirksame Traditionen im Rahmen eines „paternalistischen" Unternehmertums, die durch die Zurverfügungstellung von Betriebswohnungen, Sportstätten und Freizeitangeboten die Situation von Familien beeinflussten. Mit den strukturellen Änderungen der Wirtschaft, die sich im Laufe der späten 70er und frühen 80er Jahre des 20. Jahrhunderts unter dem Druck von Internationalisierung und Unternehmenskonzentration ergaben, ging die Bedeutung solcher Maßnahmen zurück. Die zunehmende Beteiligung der Frauen am Erwerbsleben und der für die ersten Jahrzehnte des dritten Jahrtausends abzusehende demografisch bedingte massive Fachkräftemangel schufen eine neue Motivlage für eine familienorientierte Unternehmens- und Personalpolitik. Zum einen geht es den Unternehmen zunehmend darum, Mitarbeitenden, in deren Aus- und Fortbildung u.U. kosten- und zeitintensiv investiert wurde, durch ein familienbedingtes Ausscheiden oder eine längerfristige, und damit das berufliche „Humanvermögen" entwertende, Unterbrechung nicht zu verlieren. So zeigen betriebswirtschaftliche Untersuchungen auch, dass die Berücksichtigung von Mitarbeitendeninteressen nicht nur deren Motivation, sondern auch die Effizienz des Mitteleinsatzes steigert (Schneider u.a. 2008, Dilger u.a. 2007, Gerlach u.a. 2006, Juncke 2005). Die „Unternehmensmonitore Familienfreundlichkeit" des Instituts der Deutschen Wirtschaft haben im Vergleich der Jahre 2003, 2006 und 2009 eine erhebliche Zunahme der Bedeutung sowie auch der Verbreitung familienorientierter Politik in deutschen Unternehmen nachgewiesen (für 2009 angesichts der Krise zumindest eine Stabilisierung auf dem hohen Niveau von 2006) und zugleich verdeutlicht, wie wichtig entsprechende Maßnahmen aus der Sicht von Arbeitnehmern und Arbeitnehmerinnen sind (BMFSFJ 2010). Ein weiterer – die Entwicklung einer familienorientierten Unternehmenskultur begünstigender – Aspekt dürfte die zunehmende Verknüpfung von betrieblicher Gleichstellungspolitik und Familienorientierung sein, die sich aus der Erkenntnis entwickelt hat, dass eine wirkungsvolle Gleichstellungspolitik nur realisiert werden kann, wenn den Folgen geschlechtsbedingter Arbeitsbelastung durch Erwerbs- und Familienarbeit bzw. der Inkompatibilität doppelter Lebensentwürfe – und das bedeutet in der Regel bis heute der Mehrbelastung von Frauen – Rechnung getragen wird.

Im Blick zurück lassen sich einerseits die Motive zeigen, die Unternehmer schon im 19. Jahrhundert bewegten, sich mit betrieblichen sozialpolitischen Maßnahmen zu engagieren, andererseits aber auch, welche Wechselwirkungen zwischen der Entstehung und Entwicklung von Sozialstaatlichkeit und betrieblicher Sozialpolitik bestehen. Die Familienorientierung war – zwar nicht expressis verbis, aber dennoch als wichtiges Aktionsfeld – von Anfang an Teil der betrieblichen Sozialpolitik.

1 Betriebliche Sozialpolitik und frühes soziales Unternehmertum

Als nach dem Fall des „Eisernen Vorhangs“ zu Beginn der 1990er Jahre die ehemaligen Ostblockgesellschaften einen beschleunigten Aufbruch in den Kapitalismus in z. T. „reiner“ Form probten, setzte v. a. in Europa eine Diskussion über das Verhältnis von Staat und Wirtschaft ein, insbesondere zu der Frage, ob die Steuerungsfähigkeit des Staates angesichts der Ausuferung eines allseitigen und globalen Kapitalismus' überhaupt noch möglich sei (s. z. B. Agnoli 1990; Böhret/Wewer 1993; Club von Florenz 1996; Greven 1998; Guéhenno 1994; Meyer 1994; Voigt 1993; Wehner 1992). Auch das Konzept des „Dritten Weges“, von Anthony Giddens entwickelt und von den Regierungschefs Großbritanniens, Frankreichs und Deutschlands während der 90er Jahre des 20. Jahrhunderts in der „Neuen Sozialdemokratie“ umgesetzt, war Indiz für die Suche nach einer Neugewichtung politischer Steuerung und Nutzung von Anreiz- bzw. Marktprinzipien nicht zuletzt in der Sozialpolitik. Marion Gräfin Dönhoff rief 1997 dazu auf, den Kapitalismus zu zähmen und erntete dafür die Replik des ehemaligen Bundeskanzlers Helmut Schmidt: „Tatsächlich hat in Deutschland immer eine Art ‚moralischer Kapitalismus' existiert. Dieser erstaunlich anmutende Begriff trifft z. B. auf jene Kapitalisten zu, welche die Erträge ihres Kapitals unwiderruflich ganz oder teilweise dem öffentlichen Wohl zugeordnet haben“ (Schmidt 2003, hier nach: Engelhardt 2005: 454).

In der Tat, blickt man auf die Praxis und die Ideengeschichte des Sozialstaates zurück, so finden sich unter den frühen Akteuren Unternehmen nicht nur in Einzelfällen. Bis in die frühindustrielle Zeit lassen sich Beispiele solcher unternehmerischen Sozialpolitik bzw. einer solchen für Teilgruppen der Belegschaft zurückverfolgen. Im älteren Schrifttum der Nationalökonomie firmieren entsprechende Beispiele unter dem Oberbegriff „betriebliches Wohlfahrtswesen“ bzw. „Fabrikwohlfahrtspflege“ oder „Industriewohlfahrtsarbeit“ (z.B. Mombert 1903: 519 ff.). Wenngleich ein Teil dieser besonderen Wohlfahrtspflege patriarchalisch-humanitär oder philanthropisch motiviert war (Hilger 1996: 37), gesellten sich bald betriebsspezifische Intentionen hinzu, die im Kern auf die Sicherung der Wettbewerbsfähigkeit und des Unternehmenserfolges durch eine motivierte Belegschaft zielten (ebenda: 37). Nicht nur in Einzelfällen hatte sich die Erkenntnis durchgesetzt, dass „teurere, ein höheres materielles und intellektuell-sittliches Bedürfnis kennende Arbeiter (...) privatwirtschaftlich vorteilhafter“ seien, „als armselige wohlfeile Löhner“ (Schäffle 1958: 493, hier nach Hilger 1996: 37/38). Diese frühe betriebliche Sozialpolitik fand ihre organisatorische Institutionalisierung u. a. in der „Concordia“, 1879 von 80 Unternehmern mit dem Ziel gegründet, „die geistig-sittliche Hebung des Arbeiters durch Fortbildungsschulen, Bildungsvereine, Beschaffung guter und billiger Lektüre und Einrichten von Lesezimmern [zu heben], wie für die Verbesserung seiner materiellen Lage durch Vermittlung guter und billiger Wohnungen, Errichtung von ‚Consumvereinen' und Fabrikmenagen, Gründung von Invaliden-, Witwen- und Waisenkassen“ zu sorgen (Gorges 1989: 31, hier nach Nieberding 2003: 129, Fßn. 91).

Als wissenschaftlicher Terminus setzt sich der Begriff der betrieblichen Sozialpolitik um die Jahrhundertwende vom 19. auf das 20. Jahrhundert in der Nationalökonomie und der Betriebssoziologie durch. Schon zu diesem Zeitpunkt wird sie nicht nur als „Pionierleistung“ bei der Entwicklung des deutschen Sozialstaates eingeordnet, sondern auch als Komplement der staatlichen Sozialpolitik begriffen (Geck 1935; Fischer 1978).

Während die frühe Form der patriarchalischen Betriebsführung nicht zuletzt auch von dem Ziel geleitet war, die Arbeitenden auf bestimmte sittliche, religiöse oder rechtliche Normen hin zu verpflichten und damit sowohl ihren „Arbeits- als auch Lebenskreis“ (letzterer war die Familie) einband und der Unternehmer sich in der Rolle des „Hausvaters“ im Gegenzug auch zur Fürsorge gegenüber seinen Beschäftigten verpflichtet sah (Hilger 1996: 40), trat im Verlauf der Industrialisierung ein neues Motiv für betriebliche Sozialpolitik hinzu. „Sie sollte in erster Linie der Anwerbung qualifizierter Arbeitskräfte und der Verringerung der Fluktuation dienen“ (ebenda: 42).

Betriebliche Sozialpolitik sah sich verstärkt im frühen 20. Jahrhundert wachsender Kritik insbesondere von gewerkschaftlicher Seite ausgesetzt. Sie mache die Mitarbeitenden und teilweise auch ihre Familien abhängig, verhindere die soziale Auseinandersetzung, schränke die Arbeitenden in ihrer Selbstbestimmung ein, so die Verwürfe in einem stark ideologisierten Diskurs (Hilger 1996: 44/45). „Diese [die Arbeiter, I.G.] sollten ihre ganze Person auf das Unternehmen ausrichten und betriebstreu, verlässlich, leistungsfreudig, ökonomisch denkend und gegen politische Agitation immun werden. Wer sich diesen Anforderungen an Mentalität und Verhalten unterwarf, erlangte ein hohes Maß an sozialer Sicherheit. Doch er bezahlte es damit, daß er über das Arbeitsverhältnis hinaus weite Lebensbereiche dem Zugriff des Unternehmens preisgab“ (Schulz 1991: 196 ff., hier nach Hilger 1996: 45).

Als Thema der Betriebswirtschaft wurde die betriebliche Sozialpolitik erst seit den 1950er Jahren des 20. Jahrhunderts vereinzelt Inhalt von Studien. Vergleichsweise vehement wurde hier die Auffassung vertreten, dass eine rein ethisch motivierte betriebliche Sozialpolitik verfehlt sei, dass ihr vorrangiges Ziel die „Erhaltung der Unternehmung“ sei und ihr Nutzen in der „Verhinderung oder Milderung staatlicher Eingriffe in die Unternehmenssphäre, Schaffung und Erhaltung von Stammpersonal und Unternehmenstradition, Pflege von Arbeitsfreude und Arbeitsmotiv beim Arbeitnehmer und Gewährleistung des Arbeitsfriedens“ läge (Baumgartner 1950: 8; nach ebenda 46). In einer Reihe von Arbeiten wird die Frage nach der direkten Zurechenbarkeit betrieblicher Sozialpolitik und ihrer Wirkungen im Rahmen der betrieblichen Kostenrechnung diskutiert. Dabei wurde bilanziert, dass es zum Problem werden könne, dass einem kostenmäßig erfassbaren Aufwand ein nicht eindeutig zurechenbarer, langfristiger Ertrag ge-

genüberstehe (Behler 1955: 154). Folge dieser Diskussion war u. a., dass zwischen direkten ökonomischen Motiven, die in unmittelbarem Zusammenhang mit Gewinnerzielungsabsichten stehen, und indirekten, die mittelbar auf eine Leistungserhöhung zielen, unterschieden wurde (Hax 1955: 77/78).

Zu den Maßnahmen betrieblicher Sozialpolitik gehörten teilweise schon vor dem Ersten Weltkrieg Kranken-, Unterstützungs- und Pensionskassen, Kuren oder Kurbeihilfen für Werksangehörige oder deren Kinder, Maßnahmen zum vergünstigten Warenbezug und Werkswohnungsbau, Unterstützung beim Eigenheimbau und bei der sonstigen Vermögensbildung (z. B. durch Betriebssparkassen oder Aktienvereine) sowie Jubiläumsaktionen und Freizeitvereine sowie Bildungs- und Unterhaltsangebote (vgl. genaue Darstellung bei Hilger 1996: 108 ff.).

Seit dem ausgehenden 19. Jahrhundert zielte die „Werkfürsorge" nicht nur auf die Mitarbeitenden, sondern auch auf deren Familien, da eine intakte Familie als Garantin einer soliden Lebensweise und als Stabilisationsfaktor und damit Basis von Leistungserbringung eingeordnet wurde. Mit dem verstärkten Eintritt der Frauen in die Erwerbsarbeit im Verlaufe des Ersten Weltkrieges traten diese als spezielle Zielgruppe für die Werkfürsorge hinzu. Neben erzieherischen, pflegerischen und gesundheitlichen Unterstützungen, vermittelte die Werksfürsorge auch finanzielle oder materielle Unterstützungen, half im Umgang mit Behörden, versuchte bei Konflikten in der Familie oder am Arbeitsplatz zu unterstützen. Die Zahl der Werkspflegerinnen, Jugendleiterinnen, Kinderfürsorgerinnen und Fabrikpflegerinnen nahm in den Folgejahren merklich zu (Hilger 1996: 222). Im Rahmen der betrieblichen Kinder- und Jugendfürsorge wurde z. B. das Schulgeld für Kinder bedürftiger Mitarbeitender übernommen. Gegen Ende des 19. Jahrhunderts traten „Kinderbewahranstalten, Kleinkinderschulen oder Haushalts- und Handarbeitsunterricht" als Teile der unternehmerischen Familienpflege hinzu, in unmittelbarer Werksnähe oder den Betriebskolonien untergebracht und oft durch Unternehmensstiftungen finanziert (ebenda: 230). Arbeiterinnen und Ehefrauen waren Adressantinnen der Wöchnerinnen- und Säuglingsfürsorge, in deren Zusammenhang nicht nur entsprechende Unterweisungen stattfanden, sondern auch Hauspflegerinnen vermittelt wurden, die den Frauen kurz vor und nach der Geburt im Haushalt und in der Kinderpflege halfen.

Mit der weiteren Entwicklung des Sozialstaates wurde ein Teil dieser Maßnahmen der Familienfürsorge später wieder gestrichen, z.B. als mit der Verabschiedung des Reichsjugendwohlfahrtsgesetzes 1924 kommunale Familienpflegerinnen institutionalisiert wurden.

Im Rahmen der Herausbildung des deutschen Sozialstaates waren Unternehmen nicht nur i. S. einer auf die Bedürfnisse ihres eigenen Betriebes ausgerichteten Sozialpolitik aktiv, sondern auch als kollektive bzw. interessenverbandliche Akteure. Beispielweise gab es insbesondere ein breites katholisches Aktionsfeld, in dem sich nicht nur die „Katholische Arbeitnehmer-Bewegung" (KAB), das „Kolpingwerk", der „Caritasverband" und die „Katholiken in Wirtschaft und Verwaltung" (KKV) bewegten, sondern auch der „Bund katholischer Unternehmer" (BKU). Sie alle beteiligten sich an den Auseinandersetzungen um die entstehende Sozialpolitik im 19. Jahrhundert.

Nicht zuletzt waren Unternehmen je nach Wohlfahrtsstaatregime auch wesentliche Finanziers der Sozial- und Familienpolitik. In Frankreich finanzierten sie die Caisses Familiales zu zwei Dritteln, in der Schweiz bringen sie bis heute die Mittel für die Kinderzulagen (Kindergeld) für abhängig Beschäftigte auf und in Deutschland wurde bis zu deren Abschaffung im Jahr 1964 das Kindergeld zunächst vollständig, später für einen Teil der Kinder aus von den Arbeitgebern finanzierten Familienausgleichskassen bezahlt.

Welche quantitative Bedeutung betriebliche Sozialpolitik im frühen Sozialstaat einnahm, lässt sich schwer abschätzen, da es zwar eine Reihe exemplarischer Studien[1] gibt, die die Bandbreite von Maßnahmen aufzeigen, aber keine Untersuchungen, die einen Gesamtüberblick ermöglichen.

In jedem Fall kann aber davon ausgegangen werden, dass die betriebliche Sozialpolitik in mancherlei Weise Vorreiterfunktionen für die Entwicklung des Sozialstaates übernommen hat. Daneben gibt es deutliche Hinweise darauf, dass sie sich dort zurückzog, wo der Sozialstaat die Aufgaben übernommen hatte, wie am Beispiel der Einführung kommunaler Familienpflegerinnen durch das Reichsjugendwohlfahrtsgesetz 1924 veranschaulicht werden kann.

2 Arbeitgeber und Arbeitnehmervertretung in der betrieblichen Familienpolitik

Fasst man die betrieblichen Aktivitäten in der Sozial- und Familienpolitik für die ersten annähernd 100 Jahre deutscher Sozialstaatlichkeit zusammen, so fällt auf, dass sich schon recht früh zu den paternalistisch-erzieherischen Motiven der Unternehmer solche hinzugesellten, die einen unmittelbaren Bezug zur betrieblichen Leistungs- bzw. Wettbewerbsfähigkeit aufwiesen.

Wie der entstehende Sozialstaat selbst, so war auch die betriebliche Sozialpolitik von dem Ziel geleitetet, soziale Konflikte zu entschärfen und damit die „Anfälligkeit" der Belegschaften für Ideologien zu schwächen. Dies brachte ihr v. a. von Seiten der Gewerkschaften und linken Parteien z. T. massive Kritik ein. Diese kritisch-abweisende Haltung der Gewerkschaften hielt sich z. T. bis in die späten 80er Jahre des 20. Jahrhunderts als sie mit der Bekämpfung von Computerheimarbeitsplätzen, die heute als Home-Offices ein wichtiges Instrument betrieblicher Familienpolitik geworden sind, einen letzten Höhepunkt erreichte (z. B. Bahl-Benker 1983).

Untersuchungen des Forschungszentrums Familienbewusste Personalpolitik deuten im Rückblick auf eine eher untergeordnete Rolle der Betriebsräte im Kontext einer familienbewussten Personalpolitik hin. So zeigen Untersuchungen auditierter Unternehmen und Non-Profit Organisationen, dass die Einführung familienbewusster Personalmaßnahmen mehrheitlich ‚top-down' erfolgte: In rund 72 % der befragten Unternehmen und 52 % der Organisationen initiierte sie die Leitungsebene, Personalvertretungen traten nur in rund 3 % als Initiatoren auf (Gerlach u.a. 2007: 17/18).[2]

Heute hat sich allerdings auch für die Gewerkschaften mit der Orientierung auf Frauen- und Familienpolitik ein neues Handlungsfeld ergeben. Mit einer vom DGB-Bundesvorstand finanzierten Vergleichsstudie zu Elementen der Gleichstellung in Tarifverträgen und Betriebs-

[1] Hier sei ausdrücklich auf die umfassende Studie über die betriebliche Sozialpolitik in der rheinisch-westfälischen Eisen- und Stahlindustrie von Susanne Hilger verwiesen (1996) ebenso auf diejenigen zum Siemenskonzern (Homburg 1991) und die Farbenfabriken, vormals Bayer Co. (Nieberding 2003)

[2] Zur Bedeutung familienbewusster Regelungen in Betriebsvereinbarungen siehe Absatz 2 des Beitrages von Juncke „Rechtliche Rahmenbedingungen betrieblicher Familienpolitik" in diesem Band.

vereinbarungen wurde dazu eine erste Datenbasis geschaffen (Weiler 1998). Dort heißt es zusammenfassend: „In den späten 80er und frühen 90er Jahren bezog sich die Mehrheit der Vereinbarungen auf der Betriebs- oder Branchenebene auf Elternurlaub, Teilzeitarbeit aus familiären Gründen und Maßnahmen hinsichtlich der Vereinbarkeit von Familie und Beruf. Der Fokus der Regelungsgegenstände, die Ziele der Vereinbarungen und die Formulierungen haben sich verändert. Beispielsweise betonen einige neuere Vereinbarungen Erziehungsarbeit prinzipiell als Aufgabe von Müttern wie auch von Vätern“ (ebenda: 28). Die Vereinigte Dienstleistungsgewerkschaft ver.di hat z. B. im Februar 2002 eine Kampagne gestartet, um Erwerbsleben, Familienaufgaben und private Interessen besser vereinbaren zu können. In diesem Zusammenhang wurde auch die sehr weitgehende Verpflichtung von Wirtschaft, Verbänden und Arbeitgebern gefordert, bedarfsgerechte Arbeitsbedingungen zu schaffen, was im Einzelnen die Beteiligung an den Kinderbetreuungsbeiträgen, Arbeitszeitverkürzungen und variable Arbeitszeitmodelle sowie die Gewährleistung von Betreuungsangeboten für Kinder jeden Alters durch den Staat einschließt. Der DGB hat sich heute des Themas Vereinbarkeit von Familie und Beruf mit vergleichsweise hoher Priorität angenommen und bietet dazu u. a. in seinem Projekt „Vereinbarkeit von Familie und Beruf gestalten“ (http://www.familie.dgb.de/index_html?-C=) Unterstützung an.

Insgesamt lässt sich zu Beginn des neuen Jahrtausends durchaus ein für Familienpolitik zunehmend sensibilisiertes Selbstverständnis der Tarifpartner nachweisen. In ihrer „Gemeinsamen Erklärung der Verbände anlässlich des Münchner Spitzengesprächs der deutschen Wirtschaft“ von März 2001 („Deutschland zukunftsfähig machen“) erklärten der Bundesverband der Deutschen Industrie, die Bundesvereinigung der Deutschen Arbeitgeberverbände, der Deutsche Industrie- und Handelskammertag sowie der Zentralverband des Deutschen Handwerks die soziale Sicherung und eine solidarische Familienpolitik zu einem von sechs Handlungsfeldern der Zukunftssicherung. Die Bundesvereinigung der Fachverbände des Deutschen Handwerks verabschiedete im November 2001 ein differenziertes Positionspapier zur Familien- und Frauenpolitik, das insbesondere den „neuen“, funktional orientierten Charakter von Familienpolitik im politischen Diskurs verdeutlicht. Damit ist der ausdrücklich genannte Bezug zwischen Familienleistungen und den entsprechenden Folgewirkungen in demografischer Hinsicht, aber auch in Bezug auf die familialen Funktionen in der Humanvermögensproduktion in einer wissensbasierten Dienstleistungsgesellschaft angesprochen, vor dessen Hintergrund in diesem Papier auch die in der deutschen Nachkriegsfamilienpolitik mittlerweile als klassisch zu bezeichnende Angst vor bevölkerungspolitischer Argumentation überwunden wird (Bundesvereinigung der Fachverbände des Deutschen Handwerks 2001: 3/4).

Für die Arbeitgeber ist das Thema betriebliche Familienpolitik in den letzten Jahren zu einem zunehmend zentralen geworden. Erstmalig Erwähnung fand die betriebliche Familienpolitik 1959 im Jahresbericht des sozialpolitischen Spitzenverbandes der Deutschen Wirtschaft (Wingen 2003: 62). Familie wurde in den ersten Jahrzehnten einer solchen betrieblichen Familienpolitik in der Bundesrepublik Deutschland als einer „der wichtigsten außerbetrieblichen sozialen Faktoren“ begriffen, „die in ihrer Gesamtheit den ‚sozialen Hintergrund‘ des Betriebes ausmachen und die innerhalb der sozialen Einflüsse für das Verhalten des einzelnen von kaum zu überschätzender Bedeutung sind“ (ebenda: 17). Maßnahmen einer in dieser Weise die möglichst optimale Entfaltung der Leistungsfähigkeit von Arbeitnehmern anstrebenden Familienpolitik konnten in familienbezogenen Einkommensbestandteilen bestehen, sie konnten in der Form von Sach- und Dienstleistungen angeboten werden (z. B. Kinderspeisungen, Babyausstattungen, Betriebshorte, Kinderverschickungen, Familienferien), sich in Hilfen für die Vermögens- und Wohneigentumsförderung äußern, betriebseigene Wohnungen oder die Berücksichtigung von Familieninteressen bei der Arbeitszeitgestaltung – etwa im Hinblick auf Schichtarbeit – umfassen (ebenda: 19/20).

Von dieser betrieblichen Familienpolitik der „frühen" Bundesrepublik, die in der Unterstützung eines möglichst optimalen Familienlebens v. a. Möglichkeiten einer Sicherung der vollen Entfaltung der Leistungsfähigkeit von (männlichen) Mitarbeitern sah, ist die gegenwärtige betriebliche Familienpolitik abzusetzen, die von anderen Motiven geleitet wird. Zwar war die mütterliche Erwerbstätigkeit schon mit Grund für ganz frühe Angebote betrieblicher Kinder- und Jugendpflege[3], diese bezog sich aber nur auf einen kleinen Anteil von Müttern, die meist aus ökonomischer Notwenigkeit erwerbstätig waren.

Ausgelöst durch die Entwicklungen der „Zweiten Moderne", durch die tatsächliche Nutzung von Gleichheits- und Teilhaberechten durch die Frauen, stieg die Frauenerwerbstätigkeit seit den 1970er Jahren stetig an. Diejenige der Mütter erhöhte sich zwischen 1972 und 2004 von ca. 40 % auf deutlich über 60 %. Damit wurde das Problem der Vereinbarkeit zu einem zentralen allgemeinen Problem privater wie öffentlicher Lebensorganisation.[4]

Für Arbeitgeber stellen sich im Zusammenhang der Vereinbarkeitsproblematik heute Handlungserfordernisse unter zwei Perspektiven: Zum einen können aus Maßnahmen einer familienbewussten Betriebs- und Personalpolitik, die zur Verwirklichung einer „work-life-balance" beitragen, positive betriebswirtschaftliche Effekte resultieren. Diese betreffen unmittelbar Mitarbeiterbindung und -rekrutierung und wirken sich beispielsweise mittelbar auf eine erhöhte Arbeitszufriedenheit und höhere Produktivität aus (Juncke 2005: 26).[5]

Mit den demografisch bedingten Änderungen des Erwerbspersonenpotenzials im kommenden Jahrzehnt kommt aber noch ein zweiter, wesentlicher Gesichtspunkt hinzu: „Nach dem Jahr 2010 wird aufgrund der Bevölkerungsentwicklung das Angebot an Arbeitskräften deutlich zurückgehen. Auch recht hohe Frauenerwerbsquoten und Zuwanderungen können diesen Trend nicht aufhalten" (Statistisches Bundesamt 2009; Thon/Fuchs 2002: 36). Das Statistische Bundesamt geht in seinen Bevölkerungsvorausberechnungen – je nach Altersgruppe – von einem Minus von bis zu einem knappen Drittel an Erwerbspersonen aus.

Mit Blick auf die demografische Situation stellen Frauen also eine unverzichtbare „stille Reserve" des Arbeitskräftepotenzials dar. Frauen als Mitarbeiterinnen auch während der Kin-

---

[3] So zielten die Bestimmungen der Kleinkindschule des „Gutehoffnungshütte Aktienvereins" von 1898 vor allem auf die „sich selbst überlassenen 3-6jährige(n) Kinder unserer Werksangehörigen", die zwischen 8.00 und 11.30 sowie 14.00 und 16.00 gegen ein einkommensabhängiges Entgelt die Einrichtung besuchen konnten (zit. nach Hilger 1996: 230).

[4] Neben dieser auf die Biografieentwürfe der Menschen bezogenen Änderung, kann aber auch auf ein geändertes Selbstverständnis vieler Unternehmen hingewiesen werden, dass in Konzepten wie Corporate Citizenship und Corporate Social Responsibility zum Ausdruck kommt (dazu z. B. Beschorner 2010).

[5] Die betriebswirtschaftlichen Effekte familienbewusster Personalpolitik sind ein Schwerpunktthema des vorliegenden Bandes.

dererziehung im Betrieb zu halten, ist darüber hinaus aber v. a. für Unternehmen und Branchen von großer Bedeutung, die in die Ausbildung der Belegschaft und deren „Humanvermögensbildung" erheblich investieren. Dies gilt zum Beispiel für den Bankensektor, der darum auch zu den ersten Bereichen gehörte, der in die Entwicklung einer familienbewussten Betriebspolitik investierte (David 2000).

Eine familienbewusste Personalpolitik „umfasst alle freiwilligen Regelungen im Unternehmen, die formell oder informell getroffen werden, um die Kombination der Lebensbereiche Beruf und Familie zu ermöglichen oder zu fördern" (Juncke 2005: 8). In diesem Kontext liegt keine Beschränkung einzig auf die regelmäßige und außergewöhnliche Kinderbetreuung vor, vielmehr ist – eingedenk der Alterung unserer Gesellschaft – ergänzend auch die Angehörigenpflege ein Teilelement der Vereinbarkeitsfrage.

Das Institut der deutschen Wirtschaft untersuchte im Rahmen empirischer Erhebungen für das Bundesfamilienministerium bisher drei Mal (2003, 2006 und 2009) im Unternehmensmonitor Familienfreundlichkeit, welche Maßnahmen in welchem Ausmaß praktiziert werden. Dabei konnte gezeigt werden, dass die Anzahl angebotener familienbewusster Personalmaßnahmen im Vergleich der Jahre angestiegen ist, was als Indiz dafür dienen kann, dass Unternehmen in Deutschland zunehmend familienfreundlich aufgestellt sind. Auch der Einschätzung, dass Familienfreundlichkeit für die Beschäftigten wichtig sei, wird im Zeitablauf seitens der befragten Geschäftsführer/Personalverantwortlichen zunehmend zugestimmt: Im Jahr 2003 meinten dies rund 55 %, im Jahr 2006 schon rund 82 % (BMFSFJ 2006a: 10). Ausmaß und Charakter des Familienbewusstseins deutscher Unternehmen wurden 2007 erstmalig vom Forschungszentrum Familienbewusste Personalpolitik erhoben.[6] Zentrale Bedeutung im Zusammenhang der Maßnahmen einer familienbewussten Personalpolitik haben solche zu einem für die Mitarbeitenden möglichst souveränen Zeitmanagement. Die Nutzung der Möglichkeiten flexibler Arbeitszeit und -ortsmodelle, von Arbeitszeitkonten, paralleler Familien- und Qualifizierungsphasen kommt dabei nicht nur Mitarbeitenden mit Familie und dem Betrieb in der Form positiver betriebswirtschaftlicher Effekte zugute, sondern sie bietet gleichzeitig die Chance von Synergien zwischen Beschäftigten- und Unternehmensinteresse: In konjunkturell schwachen Zeiten kann es für den Betrieb sinnvoll sein, die Produktion zurückzufahren, ohne Personal entlassen zu müssen. Flexible Arbeitszeiten sind per se jedoch keine Garanten für positive Wirkungen. Unterschiedliche Untersuchungen haben gezeigt, dass mit rein unternehmensorientierten Arbeitszeitflexibilisierungen – also Flexibilisierungen, die ausschließlich auf eine Steigerung der ökonomischen Effizienz ausgerichtet sind – verschiedene Risiken für die Arbeitnehmer einhergehen. Diese reichen von einer Störung des Gleichgewichts zwischen Beruf und Familie bis zu gesundheitlichen Beeinträchtigungen. Eine Arbeitszeitgestaltung, welche dagegen eine unternehmensorientierte Flexibilisierung mit einer mitarbeiterorientierten Individualisierung verbindet, ermöglicht es im Rahmen einer ‚win-win-Situation', betriebliche Ziele und eine bessere Vereinbarkeit zu erzielen (Knauth 2007: 156).

---

[6] Die Ergebnisse der Untersuchung zum Familienbewusstsein deutscher Unternehmen werden in dem Beitrag von Gerlach/Schneider/Wieners/Juncke/Heinze „Status quo des betrieblichen Familienbewusstseins deutscher Unternehmen – Ergebnisse einer empirischen Erhebung" thematisiert.

Die betriebliche Familienpolitik kann auf eine rasante Themenkarriere verweisen. Auf Grundlage einer Auswertung des IAB-Betriebspanels von 2002 zeigte sich noch, dass hochgerechnet auf alle Betriebe in Deutschland nur 2 % von ihnen auf Basis von Tarifverträgen – bzw. 2,5 % bei betrieblichen Vereinbarungen – Vereinbarungen geschlossen hatten, um die Chancengleichheit zu fördern (Möller/Allmendinger 2003: 3).

Die Zunahme des Interesses der Arbeitgeber an familienbewusster Personalpolitik im Allgemeinen lässt sich über zwei betriebswirtschaftlich relevante Perspektiven begründen. Einerseits werden Arbeitgeber insbesondere im Zusammenhang mit dem demografischen Wandel zunehmend mit Arbeitskräfteknappheit, vor allem im Bereich hoch Qualifizierter, konfrontiert. Andererseits unterstützen immer mehr wissenschaftliche Untersuchungen die ursprünglich theoretisch begründete Vermutung, dass eine familienbewusst ausgerichtete Personalpolitik positive betriebswirtschaftliche Effekte mit sich bringt und somit weit mehr als eine ‚Nettigkeit' den Beschäftigten gegenüber darstellt. Mit einer familienbewussten Personalpolitik werden aus Sicht der Arbeitgeber sowohl in gewinnorientierten Unternehmen als auch im Non-Profit-Bereich unterschiedliche betriebswirtschaftliche Ziele verfolgt, die einerseits auf vorhandene, andererseits auf potenzielle Mitarbeitende ausgerichtet sind. Die Arbeitszufriedenheit der aktuellen Mitarbeitenden soll erhöht und die Bindung zum Betrieb verstärkt werden. Aus einer hohen Mitarbeiterzufriedenheit können positive Effekte im Hinblick auf Motivation und Fehlzeiten abgeleitet werden; eine starke Mitarbeiterbindung trägt zu Wissenserhalt und -aufbau sowie zur Senkung von Such- und Einarbeitungskosten, die beispielsweise durch lange Elternzeitdauern verursacht werden, bei. Alle positiven Effekte münden schließlich in eine erhöhte Mitarbeitendenproduktivität. Im Rahmen der Gewinnung potenzieller Mitarbeitender verschafft eine familienbewusste Personalpolitik Zugang zu Bewerbern, die aufgrund ihrer Familienpflichten dem Arbeitsmarkt sonst nicht zur Verfügung gestanden hätten. Eine vereinfachte Personalrekrutierung und eine erhöhte Bewerberqualität sind positive Folgen eines familienbewussten Images.

Im Auftrag des Bundesfamilienministeriums untersuchte die Prognos AG erstmalig im Jahr 2003 die betriebswirtschaftlichen Effekte familienbewusster Maßnahmen anhand von zehn „Modellbetrieben“ und geschätzter Kosten für Ersatzpersonal und Wiedereingliederung bei Erwerbsunterbrechung (Prognos 2003). Betriebswirtschaftliche Erfolge einer familienbewussten Personalpolitik konnten ebenfalls in ersten empirischen Untersuchungen vom Forschungszentrum Familienbewusste Personalpolitik nachgewiesen werden. Mit Hilfe standardisierter Fragebögen wurden sowohl gewinnorientierte Unternehmen als auch Non-Profit Organisationen untersucht. Die Ergebnisse zeigen, dass in beiden Institutionsarten familienbewusste Personalpolitik signifikante positive Beiträge zur Senkung der Fluktuation, zur schnelleren Rückkehr aus der Elternzeit und zur Erhöhung der Zeitsouveränität der Mitarbeitenden liefert. Insbesondere in Unternehmen begünstigt sie die Reduzierung des Krankenstandes, die Beschleunigung der Reintegration von Elternzeiturlaubern in Arbeitsprozesse sowie die Vereinfachung der Personalrekrutierung. Im Speziellen im Non-Profit-Bereich trägt eine familienbewusste Personalpolitik zur Stärkung des Images bei (Gerlach u.a. 2007: 33). Erste Paneluntersuchungen zeigen zudem, dass betriebliches Familienbewusstsein im Zeitablauf seine Wirkung zunehmend entfaltet und dass „Unternehmen, die ihr Personalmanagement nachhaltig familienbewusst ausrichten, langfristig von betrieblichen Vorteilen profitieren können" (Forschungszentrum Familienorientierte Personalpolitik 2008: 11).

Die vorliegenden Untersuchungen machen den hohen Stellenwert deutlich, der gegenwärtig und in noch viel stärkerem Maße in der Zukunft der Wirtschaft, den Spitzenverbänden der Wirtschaft und den Gliederungen des Staates in Kooperation im Rahmen einer betrieblichen Familienpolitik zukommt. Dies führt noch einmal zu der Frage nach der Begründung von betrieblicher Familienpolitik.

Arbeitgeber, aber ebenso die Gewerkschaften, die Kirchen, die Wohlfahrtsverbände u. v. m. treten als Akteure von Familienpolitik im Zusammenhang eines subsidiären und aktivierenden Verständnisses von Sozial- und Familienpolitik auf, wie es das Grundgesetz u. a. mit der Formulierung von Art. 6 („unter dem besonderen Schutz der staatlichen Ordnung") nahe legt. Sie können staatliche Familienpolitik allerdings nicht ersetzen, deren Grundrechtsbezug (Art. 3 GG, Art. 6 GG, Art. 20 GG) dem Staat nicht nur die Gewährleistungsverantwortung für viele Bereiche von Familienpolitik auferlegt, sondern auch die Durchführungsverantwortung. Das bedeutet, dass Familien fördernde Maßnahmen ohne Bezug zum Kriterium einer möglichst optimalen kooperativen Leistungserbringung im Betrieb Aufgabe von Staat und Gesellschaft sind, nicht von Unternehmen. Wo Unternehmen allerdings familienpolitisch ergänzend tätig werden, erfüllen sie Aufgaben, die auch der Allgemeinheit zugutekommen. Einen Ausgleich i. S. von Leistungsgerechtigkeit zu fordern, erscheint hier also gerechtfertigt. Geeignete Mittel zur Anreizbildung wären z. B. ein „family-mainstreaming" in Verbindung mit Formen von „affirmative action", das u. a. die Vergabe öffentlicher Aufträge an Unternehmen vom Familienbewusstsein des Unternehmens abhängig machen könnte.

Vor allem im Rückblick auf das Verhältnis des frühen Sozialstaates zur betrieblichen Sozialpolitik stellt sich die Frage nach der Bedeutung betrieblicher Familienpolitik im Verhältnis zur staatlichen Familienpolitik heute. Sie hat ohne Zweifel z.B. mit der Entwicklung des Audits berufundfamilie der berufundfamilie gGmbH, einer Initiative der Gemeinnützigen Hertie-Stiftung, seit 1998 eine Vorreiterfunktion übernommen; sie wird aber aus unterschiedlichen Gründen – dazu zählen nicht nur die Leistungsgrenzen des Staates, sondern auch das spezifische Eigeninteresse der Unternehmen – nicht von der staatlichen Politik abgelöst werden. Ein komplementäres Verhältnis, in dessen Zusammenhang Unternehmen durch politisch gesetzte Anreize und Rahmenbedingungen[7] unterstützt werden, erscheint heute am wahrscheinlichsten. Auf die Frage, ob der Staat eine bedeutsamere Rolle im Kontext familienbewusster Personalpolitik übernehmen soll, artikulierten 84 % der vom Forschungszentrum Familienbewusste Personalpolitik befragten Unternehmen, sie sähen den Staat vornehmlich als Anreizbieter, 90 % for-

[7] Dazu zählt u. a. auch das Betriebsverfassungsgesetz, das in seinem § 80 unter 2. ausdrücklich die Vereinbarkeit als Inhalt der betrieblichen Mitbestimmung definiert: „2. Maßnahmen, die dem Betrieb und der Belegschaft dienen, beim Arbeitgeber zu beantragen; 2a. die Durchsetzung der tatsächlichen Gleichstellung von Frauen und Männern, insbesondere bei der Einstellung, Beschäftigung, Aus-, Fort- und Weiterbildung und dem beruflichen Aufstieg, zu fördern; 2b. die Vereinbarkeit von Familie und Erwerbstätigkeit zu fördern;"

dern die finanzielle Förderung familienbewusster Maßnahmen. Rund zwei Drittel sprechen sich für gesetzgeberisches Tätigwerden aus.[8]

Verhandlungstheoretisch hat sich der Schritt von der klassischen interessenpolitischen Konfrontation, die mit den ersten Versuchen der Umsetzung betrieblicher Sozialpolitik am Ende des 19. Jahrhunderts einsetzte und bis weit in die 80er Jahre des 20. Jahrhunderts reichte, hin zu einer spieltheoretischen win-win-Situation ergeben. Sowohl Unternehmen als auch Gewerkschaften sehen in der betrieblichen Familienpolitik Vorteile für sich: Unternehmen im Hinblick auf betriebswirtschaftliche Effekte und ihre Wettbewerbssituation um Arbeitskräfte, Gewerkschaften bezüglich ihrer Funktion im Zusammenspiel zwischen Mitgliedschafts- und Einflusslogik[9], indem sie in betrieblicher Familienpolitik eine Chance für die Mitarbeitenden erkannt haben und mit deren Unterstützung zugleich eine mögliche Stärkung ihrer Mitgliederbasis erwarten.

Für Männer wie Frauen, für Mütter wie Väter bedeutet betriebliche Familienpolitik aber v. a. die Lebbarkeit ganzheitlicher Lebensentwürfe und die Vermeidung hoher sozialer Risiken durch die Ablösung vom male-breadwinner-Modell.

3 Aufbau des Bandes

Der vorliegende Band soll als Fortführung des Herausgeberwerkes „Betriebliche Familienpolitik. Potenziale und Instrumente aus multidisziplinärer Sicht" (Dilger u.a. 2007) fungieren. Während das im Jahr 2007 editierte Werk, das primär aus einer Fachtagung in Münster hervorging, überwiegend theoretisch-konzeptionell angelegt war, ist der vorliegende Band fokussierter und stärker empirisch geleitet. Betriebliche Familienpolitik wird einerseits im Kontext gesellschaftlicher, ökonomischer und rechtlicher Rahmenbedingungen thematisiert; andererseits werden die seit 2007 vom Forschungszentrum Familienbewusste Personalpolitik erforschten Aspekte betrieblicher Familienpolitik gebündelt dargestellt.[10]

Auf diese Einleitung (Kapitel 1) folgt im zweiten Kapitel eine Darstellung der Rahmenbedingungen betrieblicher Familienpolitik. Der Beitrag „Gesellschaftliche Rahmenbedingungen betrieblicher Familienpolitik" von *Irene Gerlach* und *Inga Laß* beleuchtet zunächst die sozialen Veränderungen seit den 1960er Jahren, die der Vereinbarkeit von Beruf und Familie einen wachsenden Stellenwert zugewiesen haben. Dabei wird der Blick einerseits auf den Wandel der privaten Lebensformen gelenkt. Andererseits steht das veränderte Erwerbsverhalten von Frauen und Männern im Fokus. Kennzeichnend sind diesbezüglich insbesondere eine Zunahme der

---

[8] Zu weiteren Befunden hinsichtlich eines staatlichen Engagements in der betrieblichen Familienpolitik siehe Absatz 1.3 des Beitrags von Gerlach/Juncke „Betriebliche Familienpolitik im Spiegel der politikwissenschaftlichen Diskussion" im vorliegenden Band.

[9] Die Interessenverbandforschung unterscheidet bei Verbänden zwei zentrale Handlungslogiken: Die Mitgliederlogik, d. h. die Ausrichtung des verbandlichen Handelns auf die Interessen der Mitglieder einerseits, und die Einflusslogik, worunter die Funktion der Verbände im Zusammenhang der Interessenpolitik zu verstehen ist (dazu: Schmitter/Streek 1981).

[10] Teile der im vorliegenden Sammelband vorgestellten Forschungsergebnisse des Forschungszentrums Familienbewusste Personalpolitik wurden bereits anderweitig, z.B. in FFP-Arbeitspapieren, veröffentlicht.

Berufsorientierung von Frauen sowie ein sich nur langsam vollziehender Wandel der gesellschaftlichen Rollenbilder von Männern und Frauen bezüglich der Aufteilung von Erwerbs- und Hausarbeit.

In dem Beitrag „Ökonomische Rahmenbedingungen betrieblicher Familienpolitik" beleuchtet *Helmut Schneider* unterschiedliche Treiber der Folgekosten einer mangelnden Vereinbarkeit von Beruf und Familie. Er zeigt auf, dass sowohl aus makro- als auch aus mikroökonomischer Perspektive zahlreiche Indizien für ein Wachstum dieser Folgekosten auszumachen sind, das sich zukünftig fortsetzen wird. Vor diesem Hintergrund ist die Rendite von Maßnahmen zur besseren Vereinbarkeit von Beruf und Familie gestiegen und wird zukünftig weiter zunehmen.

Der Beitrag „Rechtliche Rahmenbedingungen betrieblicher Familienpolitik" von *David Juncke* komplettiert das zweite Kapitel und stellt unter der Leitfrage, welche Formen von Vereinbarkeit durch rechtliche Regelungen gefördert werden, sowohl thematisch einschlägige Gesetze als auch tarifvertragliche bzw. betriebliche Vereinbarungen in den Fokus. Vornehmlich auf der Basis juristischer Literatur werden das Mutterschutzrecht, das Bundeselterngeld und Elternzeitgesetz, das Pflegezeitgesetz sowie das Teilzeit- und Befristungsgesetz auf die Folgen für sequenzielle bzw. simultane Vereinbarkeitsmuster analysiert. Die anschließende Untersuchung tarifvertraglicher und betrieblicher Regelungen zeigt, dass neben dem gesetzgebenden Staat Arbeitgeber- und Arbeitnehmervertreter gemeinsam als Promotoren und Innovatoren im Kontext vereinbarkeitsfördernder Maßnahmen gelten können.

Im dritten Kapitel wird, in Anlehnung an die Disziplinen der im Forschungszentrum Familienbewusste Personalpolitik tätigen Wissenschaftler, dargestellt, ob und inwiefern betriebliche Familienpolitik Gegenstand der politikwissenschaftlichen bzw. der betriebswirtschaftlichen Diskussion ist. *Irene Gerlach* und *David Juncke* stellen im ersten Beitrag die Hypothese auf, dass betriebliche Familienpolitik erst in jüngster Zeit zu einem politikwissenschaftlichen Untersuchungsgegenstand geworden ist. Ausgehend von einer Karte familienpolitischer Wegmarken des Bundes unter Berücksichtigung der betrieblichen Familienpolitik erfolgt eine umfassende Literaturanalyse. Diese stellt zunächst Veröffentlichungen des Bundesfamilienministeriums dar, anschließend werden originär politikwissenschaftliche Publikationen berücksichtigt. Der Beitrag endet mit einer Skizze möglicher Anknüpfungspunkte und Forschungsdesiderate für die Politikwissenschaft.

Der Beitrag von *Helmut Schneider, Jana Heinze* und *Helen Wieners* beleuchtet im betriebswirtschaftlichen Kontext das internationale Schrifttum hinsichtlich zentraler Dimensionen, Messansätze, Promotoren und betriebswirtschaftlicher Effekte einer familienbewussten Personalpolitik. Neben dem Ergebnis, dass eine familienbewusste Personalpolitik deutlich mehr beinhaltet, als die Bereitstellung familienbewusster Personalmaßnahmen, umfasst der Beitrag eine Darstellung betriebswirtschaftlicher Effekte einer familienbewussten Personalpolitik, die sich unter anderem in einer hohen Bewerberattraktivität, niedrigen Fluktuationsrate und/oder hohen Motivation der Mitarbeitenden widerspiegeln können.

Nach Beschreibung der Kontexte sowie des Forschungsstandes hinsichtlich betrieblicher Familienpolitik fungiert das vierte Kapitel als Brücke zu den vom FFP erarbeiteten Befunden. Dazu werden in dem Beitrag „Konzeptionelle Herleitung betrieblichen Familienbewusstseins" von *Helmut Schneider, Helen Wieners* und *Jana Heinze* Konzeptualisierung und Definition des Konstrukts Familienbewusstsein beschrieben. Ausgehend von einer konzeptionellen Dreiteilung des betrieblichen Familienbewusstseins in die Dimensionen Dialog, Leistung und Kultur wird die Entwicklung des berufundfamilie-Indexes, einem Messinstrument zur Quantifizierung des betrieblichen Familienbewusstseins dargestellt.

Das gesamte fünfte Kapitel besteht aus den seit 2007 vom Forschungszentrum Familienbewusste Personalpolitik betriebenen empirischen Untersuchungen. Der erste Beitrag „Status quo des betrieblichen Familienbewusstseins deutscher Unternehmen – Ergebnisse einer empirischen Erhebung" von *Irene Gerlach et al.* basiert auf den Forschungsergebnissen einer im Jahr 2007 durchgeführten repräsentativen Befragung von 1.001 deutschen Betriebsstätten. Besonderer Fokus liegt hierbei auf dem Status quo des Ausmaßes betrieblicher Familienpolitik, gemessen unter Zuhilfenahme des berufundfamilie-Indexes, sowie der Analyse zentraler Promotoren des betrieblichen Familienbewusstseins.

Im folgenden Beitrag von *Irene Gerlach* und *Inga Laß* wird eine internationale Perspektive eingenommen, indem Kernergebnisse einer im Jahr 2009 in den Kantonen Basel-Stadt und Zürich durchgeführten repräsentativen Betriebsstättenbefragung vorgestellt werden. Zur Einführung in die Thematik werden zentrale familienpolitische Charakteristika der Schweiz beleuchtet. Hieran schließt sich die Herleitung des in der Studie verwendeten Instrumentes zur Messung des betrieblichen Familienbewusstseins – der berufundfamilie-Index^{CH} – an. Anschließend werden das Untersuchungsdesign sowie zentrale Ergebnisse der Studie bezüglich des Familienbewusstseins Schweizer Unternehmen thematisiert. Es zeigt sich, dass in den beiden Kantonen die Vereinbarkeitsfrage als Unternehmensaufgabe erkannt wurde, bezüglich des Familienbewusstseins jedoch durchaus noch Entwicklungspotenzial besteht.

Während die beiden ersten Beiträge des fünften Kapitels die Perspektive von Unternehmens- bzw. Personalverantwortlichen behandelten, werden im weiteren Verlauf des Kapitels die Beschäftigten- sowie die Führungskräfteperspektive beleuchtet. Der Beitrag „Betriebliches Familienbewusstsein aus Mitarbeitendenperspektive – Ergebnisse einer Pilotstudie“ von *Helen Wieners* und *Jana Heinze* stellt exemplarische Ergebnisse einer Beschäftigtenbefragung bei der DZ BANK vor. Auf Basis des berufundfamilie-Indexes und literaturbasierter konzeptioneller Überlegungen wurde ein Instrument zur Messung des betrieblichen Familienbewusstseins aus Sicht der Mitarbeitenden entwickelt. Dieses wurde im Rahmen einer Onlinebefragung der Mitarbeitenden der DZ BANK erstmalig eingesetzt, um sowohl Daten zur Wahrnehmung des Familienbewusstseins zu generieren als auch Hinweise für die Gestaltung eines zukünftigen Ausbaus bzw. einer Spezifizierung familienbewusster Personalpolitik zu erhalten.

Der Beitrag „Betriebliches Familienbewusstsein aus der Sicht von Führungskräften – Ergebnisse einer Pilotstudie“ von *Helmut Schneider* befasst sich mit den spezifischen Anforderungen der Vereinbarkeit von Beruf und Familie an Führungskräfte. Mit ihren Entscheidungen können sie die familienbewusste Personalpolitik der Gesamtorganisation maßgeblich unterstützen oder auch konterkarieren. Wenig beachtet wurde bisher, dass Führungskräfte gegebenenfalls selbst Eltern sind oder Angehörige pflegen und insofern mit der Vereinbarkeitsfrage konfrontiert sind. Vor dem Hintergrund hoher Arbeits- und Flexibilitätsanforderungen gestaltet sich für Führungskräfte die Vereinbarkeit möglicherweise besonders schwierig. Auf Basis einer im

Frühling 2010 durchgeführten Befragung von Führungskräften auditierter Unternehmen und Non Profit-Organisationen wird aufgezeigt, inwieweit die Vereinbarkeitsfrage für Führungskräfte ein relevantes Thema ist und welche Maßnahmen zur besseren Vereinbarkeit betroffener Führungskräfte beitragen.

Der Inhalt des sechsten Kapitels ist den Effekten betrieblicher Familienpolitik gewidmet, wobei zunächst in einem Beitrag von *Helmut Schneider et al.* die einzelwirtschaftliche Perspektive berücksichtigt wird. In ihrem Beitrag „Betriebswirtschaftliche Effekte einer familienbewussten Personalpolitik" wird die Entwicklung eines Zielsystems familienbewusster Personalpolitik nachgezeichnet. Dazu werden theoretische Ansätze und metaanalytische Befunde konzentriert dargestellt. Darauf aufbauend wird im zweiten Teil der Arbeit ein empirisches Forschungsdesign entwickelt. Quantitative Datenanalysen zeigen einerseits, dass familienbewusste Personalpolitik bei allen beschriebenen Zielbereichen einen signifikant positiven Beitrag leistet. Andererseits führen Untersuchungen der Wirkungsintensität familienbewusster Personalpolitik zu dem Ergebnis, dass Unternehmen mit einem hohen betrieblichen Familienbewusstsein die beschriebenen Ziele zum Teil deutlich besser erreichen als die Vergleichsgruppe nicht familienbewusster Unternehmen.

An die Darstellung der betriebswirtschaftlichen Effekte schließt sich die Beleuchtung ausgewählter „Gesamtgesellschaftlicher Effekte betrieblicher Familienpolitik" durch *Irene Gerlach* und *Inga Laß* an. Mit Blick auf vier verschiedene Handlungsfelder wird der Frage nachgegangen, welche positiven Effekte eine durch betriebliche Familienpolitik (mit-)veranlasste verbesserte Vereinbarkeit von Beruf und Familie zeitigen würde. Im Fokus stehen zunächst positive volkswirtschaftliche Effekte sowie die Förderung der Geschlechtergerechtigkeit. Anschließend wird eine mögliche Verringerung von Familienarmut in den Blick genommen. Den Abschluss bildet die Untersuchung der Effekte auf das familiale Pflegepotenzial.

Das letzte Kapitel des Bandes kann als dessen Fazit und Ausblick interpretiert werden; *Irene Gerlach* und *Helmut Schneider* skizzieren darin Rahmenbedingungen für die Zukunft einer familienbewussten Personalpolitik. Dafür nehmen sie die politikwissenschaftliche und betriebswirtschaftliche Perspektive wieder auf und konstatieren, dass die Bedeutung betrieblicher Familienpolitik in Zukunft sowohl für die Wissenschaft als auch für die politische sowie in den Unternehmen stattfindende Praxisarbeit an Stellenwert gewinnen wird.

Literatur

Agnoli, J. (1990): Die Transformation der Demokratie und andere Schriften zur Kritik der Politik. Freiburg.

Bahl-Benker, A. (1983): Elektronische Heimarbeit – die „schöne neue Arbeitswelt? In: DGB-Baden-Württemberg (Hrsg.): Die Mitbestimmung. Heft 12/1983.

Baumgartner, H. U. (1950): Die Sozialpolitik der industriellen Unternehmung, Unternehmung und Betrieb. Bd. 25. Bern.

Behler, R. (1955): Die betriebswirtschaftliche Seite der betrieblichen Sozialpolitik. Dissertation. Bonn.

Beschorner, T. (2010): Corporate Social Responsibility und Corporate Citizenship: Theoretische Perspektiven für eine aktive Rolle von Unternehmen. In: Beschoner, T. u.a. (2010): Corporate Citizenship in Deutschland. Gesellschaftliches Engagement von Unternehmen. Bilanz und Perspektiven. 2. aktualisierte und erweiterte Auflage. Wiesbaden. S. 11-129.

Bundesministerium für Familie, Senioren, Frauen und Jugend (Hrsg.) (2006): Familie zwischen Flexibilität und Verlässlichkeit. Perspektiven für eine lebenslaufbezogene Familienpolitik. 7. Familienbericht. Berlin.

Bundesministerium für Familie, Senioren, Frauen und Jugend (Hrsg.) (2003): Unternehmensmonitor Familienfreundlichkeit 2003.

Bundesministerium für Familie, Senioren, Frauen und Jugend (Hrsg.) (2006a): Unternehmensmonitor Familienfreundlichkeit 2006. Wie familienfreundlich ist die deutsche Wirtschaft? Berlin.

Bundesministerium für Familie, Senioren, Frauen und Jugend (Hrsg.) (2010): Unternehmensmonitor Familienfreundlichkeit 2010. Berlin.

Bundesvereinigung der Fachverbände des Deutschen Handwerks (Hrsg.) (2001): Positionspapier des deutschen Handwerks zur Familien- und Frauenpolitik. Berlin. 7. November 2001.

Böhret, C., Wewer, G. (Hrsg.) (1993): Regieren im 21. Jahrhundert – zwischen Globalisierung und Regionalisierung. Opladen.

Club von Florenz (Hrsg.) (1996): Europa: Der unmögliche Status quo. Baden-Baden.

David, B. (2000): Chancengleichheit in der Commerzbank. Das Projekt Consens. In: Gerlach, I., Zimmer, A., Laubenthal, B. (Hrsg.) (2010): „It's a Man's World?" Frauenförderung aktuell. Münster. S. 98-122.

Dilger, A., Gerlach, I., Schneider, H. (2007): Betriebliche Familienpolitik. Potenziale und Instrumente aus multidisziplinärer Sicht. Wiesbaden.

Dönhoff, M. Gräfin von (1997): Zivilisiert den Kapitalismus. Grenzen der Freiheit. Stuttgart.

Engelhardt, W. W. (2005): „Wider das Gesetz des Dschungels": Johann Heinrich von Thünens Eintreten für moralisch fundierten Kapitalismus unter dem Einfluß von Adam Smith und Immanuel Kant. In: Althammer, J. (Hrsg.): Familienpolitik und soziale Sicherung. Festschrift für Heinz Lampert. Berlin u. a. S. 453-480.

Fischer, H.-D. (1978): Die Pionierrolle der betrieblichen Sozialpolitik im 19. und beginnenden 20. Jahrhundert. In: Pohl, H.: Betriebliche Sozialpolitik deutscher Unternehmer seit dem 10. Jahrhundert. Zeitschrift für Unternehmensgeschichte. Beiheft 12. S. 34-50. Wiesbaden.

Forschungszentrum Familienbewusste Personalpolitik (2008): Erfolge familienbewusster Personalpolitik im Zeitablauf. Thesenpapier Nr. 2. Münster. Berlin.

Geck, L., Heinrich, A. (1935): Grundfragen der betrieblichen Sozialpolitik. Schriften des Vereins für Sozialpolitik. Bd. 181. Leipzig.

Gerlach, I., Schneider, H., Juncke, D. (2007): Betriebliche Familienpolitik in auditierten Unternehmen und Institutionen. Forschungszentrum Familienbewusste Personalpolitik – Arbeitspapier Nr. 3. Münster.

Gorges, K.-H. (1989): Der christlich geführte Industriebetrieb im 19. Jahrhundert und das Modell Villeroy & Boch. Stuttgart.
Greven, M. (Hrsg.) (1998): Demokratie - eine Kultur des Westens? 20. Wissenschaftlicher Kongreß der Deutschen Vereinigung für Politische Wissenschaft. Opladen.
Guéhenno, J.-M. (1994): Das Ende der Demokratie. München und Zürich.
Hax, H. (1955): Betriebliche Sozialpolitik als Teilbereich der Unternehmungspolitik. In: Zeitschrift für handelswissenschaftliche Forschung. Heft 6. S. 1-21.
Hilger, S. (1996): Sozialpolitik und Organisation. Formen betrieblicher Sozialpolitik in der rheinisch-westfälischen Eisen- und Stahlindustrie seit der Mitte des 19. Jahrhunderts bis 1933. Dissertation an der Universität Erlangen Nürnberg. Stuttgart.
Homburg, H. (1991): Rationalisierung und Industriearbeit. Arbeitsmarkt – Management – Arbeiterschaft im Siemens-Konzern Berlin 1900 – 1939. Berlin.
Juncke, D. (2005): Betriebswirtschaftliche Effekte familienbewusster Personalpolitik. Forschungsstand. Forschungszentrum Familienbewusste Personalpolitik – Arbeitspapier Nr. 1. Münster, Berlin.
Knauth, P. (2007): Kombination von Flexibilisierung und Individualisierung der Arbeitszeit. In: Dilger, A., Gerlach, I., Schneider, H.: Betriebliche Familienpolitik. Potenziale und Instrumente aus multidisziplinärer Sicht. Wiesbaden. S. 141-158.
Meyer, T. (1994): Die Transformation des Politischen. Frankfurt am Main.
Mombert, P. (1903): Wohlfahrtseinrichtungen der Arbeitgeber. In: Archiv für soziale Gesetzgebung und Statistik, Heft 18/1903.
Möller, I., Allmendinger, J. (2003): Frauenförderung. Betriebe könnten noch mehr für die Chancengleichheit tun. IAB-Kurzbericht Nr. 12. Nürnberg.
Nieberding, A. (2003): Unternehmenskultur im Kaiserreich. J. M. Voith und die Farbenfabriken vorm. Friedr. Bayer Co. Dissertation. München.
Voigt, R. (Hrsg.) (1993): Abschied vom Staat -Rückkehr zum Staat. Baden-Baden.
Schmidt, H. (2003): Das Gesetz des Dschungels. In: DIE ZEIT, Nr. 50 v. 4.12.2003. S. 21.
Schmitter, P. C., Streeck, W. (1981): The Organisation of Business Interests. A Research Design to Study the Associative Action of Business in the Advanced Industrial Societies of Western Europe. Discussion Paper. Wissenschaftszentrum Berlin.
Schneider, H., Gerlach, I., Juncke, D., Krieger, J. (2008): Betriebswirtschaftliche Ziele und Effekte einer familienbewussten Personalpolitik. Forschungszentrum Familienbewusste Personalpolitik – Arbeitspapier Nr. 5. Münster, Berlin.
Schulz, G. (1991): Betriebliche Sozialpolitik in Deutschland seit 1850. In: Pohl, H. (Hrsg.): Staatliche, städtische, betriebliche und kirchliche Sozialpolitik vom Mittelalter bis zur Gegenwart. Vierteljahreshefte für Sozial- und Wirtschaftsgeschichte. Beiheft 95. S. 137-176. Stuttgart.
Schäffle, A. (1958): Artikel „Fabrikwesen und Fabrikarbeiter. In: Deutsches Staatswörterbuch. Bd. 3. Stuttgart u. a. S. 493.
Statistisches Bundesamt (2009): 12. Koordinierte Bevölkerungsvorausberechnung. Bevölkerung Deutschlands bis 2060. Berlin.
Thon, M., Fuchs, J. (2002): Zur langfristigen Entwicklung des weiblichen Er-werbspersonenpotenzials. In: Engelbrech, G. (Hrsg.): Arbeitsmarktchancen für Frauen. Beiträge zur Arbeitsmarkt- und Berufsforschung Nr. 258. Nürnberg. S. 35-45.
Wehner, B. (1992): Nationalstaat, Solidarstaat, Effizienzstaat. Neue Staatsgrenzen für neue Staatstypen. Darmstadt.
Weiler, A. (1998): Gleichstellung in Tarifverträgen und Betriebsvereinbarungen – Analyse und Dokumentation. Düsseldorf.

Wingen, M. (2003): Betriebliche Familienpolitik als gesellschaftspolitische Aufgabe – familienbewußte Personalpolitik als Weg zum Unternehmenserfolg. In: Sozialer Fortschritt. Heft 3. S. 60-64.

II. Rahmenbedingungen betrieblicher Familienpolitik

Gesellschaftliche Rahmenbedingungen betrieblicher Familienpolitik

Irene Gerlach und Inga Laß

Einleitung

Familie sei pluraler, seltener, weniger institutionalisiert und instabiler als früher – so lautet eine Diagnose, die im Hinblick auf die Familie heute oft gestellt wird (so z.B. Kaufmann 1990). Als Konsequenz dieser Entwicklungen ist insbesondere das Problem der Vereinbarkeit von Beruf und Familie in den Fokus der wissenschaftlichen und öffentlichen Diskussion gerückt. Historisch gesehen ist die Frage nach der Vereinbarkeit von Beruf und Familie ein sehr junges Phänomen. In der vorindustriellen Agrargesellschaft Deutschlands dominierte die Lebensform des „Ganzen Hauses", welche keine Trennung von Wohn- und Arbeitsstätte oder von Arbeits- und Familienzeit vorsah und somit Vereinbarkeitsproblematiken nicht kannte. Kinder wurden nicht ausschließlich von den eigenen Eltern, sondern von allen Haushaltsmitgliedern – auch von Geschwistern, anderen Verwandten oder Hausangestellten – betreut und erzogen (Nave-Herz 2006: 52).

Mit dem Industrialisierungsprozess des 19. Jahrhunderts wurde das Arbeiten aus der Wohnstätte ausgelagert. Es gewannen nun zwei verschiedene Familienmodelle an Bedeutung – die bürgerliche und die proletarische Familie. Das Modell der bürgerlichen Familie beinhaltete eine strikte Rollen- und Aufgabenverteilung zwischen den Geschlechtern, die dem Mann die öffentliche Sphäre und die produktiven Aufgaben (Erwerbsarbeit) und der Frau die private Sphäre und damit die reproduktiven Aufgaben (Familienarbeit) zuwies. Frauen arbeiteten nur, wenn es die finanzielle Situation erforderte. Demgegenüber war in der proletarischen Familie die kontinuierliche außerhäusliche Erwerbstätigkeit beider Partner zur Existenzsicherung notwendig. Obwohl die proletarische Familie lange den häufigeren Typus darstellte, galt das Modell der bürgerlichen Familie bald als allgemein anerkanntes Ideal (Nave-Herz 2006: 48f). Mit der Einführung des Bürgerlichen Gesetzbuches im Jahr 1900 wurde dieses Familienmodell zum normativen Prototyp. Eine vollständige quantitative Durchsetzung des bürgerlichen Familienmodells war erst mit dem Wirtschaftswunder nach dem zweiten Weltkrieg und dem daraus resultierenden Wohlstand möglich, so dass dieses Familienmodell während der 1950er und 1960er Jahre seine Hochphase erlebte (Peuckert 2008: 19f). In dieser Zeit heiratete ein historisch einzigartig hoher Anteil der Menschen und gründete eine Familie, so dass diese Phase auch als das „Golden Age of Marriage“ bezeichnet wird (BiB 2005: 20). Die sozialen und demografischen Veränderungen seit dieser Epoche sind es, die den Bedarf nach der Vereinbarkeit von Beruf und Familie geweckt und die Vereinbarkeitsproblematik in den Fokus der Öffentlichkeit gerückt haben. Im Folgenden wird deswegen zunächst der Wandel der privaten Lebensformen seit den 1960er Jahren beschrieben, um im Anschluss die Veränderung des Erwerbsverhaltens zu umreißen. Abschließend führt ein Fazit diese beiden Entwicklungsstränge zusammen.

1 Sozialer Wandel seit den 1960er Jahren

1.1 Wandel der Lebensformen

Seit Mitte der 1960er Jahre erfährt die deutsche Bevölkerung einen Wandel der Lebensformen, der sich anhand verschiedener Merkmale beschreiben lässt. Während im „Golden Age of Marriage“ beinahe jeder junge Mensch eine Ehe einging, entscheiden sich derzeit immer weniger Menschen zur Heirat – so ist die Zahl der Eheschließungen je 1000 Einwohner von 9,5 (1960) auf 4,6 (2008) zurückgegangen (StBA 2009a: 54; www.destatis.de). Diejenigen, die sich zu einer Ehe entschließen, heiraten gleichzeitig immer später – lag das Alter bei der ersten Heirat im Jahr 1975 noch bei 23 (Frauen) bzw. 25 Jahren (Männer), so heiraten Frauen nun (2007) mit durchschnittlich 30 Jahren und Männer mit 33 Jahren zum ersten Mal (Gerlach 2010: 66; StBA 2009a: 56). Parallel zu dieser Entwicklung ist die Zahl der nichtehelichen Lebensgemeinschaften angestiegen. Gab es im Jahr 1996 1,8 Mio. nichteheliche (gemischtgeschlechtliche) Lebensgemeinschaften, so sind es nun (2008) gut 2,5 Mio. (StBA 2009a: 47). Zudem sind die bestehenden Paarbeziehungen instabiler geworden. Ein Indikator hierfür sind die seit dem „Golden Age of Marriage“ deutlich gestiegenen Scheidungsraten: So ist die Zahl der Scheidungen je 1000 Einwohner von ihrem Tiefststand von 1,0 im Jahr 1960 deutlich gestiegen und liegt nun (2008) bei 2,3 (StBA 2008; www.destatis.de).

Hinter dieser Entwicklung steht zum einen eine gestiegene Freiheit der Menschen in der Wahl ihrer Lebensform: Durch die Ausgliederung der Produktionsfunktion aus dem Haushalt, den Ausbau der sozialen Sicherungssysteme, den Wohlstand breiter Bevölkerungsschichten seit dem Wirtschaftswunder und die steigenden Karrierechancen der Frau seit der Bildungsexpansion wurde die ökonomische Abhängigkeit des Einzelnen von einem Partner schrittweise reduziert. Eine Heirat bzw. Wiederheirat nach einer Scheidung oder dem Tod des Ehepartners ist nicht mehr zwingend notwendig, da der eigene Unterhalt prinzipiell durch Erwerbstätigkeit oder staatliche Unterstützungsleistungen sichergestellt ist. Das Alleinleben ist heutzutage zu einer finanzierbaren Option geworden, was sich in einem Anstieg der Ein-Personen-Haushalte während der letzten Jahrzehnte widerspiegelt: Während im Jahr 1950 der Anteil der Einpersonenhaushalte an allen Haushalten 19,4 % betrug, so lag er 2008 bei 39,4 % (oder 15,8 Mio.). Insgesamt lebten 2008 20 % der Frauen und 18 % der Männer allein (Peuckert 2008: 49f; StBA 2009c).

Jedoch sind die hohen Scheidungsraten sowie die große Zahl Alleinlebender auch die Folge zunehmender Schwierigkeiten bei der Gründung und Aufrechterhaltung dauerhafter Partnerschaften. Bei Unzufriedenheit werden Partnerschaften heute sehr viel schneller aufgelöst als noch vor wenigen Jahrzehnten. Ein zentraler Grund für das häufige Auftreten von Unzufriedenheit in der Beziehung ist der hohe emotionale Anspruch an heutige Paarbeziehungen: War die Familie in früheren Zeiten eine Art Produktionsgemeinschaft, so ist die Hauptfunktion der Familie nun die Befriedigung emotionaler Bedürfnisse, und das Ideal der romantischen Liebe ist zum vorherrschenden Orientierungsrahmen von Paarbeziehungen geworden (Nave-Herz 2006: 50; Peuckert 2008: 18f). Da Liebe oft vergänglich ist oder im Alltagsleben zumindest ihren Charakter ändert, ist in dem Modell der Liebesehe das Scheitern jedoch bereits angelegt. Zudem sind die affektiv-emotionalen Ansprüche an eine Paarbeziehung im Verlauf der Zeit gestiegen, so dass viele Partnerschaften diese irgendwann nicht mehr erfüllen können (Peuckert 2008: 177f). Die Konzentration auf emotionale Aspekte führt somit zu einer steigenden Instabilität der Paarbeziehung (Hradil 2006: 93).

Doch auch die Ausgestaltung der Arbeitswelt erschwert eine langfristige und zuverlässige Paarbeziehung: Die Arbeitsteilung und die Spezialisierung in der modernen Arbeitswelt haben die Mobilitäts- und Flexibilitätsanforderungen an die Arbeitnehmenden erhöht, so dass das Aufrechterhalten langfristiger Beziehungen oft schwer fällt:

„Unsere Erziehungsziele und die Idealbilder der Persönlichkeitsentwicklung sind tendenziell bindungsorientiert und wirken bindungsfreundlich, dagegen ist die ökonomische Realität, insbesondere die Arbeitswelt, durch die Anforderungen des Arbeitsmarktes an die berufliche und räumliche Mobilität bindungsfeindlich.“ (Birg 2001: 69)

Besonders problematisch wirkt sich die Bindungsfeindlichkeit der Arbeitswelt aus, wenn die beruflichen Lebenspläne zweier beruflich ambitionierter Partner koordiniert werden müssen. Dies ist verstärkt seit der Bildungsexpansion der Fall, durch die auch für Frauen der Erfolg im Beruf wichtiger geworden ist.

Nicht nur die Paarbeziehung, auch das Verhältnis zu Kindern hat sich im Laufe der vergangenen 50 Jahre gewandelt. Die folgende Abbildung gibt einen Überblick über die derzeitige Familienstruktur in Deutschland:

Abbildung 1: Anteile der einzelnen Familienformen an allen Familien mit Kindern unter 18 Jahren im Haushalt, 2008

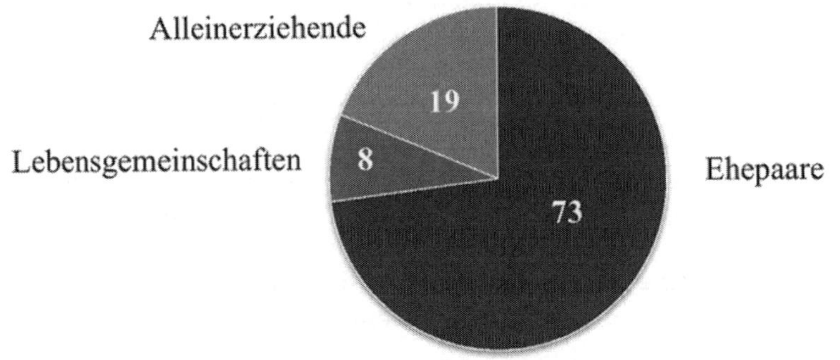

Quelle: Eigene Darstellung. Berechnung auf Datenbasis des StBA 2009a: 47.

Die Graphik macht deutlich, dass die überwiegende Mehrheit (73 %) der gut 12 Mio. Familien in Deutschland auch heute noch dem traditionellen Familienmodell mit verheirateten Eltern und Kind(ern) entspricht. Demgegenüber ist der Anteil der Lebensgemeinschaften mit Kind(ern) an allen Familien sehr niedrig (8 %). Jedoch hat die gestiegene Instabilität von Ehen bzw. Paarbeziehungen zu einer Zunahme der Alleinerziehenden-Familien geführt, so dass ihr Anteil derzeit bei 22 % liegt.[11]

Zudem bekommen die Menschen in Deutschland immer weniger Kinder. So ist die zusammengefasste Geburtenziffer[12] in Westdeutschland von ihrer Höchstmarke von 2,5 im Jahr 1964 – der Zeit des Babybooms – erheblich gesunken und liegt nun seit den 1970er Jahren auf einem nahezu konstanten Niveau von ca. 1,4 Kindern pro Frau[13]. Auch die endgültige Kinderzahl pro Frau ist von Kohorte zu Kohorte zurückgegangen: Die heute 45-jährigen Frauen – die

[11] In der Kinderperspektive gestaltet sich diese Verteilung jedoch etwas anders als in der Haushaltsperspektive: Da in traditionellen Familien durchschnittlich mehr Kinder vorhanden sind als in nicht-traditionellen Familien, ist der Anteil der Kinder, die in einer traditionellen Familie aufwachsen, höher als der entsprechende Anteil der Haushalte, und der Anteil der Kinder, die in Lebensgemeinschaften und Alleinerziehenden-Haushalten aufwachsen, entsprechend niedriger (vgl. hierzu die Aufsplittung nach Kinderzahl in StBA 2009a: 47).

[12] Die zusammengefasste Geburtenziffer bildet die Summe aller altersspezifischen Geburtenraten (durchschnittliche Zahl der Geburten von Frauen eines bestimmten Alters) eines Kalenderjahres ab. Sie zeigt somit an, wie viele Kinder eine Frau im Laufe ihres Lebens bekäme, wenn die aktuellen altersspezifischen Geburtenraten über die gesamte fruchtbare Lebensphase gelten würden (StBA 2007: 34f). Zwar hat diese Maßzahl dadurch eher hypothetischen Charakter, dennoch ist sie das am häufigsten verwendete Maß bei der Diskussion des Geburtenverhaltens in Deutschland. Dies liegt daran, dass sie vergleichsweise kurzfristig verfügbar ist und dadurch zeitnahe politische Reaktionen ermöglicht.

[13] In Ostdeutschland nahm die zusammengefasste Geburtenrate aufgrund der Geburten fördernden Politik der DDR-Regierung sowie der Wiedervereinigung Deutschlands einen deutlich anderen Verlauf (vgl. für die ostdeutsche Entwicklung: BIB 2005: 20ff). Sie nähert sich seit Beginn der 1990er Jahre jedoch dem westdeutschen Niveau an, so dass auf sie an dieser Stelle nicht gesondert eingegangen werden soll.

Geburtskohorte von 1965 – haben im Durchschnitt 1,48 Kinder, während die Kohorte von 1940 – und damit die Mütter der Babyboom-Generation – noch 1,97 Kinder bekam (Birg 2006: 89). Damit liegt die Geburtenrate sowohl nach der Querschnitts- (zusammengefasste Geburtenziffer) als auch nach der Längsschnittbetrachtung (endgültige Kinderzahl) seit Jahrzehnten deutlich unter dem Bestandserhaltungsniveau von 2,1 Kindern pro Frau. Nicht nur das Altern, sondern auch die kontinuierliche Abnahme der Bevölkerung ist in dieser Entwicklung angelegt.

Der Geburtenrückgang hat nicht nur Einfluss auf Bevölkerungsstruktur und -umfang, es haben sich auch Veränderungen der Struktur innerhalb der Familien ergeben. Betrachtet man die in Tabelle 1 dargestellte Geburtenfolge, d.h. die Verteilung der Kinderzahl auf die einzelnen Frauen einer Kohorte, werden die Wandlungen der Familienstrukturen sichtbar:

Tabelle 1: Kinderzahl und Kinderlosigkeit der Frauenjahrgänge in Deutschland

Jahrgang	**Von 100 Frauen haben ... Kinder**					**Geburten pro Frau**
	keine	**1**	**2**	**3**	**4 u.m.**	
1940	10,6	26,4	34,1	18,5	10,4	1,97
1945	13,0	30,4	34,6	14,0	8,0	1,78
1950	15,8	29,4	34,3	13,1	7,4	1,70
1955	21,9	24,9	33,5	12,5	7,3	1,61
1960	26,0	21,6	32,4	12,4	7,7	1,57
1965	32,1	17,6	31,2	11,1	8,1	1,48

Quelle: Birg 2006: 89.

Der Anteil der Frauen mit drei, vier oder mehr Kindern hat im Zeitverlauf deutlich abgenommen. Parallel dazu erhöhte sich zunächst der Anteil der Frauen mit einem Kind, sank dann jedoch ebenfalls. Demgegenüber blieb der Anteil der Frauen mit zwei Kindern über den gesamten Zeitraum verhältnismäßig konstant und nahm nur leicht ab. Eine besonders markante Entwicklung zeigt sich jedoch bei dem Anteil der kinderlosen Frauen: Dieser ist seit der Kohorte von 1940 kontinuierlich gestiegen, so dass nun knapp ein Drittel (32,1 %) der 1965 geborenen Frauen Zeit ihres Lebens kinderlos bleiben wird. Aus dieser Entwicklung wird ersichtlich, dass der Geburtenrückgang nicht in einem Trend zur Ein-Kind-Familie resultierte. Vielmehr liegt nun eine Zweiteilung vor; in Personen, die kinderlos bleiben, einerseits und Personen, die eine Familie gründen und dann zumeist mindestens zwei Kinder bekommen, andererseits. Diese Entwicklung lässt sich als Polarisierung in einen Familien- und einen Nichtfamiliensektor beschreiben (Gerlach 2010: 70).

Die deutliche Zunahme des Anteils kinderloser Frauen hat das Thema Kinderlosigkeit in der letzten Zeit in den Fokus der öffentlichen Diskussion gerückt. Dennoch muss zur richtigen Einordnung des Sachverhaltes auch bedacht werden, dass ein hohes Maß an Kinderlosigkeit kein gänzlich neues Phänomen darstellt: Auch in früheren Jahrgängen fand sich ein zum Teil beträchtlicher Anteil kinderloser Frauen. Die Frauen der Geburtsjahrgänge 1901/05 hatten zum Beispiel zu 19 % keine Kinder (BiB 2005: 25). Neu ist allerdings, dass die heutige Kinderlosigkeit erstmals nicht die Folge einer sozialen Krisensituation (zum Beispiel eines Krieges) ist. Deswegen wird sie auch als „neue Kinderlosigkeit" bezeichnet (ebd.). Die Gründe für die „neue Kinderlosigkeit" und das annähernde Verschwinden von Familien mit drei und mehr Kindern sind vielfältig. Ein entscheidender Aspekt jedoch sind die in Deutschland vielfach ungenügenden Möglichkeiten der Vereinbarkeit von Beruf und Familie, deren Bedeutung mit der Ausbreitung der Berufsorientierung von Frauen zugenommen hat (z.B. Kaufmann 2005: 150; Peuckert 2008: 119).

Eine Kombination von Elternschaft und Erwerbstätigkeit wird auch dadurch erschwert, dass der Anspruch an eine angemessene Erziehung der Kinder im Laufe der letzten Jahrzehnte merklich gestiegen ist: Die seit den 1960er Jahren beinahe vollständige Kontrolle[14] der Eltern über ihre Kinderzahl führte zur Herausbildung der „Norm der verantworteten Elternschaft" (Kaufmann 2005: 140). Es wird von den Eltern erwartet, dass sie sich bewusst für jedes ihrer Kinder entscheiden und anschließend die volle Verantwortung für sie übernehmen. Eltern müssen ihren Kindern von der Geburt an kontinuierlich die bestmögliche Förderung und Erziehung zukommen lassen und werden persönlich für die Schwächen ihrer Kinder verantwortlich gemacht. Die erhöhten Ansprüche an die Kindererziehung resultieren in Unsicherheiten und Überforderung der Eltern sowie in der steigenden Nutzung der Erziehungs- und Familienberatung (Peuckert 2008: 161).[15] Sie spiegeln sich jedoch auch in der geringen Geburtenrate wider: Viele junge Menschen befürchten, den hohen Ansprüchen nicht gerecht zu werden, und verzichten auf eine Elternschaft (Peuckert 2008: 120).

[14] Das weiterhin bestehende Risiko einer ungewollten Schwangerschaft wird besonders anhand der Diskussion um Teenager-Schwangerschaften deutlich. Während es in den Jahren um die Jahrhundertwende zu einem Anstieg der Schwangerschaften Minderjähriger in Deutschland kam, ist deren Zahl in den letzten Jahren jedoch konstant bis rückläufig und zudem im Vergleich mit anderen OECD-Ländern besonders niedrig. Insgesamt werden 2,6% aller Frauen vor ihrem 18. Geburtstag mindestens einmal schwanger. Als hauptursächlich für Schwangerschaften Minderjähriger können Anwendungsfehler bei der Verhütung gelten (Schmidt et al. 2006).

[15] Die steigende Inanspruchnahme von Erziehungshilfen spiegelt sich in der Kinder- und Jugendhilfestatistik wider. Dieser zufolge haben im Jahr 2006 knapp 311.000 Personen eine Erziehungsberatung gem. § 28 SGB VIII in Anspruch genommen, während es im Jahr 1993 knapp 198.000 Personen waren (Pothmann/Fendrich).

1.2 Wandel der Erwerbsarbeit

Wie bereits einleitend dargestellt, war im Ideal der bürgerlichen Familie die Sphäre der Erwerbsarbeit dem Mann, die der Familienarbeit der Frau vorbehalten. Dies spiegelte sich auch in der Erwerbsbeteiligung von Männern und Frauen wider. Im Jahr 1960 lag die Erwerbsquote[16] der Männer bei 91 %, während die der Frauen mit 48 % deutlich niedriger lag. Im Laufe der letzten 50 Jahre haben sich die Erwerbsquoten von Frauen und Männern angenähert – die der Männer sank auf 82 % und die der Frauen stieg parallel auf 70 % (2008) an (www-genesis.destatis.de). Zu dieser Entwicklung haben verschiedene Faktoren geführt, welche im Folgenden näher beleuchtet werden sollen.

Zeitlich ging der steigenden Erwerbsbeteiligung von Frauen ein höheres Bildungsniveau der weiblichen Bevölkerung voraus. In den 1960er Jahren wurde in Deutschland im Zuge der bildungspolitischen Reformdiskussion erstmals die Forderung nach besseren und gleichen Bildungschancen für Mädchen erhoben (Geißler 2006: 302). So waren es auch die Mädchen und Frauen, die von der Bildungsexpansion der 1960er Jahre, d.h. dem umfangreichen Ausbau der sekundären und tertiären Bereiche des Bildungssystems, am stärksten profitierten. Als Folge nahm die Präsenz von Frauen in weiterführenden Schulen und Hochschulen deutlich zu; inzwischen sind die Frauen sowohl unter den Realschulabsolventen und Abiturienten als auch unter den Hochschulabsolventen stärker repräsentiert als die Männer (Geißler 2006: 303). Die dadurch steigenden Investitionsleistungen in das eigene Humankapital und die verbesserten Berufs- und Einkommensaussichten führten zu einer Ausbreitung der Berufsorientierung von Frauen, welche in Konkurrenz zu der bis dahin dominierenden Familienorientierung trat. Basis der Ausbreitung der Berufsorientierung der Frauen war allerdings auch der Wandel der Arbeitswelt selbst: Im Zuge der Ausbreitung des Dienstleistungssektors fand eine Verschiebung des Arbeitsangebots von anstrengender, eintöniger Fabrikarbeit hin zu körperlich leichteren, tendenziell abwechselungsreichen Tätigkeiten, wie Büroarbeiten, statt. Dies erhöhte die Attraktivität der Erwerbsarbeit im Vergleich zur Kindererziehung:

„The office may well be preferable hour for hour to looking after children, and so preferred to childrearing even if the latter could be confined to an eight-hour day, and even if childrearing were paid the same wage as office work. (...) Surely what has drawn women into the labor market, with heavy consequences for childbearing, is the relative availability of congenial office work.“ (Keyfitz 2006: 142f)

Hinzu kam, dass die traditionale Arbeitsteilung zwischen den Geschlechtern zunehmend ihren Sinn verlor: Mit fortschreitender Industrialisierung ermöglichten technische Neuerungen eine kostengünstige Substitution von Haushaltsgütern durch Marktgüter wie zum Beispiel verarbeitete Lebensmittel (Hülskamp 2004: 35). Hierdurch ergab sich eine sinkende Auslastung der

---

[16] Die Erwerbsquote ist hier definiert als der Anteil der Erwerbspersonen an der Gesamtbevölkerung im Alter von 15 bis 64 Jahren.

Frauen durch Haus- und Familienarbeit, so dass in der Erwerbstätigkeit ein weiteres Betätigungsfeld gesucht wurde.

Eine steigende Berufsorientierung der Frauen wurde auch dadurch gefördert, dass durch die gestiegene fernere Lebenserwartung und bereits gesunkene Geburtenzahl pro Familie die Länge der Familienphase, d.h. die Zeit, in der Eltern mit ihren unmündigen Kindern zusammenleben, relativ zur Gesamtlänge des Lebens deutlich zurückging. Dauerte die Familienphase vor einhundert Jahren durchschnittlich noch das halbe Leben, umfasst sie heute nur noch ein Viertel (Nave-Herz 2006: 69). Das Leben in einer Familie ist somit zu einer „transitorischen Lebensphase" (Nave-Herz 2006: 70) geworden. In Anbetracht dieser Tatsache wird die normative Festschreibung der Frauen auf die Familienphase, wie sie im bürgerlichen Familienmodell zu finden ist, problematisch: Dies würde für die Frauen heutzutage bedeuten, „dass sie ca. ein Viertel ihres Lebens in der Erwartung auf das ‚eigentliche Leben' (=Familienphase) und ca. zwei Viertel ihres gesamten Lebens im Bewusstsein verbringen müssten, dass das ‚eigentliche Leben' vorbei wäre." (Nave-Herz 2006: 70) Peuckert spricht in diesem Zusammenhang von der „demographischen Freisetzung der Frauen" (Peuckert 2008: 229).

Ein weiterer relevanter Aspekt ist der zum Beispiel von Inglehart beschriebene Wertewandel hin zu einer stärkeren Betonung der Individualität und Selbstverwirklichung. Der Einzelne strebt heute nach jenen Lebensformen, Lebensstilen und Berufen, die seinen Vorstellungen von Selbstverwirklichung am ehesten entsprechen (Hradil 2006: 266). Hierdurch nahm die Berufstätigkeit der Frauen zu, denn immer weniger Frauen sahen in einer reinen Haushalts- und Familientätigkeit eine Möglichkeit zur Selbstverwirklichung: „Postmaterialists place more emphasis on self-fulfillment through careers, rather than through ensuring the survival of the species." (Inglehart, gelesen bei Huinink/Konietzka 2007: 110). Hierbei spielt die unterschiedliche soziale Anerkennung für Berufs- und Familienarbeit eine Rolle. Bei der Zuweisung der Erwerbsarbeit an den Mann und der Haus- und Familienarbeit an die Frau im bürgerlichen Familienmodell wurden die beiden Aufgabenbereiche nicht mit gleich hohem sozialen Prestige verbunden, sondern es kam zu einer Abwertung der reproduktiven Tätigkeiten im Vergleich zu den produktiven Tätigkeiten (Huinink/Konietzka 2007: 67). Sozialer Status und Erfolg werden nicht über die Zahl und Ausbildung der eigenen Kinder definiert, sondern hauptsächlich über eine gute Position im Erwerbsleben erlangt. Erst langsam zeichnet sich im Zuge der Anerkennung der Bedeutung der Kindererziehung für die Sicherung von Humankapital hier eine mögliche Trendwende ab.

Neben dem steigenden Wert, der der Berufsarbeit durch Frauen beigemessen wird, wird die Erwerbstätigkeit der Frau in einer wachsenden Zahl der Familien wieder zu einer ökonomischen Notwendigkeit. Lange Ausbildungszeiten sowie Unsicherheiten am Arbeitsmarkt haben dazu geführt, dass die Realisierung des Alleinernährermodelles schwierig geworden ist. Immer mehr Väter sind nicht mehr in der Lage, ihre Familie aus eigener Kraft alleine zu ernähren, so dass das Einkommen der Frau für die finanzielle Absicherung der Familie essenziell wird. Ein steigender Anteil Frauen wird – oft unfreiwillig durch die Arbeitslosigkeit oder prekäre Beschäftigung des Mannes – zu Familienernährerinnen (Böckler-Impuls 2009: 3).

Die steigende Berufsorientierung von Frauen sowie die ökonomische Notwendigkeit der Erwerbstätigkeit der Frauen haben dazu geführt, dass nun auch immer mehr verheiratete Frauen und Mütter einer Erwerbsarbeit nachgehen oder nach der Familienphase wieder auf den Arbeitsmarkt zurückkehren. Hierbei steigt mit dem Alter der Kinder auch die Erwerbsbeteiligung der Frauen wieder an: Ging im Jahr 2005 von den Frauen mit Kindern unter drei Jahren gerade ein Drittel (33 %) einer Erwerbsarbeit nach, so waren es z.B. unter den Frauen mit Kindern zwischen 10 und 14 Jahren bereits mehr als zwei Drittel (71 %) (StBA 2006: 9).

Trotz der weitgehenden Angleichung der Erwerbsquoten von Frauen und Männern bestehen weiterhin deutliche geschlechtsspezifische Unterschiede mit Blick auf die Erwerbssituation. So arbeitet derzeit (2008) ein erheblicher Teil der Frauen (34 %) Teilzeit, während dies nur auf eine kleine Minderheit (5 %) der Männer zutrifft (StBA 2009b: 17).[17] Zudem bestehen geschlechtsspezifisch geteilte Arbeitsmärkte, die Frauen bezüglich Arbeitsbedingungen, Einkommen und Prestige benachteiligen. Weiterhin sind Frauen beim beruflichen Aufstieg mit starken Hindernissen konfrontiert (Geißler 2006: 307). Demgegenüber verrichten Frauen auch heute noch den größten Teil der Haus- und Familienarbeit. Insbesondere mit der Geburt eines Kindes nimmt der Anteil der Paare ab, die ein egalitäres Rollenmodell pflegen, und es kommt zu einer Retraditionalisierung der Arbeitsteilung (Huinink/Konietzka 2007: 208). Auch bei Erwerbstätigkeit verwenden Mütter mehr Zeit für Haus- und Familienarbeit als ihre Partner, so dass sie über vergleichsweise wenig Freizeit und Raum zur persönlichen Erholung verfügen (Geißler 2006: 318). Zudem führt die Zuweisung der Haus- und Familienarbeit an die Frau in vielen Familien dazu, dass die Frau in geringerem Umfang einer Erwerbsarbeit nachgehen kann als gewünscht oder sogar zeitweise ganz auf Erwerbsarbeit verzichten muss. So war im Jahr 2000 unter den Müttern mit Kindern unter 3 Jahren das bevorzugte Arbeitszeitmodell jenes, in dem der Mann Vollzeit arbeitet und die Frau in Teilzeit: 63 % der westdeutschen Mütter wünschten sich diese Kombination, jedoch praktizierten lediglich 16 % dieses Modell tatsächlich. Demgegenüber war in 77 % der westdeutschen Familien mit Kleinkindern der Mann Vollzeit erwerbstätig, während die Frau nicht erwerbstätig war, obwohl nur 14 % der Frauen diese Kombination tatsächlich wünschten (Peuckert 2008: 239f). Hieran zeigt sich, dass – während die Berufstätigkeit von Frauen seit den 1960er Jahren deutlich zugenommen hat – sich ein entsprechender Wandel des gesellschaftlichen Leitbildes der Frauen- und Mutterrolle derzeit nur langsam vollzieht: Das bürgerliche Familienmodell hat bis heute starke normative Verbindlichkeit – hier zeigt sich ein „cultural lag"[18] (Nave-Herz 2006: 75). Studien wie der World Values Survey oder die Population Policy Acceptance Study bestätigen den langsamen Wandel der Mutterrolle: So sind zwar 2003 75 % der Bevölkerung der Ansicht, dass sowohl der Mann als auch die Frau ihren Beitrag zum Haushaltseinkommen leisten sollte. Zudem glaubt die überwiegende Mehrheit der Deutschen (87 %), dass eine erwerbstätige Mutter ein genauso warmes und stabiles Verhältnis zu ihren Kindern aufbauen kann wie eine nichtberufstätige Mutter. Im Jahr 1990 konnten dieser Aussage erst 57 % zustimmen. Die Folgen einer Berufstätigkeit der Mutter für

---

[17] Diese Zahlen beschreiben den Anteil der teilzeitbeschäftigten Personen an allen sozialversicherungspflichtig Beschäftigten. Minijobs etc. werden hierbei folglich nicht berücksichtigt.

[18] Der Begriff „cultural lag" bezeichnet eine kulturelle Verspätung beziehungsweise Phasenverschiebung. Er wurde 1922 von F. Ogburn geprägt als Bezeichnung für das krisenhafte Phänomen des Anpassungsrückstandes der immateriellen Kultur (z. B. soziale Organisation, Recht, Ethik) gegenüber der sich beschleunigt wandelnden materiellen Kultur (naturwissenschaftlich-technisch-ökonomischer Fortschritt) im Industriezeitalter (Ogburn 1969).

die Familie werden jedoch auch heute noch überwiegend negativ eingeschätzt: So sind im Jahr 2003 56,7 % der Deutschen der Meinung, dass das Familienleben unter der Berufstätigkeit der Mutter leidet. 48,4 % gehen zudem davon aus, dass Kinder im Vorschulalter darunter leiden, wenn ihre Mutter berufstätig ist. Allerdings zeigt sich auch hier ein deutlicher Wertewandel: Im Jahr 1990 erwarteten noch 79 % der Befragten negative Konsequenzen für Kleinkinder (Werte 1990: Inglehart 2004; Werte 2003: Dorbritz et al. 2005: 48).

Diese Ambivalenzen bezüglich des Rollenbildes von Frauen bzw. Müttern spiegeln sich auch in den Wertstrukturen der (potenziellen) Mütter selbst und lösen einen Wertkonflikt aus: Frauen wollen im Berufsleben erfolgreich und leistungsfähig sein, was zumeist hohen und kontinuierlichen Einsatz erfordert, aber gleichzeitig haben sie – ganz im Sinne der „verantworteten Elternschaft" – auch den Anspruch an sich, nach der Geburt eines Kindes ganz für ihr Kind da zu sein (Nave-Herz 2006: 74). Berufs- und Familienorientierung stehen in einem Spannungsverhältnis, und die Frauen haben die Befürchtung, entweder der Arbeit oder der Mutterrolle nicht gerecht werden zu können. Durch dieses Spannungsverhältnis wird ein Teil der Frauen von der Erwerbsarbeit zugunsten der Kindererziehung abgehalten und umgekehrt verzichtet ein anderer Teil auf eine (frühe) Familiengründung zugunsten des Erwerbslebens.

Die Erwerbsbeteiligung der Männer liegt, verglichen mit der der Frauen, auch derzeit noch auf hohem Niveau, hat sich aber im Verlauf der Jahrzehnte etwas verringert. Als hauptursächlich hierfür können die verlängerten Ausbildungszeiten gelten, die einen späteren Eintritt in den Arbeitsmarkt verursachen, sowie das gesunkene Renteneintrittsalter (Hradil 2006: 103/176) – und weniger der Ausstieg aus der Erwerbs- zugunsten der Familienarbeit. Die meisten Männer bevorzugen auch heute noch die Rolle des Vollzeiterwerbstätigen (Bertram et al. 2005: 30). Zudem sehen sie sich weiterhin mit dem sozialen Anspruch an sich konfrontiert, eine Familie (gegebenenfalls alleine) ernähren zu können. Jedoch steht dieses gesellschaftliche Leitbild des männlichen Alleinernährers vermehrt im Kontrast zur wirtschaftlichen Realität der (potenziellen) Väter. Insbesondere junge Männer können aufgrund der verlängerten Ausbildungszeiten, der Zunahme prekärer Arbeitsverhältnisse und der vergleichsweise hohen Arbeitslosigkeit dem Anspruch des Alleinernährers einer Familie immer seltener gerecht werden:

„Es zeigt sich aber auch, wie sehr – so lange sich der Schritt zur Elternschaft an Vorstellungen von Familie mit tradierten Rollen heftet – unser Familienmodell eines wirtschaftlicher Prosperität ist, dem seit den 90er Jahren die ‚Korsettstangen' des männlichen Lebenslaufs, d.h. die sichere Erwerbskarriere auf Basis des gelernten Berufs, wegbrechen (...)." (Krüger 2006: 196)

Diese Ambivalenz führt dazu, dass „immer weniger junge Männer sich die Ernährerrolle und die Familiengründung zutrauen" (Krüger 2006: 196) und somit die Familiengründung aufschieben oder unterlassen. Und dies, obwohl junge Frauen mittlerweile über gleich hohe (wenn nicht höhere) Bildungsqualifikationen als Männer verfügen, und somit durchaus in der Lage wären, gleichwertig zum Familieneinkommen beizutragen.

Zudem verhindert die vorherrschende Erwerbsorientierung von Männern vielfach eine stärkere männliche Beteiligung an der Haus- und Familienarbeit und damit eine Entlastung der Frauen und Mütter in diesem Bereich: Voraussetzung einer erfolgreichen beruflichen Karriere sind zumeist eine qualifizierte (und damit oft lange) Ausbildung, räumliche Mobilität und zeitliche Flexibilität sowie kontinuierliches Engagement im Beruf, so dass erwerbsorientierten Männern wenig Zeit für Familienarbeit bleibt: „Heutige Erwerbsarbeit fordert die ganze Person und lässt ihr kaum noch Raum, sich um eine Familie zu kümmern." (Schneider 2007: 67) Das Wirtschaftssystem zeigt hierbei eine „strukturelle Rücksichtslosigkeit" gegenüber familiären Verpflichtungen der Arbeitnehmenden (Kaufmann 2005: 152): Es ist bisher überwiegend indifferent gegenüber der Frage, ob Menschen Elternverantwortung übernommen haben oder nicht, und stellt dementsprechend an Kinderlose und Eltern die gleichen Ansprüche. Vielerorts herrscht (noch) das traditionelle Verständnis vor, nach dem der männliche Arbeitnehmer die familiären Pflichten seiner Arbeit unterzuordnen hat, so dass Väter bei der Inanspruchnahme betrieblicher familienfreundlicher Maßnahmen oft berufliche Nachteile befürchten (Schneider 2007: 72). Zudem sind Väter, die ihre Erwerbsarbeit unterbrechen oder aufgeben, um sich auf die Familienarbeit zu konzentrieren, oft mit Ablehnung und Unverständnis Ihrer Umwelt konfrontiert (Peuckert 2008: 280). Es kann sogar zu Konflikten mit der eigenen Partnerin kommen – nicht wenige Väter beklagen, dass die Partnerin ihren Kompetenzen in der Kindererziehung misstraut und ihr stärkeres Engagement in der Familie nicht akzeptiert (Bambey/Gumbinger 2006: 28). Dieser Sachverhalt kommt in dem Begriff des „Maternal Gatekeeping" zum Ausdruck, hinter dem die Annahme steht, dass einige Frauen den Vater aus der Erzieherrolle herausdrängen möchten, da sie sich in ihrer Mutterrolle eingeschränkt sehen:

„Briefly, maternal gatekeeping is a collection of beliefs and behaviors that ultimately inhibit a collaborative effort between men and women in family work by limiting men's opportunities for learning and growing through caring for home and children. (...) Maternal gatekeeping can be one important source of men's underinvolvement in domestic labor and may inhibit mutually satisfactory arrangements for sharing family work." (Allen/Hawkins 1999: 200).

Trotz dieser Problematiken wird in der Literatur in den letzten Jahren auf einen langsamen Wandel und damit einhergehend eine Aufwertung der Vaterrolle hingewiesen. Die „neuen Väter" beteiligen sich an der Hausarbeit und übernehmen eine aktive und engagierte Rolle bei der Erziehung und Betreuung ihrer Kinder (Volz/Zulehner 2009: 87f). Die Entfaltung neuer Väter wurde mit der Einführung des einkommensabhängigen Elterngeldes, insbesondere der Partnermonate, unterstützt. Dennoch zeigen Studien, dass aufgrund der beschriebenen Hindernisse die Anzahl „neuer Väter" vergleichsweise gering ist. So ist zwar der Anteil der Männer unter den Elternzeitnehmenden seit der Elterngeldreform deutlich gestiegen, jedoch sind Väter mit einem Anteil von 19 % (2009) immer noch deutlich unterrepräsentiert. Zudem beschränken sich die meisten der Väter (73 %) auf die Inanspruchnahme der zwei Partnermonate, während die überwiegende Mehrheit der Frauen (89 %) über die Dauer eines Jahres Elterngeld bezieht (StBA 2010: 8). Die Einstellung, dass Väter sich ebenfalls in der Kindererziehung engagieren sollten, scheint in den Köpfen der Väter bereits weit verbreitet, dennoch wird in der Praxis aufgrund äußerer Zwänge oft doch auf eine traditionelle Aufgabenteilung zurückgegriffen (Bambey/Gumbinger 2006: 29). Zudem scheint die Entwicklung der Vaterrolle nicht in Richtung eines einheitlichen, den Alleinernährer ablösenden Modelles zu verlaufen, sondern in einer

Vielzahl verschiedener Vatertypen zu resultieren.[19] Insgesamt lässt sich festhalten, dass „im Hinblick auf die Zukunft ‚neuer Väter' in Europa (...) zum gegenwärtigen Zeitpunkt ein skeptisches Fazit gezogen werden (muss); sowohl strukturelle als auch kulturelle Bedingungen scheinen deren Entwicklung gegenwärtig noch entgegenzustehen." (Hofäcker 2007: 200).

2 Familie und Erwerbsarbeit heute

Die vorangegangenen Kapitel haben eine Entwicklung aufgezeigt, die sich durch eine Pluralisierung von Lebensformen, eine gesunkene Geburtenrate verbunden mit einem steigenden Anteil Kinderloser sowie eine starke Erwerbsorientierung bei Frauen und Männern auszeichnet. Trotz dieser Tendenzen wird der Familie auch heute noch großer Wert beigemessen: Ehe und Familie werden von der Mehrheit der Deutschen immer noch als die ideale Lebensform angesehen (Nave-Herz 2006: 73). Zudem gehören eigene Kinder immer noch zum Lebensentwurf der meisten Deutschen: unter den 20 bis 39-Jährigen wünschen 80 % eigene Kinder oder sind bereits Eltern (Dorbritz et al. 2005: 36). Dabei liegt der durchschnittliche Kinderwunsch der Deutschen mit 1,74 Kindern (Frauen) bzw. 1,57 Kindern (Männer) (Dorbritz et al. 2005: 36) auf einem höheren Niveau als die tatsächliche Geburtenrate. Es lässt sich somit nicht von einem Bedeutungsverlust von Familie sprechen. Demgegenüber hat sich jedoch die Bedeutung von Erwerbsarbeit für Frauen erhöht. Dies äußert sich in dem gestiegenen Qualifikationsniveau sowie der erhöhten Erwerbsbeteiligung der Frauen. Frauen wie Männer streben nach Selbstverwirklichung und sozialer Anerkennung – und suchen diese zumeist in der Berufsarbeit.

Insgesamt hat sich somit eine Situation ergeben, in der sowohl der Familie als auch der Erwerbsarbeit ein hoher Wert beigemessen wird. Ein großer Teil der Menschen wünscht sich die Kombination dieser beiden Lebensbereiche: Folgt man der von Catherine Hakim (2000) entwickelten Einteilung in ausschließlich berufsorientierte, adaptive – d.h. die Vereinbarung wünschende – und haushaltsorientierte Menschen, so ergibt sich für Deutschland folgendes Bild:

[19] So identifizieren zum Beispiel Bambey/Gumbinger auf Basis einer Clusteranalyse sechs verschiedene Vätertypen, die von „traditionell-distanziert" bis „egalitär" reichen (Bambey/Gumbinger 2006: 27). Demgegenüber ermitteln Volz/Zulehner vier verschiedene Männer- und damit auch Vätertypen („teiltraditionell", „balancierend", „suchend" sowie „modern" (Volz/Zulehner 2009: 34).

Abbildung 2: Präferenzen für Erwerbs- und Familienarbeit (Angaben in Prozent für das Jahr 2000)

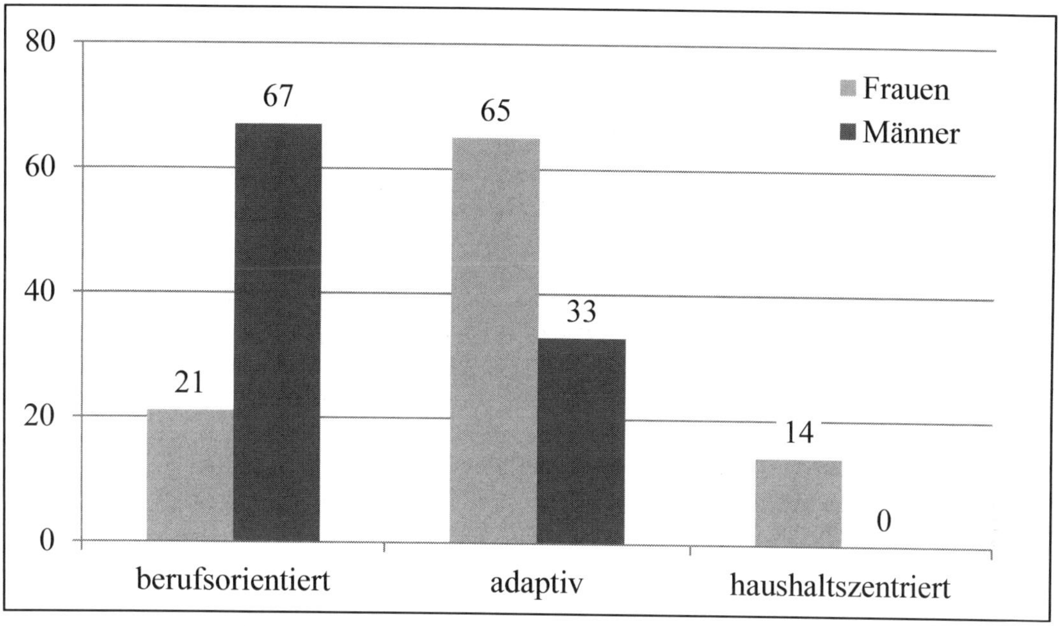

Quelle: Eigene Darstellung. Datenbasis: Bertram et al. 2005: 29f.

Dementsprechend bevorzugt die überwiegende Mehrheit der Frauen eine Kombination von Familie und Erwerbsarbeit, nur eine kleine Gruppe ist ausschließlich berufsorientiert oder haushaltsorientiert. Bei Männern überwiegt zwar immer noch die Berufsorientierung, jedoch wünscht sich hier immerhin ein Drittel die Vereinbarkeit der Lebensbereiche. Hierdurch wird die Möglichkeit der Vereinbarkeit von Beruf und Familie zu einem zentralen Baustein des gewünschten Lebensentwurfes junger Frauen und Männer. Jedoch stehen die Lebenssphären Arbeit und Familie bei jungen Menschen oft in zeitlicher Konkurrenz zueinander: Die langen Ausbildungszeiten sowie der hohe Anspruch an die materielle Ausstattung von Kindern und die Erziehungsleistungen von Eltern haben zu einer zeitlichen Verschiebung der Familiengründung geführt. Die berufliche Etablierung, der Aufbau einer ökonomischen Basis und einer stabilen zukunftsorientierten Partnerschaft sowie die Geburt von Kindern fallen zeitlich zusammen. Junge Menschen finden sich mit dem Abschluss der Ausbildung, oft nach dem 25. Lebensjahr, in der „Rush Hour des Lebens“ (Bertram et al., 2005: 45) wieder. Für Menschen in der „Rush Hour des Lebens“ ist das Risiko groß, nicht jedes ihrer Ziele verwirklichen zu können: Die berufliche Etablierung lässt unter Umständen keine Zeit für den Aufbau einer Paarbeziehung oder die Gründung einer Familie, oder die Betreuung und Erziehung der eigenen Kinder verhindert die kontinuierliche Verfolgung der beruflichen Ziele. Hierbei ist entscheidend, dass gesellschaftliche Vorstellungen von biographischen Ablaufstrukturen, d.h. von der idealen

Kombination und Reihenfolge einzelner Lebensabschnitte und -ereignisse, existieren (Birg et al. 1991: 22). Insbesondere die Heirat und/oder Elternschaft werden von vielen als verzichtbar bzw. als zeitlich am ehesten verschiebbar angesehen. So wird der Ausbildung und beruflichen Etablierung zunächst der Vorzug gegeben, während Heirat und Geburt des ersten Kindes aufgeschoben werden. Problematisch ist, dass die Familiengründung oft später nicht mehr nachgeholt wird, weil man sich an einen hohen Lebensstandard und die vergleichsweise große Unabhängigkeit gewöhnt hat oder weil eine Schwangerschaft aus biologischen Gründen nicht mehr möglich ist. Insgesamt entsteht die paradoxe Situation einer deutlich verkürzten Zeit für die Familiengründung bei gleichzeitig gestiegener Gesamtlebenszeit.

Abschließend lässt sich feststellen, dass Frauen wie Männer in Deutschland trotz Aufgabe des Standardlebensentwurfs seit den 1970er Jahren sowohl durch normative als auch praktische Zwänge in der Wahl ihres Lebensmodelles eingeschränkt werden. Um echte Wahlfreiheit in Bezug auf die berufliche Entwicklung, die private Lebens- bzw. Familienform sowie die Arbeitsteilung zwischen Frauen und Männern zu erreichen, bedarf es eines zweigliedrigen Wandels:

(1) Auf der normativen Ebene bedarf es eines Wandels der gesellschaftlichen Rollenbilder von Frauen und Männern. Die Kombination von Berufstätigkeit und Familienarbeit muss für beide Geschlechter zu einem sozial akzeptierten Lebensmodell werden, so dass berufstätige Mütter und sich in der Familienarbeit engagierende Väter keinen negativen Sanktionen ausgesetzt sind. Hierfür bedarf es auch einer Anerkennung der Familienarbeit als gesellschaftlich wertvoller Arbeit und damit einer Gleichstellung der Wertigkeit der Familienarbeit mit der Erwerbsarbeit.

(2) Auf der praktischen Ebene ist eine Verbesserung der Rahmenbedingungen für die Vereinbarkeit von Beruf und Familie gefordert. Nicht nur die sequentielle, sondern auch die simultane Vereinbarkeit von Erwerbs- und Familienarbeit muss ermöglicht werden, damit junge Menschen ihre gesamten Lebensziele realisieren können. Der Staat legt hierfür durch seine Familienpolitik die gesetzlichen Rahmenbedingungen fest und stellt Infrastruktur bereit. Um den individuell verschiedenen Vereinbarkeitsbedürfnissen der Menschen zu entsprechen, ist jedoch ebenso die Mitwirkung der Arbeitgebenden und der Beschäftigten selbst notwendig.

Literatur

Allen, S.M., Hawkins, A. J. (1999): Maternal Gatekeeping. Mother's beliefs and behaviors that inhibit greater father involvement in family work. In: Journal for Marriage and the Family. 61. Jahrgang. Heft 1/1999, S. 199-212.

Bambey, A., Gumbinger, H.-W. (2006): Neue Väter – andere Kinder? Das Vaterbild im Umbruch – Zwischen gesellschaftlichen Erwartungen und realer Umsetzung. In: Forschung Frankfurt, Heft 4/2006.

Bertram, H., Rösler, W., Ehlert, N. (2005): Nachhaltige Familienpolitik. Zukunftssicherung durch einen Dreiklang von Zeitpolitik, finanzieller Transferpolitik und Infrastrukturpolitik. Berlin.

Birg, H. (2001): Die demographische Zeitenwende. Der Bevölkerungsrückgang in Deutschland und Europa, München.

Birg, H. (2006): Die ausgefallene Generation. Was die Demographie über unsere Zukunft sagt. 2. Auflage. München.

Birg, H., Flöthmann, E.-J., Reiter, I. (1991): Biographische Theorie der demographischen Reproduktion. Frankfurt, New York.

Böckler-Impuls (2009): Erosion des Ernährermodells. [online abrufbar unter: http://www. boeckler-boxen.de/images/impuls_2009_03_3.pdf (letzter Zugriff am 30.06.2010)].

Bundesinstitut für Bevölkerungsforschung (Hrsg.) (2005): Bevölkerung. Fakten, Trends, Ursachen Erwartungen. Die wichtigsten Fragen. [online abrufbar unter: http://www.wissen.dsftberlin.de/ Bevoelkerung_Fakten__Trends__Ursachen__Erwartungen/Info-16-34-4-4.10.html (letzter Zugriff am 30.06.2010)].

Dorbritz, J., Lengerer, A., Ruckdeschel, K. (2005): Einstellungen zu demographischen Trends und zu bevölkerungsrelevanten Politiken. Ergebnisse der Population Policy Acceptance Study in Deutschland. Wiesbaden.

Geißler, R. (2006): Die Sozialstruktur Deutschlands: Zur gesellschaftlichen Entwicklung mit einer Bilanz zur Vereinigung. 4. Auflage. Wiesbaden.

Gerlach, I. (2010): Familienpolitik. 2. Auflage. Wiesbaden.

Hakim, C. (2000): Work-Lifestyle Choices in the 21th Century. Preference Theory, Oxford.

Hofäcker, D. (2007): Väter im internationalen Vergleich. In: Mühling, T./Rost, H. (Hrsg.): Väter im Blickpunkt. Perspektiven der Familienforschung. Opladen. S. 161-204.

Hradil, S. (2006): Die Sozialstruktur Deutschlands im internationalen Vergleich. 2. Auflage. Wiesbaden.

Hülskamp, N., Seyda, S. (2004): Staatliche Familienpolitik in der sozialen Marktwirtschaft: ökonomische Analyse und Bewertung familienpolitischer Maßnahmen. Köln.

Huinink, J., Konietzka, D. (2007): Familiensoziologie. Eine Einführung. Frankfurt, New York.

Inglehart, R. (1977): Silent Revolution. Changing Values and Political Styles among Western Publics. Princeton.

Inglehart, R. (2004): Human beliefs and values: a cross-cultural sourcebook based on the 1999 - 2002 values surveys. México, D.F.

Kaufmann, F. X. (1990): Zukunft der Familie. Stabilität, Stabilitätsrisiken und Wandel der familialen Lebensformen sowie ihre gesellschaftlichen und politischen Bedingungen. München.

Kaufmann, F. X. (2005): Schrumpfende Gesellschaft. Vom Bevölkerungsrückgang und seinen Folgen. Frankfurt am Main.

Keyfitz, N. (2006): The Family that does not reproduce itself. In: Davis, K., Bernstam, M., Ricardo-Campbell, R. (Hrsg.): Below-Replacement Fertility in Industrial Societies. Causes, Consequences, Policies. Cambridge. S. 139-154.

Krüger, H. (2006): Geschlechterrollen im Wandel – Modernisierung der Familienpolitik. In: Bertram, H. (Hrsg.): Wem gehört die Familie der Zukunft?: Expertisen zum 7. Familienbericht der Bundesregierung. Opladen. S. 191-206.

Nave-Herz, R. (2006): Ehe- und Familiensoziologie: eine Einführung in Geschichte, theoretische Ansätze und empirische Befunde. 2. Auflage. Weinheim.

Ogburn, W. F., Duncan, O. D. (Hrsg.) (1969): Kultur und sozialer Wandel. Neuwied.

Peuckert, R. (2008): Familienformen im sozialen Wandel. 7.Auflage. Wiesbaden.

Pothmann, J., Fendrich, S. (o. J.): Kinder- und Jugendhilfe wird zunehmend um Rat gefragt, Datenanalyse der Dortmunder Arbeitsstelle Kinder- und Jugendhilfestatistik. [online abrufbar unter: http://www.akjstat.uni-dortmund.de/akj/tabellen/kommentierungen/hilfenzurerziehung/hze2.pdf (letzter Zugriff am 30.06.2010)].

Schmidt, G. et al. (2006): Jugendschwangerschaften in Deutschland. Ergebnisse einer Studie mit 1801 schwangeren Frauen unter 18 Jahren. In: Zeitschrift für Sexualforschung. Heft 19/2006. S. 334-373.

Schneider, N. F. (2007): Work-Life-Balance – Neue Herausforderungen für eine zukunftsorientierte Personalpolitik aus soziologischer Perspektive. In: Dilger, A., Gerlach, I., Schneider, H. (2007): Betriebliche Familienpolitik. Potenziale und Instrumente aus multidisziplinärer Sicht. Wiesbaden. S. 64-74.

Statistisches Bundesamt (Hrsg.) (2006): Leben und Arbeiten in Deutschland. Sonderheft 2: Vereinbarkeit von Beruf und Familie. Ergebnisse des Mikrozensus 2005. [online abrufbar unter: https://www-ec.destatis.de/csp/shop/sfg/bpm.html.cms.cBroker.cls?cmspath=struktur,vollanzeige.csp&ID=1019709 (letzter Zugriff am 30.06.2010)].

Statistisches Bundesamt (Hrsg.) (2007): Geburten in Deutschland. [online abrufbar unter: http://www.destatis.de/jetspeed/portal/cms/Sites/destatis/Internet/DE/Content/Publikationen/Fachveroeffentlichungen/Bevoelkerung/BroschuereGeburtenDeutschland,property=file.pdf (letzter Zugriff am 30.06.2010)].

Statistisches Bundesamt (Hrsg.) (2008): Datenreport 2008. [online abrufbar unter: http://www.destatis.de/jetspeed/portal/cms/Sites/destatis/Internet/DE/Content/Publikationen/Querschnittsveroeffentlichungen/Datenreport/Downloads/Datenreport2008,property=file.pdf (letzter Zugriff am 30.06.2010)].

Statistisches Bundesamt (Hrsg.) (2009a): Statistisches Jahrbuch 2009. [online abrufbar unter: http://www.destatis.de/jetspeed/portal/cms/Sites/destatis/Internet/DE/Navigation/Publikationen/Querschnittsveroeffentlichungen/JahrbuchDownlads,templateId=renderPrint.psml__nnn=true (letzter Zugriff am 30.06.2010)].

Statistisches Bundesamt (Hrsg.) (2009b): Bevölkerung und Erwerbstätigkeit. Struktur der sozialversicherungspflichtig Beschäftigten, 30. Juni 2008. [online abrufbar unter: https://www-ec.destatis.de/csp/shop/sfg/bpm.html.cms.cBroker.cls?cmspath=struktur,vollanzeige.csp&ID=1024008 (letzter Zugriff am 30.06.2010)].

Statistisches Bundesamt (Hrsg.) (2009c): Bevölkerung und Erwerbstätigkeit. Haushalte und Familien. Ergebnisse des Mikrozensus 2008. [online unter: https://www-ec.destatis.de/csp/shop/sfg/bpm.html.cms.cBroker.cls?cmspath=struktur,vollanzeige.csp&ID= 1024309 (letzter Zugriff am 30.06.2010)].

Statistisches Bundesamt (Hrsg.) (2010): Öffentliche Sozialleistungen. Statistik zum Elterngeld. Gemeldete beendete Leistungsbezüge 2009. [online abrufbar unter: https://www-ec.destatis.de/csp/shop/sfg/bpm.html.cms.cBroker.cls?CSPCHD=0080000100004688ggAS000000XxmfEfFLjwmmGwnfTT2Vhw--&cmspath=struktur,vollanzeige.csp&ID= 1025404 (letzter Zugriff am 30.06.2010)].

Volz, R., Zulehner, P. M. (2009): Männer in Bewegung. Zehn Jahre Männerentwicklung in Deutschland. Baden-Baden.

Ökonomische Rahmenbedingungen betrieblicher Familienpolitik

Helmut Schneider

Einleitung

Die Bemühungen um eine bessere Vereinbarkeit von Beruf und Familie der letzten Dekade waren von einem grundsätzlichen Konsens zwischen Politik und Tarifparteien gekennzeichnet. Wesentlicher Treiber dieser Interessenkonvergenz waren die ökonomischen Vorteile einer besseren Vereinbarkeit. In diesem Sinne stellen staatliche und betriebliche Maßnahmen für eine bessere Vereinbarkeit von Beruf und Familie eine Investitionsentscheidung dar, deren Rendite im Kern in der Vermeidung von Folgekosten einer Unvereinbarkeit von Beruf und Familie liegt. Diese Folgekosten entstehen sowohl auf gesellschaftlicher wie auf individueller Ebene, wobei hier noch einmal zwischen der Perspektive von Beschäftigten und der von Arbeitgebern differenziert werden kann.

Wachsen die Gesamtfolgekosten einer Unvereinbarkeit an, steigt die Rendite von Maßnahmen für eine bessere Vereinbarkeit. Vor diesem Hintergrund adressiert der Beitrag zentrale ökonomische Rahmenbedingungen, die Wirkungen auf die Folgekosten einer Unvereinbarkeit von Beruf und Familie ausüben. Hierbei soll zwischen einer gesamt- und einer einzelwirtschaftlichen Perspektive unterschieden werden. Im Rahmen der einzelwirtschaftlichen Perspektive werden einerseits betriebliche, andererseits haushaltsbezogene Rahmenbedingungen diskutiert (vgl. Abb. 1).

Abbildung 1: Ökonomische Rahmenbedingungen einer betrieblichen Familienpolitik

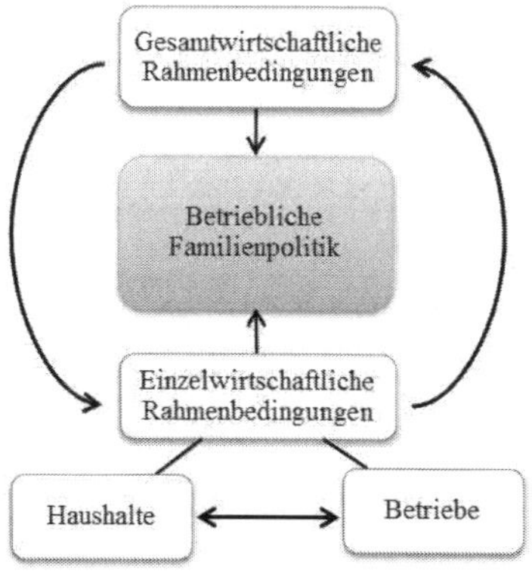

Quelle: Eigene Darstellung.

1 Gesamtwirtschaftliche Rahmenbedingungen

Im Rahmen der Erörterung gesamtwirtschaftlicher Rahmenbedingungen sollen zwei Argumente reflektiert werden, von denen eine große Wirkung auf die Folgekosten einer mangelnden Vereinbarkeit von Beruf und Familie ausgeht. Zum einen die Veränderung hinsichtlich Menge und Qualifikationsniveau des Erwerbspersonenpotenzials. Zum anderen das demografisch bedingte Wachstum der Pflege- und Hilfebedürftigen.

Im Hinblick auf das **Erwerbspersonenpotenzial** wird hier den Definitionen des IAB gefolgt (vgl. Fuchs 2002: 81). Das IAB unterscheidet dabei drei Potenzialgrößen: das konjunkturelle Erwerbspersonenpotenzial, das latente Potenzial an Arbeitskräften sowie das totale Arbeitskräftepotenzial (vgl. Tab. 1).

Tabelle 1: Klassifikation Erwerbstätiger und potenziell Erwerbstätiger nach IAB

<table>
<tr><td>Erwerbstätige</td><td rowspan="2">Erwerbs-
personen</td><td rowspan="3">Konjunkturelles
Erwerbs-
personenpotenzial</td><td rowspan="4">Latentes
Erwerbs-
personen-
potenzial</td><td rowspan="5">Totales Arbeits-
kräftepotenzial</td></tr>
<tr><td>Erwerbslose</td></tr>
<tr><td colspan="2">Stille Reserve</td></tr>
<tr><td colspan="3">Personen, die unter anderen
Rahmenbedingungen erwerbsbereit sind</td></tr>
<tr><td colspan="4">Sonstige Nicht-Erwerbspersonen</td></tr>
</table>

Quelle: Eigene Darstellung auf Grundlage von Fuchs 2002.

Die Ermittlung des totalen Arbeitskräftepotenzials, festgemacht an der Bevölkerung im erwerbsfähigen Alter (typischerweise 20-65 Jahre), sowie die Ermittlung der Erwerbstätigen sind dabei in der Regel mit wenig statistischer Unsicherheit behaftet. Die Klassifizierung der Nicht-Erwerbstätigen in Erwerbslose, stille Reserve, Personen, die unter anderen Rahmbedingungen erwerbsbereit sind sowie sonstige Nicht-Erwerbspersonen, ist hingegen mit großen methodischen Schwierigkeiten verbunden (vgl. Fuchs 2002), da hierzu die Verteilung der unterschiedlichen Ursachen einer faktischen Nicht-Erwerbstätigkeit geschätzt werden muss. Hier soll nicht der Versuch unternommen werden, einen Beitrag zu dieser Diskussion zu leisten. Stattdessen soll auf Basis simulierender Berechnungen die Relevanz einer besseren Vereinbarkeit von Beruf und Familie deutlich gemacht werden.

Grundlage der Überlegungen ist dabei die Prognose über die Entwicklung der Bevölkerungszahl und den Altersaufbau im Jahre 2030. Den Referenzpunkt der Analysen bildet das Jahr 2008. Die Ausgangssituation stellt sich in den relevanten Variablen wie folgt dar (vgl. Tab. 2):

Tabelle 2: Erwerbstätigkeit und Bevölkerung im Jahr 2008

1	Bevölkerung (in Mio.) [1]	82,12
2	Totales Arbeitskräftepotenzial (in Mio.) [2]	49,70
3	Erwerbstätige (in Mio.) [3]	40,28
4 (=3/2)	Anteil Erwerbstätiger an totalem Arbeitskräftepotenzial	0,81
5	Gesamtstunden Erwerbstätigkeit (in Mio.) [4]	57.449,70
6 (5/3)	Arbeitsstunden pro Erwerbstätigem	1.426,40
7 (5/1)	Arbeitsstunden pro Einwohner	699,59
etwaige Abweichungen rundungsbedingt		

Quellen: [1], [3], [4] Arbeitskreis Volkswirtschaftliche Gesamtrechnung 2011; [2] StBA 2011a.

Als sicher angenommen werden kann, dass die Bevölkerung in Deutschland bis zum Jahre 2030 ebenso wie das totale Arbeitskräftepotenzial abnehmen wird. Hier wird die Variante W 1 der 12. koordinierten Bevölkerungsvorausberechnung zugrunde gelegt. Demnach sinkt die Gesamtbevölkerung bis zum Jahre 2030 auf 77,4 Mio. und das totale Arbeitskräftepotenzial (Bevölkerung im Alter zwischen 20 und 65 Jahren) auf 42,2 Mio. (44,77 Mio. im Alter zwischen 20 und 67 Jahren) (vgl. StBA 2009). Nachfolgend soll simuliert werden, welche Variablen sich in welchem Ausmaß verändern müssten, wenn die Gesellschaft auch im Jahre 2030 einen Arbeitsinput von 699,59 Stunden pro Kopf mit entsprechendem ökonomischem Wohlstandsniveau erreichen möchte. Der Simulation liegen dabei folgende vereinfachende Annahmen zugrunde: Erstens wird kein Produktivitätsfortschritt berücksichtigt. Zweitens beinhalten die Berechnungen keine Annahmen über die Arbeitsnachfrage und damit über die tatsächlich realisierte Beschäftigung und den entsprechenden ökonomischen Wohlstand. Drittens sind in der Bevölkerungsprognose des Jahres 2030 bereits Annahmen über den Wanderungssaldo enthalten, der in den Simulationen ebenfalls verändert wird. Viertens schließlich ist die bereits beschlossene stufenweise Erhöhung des Renteneintrittszeitalters auf 67 Jahre in den Werten für das Jahr 2030 berücksichtigt, was die Vergleichbarkeit zum Basisjahr 2008 einschränkt. Insofern stellen die Berechnungen nur eine grobe Annäherung an die tatsächlichen Verhältnisse dar. Dies erscheint allerdings vor dem Zweck der Modellierung gerechtfertigt, da es sich um systematische Fehler handelt und hier die Veränderungsnotwendigkeit der unterschiedlichen Inputvariablen des Modells plastisch gemacht werden soll.

Will die Gesellschaft im Jahre 2030 das gleiches Arbeitsvolumen pro Kopf realisieren wie in 2008, so ergeben sich hierfür analytisch vier Möglichkeiten: (1) Zuwanderung respektive Verhinderung von Abwanderung, (2) Veränderung der Altersgrenze hinsichtlich der Zugehörigkeit zum totalen Arbeitskräftepotenzial, (3) Erhöhung der Arbeitszeit pro Erwerbstätigem und (4) Steigerung der Erwerbsbeteiligung (Verhältnis von Erwerbstätigen zu totalem Arbeitskräftepotenzial). Tabelle 3 zeigt die Ergebnisse der Simulationsrechnungen auf Grundlage der isolierten Veränderung jeweils einer dieser Variablen.

Tabelle 3: Optionen zur Sicherung des Arbeitskräfteangebotes – Ergebnisse von Simulationsrechnungen

	2008*	2030*	Veränderung in %**
Veränderung auf Grundlage der Bevölkerungsprognose			
Gesamtbevölkerung (in Mio.)	82,12	77,40	-5,75
totales Arbeitskräftepotenzial (in Mio.)	49,70	44,77	-9,91
Erwerbstätige (in Mio.)	40,28	36,28	-9,91
Erwerbstätige zu totalem Arbeitskräftepotenzial (in %)	0,81	0,81	-
geleistete Arbeitsstunden Gesamt (in Mio.)	57.449,70	51.754,43	-9,91
geleistete Stunden pro Erwerbstätigem	1.426,40	1.426,40	-
geleistete Arbeitsstunden pro Einwohner	699,59	668,66	-4,42
Option 1: Zuwanderung/Abwanderung (nur im erwerbsfähigen Alter)			
Gesamtbevölkerung (in Mio.)	82,12	82,65	0,64
totales Arbeitskräftepotenzial (in Mio.)	49,70	50,02	0,64
Erwerbstätige (in Mio.)	40,28	40,53	0,64
Erwerbstätige zu totalem Arbeitskräftepotenzial (in %)	0,81	0,81	-
geleistete Arbeitsstunden Gesamt (in Mio.)	57.449,70	57.818,43	0,64
geleistete Stunden pro Erwerbstätigem	1.426,40	1.426,40	-
geleistete Arbeitsstunden pro Einwohner	699,59	699,59	-
Option 2: Veränderung der Altersgrenze (69 Jahre)*			
Gesamtbevölkerung (in Mio.)	82,12	77,40	-5,75
totales Arbeitskräftepotenzial (in Mio.)	49,70	46,84	-5,75
Erwerbstätige (in Mio.)	40,28	37,96	-5,75
Erwerbstätige zu totalem Arbeitskräftepotenzial (in %)	0,81	0,81	-
geleistete Arbeitsstunden Gesamt (in Mio.)	57.449,70	54.148,35	-5,75
geleistete Stunden pro Erwerbstätigem	1.426,40	1.426,40	-
geleistete Arbeitsstunden pro Einwohner	699,59	699,59	-

	2008*	2030*	Veränderung in %**
Option 3: Verlängerung der durchschnittlichen Arbeitszeit			
Gesamtbevölkerung (in Mio.)	82,12	77,40	-5,75
totales Arbeitskräftepotenzial (in Mio.)	49,70	44,77	-9,91
Erwerbstätige (in Mio.)	40,28	36,28	-9,91
Erwerbstätige zu totalem Arbeitskräftepotenzial (in %)	0,81	0,81	-
geleistete Arbeitsstunden Gesamt (in Mio.)	57.449,70	54.148,39	-5,75
geleistete Stunden pro Erwerbstätigem	1.426,40	1.492,38	4,63
geleistete Arbeitsstunden pro Einwohner	699,59	699,59	-
Option 4: Erhöhung der Erwerbsbeteiligung			
Gesamtbevölkerung (in Mio.)	82,12	77,40	-5,75
totales Arbeitskräftepotenzial (in Mio.)	49,70	44,77	-9,91
Erwerbstätige (in Mio.)	40,28	37,96	-5,75
Erwerbstätige zu totalem Arbeitskräftepotenzial (in %)	0,81	0,85	4,63
geleistete Arbeitsstunden Gesamt (in Mio.)	57.449,70	54.148,57	-5,75
geleistete Stunden pro Erwerbstätigem	1.426,40	1.426,40	-
geleistete Arbeitsstunden pro Einwohner	699,59	699,59	-
etwaige Abweichungen rundungsbedingt			
* 2008: 20-65 Jahre; 2030: 20-67 Jahre ** in Relation zum Jahr 2008 *** das prognostizierte totale Arbeitskräftepotenzial (20-69 Jahre) für das Jahr 2030 liegt tatsächlich bei 47,316 Mio.			

Quelle: Eigene Berechnungen.

Ungeachtet der vereinfachenden Annahmen der Berechnungen verdeutlicht Tab. 3 die erforderlichen Anstrengungen zur Stabilisierung des Arbeitskräftepotenzials. In der Ausgangssituation ist die Bevölkerung um knapp 6 % geschrumpft, die geleisteten Arbeitsstunden pro Einwohner als Indikator für den ökonomischen Wohlstand pro Kopf sinken aufgrund des überproportionalen Rückgangs der Bevölkerung im erwerbsfähigen Alter (knapp -10 %) um rund 4,5 %. In Option 1 wird simuliert, wie stark die Bevölkerung durch Veränderung des Wanderungssaldos wachsen müsste, um die jährlichen Arbeitsstunden pro Kopf konstant zu halten. Unter der Annahme, dass der Bevölkerungszuwachs lediglich in der Altersgruppe 20 bis 65 Jahre stattfindet, wäre ein Zuwachs von rund 5,3 Mio. Menschen erforderlich. Dieser starke Anstieg resultiert aus der Tatsache, dass diese Gruppe nicht nur die „eigenen" Arbeitsstunden pro Kopf und Jahr leisten müsste, sondern darüber hinaus den demografisch bedingten Rückgang in der Erwerbstätigkeit der Ausgangsbevölkerung kompensieren müsste. Option 2 setzt an einer (weiteren) Veränderung der altersbezogenen Definition des totalen Erwerbspersonenpotenzials an. Unter Berücksichtigung der verschobenen Altersstruktur im Jahre 2030 wäre eine Anhebung der Altersgrenze auf 69 Jahre erforderlich, um zur gleichen Arbeitsleistung pro Kopf zu kommen. Die dritte Option zeigt eine erforderliche Erhöhung der jährlichen Arbeitszeit pro Erwerbstätigem an: Sie müsste um ca. 5 % steigen. Die gleiche prozentuale Veränderung ergibt sich bei Option 4, in der eine Modifikation der Erwerbsbeteiligung modelliert wird. Demnach müsste der Anteil der Erwerbstätigen an der Bevölkerung im erwerbsfähigen Alter von rund 81 % auf 85 % steigen.

Die aufgezeigten Optionen sollen hier nicht im Hinblick auf die mit ihnen verbundenen ökonomischen und politischen Folgekosten verglichen werden. Insgesamt kann aber konstatiert werden, dass die Veränderung nur einer Variablen vermutlich prohibitiv hohe Folgekosten nach sich zöge und damit ein kaum zu erwartendes Szenario darstellt. Zudem kann unterstellt werden, dass eine Erhöhung der Erwerbsbeteiligung (Option 4) für den Fall, dass eine Erwerbstätigkeit grundsätzlich erwünscht ist, aufgrund der Rahmenbedingungen des Arbeitsmarktes aber nicht realisiert wird, die gesellschaftlich attraktivste Option ist. Während eine erhöhte Zuwanderung und die Verlängerung der Lebens- respektive Wochenarbeitszeit mit gesellschaftlichen Konflikten verbunden sind, ist eine erhöhte Erwerbsbeteiligung unter der Prämisse einer grundsätzlich erwünschten Erwerbstätigkeit weniger konfliktbehaftet. In diese Kategorie fällt auch eine unerwünschte Nicht-Erwerbstätigkeit aufgrund der Wahrnehmung familiärer Verantwortung (vgl. Eichhorst/Marx/Tobsch 2011).

Zusammenfassend zielt die erste hier entwickelte Argumentationslinie auf die demografisch bedingte Veränderung des Arbeitskräftepotenzials. Unter der Annahme, dass die Gesellschaft auch unter den Bedingungen einer kleineren und älteren Gesamtbevölkerung ein ähnliches Wohlstandsniveau erreichen möchte, ergeben sich mit einer Beeinflussung des Wanderungssaldos, einer Verlängerung der Lebens- oder Wochenarbeitszeit sowie einer erhöhten Ausschöpfung des totalen Arbeitskräftepotenzials vier Handlungsmöglichkeiten. Eine bessere Vereinbarkeit von Beruf und Familie gewinnt vor dem Hintergrund der angestellten Berechnungen zukünftig weiter an Bedeutung, da hiermit eine Variable beeinflusst werden kann, die unter Annahme einer grundsätzlichen Erwerbsneigung von Menschen mit familiärer Verantwortung in Relation zu den anderen Optionen das geringste gesellschaftliche Konfliktpotenzial beinhaltet.

Neben gesamtwirtschaftlich relevanten Veränderungen im Mengengerüst des Erwerbspersonenpotenzials übt zweitens das **Qualifikationsniveau** der (potenziell) Erwerbstätigen Einfluss auf die Opportunitätskosten einer Nicht-Erwerbstätigkeit aus: Mit zunehmender Qualifikation wächst die potenzielle Wertschöpfung eines Nicht-Erwerbstätigen. Gleichzeitig steigt mit zunehmender Qualifikation die Wahrscheinlichkeit einer tatsächlichen Wertschöpfung im Falle einer gewünschten Erwerbstätigkeit aufgrund einer erhöhten Beschäftigungswahrscheinlichkeit (vgl. Lott 2010). Im Hinblick auf das Vereinbarkeitsthema bedeutet dies, dass die gesellschaftlichen Folgekosten einer mangelnden Vereinbarkeit von Beruf und Familie mit dem Qualifikationsniveau der familienbedingt Nicht-Erwerbstätigen anwachsen. Dabei wird Verantwortung für Familie immer noch zum überwiegenden Teil von Frauen übernommen. Dies gilt sowohl für Erziehungs- und Pflegeaufgaben als auch und insbesondere für die Hausarbeit. Unabhängig davon, ob eigene Kinder vorhanden sind oder nicht, verwenden Frauen ein größeres Zeitbudget für Familienarbeit. Bei Personen mit minderjährigen Kindern nimmt diese Tendenz stark zu Lasten einer geringeren Beteiligung am Erwerbsleben zu (vgl. Tab. 4).

Tabelle 4: Werktägliche Zeitbudgetallokation nach Geschlecht

	Gesamt		Personen zwischen 20 und 40 ohne Kinder		Personen mit minderjährigen Kindern		Personen über 60	
	M	F	M	F	M	F	M	F
Schlafen	08:23	08:30	08:18	08:21	07:56	08:14	08:33	08:35
sonstige Eigenzeit	02:32	02:44	02:14	02:28	02:27	02:34	03:04	03:05
Erwerbsarbeit/ Weiterbildung	03:51	02:20	05:28	04:55	05:17	02:12	00:41	00:13
Hausarbeit	02:21	03:52	01:35	02:15	02:18	04:32	03:41	04:55
Kinderbetreuung und Pflege	00:16	00:29	00:09	00:14	00:40	01:25	00:14	00:14
Freizeit	06:34	06:03	06:14	05:43	05:19	04:59	07:44	06:56
Summe	24:00	24:00	24:00	24:00	24:00	24:00	24:00	24:00
M: Männer; F: Frauen								

Quelle: Zeitbudgeterhebung 2001/2002; Berechnungen des ifo-Instituts für den 8. Familienbericht, BMFSFJ 2012

Primär sind somit Frauen von der Konfliktlinie zwischen Beruf und Familie betroffen. Offenbar verringern sie im Fall des Auftretens familiärer Zeitbedarfe ihre Erwerbsbeteiligung zu einem weit größeren Teil als Männer. Gleichzeitig ist das Qualifikationsniveau von Frauen in den letzten Dekaden kontinuierlich gestiegen. Als Indikator für das gewachsene Qualifikationsniveau von Frauen sollen hier Daten von Eurostat (2012) herangezogen werden, das unter anderem zwischen unterem und höherem Sekundarabschluss unterscheidet. Demnach hat sich die Verteilung zwischen Menschen mit unterem und höherem Sekundarabschluss bei Männern seit 1992 im Kern nicht verändert. Die Verteilung schwankt um die Werte 80 % (mindestens höherer Sekundarabschluss) bzw. 20 % (unterer Sekundarabschluss). Bei Frauen hingegen zeigt sich ungeachtet einer auch hier zu beobachtenden Volatilität insgesamt ein Trend in Richtung höherer Bildungsabschlüsse. Lag die Verteilung 1992 noch bei 30 % (unterer Sekundarabschluss) zu 70 % (höherer Sekundarabschluss), ähnelte sie 2010 mit 23 % zu 77 % in etwa derjenigen von Männern (vgl. Abb. 2).

Abbildung 2: Bildungsabschlüsse von Männern und Frauen im Zeitraum 1992-2010

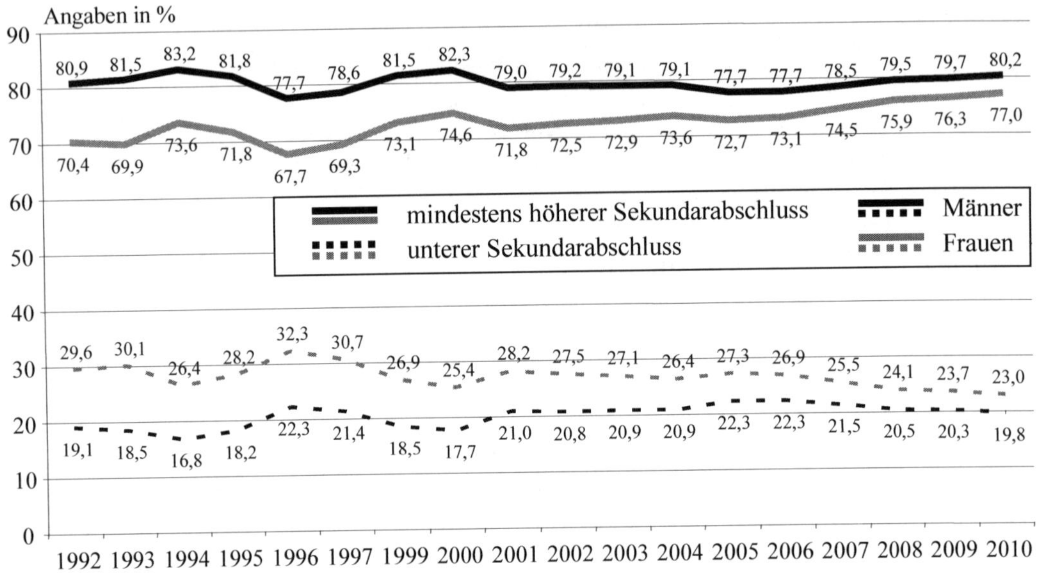

Quelle: Eurostat 2012.

Auch andere Indikatoren, wie die Geschlechterverteilung bei Studierenden und Studienberechtigten, deuten in die Richtung eines gestiegenen Bildungsniveaus von Frauen. So ist der Anteil weiblicher Studierender von 41,7 % im Jahr 1995 auf 47,3 % in 2011 gewachsen (StBA 2012a). Der Anteil weiblicher Abiturienten ist von 39,4 % im Jahr 1970 auf 55,3 % in 2011 (StBA 2012b) gestiegen.

Zusammenfassend erschwert respektive verhindert eine mangelnde Vereinbarkeit von Beruf und Familie die simultane Übernahme von Familienverantwortung und Erwerbstätigkeit. Die hieraus resultierenden Folgekosten in Form entgangener ökonomischer Wertschöpfung wachsen mit steigendem Qualifikationsniveau der Betroffenen. In den letzten Dekaden ist das Qualifikationsniveau von Frauen stark gestiegen, die gleichzeitig den Großteil der Familienarbeit leisten. Damit haben auch die gesellschaftlichen Folgekosten einer mangelnden Vereinbarkeit von Beruf und Familie zugenommen.

Neben Veränderungen in Menge und Qualifikation des Arbeitskräftepotenzials übt das demografisch bedingte Wachstum der erforderlichen **Unterstützung älterer Menschen** Einfluss auf die Folgekosten einer Unvereinbarkeit von Beruf und Familie aus (vgl. Schneider/Heinze/Hering 2011). Während die Gesellschaft über das Mengengerüst an zu erbringender Familienarbeit im Hinblick auf die Erziehung und Betreuung von Kindern grundsätzlich eine Wahlmöglichkeit besitzt, gilt dies für die Betreuung von pflegebedürftigen Menschen nicht. Im Hinblick auf den Zeitwettbewerb zwischen Beruf und Familie entsteht somit eine quasi exogen getriebene Nachfrage nach Familienzeit. Dieser Bedarf an Familienzeit wird angesichts der veränderten Altersstruktur der Bevölkerung in den nächsten Dekaden stark anwachsen.

Im Jahre 2009 waren 2,34 Mio. Menschen im Sinne des Pflegeversicherungsgesetzes (SGB XI) pflegebedürftig (StBA 2011b). Davon wurden knapp 70 % zu Hause, gut 30 % vollstationär versorgt. Legt man die Pflegequoten für die einzelnen Alterskohorten sowie die Verteilung auf unterschiedliche Pflegearrangements (zu Hause, vollstationär) des Jahres 2009 für die Bevölkerungsverteilung der Jahre 2030 respektive 2050 zugrunde (Variante W 1, StBA 2009), so ergeben sich folgende Ergebnisse hinsichtlich der Anzahl Pflegebedürftiger (vgl. Tab. 5).

Tabelle 5: Prognose über Anzahl Pflegebedürftiger für die Jahre 2030 und 2050

Jahr	Gesamt	Veränderung (%)	Männer	Veränderung (%)	Frauen	Veränderung (%)	zu Hause	Veränderung (%)	vollstationär	Veränderung (%)
2009	2.338		772		1.566		1.621		717	
2030	3.411	45,9	1.159	50,2	2.167	38,3	2.244	38,5	1.167	62,6
2050	4.589	96,2	1.509	95,5	2.905	85,4	2.905	79,2	1.684	134,7
Angaben in 1.000										

Quelle: Eigene Berechnungen auf Grundlage von StBA 2009; StBA 2011b.

Im Vergleich zum Jahr 2009 ist im Jahr 2030 die Gesamtzahl an Pflegebedürftigen (im Sinne des Pflegeversicherungsgesetzes) um 45,9 % gestiegen, bis zum Jahr 2050 hat sich die Zahl nahezu verdoppelt. Dabei wächst der Anteil von Pflegebedürftigen, die vollstationär versorgt werden, überproportional. Die Zahl der in Pflegeheimen vollstationär Betreuten steigt um 62,6 % (2030) respektive 134,7 % (2050).

Damit entsteht ein immenser gesellschaftlicher Anpassungsbedarf (vgl. Blinkert/Klie 2008). Der Optionsraum zur Bewältigung dieses Anpassungsbedarfs ist begrenzt. Erstens sind präventive Strategien für eine Entkopplung der veränderten Altersstruktur und dem daraus resultierenden Pflegebedarf zu prüfen (vgl. Blinkert 2007). Zweitens sind Ansatzpunkte für eine Produktivitätssteigerung im Pflegekontext zu eruieren (vgl. BMG 2011: 101). Hierbei gilt es jedoch, die Qualität der Pflegeleistung sicherzustellen. Drittens ist eine Erhöhung des Pflegepersonals (stationäre und ambulante Pflege) zu reflektieren (vgl. Blinkert 2007). Angesicht des skizzierten Rückgangs des Arbeitskräftepotenzials wäre dies vermutlich aber nur bei einer veränderten Allokation des Arbeitskräftepotenzials möglich, womit zumindest makroökonomische Folgekosten in Form eines Strukturwandels verbunden wären. Dies wiegt umso schwerer, als dass das starke Wachstum des Pflegebedarfs absehbar vorübergehender Natur ist. Darüber hinaus wären Wohlstandseinbußen aufgrund der vergleichsweise niedrigen Kapitalintensität des Pflegesektors mit resultierend in Relation zu kapitalintensiven Branchen reduzierter Arbeitsproduktivität zu erwarten. Viertens schließlich könnte der wachsende Pflegebedarf im Wesentlichen über familiäre oder nachbarschaftliche Unterstützungsnetzwerke gedeckt werden, was eine veränderte Allokation von Zeitbudgets der Unterstützer nach sich ziehen würde (vgl. BMFSFJ 2012). Scheiden Mitglieder dieser Unterstützungsnetzwerke aufgrund der Unvereinbarkeit von Beruf und Pflegeaufgaben aus der Erwerbstätigkeit, entstehen abermals gesellschaftliche (und individuelle) Folgekosten (vgl. Schneider/Heinze/Hering 2011).

Zusammenfassend induziert der demografische Wandel ein (temporär) starkes Wachstum des Pflegebedarfs, das eine Kombination der aufgezeigten Handlungsmöglichkeiten erfordert. Die Entschärfung der Konfliktlinie zwischen Beruf und Pflegeaufgaben wird dabei einen wesentlichen Stellenwert einnehmen, um die Folgekosten des wachsenden Pflegebedarfs in einem gesellschaftlich konsensfähigen Rahmen zu halten.

2 Einzelwirtschaftliche Rahmenbedingungen

2.1 Unternehmensperspektive

Aus Perspektive der Unternehmen ist zunächst die bereits auf gesamtwirtschaftlicher Ebene diskutierte Abnahme des Erwerbspersonenpotenzials zu erörtern. Aus einzelwirtschaftlicher Sicht gehen damit grundlegende **Veränderungen der Personalmärkte** einher – sie wandeln sich von Käufer- zu Verkäufermärkten. Es ist anzunehmen, dass dieser Wandel Theorie und Praxis der Personalwirtschaft ähnlich grundlegend verändern wird wie der Wandel auf den Absatzmärkten in den 1960er Jahren die Absatzwirtschaft verändert hat, aus der in Folge die Marketingwissenschaft entstanden ist (vgl. Sabel 1998). Angesichts des verschärften Wettbewerbs um Personalressourcen werden sich Arbeitgeber in immer stärkerem Maße an die Wünsche potenzieller Beschäftigter anpassen müssen. Die Personalwirtschaft wird zukünftig also weniger von der Frage bestimmt, welcher Beschäftigte bestmöglich zum Unternehmen passt, sondern vielmehr von der Frage, wie sich das Unternehmen bestmöglich, d.h. unter Beachtung von Effektivitäts- und Effizienzkriterien, an die Anforderungen der Beschäftigten anpassen kann. Das Spektrum potenziell attraktivitätssteigernder Instrumente ist für Arbeitgeber dabei sehr breit. Es reicht von Entgeltgestaltung über Entwicklungs- und Selbstverwirklichungspotenziale bis hin zu Dienstwagen oder betrieblicher Altersvorsorge. Auch eine bessere Vereinbarkeit von Beruf und Familie gehört in diesen Kontext. Abbildung 3 zeigt ein im Rahmen einer Arbeitgeberkampagne eingesetztes Motiv des Handelsunternehmens REWE, das eine bessere Vereinbarkeit von Beruf und Familie thematisiert.

Abbildung 3: Beispiel für den Einsatz von Vereinbarkeitsargumenten im Personalmarketing

Quelle: REWE

Aus betriebswirtschaftlicher Sicht ist in diesem Zusammenhang zunächst zu prüfen, inwieweit eine bessere Vereinbarkeit von Beruf und Familie für welche Zielgruppen unter aktuellen und potenziellen Beschäftigten welche Relevanz für die Arbeitgeberloyalität respektive -attraktion besitzt (Effektivitätsperspektive). Mit anderen Worten geht es um die Frage, wie bedeutsam eine bessere Vereinbarkeit von Beruf und Familie für Beschäftigte, insbesondere in Relation zu anderen attraktivitätsrelevanten Merkmalen, ist. Das BMFSFJ hat mit seinen empirischen Studien zur Familienfreundlichkeit von Unternehmen (BMFSFJ 2007; BMFSFJ 2010) erste Befunde zur relativen Bedeutsamkeit der Vereinbarkeit von Beruf und Familie aus Sicht von aktuellen und potenziellen Beschäftigten vorgelegt. Demnach spielt für 90 % der Beschäftigten mit Kindern unter 18 Jahren die Vereinbarkeit von Beruf und Familie bei der Wahl eines neuen Arbeitgebers eine wichtigere oder ebenso wichtige Rolle wie das Gehalt. 67 % der Befragten würden für eine bessere Vereinbarkeit von Beruf und Familie die Stelle wechseln (BMFSFJ 2010: 6). Diese Befunde sind Indikationen für die Relevanz einer besseren Vereinbarkeit von Beruf und Familie im Rahmen des Personalmarketing. Gleichwohl bleiben im Kontext der

Bedeutung einer besseren Vereinbarkeit von Beruf und Familie noch offene Fragen. In Analogie zum Konzept von Wettbewerbsvorteilen im Absatzmarkt (vgl. Backhaus/Schneider 2009) wäre nicht nur nach der Bedeutung einer besseren Vereinbarkeit von Beruf und Familie, sondern auch nach der Wahrnehmung respektive Wahrnehmbarkeit dieses Leistungsmerkmals aus Sicht der Beschäftigten zu fragen. Zudem sollte die Bedeutsamkeit anreizkompatibel und im Verhältnis zu anderen Instrumenten des Personalmarketing ermittelt werden. Darüber hinaus wäre die Effizienzdimension weiter zu untersuchen. Dabei geht es zum einen um die Frage, wie eine bessere Vereinbarkeit von Beruf und Familie – nicht zuletzt in Relation zu anderen Instrumenten des Personalmarketing – wirtschaftlich zu gestalten ist. Zum anderen wäre die Verteidigungsfähigkeit vereinbarkeitsbasierter Wettbewerbsvorteile im Personalmarkt zu prüfen.

Die erste hier diskutierte betriebliche Rahmenbedingung mit Bezug zur Vereinbarkeit von Beruf und Familie adressiert den Wandel der Personalmärkte. Arbeitgeber werden zukünftig zunehmend auf die Anforderungen ihrer aktuellen und potenziellen Beschäftigten eingehen müssen. Eine bessere Vereinbarkeit von Beruf und Familie ist in diesem Sinne ein Instrument zur Steigerung der Arbeitgeberattraktivität in einem sich verschärfenden Personalwettbewerb.

Personalressourcen sind für Unternehmen nicht nur knapper, sondern grundsätzlich **wertvoller** geworden (vgl. Krill 2012). In diesem Zusammenhang sollen hier zwei Indikatoren herangezogen werden. Erstens ergibt sich der betriebliche Wert der Beschäftigten unter anderem aus spezifisch erworbenem Wissen im Unternehmen. Neben allgemeinen Engpässen in der Personalakquise ist somit zu berücksichtigen, dass einzelne Komponenten der Qualifikation eines Beschäftigten im Unternehmen erworben wurden und damit prinzipiell nicht auf Märkten beschaffbar sind. Im Falle eines familienbedingten Ausscheidens eines Beschäftigten, muss diese spezifische Investition vollständig abgeschrieben werden. Das Ausmaß dieses betriebsspezifischen Wissens ist schwer zu schätzen. Als Indikator sollen hier die Investitionen in betriebliche Weiterbildung herangezogen werden. Das Institut der deutschen Wirtschaft (vgl. Lenske/Werner 2009) schätzt die Gesamtinvestitionen in betriebliche Weiterbildung in Deutschland auf jährlich 27 Mrd. Euro (2007). Eurostat (2012) dokumentiert die Aufwendungen für betriebliche Weiterbildung für die Jahre 1999 und 2005 (vgl. Tab. 6). Demnach nimmt knapp ein Drittel der Belegschaft an Maßnahmen der betrieblichen Weiterbildung teil, wobei mit wachsender Belegschaftsgröße die Reichweite der Weiterbildungsmaßnahmen zunimmt. Während der Anteil der Beschäftigten im Vergleich der Erhebungszeitpunkte rückläufig war, sind Dauer (in Stunden) und Kosten angewachsen. Offenbar fokussieren und intensivieren Unternehmen ihre Weiterbildungsangebote.

Tabelle 6: Betriebliche Weiterbildung in Deutschland in den Jahren 1999 und 2005

	Beschäftigtengrößenklassen					
	Gesamt	10-49	50-249	250-499	500-999	mehr als 1000
	Prozent der Teilnehmer in Relation zu Gesamtbelegschaft					
1999	32	25	27	27	33	38
2005	30	25	27	32	30	34
Veränderung in %	-6,3	0,0	0,0	18,5	-9,1	-10,5
	Stunden je Teilnehmer p.a.					
1999	27	23	31	24	28	27
2005	30	26	29	25	28	32
Veränderung in %	11,1	13,0	-6,5	4,2	0,0	18,5
	Kosten je Teilnehmer (Kaufkraftstandard) p.a.					
1999	1.520	956	1.437	1.281	1.513	1.752
2005	1.640	1.142	1.402	1.396	1.461	1.999
Veränderung in %	7,9	19,5	-2,4	9,0	-3,4	14,1

Quelle: Eigene Berechnungen auf Grundlage von Eurostat (2012).

Während die Investitionen in betriebsspezifisches Wissen der Beschäftigten insbesondere Treiber einer aus Unternehmenssicht vorteilhaften Mitarbeiterbindung sind, trägt die gestiegene Wertschöpfung pro Beschäftigtem zu größeren Opportunitätskosten von Fehlzeiten bei. Da Fehlzeiten unter anderem durch die Übernahme von Familienverantwortung verursacht sein können, begünstigt eine gestiegene Wertschöpfung Investitionen in eine bessere Vereinbarkeit von Beruf und Familie. Tabelle 7 zeigt die indizierte Entwicklung der Bruttowertschöpfung sowie der Bruttowertschöpfung je Erwerbstätigenstunde.

Tabelle 7: Entwicklung von Bruttowertschöpfung und Bruttowertschöpfung je Erwerbstätigenstunde

	Bruttowertschöpfung	**Bruttowertschöpfung je geleisteter Erwerbstätigenstunde**
1991	100[1]	100[2]
1992	107	108
1993	110	114
1994	115	120
1995	120	125
1996	122	129
1997	124	132
1998	127	134
1999	129	136
2000	132	138
2001	136	143
2002	138	148
2003	139	150
2004	142	153
2005	144	156
2006	150	162
2007	156	168
2008	159	169
2009	152	167
2010	159	170
[1] 1991: 1.393,4 Mrd. EUR; [2] 1991: 25,54 EUR		

Quelle: StBA 2011c:56, 89.

Tabelle 7 verdeutlicht, dass die Bruttowertschöpfung je Erwerbstätigenstunde in den letzten Dekaden stärker gestiegen ist als die gesamte Bruttowertschöpfung. Während im Zeitraum 1991 bis 2010 die durchschnittliche jährlich Wachstumsrate der Bruttowertschöpfung bei 2,5 % lag, wuchs die Bruttowertschöpfung pro Erwerbstätigenstunde im Durchschnitt um 2,8 %. Interpretiert man die Bemühungen von Arbeitgebern um eine bessere Vereinbarkeit von Beruf und Familie als Investition zur Vermeidung unvereinbarkeitsinduzierter Folgekosten, zu denen auch

Fehlzeiten zählen, so führt eine gestiegene Wertschöpfung der Erwerbstätigen ceteris paribus zu einer höheren Rendite von Vereinbarkeitsmaßnahmen.

Als letzter Zugang zur betrieblichen Perspektive auf ökonomische Rahmenbedingungen einer familienbewussten Personalpolitik soll hier die Frage der **Diversität** im Sinne von Heterogenität der Personalstruktur erörtert werden (Cox 1991). Die Reichweite von Diversität bezieht sich dabei sowohl auf eher indirekt wahrnehmbare Merkmale (z.B. Werthaltungen, sexuelle Orientierung) als auch unmittelbar erkennbare Kriterien (z.B. Alter, Geschlecht) (Süß/Kleiner 2006). Im Kern beinhaltet der Diversity-Ansatz die Abkehr von der Idee eines idealtypischen Mitarbeiters. Aus konzeptioneller Sicht lassen sich dabei sowohl positive als auch negative Wirkungen von Diversität begründen (vgl. Boerner/Keding/Hüttermann 2012: 41). Aus einer Entscheidungsfindungsperspektive bewirkt der größere Ressourcenpool heterogener Teams bessere Entscheidungen und Arbeitsergebnisse (vgl. van Knippenberg/Schippers 2007). Aus einer Gruppenbildungsperspektive führt Diversität zu Kooperationsdefiziten und damit im Vergleich zu homogeneren Personalstrukturen zu schlechterer Leistung (vgl. van Knippenberg/de Dreu/Homan 2004). Die konzeptionelle Ambivalenz der Wirkung von Diversität auf den Organisationserfolg zeigt sich auch in empirischen Untersuchungen. In ihrer jüngst vorgelegten Meta-Analyse zur Wirkung von Geschlechtsheterogenität auf den Organisationserfolg kommen Boerner/Keding/Hüttermann (2012: 58) zu dem Schluss, dass „die direkten Effekte von Gender Diversity auf den Organisationserfolg widersprüchlich sind". Die Autoren weisen darüber hinaus auf eine Reihe von Moderationseffekten hin (vgl. auch Joshi/Roh 2009). Auch hierbei zeigen sich widersprüchliche Befunde, allerdings finden sich in der Literatur Indikationen dafür, dass die Branchenstruktur den Effekt von Diversität auf den Organisationserfolg moderiert. Dabei wirkt sich Diversität im Dienstleistungsbereich grundsätzlich positiver aus als im Produktionsbereich, unter anderem aufgrund des unmittelbaren Kundenkontaktes zwischen Beschäftigten und Kunden mit entsprechend positiven Wirkungen im Falle einer Strukturgleichheit beider Gruppen (Boerner/Keding/Hüttermann 2012: 51).

Eine unzureichende Vereinbarkeit von Beruf und Familie begünstigt Personalstrukturen mit Beschäftigten ohne Familienverantwortung und steht damit im Widerspruch zum Postulat der Diversität, da systematisch spezifische Kompetenzprofile ausgeschlossen respektive benachteiligt werden. In diesem Sinne stellt der in den letzten Dekaden stark gewachsene Anteil des Dienstleistungssektors an der gesamtwirtschaftlichen Wertschöpfung eine ökonomische Rahmenbedingung dar, die über das Argument einer im Dienstleistungsbereich tendenziell vorteilhaften Diversität der Personalstruktur Investitionen in eine bessere Vereinbarkeit von Beruf und Familie begünstigt.

Zusammenfassend ist aus Perspektive der Unternehmen die Veränderung der Personalmärkte zentraler Treiber in ihren Bemühungen um eine bessere Vereinbarkeit von Beruf und Familie. Der Wandel vom Käufer- zum Verkäufermarkt führt dazu, dass Unternehmen wettbewerbsinduziert den Anforderungen (potenzieller) Beschäftigter verstärkt Rechnung tragen müssen, zu denen auch eine bessere Vereinbarkeit von Beruf und Familie zählt. Dabei ist zu berücksichtigen, dass eine bessere Vereinbarkeit von Beruf und Familie nur ein Element eines umfassenden Spektrums von Ansatzpunkten zur Erzielung von Wettbewerbsvorteilen im Personalmarkt darstellt. Neben der Veränderung in den Personalmärkten sind Beschäftigte als Wertschöpfungsressource für Unternehmen wertvoller geworden, was die Rendite der Vermeidung familienbedingter Fehlzeiten oder eines familienbedingten Ausscheidens aus dem Unternehmen erhöht. Schließlich begünstigten wachsende Diversitätsanforderungen Investitionen in eine bessere Vereinbarkeit von Beruf und Familie.

2.2 Haushaltsperspektive

Aus **Sicht der Haushalte** sollen hier zwei Argumente mit Bezug zu familienbezogenen Opportunitätskosten reflektiert werden. Erstens temporäre Opportunitätskosten in Folge einer veränderten Allokation von Zeitbudgets zu Gunsten von Familienzeit. Zweitens dauerhafte Opportunitätskosten bei einer Re-Allokation von Zeitbudgets zu Gunsten von Erwerbsarbeit im Anschluss an eine Phase schwerpunktmäßiger Zeitverwendung für Familienarbeit.

Die Vereinbarkeit von Beruf und Familie mindert die Opportunitätskosten der Übernahme von Familienverantwortung, da sie die Grenzrate der Substitution zwischen einer Zeitverwendung für Familie und einer Zeitverwendung zur Einkommenserzielung reduziert. Familienbegründete Opportunitätskosten in Form entgangenen Arbeitseinkommens steigen dabei mit wachsender Produktivität der Arbeitszeit, die wiederum wesentlich qualifikationsgetrieben ist. Die bereits auf gesamtwirtschaftlicher und betrieblicher Ebene diskutierten Zusammenhänge spiegeln sich auch auf individueller Ebene wider. Die insgesamt gestiegene Arbeitsproduktivität und das deutlich höhere Qualifikationsniveau von Frauen sind Treiber wachsender individueller Opportunitätskosten einer Zeitverwendung für Familie. Eine bessere Vereinbarkeit von Beruf und Familie kann als Gegengewicht zu dieser Entwicklung interpretiert werden.

Opportunitätskosten in Form von Einkommensverlusten treten jedoch nicht nur für den befristeten Zeitraum einer veränderten Allokation von Zeitbudgets zu Gunsten von Familie auf, sondern auch im Anschluss an eine familienbedingte Unterbrechung einer Erwerbstätigkeit (vgl. Ziefle 2004). Mit anderen Worten lässt sich nach einer familienbedingten Phase der Nicht-Erwerbstätigkeit anschließend mit gleichem Zeitbudget nur ein geringeres Einkommen erzielen. Ausschlaggebend dafür sind die Abschreibungen auf das Humankapital aufgrund erstens der Nicht-Anwendung des Wissens während der Familienphase und zweitens aufgrund sich verändernder Wissensanforderungen (vgl. Anger/Schmidt 2008: 4; Ziefle 2004: 2). Die Effekte sollen auf Grundlage einer Simulationsrechnung illustriert werden (vgl. zu empirischen Befunden: Boll 2011; Anger/Schmidt 2008; Anger/Schmidt 2010; Ruhm 1998). Der Berechnung liegen dabei folgende Annahmen zugrunde:

- Verdienst Ausgangsperiode: 35.000 EUR p.a.
- jährliche Lohnsteigerung: 2 %
- Verdienst im Fall einer familienbedingten Erwerbsunterbrechung: 0 EUR
- Zinssatz: 5 %
- Gesamtlänge der Planungsperiode: 30 Jahre
- Abschreibung auf Humankapital aufgrund Nichtanwendung des Wissens: 2 % p.a.

- Abschreibung auf Humankapitel aufgrund veränderter Anforderungen
    a) starre Umwelt: 0 % p.a.
    b) mäßig dynamische Umwelt: 1 % in Periode 1, danach Steigerung der Abschreibungsquote p.a. um den Faktor 1,5
    c) dynamische Umwelt: 1 % in Periode 1, danach Steigerung der Abschreibungsquote p.a. um den Faktor 2
- die Abschreibungen auf das Humankapital sind dauerhaft, können also nach Wiederaufnahme einer Erwerbstätigkeit nicht kompensiert werden (vgl. Althammer 2007: 57).
- keine Berücksichtigung erhöhten Humankapitals aufgrund erworbener spezifischer Kompetenzen während der Familienphase
- keine Berücksichtigung steuerlicher Aspekte

Auf Grundlage dieser Annahmen wurden die Einkommensverluste als Barwert für den Fall einer ein-, zwei-, drei-, vier-, fünf- und sechsjährigen Erwerbsunterbrechung berechnet. Abbildung 4 illustriert dabei den gesamten Einkommensverlust im Vergleich zu einer ununterbrochenen Erwerbsbiografie sowie die Aufteilung des Einkommensverlustes aufgrund einerseits der Phase vorübergehender Nicht-Erwerbstätigkeit und andererseits der erwerbsunterbrechungsbedingten Entwertung des Humankapitals.

Abbildung 4: Einkommensverluste in Folge einer familienbedingten Unterbrechung der Erwerbstätigkeit

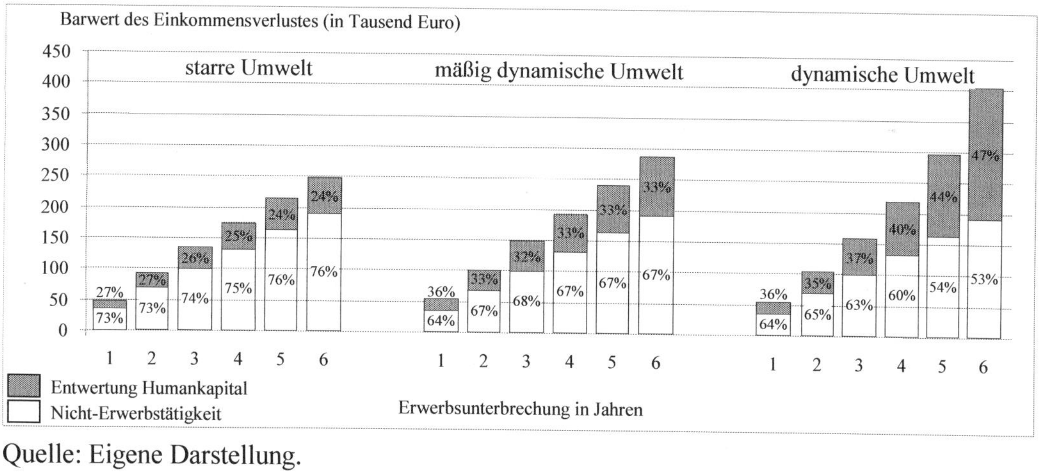

Quelle: Eigene Darstellung.

Es zeigt sich, dass – unter den Annahmen der Berechnung – die Folgekosten einer familienbedingten Erwerbsunterbrechung mit zunehmender Dauer der Erwerbsunterbrechung in allen drei

Szenarien ansteigen. Der Verlauf der Steigerung fällt zwischen den drei Szenarien allerdings unterschiedlich stark aus, was im Ergebnis zu deutlichen Differenzen sowohl hinsichtlich der Gesamtkostenhöhe als auch der Verteilung auf die beiden Kostenarten führt. Insbesondere im Szenario „dynamische Umwelt", in dem sich die Abschreibungsquote auf das Humankapital aufgrund einer dynamischen Veränderung der Anforderungen mit jedem Jahr der Nicht-Erwerbstätigkeit verdoppelt, führen längere Erwerbsunterbrechungen zu einem überproportionalen Anstieg familienbedingter Einkommensverluste. Insgesamt zeigt die Modellierung, dass Folgekosten einer familienbedingten Erwerbsunterbrechung bei wachsenden Abschreibungen auf das Humankapital mit zunehmender Dauer der Erwerbsunterbrechung exponentiell zunehmen. Die Gefahr von steigenden Abschreibungen auf das Humankapital nimmt dabei mit der Dynamik der beruflichen Anforderungsprofile zu. Die gewachsene Dynamik der Unternehmensumwelt, festzumachen etwa an einer Intensivierung des Wettbewerbs, der Verkürzung von Produktlebenszyklen usw. ist damit wesentlicher Treiber exponentiell steigender Folgekosten einer mehrjährigen familienbedingten Erwerbsunterbrechung, wie sie typisch ist für sukzessive Vereinbarkeitsmodelle, bei denen sich Phasen aus Familienarbeit und Erwerbstätigkeit abwechseln (Wingen 1997: 162). Im Umkehrschluss begünstigen diese veränderten Rahmenbedingungen simultane Vereinbarkeitsmodelle, da diese auf eine Gleichzeitigkeit von Familienarbeit und Erwerbstätigkeit ausgerichtet sind und damit Phasen familienbedingter Abstinenz vom Arbeitsmarkt verkürzen. Eine bessere Vereinbarkeit von Beruf und Familie kann aus dieser Sicht zu einer Minderung familienbedingter Einkommenseinbußen im Erwerbslebenslauf beitragen.

Fazit

Das Ausmaß der (Un-)Vereinbarkeit von Beruf und Familie drückt sich in der Grenzrate der Substitution zwischen einer Zeitverwendung für Familie und einer Zeitverwendung für Erwerbstätigkeit aus (Schneider/Wieners 2006). Daraus ergibt sich unmittelbar, dass Zeitverwendung für Familie Opportunitätskosten erzeugt, deren Höhe durch Maßnahmen zur besseren Vereinbarkeit von Beruf und Familie gemindert werden können. Aus ökonomischer Perspektive stellen Maßnahmen zur besseren Vereinbarkeit von Beruf und Familie somit Investitionen dar, deren Rendite in der Senkung von Folgekosten einer schlechteren Vereinbarkeit von Beruf und Familie besteht. Insgesamt haben die unterschiedlichen Zugänge dieses Beitrages gezeigt, dass veränderte Rahmenbedingungen die Rendite von Maßnahmen einer besseren Vereinbarkeit von Beruf und Familie sowohl auf gesellschaftlicher wie auf Unternehmens- und Individualebene anwachsen lassen.

Auf gesellschaftlicher Ebene wurde dabei zunächst die Abnahme des Erwerbspersonenpotenzials in den Blick genommen. Die demografischen Veränderungen in Deutschland führen dazu, dass das Erwerbspersonenpotenzial stärker sinkt als die Bevölkerung. Daraus erwachsen Herausforderungen für die Sicherstellung des Wohlstandes pro Einwohner. Eine Option ist dabei eine höhere Ausschöpfung des Erwerbspersonenpotenzials, zu der eine bessere Vereinbarkeit von Beruf und Familie einen signifikanten Beitrag leisten kann. Frauen als der Teil des

Erwerbspersonenpotenzials, der aufgrund einer geschlechterasymmetrischen Verteilung der Familienarbeit vom Risiko einer Unvereinbarkeit von Beruf und Familie in besonderem Maße betroffen ist, sind gleichzeitig zunehmend höher qualifiziert, was die Folgekosten einer familienbedingten Nicht-Erwerbstätigkeit erhöht. Schließlich wurde auf das exogene Wachstum des Bedarfes an Familienarbeit durch die zu erwartende starke Zunahme der Zahl pflegebedürftiger Menschen verwiesen.

Aus Sicht der Unternehmen wird die Ressource Personal in stärkerem Maße zum Engpass von Wertschöpfungsprozessen. Die Personalmärkte stehen angesichts des Wandels von Käufer- zu Verkäufermärkten vor einem Paradigmenwechsel. Eine bessere Vereinbarkeit von Beruf und Familie kann im verschärften Personalwettbewerb ein zentrales Moment sein. Zudem erhöhen spezifische Investitionen in das Humankapital von Beschäftigten die Rendite in Maßnahmen zur Mitarbeiterbindung, zu denen auch Instrumente einer besseren Vereinbarkeit von Beruf und Familie zählen. Schließlich wurde auf den Aspekt der Diversität eingegangen, die durch Vereinbarkeitsmanagement gefördert wird, da eine Unvereinbarkeit von Beruf und Familie systematisch die Beschäftigungswahrscheinlichkeit bestimmter Qualifikationsprofile mindert.

Abschließend wurden auf Ebene des einzelnen Haushaltes die Einkommensverluste einer vorübergehenden Nicht-Erwerbstätigkeit aufgrund der Übernahme von Familienaufgaben im Sinne sukzessiver Vereinbarkeitsmodelle simuliert. Dabei zeigte sich, dass mit einer wachsenden Dynamik der Unternehmensumwelt und den damit einhergehenden größeren Abschreibungen auf das Humankapital in Phasen der Nicht-Erwerbstätigkeit die Einkommensverluste exponentiell ansteigen.

Ungeachtet der Limitationen des Beitrages hinsichtlich der Selektivität der Argumente und den zum Teil engen Prämissen der Modellierung können veränderte und sich weiter verändernde ökonomische Rahmenbedingungen somit als ein wesentlicher Treiber einer besseren Vereinbarkeit von Beruf und Familie interpretiert werden, da sie die Rendite der hierauf abzielenden Maßnahmen erhöhen.

Literatur

Althammer, J. (2007): Gesamtwirtschaftliche Effekte betrieblicher Familienpolitik. In: Dilger, A., Gerlach, I., Schneider, H. (Hrsg.): Betriebliche Familienpolitik. Potenziale und Instrumenten aus multidisziplinärer Sicht, Wiesbaden, S. 45-63.

Anger, C., Schmidt, J. (2008): Gender Wage Gap und Familienpolitik. In: IW-Trends, 35. Jg. (2008), S. 1-15.

Anger, C., Schmidt, J. (2010): Gender Pay Gap: Gesamtwirtschaftliche Evidenz und regionale Unterschiede. In: IW-Trends, 37. Jg. (2010), S. 1-15.

Arbeitskreis "Volkswirtschaftliche Gesamtrechnungen der Länder" im Auftrag der Statistischen Ämter der 16 Bundesländer, des Statistischen Bundesamtes und des Bürgeramtes, Statistik und Wahlen, Frankfurt a. M. (Hrsg.) (2011): Bruttoinlandsprodukt, Bruttowertschöpfung in den Ländern und Ost-West-Großraumregionen Deutschlands 1991 bis 2010, Reihe 1, Band 1.

Backhaus, K., Schneider, H. (2009): Strategisches Marketing, 2. Auflage, Stuttgart.

Blinkert, B. (2007): Bedarf und Chancen. Die Versorgungssituation pflegebedürftiger Menschen im Prozess des demografischen und sozialen Wandels. In: Pflege & Gesellschaft, 12. Jg. (2007), S. 227-239.

Blinkert, B., Klie, T. (2008): Die Versorgungssituation pflegebedürftiger Menschen vor dem Hintergrund von Bedarf und Chancen. In: Bauer, U./Büscher, A. (Hrsg.): Soziale Ungleichheit und Pflege. Beiträge sozialwissenschaftlich orientierter Pflegeforschung, Wiesbaden, S. 238-255.

Boerner, S., Keding, H., Hüttermann, H. (2012): Gender Diversity und Unternehmenserfolg – Eine kritische Bestandsaufnahme. In: Zeitschrift für betriebswirtschaftliche Forschung, 64. Jg. (2012), S. 37-70.

Boll, C. (2011): Lohneinbußen von Frauen durch geburtsbedingte Erwerbsunterbrechung, Frankfurt am Main.

Bundesministerium für Familie, Senioren, Frauen und Jugend (Hrsg.) (2007): Familienfreundlichkeit – Erfolgsfaktor für Arbeitgeberattraktivität, Berlin.

Bundesministerium für Familie, Senioren, Frauen und Jugend (Hrsg.) (2010): Familienfreundlichkeit – Erfolgsfaktor für Arbeitgeberattraktivität, Berlin.

Bundesministerium für Familie, Senioren, Frauen und Jugend (Hrsg.) (2012): Zeit für Familie. Familienzeitpolitik als Chance einer nachhaltigen Familienpolitik, Achter Familienbericht, Berlin.

Bundesministerium für Gesundheit (Hrsg.) (2011): V. Bericht der Bundesregierung über die Entwicklung der Pflegeversicherung und den Stand der pflegerischen Versorgung in der Bundesrepublik Deutschland, Berlin.

Cox, T. H. (1991): The Multicultural Organization. In: Academy of Management Executive, 5. Jg. (1991), S. 34-47.

Eichhorst, W., Marx, P., Tobsch, V. (2011): Familienfreundliche flexible Arbeitszeiten - ein Baustein zur Bewältigung des Fachkräftemangels, IZA-Research-Report No. 33.

Eurostat (2012): Hauptindikatoren über den Bildungsgrad: Zeitreihen und regionale Daten. [online abrufbar unter: http://epp.eurostat.ec.europa.eu/portal/page/portal/education/data/database (letzter Zugriff am 09. 03 2012)].

Fuchs, J. (2002): Erwerbspersonenpotenzial und Stille Reserve - Konzeption und Berechnungsweise. In: Kleinhenz, G. (Hrsg.): IAB-Kompendium Arbeitsmarkt- und Berufsforschung, Beiträge zur Arbeitsmarkt- und Berufsforschung, BeitrAB 250, S. 79-94.

Joshi, A., Roh, H. (2009): The role of context in work team diversity research: A meta-analytical review. In: Academy of Management Journal, 52. Jg. (2009), S. 599-627.

Krill, M. (2012): Mitarbeiterbindung als Umkehrung von Fluktuation: Implikationen für die Fluktuationsdeterminantenforschung. In: Zeitschrift für Management, published online first 3. Januar 2012.
Lenske, W., Werner, D. (2009): Umfang, Kosten und Trends der betrieblichen Weiterbildung – Ergebnisse der IW-Weiterbildungserhebung 2008. In: IW-Trends – Vierteljahresschrift zur empirischen Wirtschaftsforschung aus dem Institut der deutschen Wirtschaft Köln, 36. Jg. (2009).
Lott, M. (2010): Soziodemografische Muster der Qualifikationsstruktur von Erwerbstätigkeit und Unterbeschäftigung, IAB-Forschungsbericht, 2/2010.
Ruhm, C. (1998): The economic consequences of parental leave mandates: Lessons from Europe. In: Quarterly Journal of Economics, 113. Jg. (1998), S. 285-317.
Sabel, H. (1998): Die hundertjährige Geschichte des Marketing in Deutschland, Bonn Working Papers in Business Administration, MA 1/98.
Schneider, H., Heinze, J., Hering, D. (2011): Betriebliche Folgekosten einer mangelnden Vereinbarkeit von Beruf und Pflege, Expertise im Rahmen des Projektes "Carers@Work – Zwischen Beruf und Pflege: Konflikt oder Chance?.[online abrufbar unter: http://www.carersatwork.tu-dortmund.de/download/Expertise_final.pdf (letzter Zugriff am 09.03.2012)].
Schneider, H., Wieners, H. (2006): Konzeptionelle Grundlagen der Analyse betriebswirtschaftlicher Effekte einer familienbewussten Personalpolitik, Forschungszentrum Familienbewusste Personalpolitik – Arbeitspapier Nr. 2/2006, Münster.
Statistisches Bundesamt (2009): 12. Koordinierte Bevölkerungsvorausberechnung. Bevölkerung Deutschlands bis 2060. Berlin.
Statistisches Bundesamt (2011a): Demografischer Wandel in Deutschland, Bevölkerungs- und Haushaltsentwicklung im Bund und in den Ländern, Ausgabe 2011, Heft 1.
Statistisches Bundesamt (2011b): Pflegestatistik 2009, Pflege im Rahmen der Pflegeversicherung, Deutschlandergebnisse.
Statistisches Bundesamt (2011c): Volkswirtschaftliche Gesamtrechnungen, Inlandsproduktsberechnung, Lange Reihen ab 1970.
Statistisches Bundesamt (2012a): Schnellmeldungsergebnisse der Hochschulstatistik zu Studierenden und Studienanfänger/-innen, vorläufige Ergebnisse.
Statistisches Bundesamt (2012b): Schnellmeldungsergebnisse der Schulstatistik zu Studienberechtigten der allgemeinbildenden und beruflichen Schulen, vorläufige Ergebnisse - Abgangsjahr 2011.
Süß, S., Kleiner, M. (2006): Diversity Management in Deutschland: Mehr als eine Mode?. In: Die Betriebswirtschaft, 66. Jg. (2006), S. 521-540.
van Knippenberg, D., de Dreu, C. K., Homan, A. C. (2004): Work group diversity and group performance: An integrative model and research agenda. In: Journal of Applied Psychology, 89. Jg. (2004), S. 1008-1022.
van Knippenberg, D., Schippers, M. (2007): Work group diversity. In: Annual Review of Psychology, 58. Jg. (2007), S. 515-541.
Wingen, M. (1997): Familienpolitik, Stuttgart.
Ziefle, A. (2004): Die individuellen Kosten des Erziehungsurlaubs. Eine empirische Analyse der kurz- und längerfristigen Folgen für den Karriereverlauf von Frauen. In: Kölner Zeitschrift für Soziologie und Sozialpsychologie, 56. Jg. (2004), S. 213-231.

Rechtliche Rahmenbedingungen betrieblicher Familienpolitik

David Juncke

Einleitung

Neben der Ausgestaltung individueller Lebensentwürfe sowie ökonomischer Rahmenbedingungen spielt das Recht als zentrales Steuerungsinstrument des Staates eine wesentliche Rolle im Hinblick auf die betriebliche Familienpolitik. Mit Hilfe von Recht können die Erwartungen festgelegt werden, die als Folge des eigenen Verhaltens oder desjenigen Dritter kalkuliert werden können bzw. müssen. Andererseits kann Recht aber auch dazu dienen, sozial erwünschtes Verhalten zu erzeugen. Aus Sicht der Individuen kommt dem Recht v.a. eine Orientierungsfunktion zu, aus Sicht von Staat und Gesellschaft dagegen eine Steuerungs- und Ordnungsfunktion (Gerlach 2010: 296).

Die Steuerungsfunktion des Rechts soll in diesem Beitrag auf die Schnittstelle zwischen Beruf und Familie fokussiert werden. Vereinbarkeit ist als Ziel von Recht in dem zwischen der Bundesrepublik Deutschland und der Deutschen Demokratischen Republik geschlossenen Einigungsvertrag (EV) im Jahr 1990 kodifiziert worden: Nach Art. 31 II EV ist es Aufgabe des gesamtdeutschen Gesetzgebers, „angesichts unterschiedlicher rechtlicher und institutioneller Ausgangssituationen bei der Erwerbstätigkeit von Müttern und Vätern die Rechtslage unter dem Gesichtspunkt der Vereinbarkeit von Familie und Beruf zu gestalten." Das in der Norm beinhaltete Ziel eines familienfreundlichen Arbeitsrechts entfaltet auch 20 Jahre nach Ratifizierung des Einigungsvertrags Wirkung für die Rechtsprechung, die bei der Auslegung von arbeits- und sozialrechtlichen Normen das Vereinbarkeitsziel zu berücksichtigen hat (Düwell 2009: 4). Vor dieser Folie sollen im Folgenden zunächst in chronologischer Abfolge die Implikationen zentraler arbeitsrechtlicher Regelungen im Kontext der Vereinbarkeitsfrage thematisiert und im Hinblick auf die zugrundeliegenden Vereinbarkeitskonzepte analysiert werden. Anschließend werden tarifvertragliche und betriebliche Regelungen hinsichtlich ihrer Bedeutung für die Vereinbarkeit von Beruf und Familie behandelt.

1 Gesetzliche Regelungen als rechtliche Rahmenbedingungen betrieblicher Familienpolitik

Die gesetzlichen Regelungen sollen im Folgenden nicht rein deskriptiv thematisiert, sondern auch in Bezug auf die Frage untersucht werden, welche Muster der Vereinbarkeit von Beruf und Familie ihnen zugrunde liegen bzw. welche sie befördern. Im Schrifttum werden diesbezüglich verschiedene Varianten unterschieden (Lampert 1996: 244, Wingen 1997: 162ff, Lampert/Althammer 2001: 341-342), wobei die Grundmuster sukzessiver sowie simultaner Vereinbarkeit nachfolgend berücksichtigt werden sollen.

Sukzessive (bzw. sequentielle) Vereinbarkeit bedeutet, dass Phasen der Erwerbstätigkeit, Familienphasen und wiederaufgenommene Erwerbstätigkeit zeitversetzt aufeinander folgen. In simultanen Verhaltensmustern erfolgen Erwerbstätigkeit und Familientätigkeit zeitgleich nebeneinander. Beide Verhaltensmuster sowie mögliche Zwischenlösungen mit vorübergehend zeitlich begrenzter Erwerbstätigkeit ermöglichen in lebensbiografischer Perspektive ein „Miteinander von Familientätigkeit und Erwerbstätigkeit" (Wingen 1997: 162). Sukzessive wie simultane Vereinbarkeitsmuster sind auf unterschiedliche Rahmenbedingungen angewiesen. Diese können im Hinblick auf das erstgenannte Muster u.a. die Finanzierung erwerbsarbeitsfreier Zeiten, Kündigungsschutz und betriebliche Wiederbeschäftigungszusagen sowie Hilfen zur Reintegration in betriebliche Abläufe betreffen. Notwendige Bedingungen für simultane Vereinbarkeitsmuster können die Verfügbarkeit ausreichender Betreuungseinrichtungen, insbesondere auch zu Randzeiten, sein oder Arrangements hinsichtlich familialer Zeitmuster und Arbeitsorganisationen.

1.1 Mutterschutzrecht

Artikel 6 IV Grundgesetz (GG) formuliert den Anspruch jeder (auch der werdenden) Mutter auf den Schutz und die Fürsorge der Gemeinschaft. Diese verfassungsrechtliche Schutznorm, die im Lichte des allgemeinen Gleichheitssatzes aus Art. 3 GG für verheiratete wie für unverheiratete Mütter gilt, verpflichtet den Gesetzgeber, der insbesondere im Bereich des Arbeitsrechts den Mutterschutz normiert hat (Hesselberger 1999: 111, Lampert 1996: 149). Der arbeits- und sozialrechtliche Mutterschutz verfolgt das Ziel, den Widerstreit „zwischen den Aufgaben als Mutter und der Stellung als Arbeitnehmerin auszugleichen und der Gesunderhaltung von Mutter und Kind zu dienen" (Lode 2009: 716). Die beiden wichtigsten mutterschutzrechtlichen Rechtsquellen sind das Mutterschutzgesetz (MuschG) und die Mutterschutzarbeitsplatzverordnung, die wechselseitig aufeinander bezogen sind (Nebe 2009: 74). Die Schutzziele des Mutterschutzrechtes werden als die drei Säulen des Mutterschutzrechts bezeichnet; es handelt sich um den Gesundheits-, den Entgelt- und den Arbeitsplatzschutz. Der Gesundheitsschutz betrifft neben der Gestaltung des Arbeitsplatzes und dem Verbot gesundheitsgefährdender Tätigkeiten Beschäftigungsverbote für die Dauer von sechs Wochen vor und acht Wochen nach der Entbindung. Zur Effektivierung des Gesundheitsschutzes bleibt das Erwerbseinkommen während der Dauer der Beschäftigungsverbote erhalten (Nebe 2009: 75); auch darf das Entgelt nicht ausfallen, wenn Untersuchungen im Rahmen der Schwangerschaft und Mutterschaft erforderlich sind. Arbeitsplatzschutz wird dahingehend gewährt, dass das Mutterschaftsgesetz ein besonderes Kündigungsverbot zugunsten schwangerer oder jüngst entbundener Frauen formuliert. Diese Regelung steht wiederum im Zusammenhang mit dem Gesundheitsschutz, da sie darauf abzielt, dass der Arbeitgeber zur Umgehung der Gesundheitsschutzanforderungen das Arbeitsverhältnis einseitig beendet (Nebe 2009: 75).

Auch wenn das Mutterschutzgesetz in erster Linie auf den Gesundheitsschutz abzielt, enthält § 10 MuschG Implikationen für die Vereinbarkeit von Beruf und Familie: Die Norm regelt einerseits ein Sonderkündigungsrecht der Frau, die das Arbeitsverhältnis während der Schwangerschaft und während der Schutzfrist nach der Entbindung fristlos kündigen kann. Wird die Frau innerhalb eines Jahres wieder in ihrem bisherigen Betrieb eingestellt, gilt ihr Arbeitsverhältnis als nicht unterbrochen. Diese Regelung ermöglicht die Wahrnehmung von Kinderbetreuung durch die Frau und kann als ein Ausdruck sukzessiver Vereinbarkeitsmuster interpretiert werden. Kündigt hingegen ein Mann sein Arbeitsverhältnis, um sein Kind zu betreuen, führt dies nach der gesetzlichen Regelung nicht dazu, dass seine Rechte erhalten bleiben. Inwieweit dies im Einklang mit den diskriminierungsschützenden Regelungen des Allgemeinen Gleichbehandlungsgesetzes steht, ist fraglich (Zipprich 2009: 183).

Gegenstand des Mutterschutzgesetzes war auch der 1979 eingeführte Mutterschaftsurlaub. Er wurde im Anschluss an die achtwöchige Schutzfrist nach der Entbindung für bis zu vier Monate gewährt. Währenddessen blieb die Mutter beitragsfrei sozialversichert und erhielt ein Mutterschaftsgeld in Höhe ihres Nettoarbeitsentgelts bis maximal 25 DM pro Tag (Lampert 1996: 161). Mutterschaftsurlaub konnten nur erwerbstätige Mütter, nicht Hausfrauen und Väter in Anspruch nehmen. Durch die Kombination von Freistellung und Entgeltzahlung kann der Mutterschaftsurlaub als Vor-Vorgänger der aktuell geltenden Elternzeit- und Elterngeldregelungen verstanden werden.

1.2 Bundeselterngeld und Elternzeitgesetz

Zur Einordnung des aktuell geltenden Bundeselterngeld- und Elternzeitgesetztes (BEEG) ist die ihm vorangehende gesetzliche Regelung bedeutsam: Im 1986 eingeführten Bundeserziehungsgeldgesetz (bzw. ab 2000 im Gesetz zum Erziehungsgeld und zur Elternzeit) war das Instrumentenpaar Erziehungsgeld und Elternzeit normiert. Es zielte auf die Sicherung einer ständigen Betreuungsperson in der frühkindlichen Phase und die staatliche sowie gesellschaftliche Anerkennung der Familientätigkeit durch finanzielle Leistungen. Dadurch sollte den Eltern *„eine vorübergehende Unterbrechung der Erwerbstätigkeit erleichtert werden"* (Lampert/Althammer 2001: 347), was für den phasenweisen Wechsel von Erwerbstätigkeit und Familientätigkeit als Vereinbarkeitsmodell steht. Nach Inkrafttreten des Gesetzes unterlag es regelmäßigen Änderungen, die sowohl Dauer und Inanspruchnahme des Erziehungsurlaubs/der Elternzeit betrafen als auch die Höhe des Erziehungsgeldes. Mit einer Neuregelung im Jahr 1992 wurde für die Eltern die Möglichkeit geschaffen, bis zu dreimal in der Betreuung zu wechseln, von der jedoch nicht im erhofften Ausmaß Gebrauch gemacht wurde. Im Jahr 2006 ging nach der Geburt des jüngsten Kindes in 55 % der Fälle ein Elternteil in Elternzeit und zwar fast ausschließlich (98 %) die Mutter. Keine Elternzeit von beiden Elternteilen wird in 43 % genutzt (BMFSFJ 2008: 42). Betrachtet man die Wiederaufnahme der Berufstätigkeit, lässt sich feststellen, dass 10 % der Mütter nach weniger als einem halben Jahr wieder eine entlohnte Beschäftigung aufnahmen. Ein weiteres Viertel tat dies im Zeitraum von sechs bis elf Monaten nach der Geburt. Daraus ergibt sich, dass im Jahr 2006 insgesamt 73 % der Mütter, die vor der Geburt des jüngsten Kindes berufstätig waren, spätestens mit dem Ende der Elternzeit wieder in die Berufswelt zurückkehrten, jedoch überwiegend mit reduzierten Stundensätzen (BMFSFJ 2008: 46-47).

Durch die geringe Höhe des Erziehungsgeldes (monatlich maximal 300 Euro für eine Dauer von höchstens zwei Jahren), das zudem einkommensabhängig gezahlt wurde, ist es eher als Sozial- und weniger als Familienleistung zu interpretieren. Die geringen Rückkehrquoten von Erziehungszeit-/Elternzeitnehmerinnen führen zu dem Befund, dass die Regelungen Vereinbarkeit – wenn überhaupt – in Form des sukzessiven Verhaltensmusters gefördert haben (Gerlach 2010: 269-271).

Mit Inkrafttreten des BEEG zum 1. Januar 2007 löst das Elterngeld das Erziehungsgeld ab. Besonders bedeutsam ist dabei die konzeptionelle Wende, die im Gegensatz zum Erziehungsgeld beschritten wird. Es wird als Lohnersatzleistung gezahlt und nicht als sozial- bzw. familienpolitische Transferleistung. Die Zielsetzungen des Elterngeldes sind finanziell, gleichstellungs- und bevölkerungspolitisch motiviert. Zum einen soll es Eltern, die im ersten Lebensjahr ihr Kind selbst betreuen, bei der Sicherung ihrer Lebensgrundlage finanziell unterstützen. Darüber hinaus soll das Instrument die ‚Berufsfähigkeit' der Eltern steigern und so ihre wirtschaftliche Existenz sichern. Schließlich zielt es gleichstellungsmotiviert auf die Teilhabe an Beruf und Familie von Frauen und Männern ab, was bedeutet, dass Frauen die Reintegration in die Erwerbstätigkeit erleichtert (und somit die Müttererwerbstätigkeit erhöht) sowie Männern Möglichkeiten aktiver Vaterschaft eröffnet werden (Bundestags-Drucksache 16/1889: 2). Letztgenanntes impliziert, dass bei zwei Verdienern auch auf das höhere beider elterlichen Einkommen, welches meistens das Einkommen des Mannes ist, verzichtet werden kann (Birk 2007: 11). Intention von Partnermonaten ist, *„die einseitige Zuweisung der Betreuungsarbeit an die Frauen mit den diskriminierenden Folgen auf dem Arbeitsmarkt aufzubrechen"* (Birk 2007: 8). Die Förderung der Fertilität, insbesondere von Höherqualifizierten, stellt schließlich ein nicht explizit im Gesetzentwurf formuliertes bevölkerungspolitisches Ziel dar (Beblo 2006: 4), das nicht zuletzt auch bildungspolitische Konsequenzen hat, da ein nicht unwesentlicher Teil der ‚sozialen Vererbung' von Bildungschancen in Deutschland auf Kompetenzen der Eltern zurückgeht (Wößmann 2003: 36 mit weiteren Nachweisen).

Auf Verhaltensmuster der Vereinbarkeit von Beruf und Familie bezogen unterstützt die Konzeption des Elterngeldes primär Muster simultaner Vereinbarkeit. Das kommt einerseits durch die maximal 14monatige Bezugsdauer[20] zum Ausdruck: Eine länger andauernde Phase des Berufsverzichts, welche Ausdruck sukzessiver Verhaltensmuster wäre, wird dadurch, konträr zur Konzeption des Erziehungsgeldes, nicht gefördert. Andererseits wird mit der Möglichkeit, bis zu 30 Wochenstunden erwerbstätig zu bleiben, eine dauerhafte Brücke zur Berufswelt geschlagen, was die Arbeitsmarktpartizipation fördern und Anreize für einen frühen Wiedereinstieg in den Beruf setzen soll (Gerlach et. al. 2009: 275).

---

[20] Anzumerken ist, dass die einer Person zustehenden Monatsbeträge in zwei halben Beträgen ausgezahlt werden können, so dass sich der Auszahlungszeitraum auf max. 28 Monate verdoppelt. Durch die Halbierung der Beträge verliert das Elterngeld jedoch seine Funktion als Lohnersatzleistung.

1.3 Pflegezeitgesetz und Familienpflegezeitgesetz

Das seit Juli 2008 gültige Pflegezeitgesetz (PflegeZG) setzt explizit an der Vereinbarkeit von Beruf und Pflege naher Angehöriger an und kann als Antwort auf den demografischen Wandel verstanden werden, in dessen Folge die Bevölkerung nicht nur schrumpft, sondern auch zunehmend altert. Prognosen entsprechend werden bis 2030 über drei Millionen Personen in Deutschland pflegebedürftig sein. Von 1997 bis 2007 ist die Zahl der Pflegebedürftigen bereits um mehr als 10 % auf 2,2 Millionen angestiegen. Ungefähr die Hälfte der Pflegebedürftigen wird zu Hause und von Angehörigen versorgt (Statistisches Bundesamt 2008: 4). 2002 stellte eine Studie fest, dass 60 % der Personen, die sich um pflegebedürftige Angehörige kümmerten, nicht erwerbstätig waren. Die meisten davon gingen schon vor Beginn der Pflege keiner Beschäftigung mehr nach, weil sie etwa selbst nicht mehr im erwerbsfähigen Alter waren. Gut die Hälfte derjenigen, die zu Beginn der Pflege berufstätig war (60 %), reduzierte im Anschluss die Arbeitszeit (24 %) oder gab den Beruf gar ganz auf (27 %). (BMFSFJ 2005: 352). Das PflegeZG beinhaltet zwei Komponenten, die es Beschäftigten ermöglichen sollen, die Pflege für Angehörige zu organisieren bzw. selbst zu leisten – bei gleichzeitiger Berufstätigkeit.

§ 2 PflegeZG sieht einen Freistellungsanspruch für den Beschäftigten vor, wenn im Angehörigenkreis ein akuter Pflegebedarf auftritt. Im Rahmen einer maximal zehntägigen Freistellung sollen die Organisation der Pflege (bspw. Einschaltung eines Pflegedienstes zur häuslichen Versorgung oder Unterbringung in einer Pflegeeinrichtung) und/oder die vorübergehende Pflege durch den Angehörigen selbst erfolgen können (Göhle-Sander 2009: 452). Einen Anspruch auf Fortzahlung des Arbeitsentgelts begründet die Norm nicht, jedoch kann sich u.a. aus Tarifverträgen oder Betriebsvereinbarungen die Fortzahlung ergeben.

Namensgebende Norm und Zentrum des PflegeZG ist § 3, welcher die Pflegezeit regelt. Gemeinsam mit der folgenden Norm (Dauer der Pflegezeit) wird Beschäftigten ein Anspruch eingeräumt, zum Zwecke der häuslichen Pflege naher Angehöriger teilweise oder vollständig von der Arbeitsleistung bis zu sechs Monaten unbezahlt freigestellt zu werden. Dem Arbeitnehmenden wird ein Rückkehrrecht an den Arbeitsplatz zu den vorherigen Arbeitsbedingungen zugestanden, der Arbeitgebende ist während der Pflegezeit nicht mit dessen Entgeltfortzahlungsansprüchen belastet, es besteht kein Vergütungsanspruch während der Freistellungsphase (Göhle-Sander 2009: 461). *„Die Inanspruchnahme von Pflegezeit ist ein* ***einseitiges Gestaltungsrecht*** (Hervorhebung im Original, d. Verf.) *des Beschäftigten. Damit hängt sie, wie die Elternzeit, nicht von einer Zustimmung des Arbeitgebers ab"* (Göhle-Sander 2009: 462). Jedoch besteht der Anspruch auf Pflegezeit nicht gegenüber Arbeitgebenden mit 15 oder weniger Beschäftigten.

Das PflegeZG formuliert sowohl für die kurzfristige Arbeitsverhinderung von maximal zehn Tagen als auch für die Pflegezeit einen besonderen Kündigungsschutz. Grundsätzlich darf in beiden Fällen das Arbeitsverhältnis nicht vom Arbeitgebenden gekündigt werden.

Die Regelungen des PflegeZG unterstützen tendenziell eher simultane Muster der Vereinbarkeit von Beruf und Familie. Dies kommt einerseits durch die Regelungen zur kurzfristigen Arbeitsverhinderung zum Ausdruck, welche in erster Linie der Organisation von Pflege dienen kann und so das Vereinbarkeitsproblem entschärft. Andererseits ist eine teilweise Pflegezeit, die als Teilzeitanspruch verstanden werden kann, ausdrücklich im Gesetz formuliert; die Aufsplittung der Pflegezeit auf mehrere Zeiträume bis zur sechsmonatigen Gesamtdauer ist zumindest nicht de lege ausgeschlossen. Neben diesen Aspekten kann jedoch die komplette Ausschöpfung der sechsmonatigen Pflegezeit bei vollständiger Freistellung auch als Familienphase interpretiert werden, die sich, sukzessiven Mustern entsprechend, an eine Berufstätigkeitsphase anschließt und auf welche auch wieder Berufstätigkeit folgt.

Im März 2011 wurde mit der Einbringung des Gesetzes zur Einführung einer Familienpflegezeit in den Gesetzgebungsprozess eine weitere rechtliche Regelung zur Verbesserung der Vereinbarkeit von Beruf und Pflege auf den Weg gebracht. Nach § 2 des Gesetzesentwurfes ist Familienpflegezeit die Verringerung der wöchentlichen Arbeitszeit bis zu einem Mindestumfang von 15 Stunden für die Dauer von maximal zwei Jahren. Zur Kompensation der Einkommensausfälle erhalten die pflegenden Arbeitnehmenden eine Lohnaufstockung vom Arbeitgebenden; das Arbeitszeitkonto gerät während der Familienpflegezeit in den negativen Bereich. Im Anschluss an die Familienpflegezeit erhält der Arbeitnehmende, nach Rückkehr zur ursprünglichen Stundenzahl, so lange weiterhin ein reduziertes Einkommen, bis das Arbeitszeitkonto wieder ausgeglichen ist. *„Für das Beispiel eines Vollzeitbeschäftigten bedeutet dies, dass dieser die Arbeitszeit im Maximum auf 50 Prozent reduziert, dafür allerdings für die Pflegephase* [...] *75 Prozent seines Gehalts bekommt. Im Anschluss an die Pflegephase arbeitet die oder der Beschäftigte dann im gleichen Zeitumfang wieder 100 Prozent bei weiterhin 75 Prozent seines Gehaltes bis das Wertguthaben ausgeglichen ist“* (Bundesrats-Drucksache 207/11: 17). Der Gesetzesentwurf setzt auf freiwillige Vereinbarungen zwischen Arbeitnehmenden und Arbeitgebenden und begründet keinen Rechtsanspruch. Da ein wesentliches Merkmal der Familienpflegezeit die kontinuierliche Erwerbstätigkeit der Pflegeperson ist, unterstützt das Gesetzesvorhaben die simultane Vereinbarkeit von Beruf und Familie. Das Gesetz soll am 1. Januar 2012 in Kraft treten.

1.4 Teilzeit- und Befristungsgesetz

Auch wenn das Teilzeit- und Befristungsgesetz expressis verbis nicht auf eine Verbesserung der Vereinbarkeit von Beruf und Familie abstellt, sind seine Regelungsziele, die Teilzeitarbeit zu fördern und die Diskriminierung von Teilzeitbeschäftigten zu verhindern, von besonderer Bedeutung für die betriebliche Familienpolitik. Aus unterschiedlichen Studien ist bekannt, dass die am häufigsten gewünschten familienbewussten Personalmaßnahmen auf die Arbeitszeit abzielen (Klenner 2007: 8). Parallel sind Maßnahmen im Bereich der Arbeitszeit in den Betrieben am stärksten verbreitet (BMFSFJ 2010: 7, Gerlach u.a. 2007: 20).

Das Teilzeit- und Befristungsgesetz (TzBfG) gewährt den Arbeitnehmenden einen Anspruch auf Teilzeit, unabhängig davon, ob Kinder zu betreuen oder Angehörige zu pflegen sind. Jedoch kann die verlangte Arbeitszeitreduzierung vom Arbeitgebenden abgelehnt werden, wenn dieser betriebliche Gründe entgegenstehen.[21] Dieser Teilzeitanspruch ist allgemeiner als die Anspruchsgrundlagen des BEEG und des Pflegezeitgesetzes (Düwell/Pakirnus 2009: 374-375). Im Gegensatz zur Elternzeit gibt es im Rahmen des TzBfG jedoch keinen Rechtsanspruch auf Rückkehr zur früheren (längeren) Arbeitszeit. Dabei sieht das TzBfG jedoch vor, dass ein teilzeitbeschäftigter Arbeitnehmender, der den Wunsch nach einer Verlängerung seiner Arbeitszeit angezeigt hat, bei der Besetzung eines entsprechenden freien Arbeitsplatzes bei gleicher Eignung und ohne das Vorliegen von Hindernissen (z.B. dringende betriebliche Gründe) bevorzugt zu berücksichtigen ist. *„Durch die Aussicht auf Rückkehr zur bisherigen bzw. Erhöhung der Arbeitszeit wird eine wesentliche Hemmschwelle für die Inanspruchnahme von Teilzeitarbeit durch Männer und Frauen beseitigt und so eine individuelle Gestaltung der Arbeitszeit gefördert* (Düwell/Pakirnus 2009: 393). Es ist aber auch möglich, dass die Entscheidung, Teilzeit zu arbeiten, nicht reversibel ist, wenn der Arbeitgebende dem späteren Wunsch auf Rückkehr zu einer Vollzeitbeschäftigung nicht entspricht (Scheiwe 2007: 93).

Mit dem Ziel, Vorurteile gegen Teilzeitarbeit in höher qualifizierten Tätigkeiten im Hinblick auf ihre Leistungsfähigkeit abzubauen und der geschlechtsspezifischen Verteilung der Teilzeitarbeit entgegenzuwirken, formuliert das TzBfG eine *„Organisationspflicht“* (jedoch keinen unmittelbaren Anspruch), wonach der Arbeitgebende auch den Arbeitnehmenden in leitenden Positionen Teilzeitarbeit zu ermöglichen hat (Düwell/Pakirnus 2009: 346).[22]

Im TzBfG sind neben der allgemeinen Arbeitszeitreduktion weitere Möglichkeiten zur Gestaltung der Arbeitszeit gegeben, die die Vereinbarkeit von Beruf und Familie befördern können: Das Gesetz nennt ausdrücklich die Arbeit auf Abruf und die Arbeitsplatzteilung und regelt u.a. die Frist für einen Arbeitsabruf (vier Tage) sowie die Rahmenbedingungen gegenseitiger Vertretung der Jobsharing-Partner. Insgesamt fördert das TzBfG Muster simultaner Vereinbarkeit von Beruf und Familie.

---

[21] Die entgegenstehenden betrieblichen Gründe sowie die Rechtsprechung der Arbeitsgerichte thematisiert Scheiwe 2007: 97-98.

[22] In diesem Zusammenhang kann auf eine Führungskräftebefragung (n=1.205) hingewiesen werden, die eine Diskrepanz zwischen Bedeutung und faktischer Nutzung temporärer Arbeitszeitreduktionen (Teilzeit/Sabbaticals) identifiziert hat. Arbeitszeitreduktion wird von Führungskräften als wichtige vereinbarkeitsfördernde Maßnahme eingeschätzt, die jedoch kaum selbst genutzt wird (Forschungszentrum Familienbewusste Personalpolitik 2010: 8).

2 Tarifverträge und betriebliche Regelungen als rechtliche Rahmenbedingungen betrieblicher Familienpolitik

Neben den bundesgesetzlichen Normen können auch Tarifverträge und Betriebsvereinbarungen Regelungen enthalten, die auf eine bessere Vereinbarkeit von Beruf und Familie zielen. Als Regelungen, die zwischen Arbeitnehmenden und Arbeitgebenden (bzw. ihrer jeweiligen Vertreter) geschlossen wurden, können sie konkreter ausgestaltet sein als die Gesetze und sich stark an betrieblichen Gegebenheiten vor Ort orientieren.

Im Folgenden sollen Tarifverträge und Betriebsvereinbarungen als Rahmenbedingungen für betriebliche Familienpolitik skizziert werden.

2.1 Tarifverträge

Tarifverträge sind nach dem Tarifvertragsgesetz Vereinbarungen zwischen den Tarifparteien (Arbeitgeberverbände und Gewerkschaften), die deren Rechte und Pflichten regeln. Die Tarifpartner vereinbaren in den Tarifverträgen Rechtsnormen, die den Inhalt, den Abschluss und die Beendigung von Arbeitsverhältnissen sowie betriebliche und betriebsverfassungsrechtliche Fragen ordnen können. *„Damit kommt den Tarifvertragsparteien auch die Befugnis zu, Regelungen zur Vereinbarkeit von Familie und Beruf zu treffen. Vor allem aber können sie einen tarifvertraglichen Rahmen schaffen, den die Betriebsparteien unter Berücksichtigung der konkreten betrieblichen Gegebenheiten und Bedürfnissituation ausfüllen können"* (Wolmerath 2009: 492).

Flüter-Hoffmann (2005) hat in einer Studie beispielhaft untersucht, welche vereinbarkeitsfördernden Regelungen in ausgewählten Tarifverträgen und Betriebsvereinbarungen getroffen wurden. Einen weiteren Beitrag zur Analyse tariflicher Regelungen zur Vereinbarkeit von Beruf und Familie sowie zur Gleichstellung von Frauen und Männern hat Klenner 2005 geleistet. Grundlage ihrer Arbeit bildeten 115 Tarifverträge aus insgesamt 30 Branchen. Nach Darstellung von Regelungsbeispielen kommt sie zu dem Ergebnis, dass weder die Gleichstellung noch die Förderung der Vereinbarkeit von Beruf und Familie zentrale Regelungsbereiche von Tarifverträgen sind (Klenner 2005: 26, ebenso: Kothe 2009: 538).

Tabelle 1: Tarifvertragliche Regelungen zur betrieblichen Familienpolitik

Geregelter Bereich	Ausprägungen in ausgewählten Tarifverträgen
Angehörigenbetreuung	Arbeitsunterbrechung wegen Angehörigenbetreuung (mit und ohne Fortzahlung des Gehalts)
Arbeitszeitflexibilisierung	Teilzeitarbeit Telearbeit
Elternförderung	Förderung der beruflichen Entwicklung
Elternzeit/Familienphase	Verlängerung und Gestaltung der Elternzeit Qualifikationserhalt/Qualifizierung während der Elternzeit Vertretung während der Elternzeit
Kinderbetreuung	Organisation von Belegungsrechten Arbeitsbefreiung/-unterbrechung wegen Kinderbetreuung Kinderpflegekrankengeld
Sozialleistungen/-zulagen für Familie	Geburtsbeihilfen Familienzulagen Kinderbetreuungskosten

Quelle: Eigene Darstellung nach Klenner 2005 und Flüter-Hoffmann 2005.

In Bezug auf geförderte Muster sukzessiver oder simultaner Vereinbarkeit zeigt sich in den untersuchten Tarifverträgen die Tendenz, dass stärker als das Nebeneinander von Beruf und Familie ein familienbedingter Ausstieg von fünf bis sechs Jahren nach der Geburt tarifvertraglich gefördert wird (Klenner 2005: 27). Das Verhältnis zwischen gesetzlichen und tarifvertraglichen Regelungen bezeichnet sie als *„Wechselbeziehung"*: Teilweise waren tarifliche Ansprüche Vorläufer späterer gesetzlicher Regelungen, in anderen Fällen bekräftigen Tarifregelungen die Gesetzeslage. Schließlich stehen Gesetzesregelungen in Bereichen aus, in denen Tarifverträge eine Vorreiterrolle übernommen haben (Klenner 2005: 28-29).

Zusammenfassend stellt Tabelle 1 auf Basis beider Untersuchungen dar, für welche Bereiche tarifvertragliche Regelungen identifiziert werden können.

2.2 Betriebliche Regelungen

Neben dem Tarifvertragsgesetz gehört das Betriebsverfassungsgesetz (BetrVG) zum kollektiven Arbeitsrecht. Es regelt die Beziehungen zwischen Arbeitgebenden und Arbeitnehmenden in der Privatwirtschaft und enthält diesbezüglich insbesondere Normen zu Vertretungsorganen. Regelungsinstrumente sind Betriebsvereinbarungen, die als *„Tarifvertrag im Kleinformat"* (Däubler 2006: 594) verstanden werden können, Rechte und Pflichten der Betriebsparteien begründen und verbindliche Normen für alle Beschäftigten formulieren.

Die Förderung der Vereinbarkeit von Beruf und Familie zählt zu den allgemeinen Aufgaben des Betriebsrates. Der entsprechende § 80 I 2b BetrVG ist 2001 eingeführt worden und steht im systematischen im Zusammenhang mit § 80 I 2a BetrVG, welcher die Förderung der Gleichstellung von Frauen und Männern als Betriebsratsaufgabe definiert (Kothe 2009: 519). Dieser kann auf den Abschluss freiwilliger Betriebsvereinbarungen hinwirken, die Regelungen im Kontext der Vereinbarkeitsfrage enthalten – soweit sie nicht tarifvertraglich geregelt sind (da Tarifverträge gegenüber betrieblichen Regelungen Vorrang haben). Der Vorteil der Betriebsvereinbarung liegt darin, dass sie im Gegensatz zu nicht kodifizierten, ‚gewohnheitsrechtlichen' Regelungen nachhaltig und längerfristig wirken kann und transparenter ist.

Im rechtswissenschaftlichen Schrifttum sind als mögliche Regelungsgegenstände u.a. Arbeitszeitregelungen, Freistellung von der Arbeit, betriebliche Sozialleistungen sowie Organisationsregelungen genannt (Kothe 2009: 538-540).[23] In Bezug auf Arbeitszeitregelungen steht dem Betriebsrat nach § 87 I Nr. 2 BetrVG ein Mitbestimmungsrecht zu. Über eine freiwillige Betriebsvereinbarung ließe sich beispielsweise der im TzBfG fehlende Rechtsanspruch auf Rückkehr zur früheren (längeren) Arbeitszeit kompensieren (Kothe 2009: 538). Hinsichtlich der gesetzlich geregelten Freistellung von der Arbeit sind Verlängerungen sowohl für Pflegende als auch für Eltern denkbar: Die Höchstdauer der Pflegezeit ließe sich von sechs auf zwölf Monate erhöhen, der Freistellungsanspruch für kranke Kinder von zehn auf zwanzig Tage (Kothe 2009: 539). In den Bereich der betrieblichen Sozialleistungen fallen sämtliche familienbewusste Leistungen, von der betrieblichen Kinderbetreuung bis zur Organisation bzw. dem Sponsoring von Ferienfreizeiten für Beschäftigtenkinder. Die Betriebsvereinbarung könnte diebsbezüglich zum Beispiel die Verpflichtung des Arbeitgebers enthalten, einen Betriebskinderkarten zu eröffnen oder Ferienfreizeiten jährlich insgesamt mit einer zu nennenden Geldsumme zu unterstützen (Kothe 2009: 539). In Betriebsvereinbarungen festgelegte Organisationsregelungen können genutzt werden, um Arbeitnehmern Mitspracherechte in Kommissionen/Arbeitsgruppen zur familienbewussten Personalpolitik einzuräumen. Derartige Gremien sind bspw. in Zertifizierungsverfahren zum „audit berufundfamilie" eingebunden (Kothe 2009: 540).

Die Verbreitung von Betriebsvereinbarungen zur Vereinbarkeit von Beruf und Familie einerseits und zur Gleichstellung von Frauen und Männern andererseits hat Klenner auf Basis der WSI-Betriebsrätebefragung 2007 untersucht; insgesamt wurden 2070 Betriebe mit Betriebsrat befragt. Weniger als 10 % hatten eine Betriebsvereinbarung explizit zur Verbesserung der Ver-

[23] Weitere Handlungsfelder sowie Beispiele aus Betriebsvereinbarungen sind in Flüter-Hoffmann (2005) zu finden.

einbarkeit von Beruf und Familie.[24] Überdurchschnittlich viele vereinbarkeitsfördernde Betriebsvereinbarungen sind in Betrieben mit mehr als 2.000 Mitarbeitenden zu finden, ebenso wie in Banken und Versicherungen (Klenner 2008: 344-345). Betriebsvereinbarungen zur Gleichstellung/zur Frauenförderung bestehen in rund 12 % der Betriebe; auch diese sind überdurchschnittlich häufig in großen Betrieben sowie in Banken und Versicherungen zu finden.

Fazit

Die Darstellungen der rechtlichen Rahmenbedingungen einer betrieblichen Familienpolitik haben verdeutlicht, dass spezielle Regelungen derartige Tatbestände erfahren, die Arbeitnehmende besonders beanspruchen und ein ausgeprägtes Zeitkonfliktpotenzial mit sich bringen: die Geburt und ersten Lebensjahre eines Kindes sowie der Eintritt von Pflegebedürftigkeit. Neben diesen Ausnahmesituationen fördert das Arbeitsrecht im Verlauf einer Erwerbsbiografie sowohl Formen sukzessiver als auch simultaner Vereinbarkeit von Beruf und Familie.

In letzter Zeit ist die gleichberechtigte Vereinbarkeit für Männer wie für Frauen zu einem besonderen Petitum der Politik geworden. Dies kann einerseits mit einer Abkehr vom geschlechtsspezifischen Arbeitsteilungsmodell, demzufolge sich Frauen dem Lebensbereich Familie und Hausarbeit und Männer der Erwerbstätigkeit widmen, begründet werden; andererseits findet aber auch die Berücksichtigung volkswirtschaftlicher Argumentationen, insbesondere hinsichtlich der Verfügbarkeit eines (ausreichend qualifizierten) Erwerbspersonenpotenzials, ihren Niederschlag in der jüngeren Gesetzgebung. Damit unterscheidet sich die aktuelle Gesetzesbegründung im Kontext betrieblicher Familienpolitik von der ursprünglichen, die den Gesundheitsschutz von Frauen in den Mittelpunkt stellte.

Neben gesetzlichen Regelungen üben auch Tarifverträge (soweit einschlägig) und Betriebsvereinbarungen (soweit vorhanden) Einfluss auf die betriebliche Familienpolitik aus. Derartige Vereinbarungen können als Erweiterung gesetzlicher Regelungen zur Vereinbarkeit interpretiert werden. Hinsichtlich der Motivlagen für Tarifverträge und Betriebsvereinbarungen ist anzumerken, dass Frauenförderung und Gleichstellung nach wie vor als primäre Begründungslinien dienen.

Das Zusammenspiel gesetzlicher und tarifvertraglicher Reglungen ging in der Vergangenheit mit einer wechselseitigen Beeinflussung einher: In bestimmten Fällen kann deshalb Tarifverträgen eine Innovationsfunktion für rechtliche Regelungen im Kontext der Vereinbarkeit von Beruf und Familie zugeschrieben werden.

Die Reichweite gesetzlicher und tarifvertraglicher Regelungen erstreckt jedoch sich nicht auf alle Unternehmen. Einzelne Regelungen sind – bspw. aufgrund der vorausgesetzten Beschäftigtenzahl im Betrieb – nur eigeschränkt anzuwenden oder greifen wegen einer fehlenden tarifvertraglichen Bindung überhaupt nicht. Dies bedeutet jedoch nicht, dass insbesondere klei-

[24] Anzumerken ist, dass Betriebsvereinbarungen zu Arbeitszeitkonten in 58 % der befragten Unternehmen bestanden. Das bedeutet, dass vereinbarkeitsfördernde Elemente nicht ausschließlich in den Betriebsvereinbarungen zum Familienbewusstsein enthalten sein müssen.

ne Unternehmen ihren Mitarbeitenden keine Möglichkeiten zur Vereinbarung von Beruf und Familie bieten. Vor dem Hintergrund einer betrieblichen Handlungslogik, die eine familienbewusste Personalpolitik mit betriebswirtschaftlichen Effekten in Verbindung setzt, können Beschäftigte unter Umständen von einem breiterem Angebot vereinbarkeitsfördernder Maßnahmen profitieren, als dies durch gesetzliche bzw. tarifvertragliche Regelungen normiert ist.

Literatur

Beblo, M. (2006): Stellungnahme zum Gesetzentwurf zur Einführung des Elterngeldes. [online abrufbar unter: http://www.sozialpolitik-aktuell.de/tl_files/sozialpolitik-aktuell/_gesetze _und_neuregelungen/ StellungnahmenElterngeld.pdf (letzter Zugriff am 7.7.2010)].

Birk, U. (2007): Das neue Elterngeld nach dem Bundeselterngeld- und Elternzeitgesetz (BEEG). In: Zeitschrift für Sozialhilfe und Sozialgesetzbuch. Sozialrecht in Deutschland und Europa. 46. Jahrgang. Heft 1/2007.

Bundesministerium für Familie und Senioren (Hrsg.) (2005): Gender Datenreport – 1. Datenreport zur Gleichstellung von Frauen und Männern in der Bundesrepublik Deutschland. München.

Bundesministerium für Familie und Senioren (Hrsg.) (2008): Evaluation des Gesetzes zum Elterngeld und zur Elternzeit. Zwischenbericht 2007. [online abrufbar unter: http://www.bmfsfj.de/Redaktion BMFSFJ/Abteilung2/Pdf-Anlagen/beeg-zwischenbericht -2007,property=pdf,bereich=bmfsfj,sprache =de,rwb=true.pdf (letzter Zugriff am 12.07.2010)].

Bundesministerium für Familie und Senioren (Hrsg.) (2010): Unternehmensmonitor Familienfreundlichkeit 2010. Berlin.

Bundesrats-Drucksache 207/11 vom 15. April 2011. Entwurf eines Gesetzes zur Vereinbarkeit von Pflege und Beruf.

Bundestags-Drucksache 16/1889 vom 20. Juni 2006. Entwurf eines Gesetzes zur Einführung des Elterngeldes.

Däubler, W. (2006): Das Arbeitsrecht 1. Leitfaden für Arbeitnehmer. 16. Auflage. Reinbek.

Düwell, F.-J. (2009): Vereinbarkeit von Familie und Beruf im deutschen Recht. In: Düwell, F.-J., Göhle-Sander, K., Kothe, W. (Hrsg.): juris PraxisKommentar Vereinbarkeit von Familie und Beruf. Saarbrücken. S. 1-24.

Düwell, F.-J., Pakirnus, B. (2009). § 8 TzBfG Verringerung der Arbeitszeit. In: In: Düwell, F.-J., Göhle-Sander, K., Kothe, W. (Hrsg.): juris PraxisKommentar Vereinbarkeit von Familie und Beruf. Saarbrücken. S. 353-383.

Flüter-Hoffmann, C. (2005): Familienfreundliche Regelungen in Tarifverträgen und Betriebsvereinbarungen. Beispiele guter Praxis. Untersuchung im Auftrag des BMFSFJ. [online abrufbar unter: http://www.erfolgsfaktor-familie.de/data/downloads/studien/Broschuere_Familien freundliche_Regelungen_Tarifvertraegen.pdf (letzter Zugriff am 14.7.2010)].

Forschungszentrum Familienbewusste Personalpolitik (2010): Thesenpapier Nr. 3. Vereinbarkeit von Beruf und Familie bei Führungskräften. [online abrufbar unter: http://www.ffp-muenster.de/ thesenpapiere/Thesenpapier_FFP_Vereinbarkeit_von_Beruf_und_Familie_bei_Fuehrungskraeften. pdf (letzter Zugriff am 9.7.2010)].

Gerlach, I., Schneider, H., Juncke, D. (2007): Betriebliche Familienpolitik in auditierten Unternehmen und Institutionen. FFP-Arbeitspapier Nr. 3/2007. Münster.

Gerlach, I., Schneider, H., Juncke, D. (2009): Elternzeit und -geld als familienpolitische Instrumente: Entwicklung, Zielsetzung und empirische Befunde aus deutschen Unternehmen. In: Sozialer Fortschritt. 58. Jahrgang. Heft 12/2009. S. 273-282.

Gerlach, I. (2010): Familienpolitik. Wiesbaden.

Göhle-Sander, K. (2009): Pflegezeitgesetz. In: Düwell, F.-J., Göhle-Sander, K., Kothe, W. (Hrsg.): juris PraxisKommentar Vereinbarkeit von Familie und Beruf. Saarbrücken. S. 447-481.

Hesselberger, D. (1999): Das Grundgesetz. Kommentar für die politische Bildung. Elfte Ausgabe. Stuttgart.

Klenner, Christina (2005): Gleichstellung von Frauen und Männern und Vereinbarkeit von Familie und Beruf – Eine Analyse von tariflichen Regelungen in ausgewählten Tarifbereichen. In: Wirtschafts- und Sozialwissenschaftliches Institut in der Hans Böckler-Stiftung (WSI) (Hrsg.) WSI-Tarifhandbuch 2005. [online abrufbar unter: http://www.boeckler.de/pdf/v_2006_03_30_klenner_f4.pdf (letzter Zugriff am 7.7.2010)].

Klenner, Christina (2007): Erwartungen an einen familienfreundlichen Betrieb. Untersuchung im Auftrag des BMFSFJ. [online abrufbar unter: http://www.bmfsfj.de/Redaktion BMFSFJ/Abteilung2/Pdf-Anlagen/erwartungen-an-einen-familienfreundlichen-betrieb,property=pdf,bereich=bmfsfj,sprache=de,rwb= true.pdf (letzter Zugriff am 5.7.2010)].

Klenner, Christina (2008): Gleichstellung und familienfreundliche Arbeitsbedingungen. In: WSI-Mitteilungen. Heft 6/2008. S. 342-345.

Kothe, W. (2009): Betriebsverfassungsgesetz. In: Düwell, F.-J., Göhle-Sander, K., Kothe, W. (Hrsg.): juris PraxisKommentar Vereinbarkeit von Familie und Beruf. Saarbrücken. S. 508-547.

Lampert, H. (1996): Priorität für die Familie. Plädoyer für eine rationale Familienpolitik. Berlin.

Lampert, H., Althammer, J. (2001): Lehrbuch der Sozialpolitik. 6. Auflage. Berlin u.a.

Lode, M. (2009): Reichsversicherungsordnung. In: Düwell, F.-J., Göhle-Sander, K., Kothe, W. (Hrsg.): juris PraxisKommentar Vereinbarkeit von Familie und Beruf. Saarbrücken. S. 714-745.

Nebe, K. (2009): Mutterschutzgesetz und Mutterschutzarbeitsplatzverordnung. In: Düwell, F.-J., Göhle-Sander, K., Kothe, W. (Hrsg.): juris PraxisKommentar Vereinbarkeit von Familie und Beruf. Saarbrücken. S. 73-131.

Scheiwe, K. (2007): Familienorientierte Personalpolitik von Unternehmen – arbeitsrechtliche Rahmenbedingungen von Elternzeit und Teilzeit, Möglichkeiten und Grenzen. In: Dilger, A., Gerlach, I., Schneider, H. (Hrsg.): Betriebliche Familienpolitik. Potenziale und Instrumente aus multidisziplinärer Sicht. Wiesbaden. S. 86-102.

Statistisches Bundesamt (2008): Pflegestatistik 2007. Pflege im Rahmen der Pflegeversicherung. Deutschlandergebnisse. Wiesbaden.

Wingen, M. (1997): Familienpolitik. Grundlagen und aktuelle Probleme. Stuttgart.

Wolmerath, M. (2009): Tarifvertragliche und betriebliche Regelungen zur Vereinbarkeit von Familie und Beruf. In: Düwell, F.-J., Göhle-Sander, K., Kothe, W. (Hrsg.): juris PraxisKommentar Vereinbarkeit von Familie und Beruf. Saarbrücken. S. 491-507.

Wößmann, L. (2003): Familiärer Hintergrund, Schulsystem und Schülerleistungen im internationalen Vergleich. In: Aus Politik und Zeitgeschichte. Band 21-22. S. 33-38.

Zipprich, J. (2009): § 10 MuschG Erhaltung von Rechten. In: In: Düwell, F.-J., Göhle-Sander, K., Kothe, W. (Hrsg.): juris PraxisKommentar Vereinbarkeit von Familie und Beruf. Saarbrücken. S. 183-184.

III. Betriebliche Familienpolitik im Spiegel bisheriger wissenschaftlicher Forschung

Betriebliche Familienpolitik im Spiegel der politikwissenschaftlichen Diskussion

Irene Gerlach und David Juncke

Einleitung

Die Rolle von Unternehmen als Akteure der Familienpolitik hat in den vergangenen Jahren, befördert durch Entwicklungen, die im Zusammenhang mit dem demografischen Wandel und einer Reorganisation familienpolitischen Handelns stehen, an Bedeutung gewonnen. Unternehmen stellen sich aus unterschiedlichen Gründen familienbewusst auf und ermöglichen damit ihren Beschäftigten die Vereinbarkeit von Beruf und Familie. Während Rollenkonflikte der Beschäftigten zwischen Beruf und Familie bereits etablierte Forschungsgegenstände beispielsweise der Psychologie oder Soziologie sind und sich die Wirtschaftswissenschaften in unterschiedlicher Intensität mit einzel- und gesamtwirtschaftlichen Effekten familienbewusster Personalpolitik auseinander setzen, sind Unternehmen als Akteure der Familienpolitik erst in jüngster Zeit in den Forschungsfokus der Politikwissenschaft geraten.

Ausgehend von dieser Hypothese wird im Folgenden das Thema „betriebliche Familienpolitik" im Spiegel einer möglichen politikwissenschaftlichen Diskussion aufgearbeitet. Dazu wird einleitend dargelegt, welche Rollen der Staat im Kontext der betrieblichen Familienpolitik übernehmen kann. Diese Ausführungen werden aufgegriffen, um politikwissenschaftliche Ansätze auf die Analyse betrieblicher Familienpolitik zu beziehen. Auf Basis einer Betriebsstättenbefragung erfolgt schließlich die empirische Überprüfung der möglichen Rollen des Staates. Das erste Kapitel schließt mit einer Karte der familienpolitischen Wegmarken des Bundes unter Berücksichtigung der betrieblichen Familienpolitik. Im zweiten Kapitel erfolgt die Literaturanalyse, zunächst auf Basis von Veröffentlichungen, die das Bundesfamilienministerium herausgegeben hat, anschließend unter Berücksichtigung politikwissenschaftlicher Publikationen. Der Beitrag endet mit einer Skizze möglicher Anknüpfungspunkte und Forschungsdesiderate für die Politikwissenschaft.

1 Betriebliche Familienpolitik als Gegenstand politischen Handelns

Für Deutschland lässt sich konstatieren, dass die familienpolitischen Entwicklungen der vergangenen Jahre insbesondere über eine Erweiterung der Szene um nicht-staatliche Akteure zu beschreiben ist. Diese Entwicklung wird besonders deutlich, wenn der Fokus auf betriebliche Familienpolitik gerichtet wird. Dieser Begriff ist facettenreich und impliziert zwei Handlungsebenen: Einerseits geht es um die Frage, welche Art staatlicher Politik nicht staatliche Akteure dahingehend tangiert, dass diese familienpolitische Aktivitäten entwickeln. Andererseits ist die Frage relevant, welche Form betrieblichen Handelns im Sinne einer familienbewussten Personalpolitik den Beschäftigten die Vereinbarkeit von Beruf und Familie ermöglicht. Betriebliche Familienpolitik kann somit sowohl als staatliche Politik für arbeitgebende Betriebe als auch als betriebliche (Personal-)Politik für Beschäftigte verstanden werden.

Im Folgenden soll der erstgenannten Facette betrieblicher Familienpolitik besonders Rechnung getragen werden, indem dargestellt wird, wie staatliche Familienpolitik Betriebe als Akteure in Handlungskonzepte integriert. Darüber hinaus werden politikwissenschaftliche Konzeptionen im Kontext (betrieblicher) Familienpolitik skizziert.

1.1 Betriebliche Familienpolitik im föderalen Staat

Der Bedeutungsgewinn, der Familienpolitik in Deutschland zuteil wird, kann einerseits auf die politikformende Rolle des Bundesverfassungsgerichts in den letzten beiden Dekaden zurückgeführt werden (Gerlach 2000). Andererseits haben die gesellschaftlichen Bereiche, in denen die systemgefährdenden Konsequenzen des demografischen Wandels deutlich werden, die Bedeutung von Familienleistungen sowie von Familienpolitik genährt. Wurde der Bereich der Familie seitens der Politik bis in die Mitte der 1990er Jahre hinein als möglichst staatsfreie Privatangelegenheit betrachtet, so hat sich mit der Einführung des Erziehungsgeldes (1986) sowie des Rechtsanspruchs auf einen Kindergartenplatz (1996) das Verhältnis des Staates zur Familie grundlegend gewandelt. Ausgehend von der Prämisse, dass eine Erhöhung der Frauenerwerbstätigkeit sowohl die demografisch verursachte Arbeitskräftereduktion kompensieren als auch – im Sinne der Umsetzung individueller Lebenspläne – positive Effekte auf die Geburtenziffer mit sich bringen kann, ist die Realisierung der Vereinbarkeit von Beruf und Familie über alle Parteigrenzen hinweg zum familienpolitischen Ziel höchster Priorität geworden (Gerlach 2010: 161). Diese Zielperspektive wiederum wird zunehmend ergänzt um eine frühe und qualitativ gute Förderung von Kindern. Während Familienpolitik zunächst primär über ökonomische Interventionen erfolgte, wird zunehmend die Unterstützung im Lebensumfeld von Familien im Sinne einer (sozial-)ökologischen Interventionsform verfolgt.

Im Kontext der ökonomischen Interventionsform (Familienlastenausgleich) ist die im Jahr 2007 erfolgte Weiterentwicklung des Erziehungsgeldes zum Elterngeld besonders hervorzuheben: Das Erziehungsgeld war von seiner Konzeption her ein neues familienpolitisches Instrument, da es im Gegensatz zu anderen Maßnahmen explizit eine Anerkennung spezifischer Leistungen von Eltern im Zusammenhang der Humanvermögensproduktion darstellt und somit eher einem Familienleistungs- als -lastenausgleich zuzuordnen ist. Es wurde nach einigen Anpassungen bis zur Einführung des Elterngeldes einkommensabhängig in einer Höhe von maximal monatlich 300 Euro für höchstens zwei Jahre gezahlt. An die Zahlung des Erziehungsgeldes geknüpfte Einkommensgrenzen haben dazu geführt, dass es nach den ersten sechs Bezugsmonaten in erster Linie Familien mit unterdurchschnittlichem Einkommen zu Gute kam (RWI 2008: 31f; Scheiwe 2007: 92). Somit hatte das Instrument im Wesentlichen den Charakter einer sozialpolitischen Transferleistung. Konzeptionell neu gestaltet ist das Elterngeld, welches aufgrund seines Ansatzes an den Opportunitätskosten weniger am sozialpolitisch motivierten Bedürftigkeitsprinzip orientiert ist. Es löste das Erziehungsgeld ab und sieht die Zahlung von 67 % des in den letzten zwölf Monaten vor der Geburt des Kindes verdienten Nettoeinkommens des betreuenden Elternteils vor. Die Elterngeldbezugsdauer ist für den Regelfall auf zwölf Monate konzipiert, hinzu kommen zwei ‚Partnermonate' für den Fall, dass der bis dahin nicht betreuende Elternteil die Betreuung übernimmt. Das mit der Konzeption als Einkommensersatzleistung einhergehende Ziel besteht darin, Eltern einen Teil ihrer Verzichtskosten, die sie für die Erziehung und Betreuung von Kindern leisten, zu ersetzen. Damit rücken Personen in den Fokus, die aufgrund eines vergleichsweise hohen Einkommensausfalls bei elterlicher Kinderbetreuung den Schritt zur Elternschaft oder zu einem weiteren Kind bisher oft nicht wagten.

Die alten Regelungen des Erziehungsgelds führten dazu, dass auf der einen Seite die Opportunitätskosten von Frauen mit mittlerem und hohen Einkommen nahezu gänzlich selbst getragen werden mussten, wohingegen auf der anderen Seite für Frauen mit niedrigem Einkommen das Erziehungsgeld ausreichte, um Opportunitätskosten zu kompensieren (Steinmann 2007: 35).

Das Problem der Vereinbarkeit von Beruf und Familie ist dominant im Bereich der (sozial-)ökologischen Intervention. Dies gilt insbesondere hinsichtlich der demografischen Struktur und des Erwerbspersonenpotenzials sowie hinsichtlich der Instabilität von Ehen und der hohen Wahrscheinlichkeit für Elternteile, Alleinerziehende zu werden (Gerlach 2010: 67). Vor allem für Eltern mit niedrigem Einkommen stellt die Unvereinbarkeit von Beruf und Familie ein Armutsrisiko dar (Bonoli 2007: 500). Ausprägungen (sozial-) ökologischer Interventionen sind die Unterstützung von Familien im Lebensumfeld im Allgemeinen sowie beispielhaft die Verfügbarkeit einer Kinderbetreuungsinfrastruktur oder familienbewusster Arbeitsplätze. Familienpolitisch ist im Zusammenhang der (sozial-)ökologischen Intervention das 2005 verabschiedete Tagesbetreuungsausbaugesetz relevant, wonach die Betreuung für die unter dreijährigen Kinder bedarfsgerecht und qualitätsorientiert ausgebaut werden soll. Qualitätsorientierung bedeutet, dass auch eine Bildungs- und Erziehungskomponente von zunehmender Bedeutung für die Familienpolitik ist. In dem im Jahr 2008 verabschiedeten Kinderförderungsgesetz, welches u.a. auch Aspekte der frühkindlichen Förderung beinhaltet, wird ein Rechtsanspruch für einen Krippenplatz für unter Dreijährige formuliert. Ziel ist es, bis 2013 rund 750.000 neue Plätze in Tageseinrichtungen und in der Kindertagespflege zu schaffen, so dass künftig jedes dritte Kleinkind betreut werden kann.

Über die Bereitstellung von Infrastrukturleistungen regt der Bund seit 2004 systematisch die Gründung von Netzwerkstrukturen in Gestalt Lokaler Bündnisse für Familie an, in welche staatliche, zivilgesellschaftliche und erwerbswirtschaftlich tätige Akteure ihre spezifischen

Interessen und Ressourcen einbringen und damit Familienpolitik auf kommunaler Ebene ergänzen sollen. Ein zentrales Handlungsfeld, dem sich die Lokalen Bündnisse widmen, ist die Vereinbarkeitsproblematik. In diesem Zusammenhang sind vornehmlich der öffentliche Sektor, Bürgerinitiativen und die Kirchen mit der Zielsetzung aktiv, die (institutionelle) Kinderbetreuung auszubauen. Weitere wichtige Akteure sind die lokalen Unternehmen.

Neben der familienpolitischen Bundestätigkeit ist das Instrumentarium der Länder (und somit letztlich der Kommunen) im Bereich der betrieblichen Familienpolitik weniger durch Gesetzgebung geprägt. Ausgehend von der ‚Landeskompetenz Bildungspolitik' gestalten die Gliedstaaten in überwiegendem Ausmaß die Qualität von (betrieblichen) Kinderbetreuungseinrichtungen. Parallel bieten einige Länder Unternehmen bei der Einführung neuer Arbeitszeit- und Arbeitsorganisationsmodelle Unterstützung (MASGF 2005: 29), vernetzen familienbewusste Unternehmen im Rahmen eigener (regionaler) Landesinitiativen[25], fördern finanziell die Teilnahme am Audit berufundfamilie oder schreiben Landeswettbewerbe um den familienbewusstesten Betrieb aus.

Die nicht gesetzgeberischen Tätigkeiten des Bundes im Bereich der betrieblichen Familienpolitik können, vergleichbar zu den skizzierten Tätigkeiten der Länder und Gemeinden, über Rollen als Harmonisierer, Moderator, Koordinator und Anreizbieter beschrieben werden (Gerlach 2007: 20-21). Die erstgenannte Rolle nimmt der Staat ein, wenn positiv zu bewertende Maßnahmen familienbewusster Personalpolitik in der Umsetzung für Unternehmen aufgrund geltenden Rechts problembehaftet sind bzw. zu hohe (administrative) Kosten verursachen; dies kann u.U. dazu führen, dass entsprechende Maßnahmen nicht angeboten werden. So ist beispielsweise unter Umständen der Betriebsrat bei allen sozialen, arbeitszeitbezogenen und familienbewussten Personalmaßnahmen einzubeziehen. Der einhergehende Informations- und Kommunikationsaufwand stellt einen Kostenfaktor für entsprechende Maßnahmen dar, so dass sich aus der Rechtslage Implementationshindernisse ergeben können (Gerlach 2007: 20).

Als Moderator sensibilisiert der Staat relevante Akteure hinsichtlich einer familienbewussten Personalpolitik. In diesem Zusammenhang hat das Bundesfamilienministerium in den vergangenen Jahren verschiedene Untersuchungen in Auftrag gegeben. Dabei nimmt die Studie „Betriebswirtschaftliche Effekte familienfreundlicher Maßnahmen" (Prognos 2003) einen besonderen Stellenwert ein, da sie betriebliche Familienpolitik als Thema für Unternehmen nachhaltig positioniert hat. Eine Übersicht zur Verbreitung familienbewusster Personalmaßnahmen liefert der mittlerweile dreimalig durchgeführte „Unternehmensmonitor Familienfreundlichkeit" (Institut der deutschen Wirtschaft 2003; BMFSFJ 2006b; BMFSFJ 2010). Er erfüllt dahingehend eine Sensibilisierungsfunktion, dass die Vielfalt familienbewusster Personalmaßnahmen aufgezeigt und dokumentiert wird, dass Unternehmen sämtlicher Größen- und/oder Branchenklassen Maßnahmen einführen können. Wird betriebliches Familienbewusstsein über die Anzahl familienbewusster Personalmaßnahmen gemessen, kann der Unternehmensmonitor im Zeitablauf Entwicklungen des Familienbewusstseins abbilden und so auch zur Evaluation betrieblicher Familienpolitik beitragen. Praxisorientierte Handreichungen, die beispielsweise

---

[25] Beispielhaft kann hier das Netzwerk „Familie, Arbeit, Mittelstand im Münsterland" genannt werden (www.fam-muensterland.de).

Möglichkeiten der Umsetzung familienbewusster Personalmaßnahmen darstellen (BMFSFJ 2007, 2007a) sind ebenso Sensibilisierungsinstrumente wie die im Jahr 2003 in Kooperation mit der Bertelsmann-Stiftung ins Leben gerufene ‚Allianz für die Familie', welche eine breit angelegte Interessengemeinschaft von Politik, Wirtschaft und Kultur begründet. Unter ihrem Dach werden mittelfristig angelegte Initiativen für eine bessere Vereinbarkeit von Beruf und Familie gebündelt. Die Partner setzen sich öffentlich und beispielhaft für eine nachhaltige Familienpolitik im Allgemeinen und eine familienbewusste Personalpolitik im Besonderen ein (Ristau 2005: 21). Die im Folgenden beschriebenen Sensibilisierungs- und Koordinierungstätigkeiten des Bundes können als *„operativer Unterbau"* (Ristau 2005: 22) der Allianz für Familie verstanden werden.

Sowohl der Sensibilisierung als auch der Koordinierung dient das ‚Unternehmensprogramm Erfolgsfaktor Familie', über welches das Bundesfamilienministerium Partnerschaften mit Arbeitgeberverbänden und dem Deutschen Gewerkschaftsbund begründet. Dem Unternehmensprogramm sind unterschiedliche Teilbereiche zugeordnet, die sowohl der Information von Unternehmen in Bezug auf eine familienbewusste Personalpolitik dienen als auch eine Vernetzung von Akteuren im Kontext der Vereinbarkeitsfrage ermöglichen. Im Rahmen dieses Unternehmensnetzwerks initiiert staatliches Handeln den Informationsaustausch, um auf diesem Wege zur Verbreitung betrieblicher Familienpolitik beizutragen. Den Bogen von der bundes- zur kommunalpolitischen Ebene spannen die bereits genannten Lokalen Bündnisse für Familie. Diese Bundesinitiative kann als Aufforderung verstanden werden, auf gemeindlicher Ebene Netzwerke, die das Ziel einer gesteigerten Familienfreundlichkeit verfolgen, zu gründen. Einer ersten Evaluation der Initiative ist, bezogen auf betriebliche Familienpolitik, zu entnehmen, dass ein *„Engagement in Lokalen Bündnissen für Familie* […] *Unternehmen* [nutzt], *weil sie hier familienfreundliche Maßnahmen günstiger, qualitativ besser und effizienter als im Alleingang umsetzen können"* (BMFSFJ 2006: 38).

In seiner Rolle als Anreizbieter regt der Staat betriebliche Familienpolitik in Unternehmen an, ohne sie über das Instrument der Gesetzgebung zu entsprechendem Verhalten zu verpflichten. Das Steuerrecht räumt beispielsweise hinsichtlich familienbezogener Unternehmensleistungen sowohl Betrieben als auch Mitarbeitenden vorteilhafte Gestaltungsmöglichkeiten ein: Leistungen des Arbeitgebers zur Unterbringung und Betreuung von nicht schulpflichtigen Kindern sind nach § 3 Nr. 33 Einkommenssteuergesetz steuerfrei. Auf Seiten des Arbeitgebers wirken sich solche Leistungen steuermindernd aus (Schnabel 2007: 228). Auch Aufwendungen des Betriebs für Kindergärten, Notfall- und Ferienbetreuung, Beratungs- und Vermittlungsleistungen sowie Eltern-Kind-Büros sind als Betriebsausgabe abziehbar (Schnabel 2007: 229). Ebenfalls anreizbietende Wirkung entfalten staatliche Zuschüsse für bestimmte familienbewusste Personalmaßnahmen. Diesbezüglich ist vor allem das Förderprogramm ‚Betrieblich unterstütze Kinderbetreuung' des Bundesfamilienministeriums relevant. Das Programm fördert die Betriebskosten neu eingerichteter, betrieblicher Kinderbetreuungsplätze. Sowohl Unternehmen als auch Non-Profit Organisationen sind Adressaten dieser Förderung. Ein weiteres Mittel zur Anreizbildung könnte beispielsweise ein ‚family-mainstreaming' in Verbindung mit Formen von ‚affirmative action' sein, das u.a. die Vergabe öffentlicher Aufträge an Unternehmen von der Auditierung als familienbewusster Betrieb abhängig machen könnte (Gerlach 2010: 348).

1.2 Betriebliche Familienpolitik und Politikwissenschaft

In welcher Hinsicht betriebliche Familienpolitik überhaupt als Forschungsgegenstand der Politikwissenschaft geeignet ist, soll im Folgenden dargelegt werden. Dabei werden unterschiedliche politikwissenschaftliche Ansätze auf betriebliche Familienpolitik bezogen und somit mögliche Zugänge zum Thema skizziert.

Ein zentraler Gegenstand der Politikwissenschaft ist die Policy-Analyse, in deren Rahmen Formulierung, Implementierung und Evaluierung von Politikinhalten Berücksichtigung finden. Methodisch kann sich die Policy-Analyse am Policy-Cycle orientieren, welcher als Phasenmodell Politik als eine Abfolge von Schritten bei der Bearbeitung gesellschaftlicher Probleme darstellt. Politisches Handeln setzt demnach die Wahrnehmung eines Problems als ersten Schritt voraus. Im Zusammenhang mit betrieblicher Familienpolitik stellt sich somit die Frage, welche Problemlage (bspw. zu wenig betriebliche Kinderbetreuungsplätze) von welchen Akteuren (bspw. Elterninitiativen, Gewerkschaften, Medien) beschrieben und artikuliert wird. Nach der Wahrnehmung des Problems geht es darum, dieses zur weiteren Bearbeitung auf die politische Tagesordnung (Agenda) zu setzen. Hier sind beispielsweise die Fragen relevant, auf welcher politischen Ebene im Föderalstaat (Bund oder Länder) das Problem auf die Tagesordnung gelangt und ob bestimmte Akteure das Agenda-Setting befördern oder behindern. Die zweite Phase, Politikformulierung und -entscheidung, beinhaltet den Prozess, in welchem politische Ziele formuliert und Handlungsalternativen entwickelt werden. Zum Beispiel kann die Ausweitung von Betriebskindergärten avisiert oder als Alternative die Bereitstellung von Belegplätzen in kommunalen Kinderbetreuungseinrichtungen formuliert werden. Aus artikulierten Problemen werden staatliche Programme, die Handlungsziele festlegen und bestimmen, an welche Adressaten sich das Programm richtet, welche Träger es durchführen und welche Ressourcen benötigt werden (Schneider/Janning 2005: 55). Ein Handlungsziel betrieblicher Familienpolitik wäre beispielsweise die Festlegung einer zu erreichenden betrieblichen Kinderbetreuungsquote. Adressaten wären möglicherweise Betriebsstätten mit einer bestimmten Beschäftigtenzahl. Unter Ressourcen können die Finanzen fallen, die in den Staatshaushalt zur Erreichung des Ziels eingestellt werden. „Die Phase der Durchführung oder Umsetzung eines beschlossenen Programms durch die zuständigen Institutionen und Organisationen […] wird als Implementation bezeichnet" (Jann/Wegrich 2009: 94). Die durchführenden Akteure (bspw. Unternehmen oder Verbände) sowie die zur Anwendung kommenden Instrumente (bspw. finanzielle Anreize für die Betriebsstätten oder Gesetze) sind Unterscheidungsmerkmale der jeweiligen Politikimplementation (Jann/Wegrich 2009: 95). Die Bestimmung der Gründe für die Wirksamkeit/Unwirksamkeit der politischen Programme ist schließlich Gegenstand der Evaluation. Evaluationen schaffen Grundlagen für die Beurteilung politischer Programme, indem sie deren Leistungen messen (beispielsweise über die erreichte Betreuungsquote nach Zeitablauf von fünf

Jahren) und bewerten. Dies kann unter anderem dazu dienen, Programme zu verbessern beziehungsweise konzeptionell neu zu beginnen (Kevenhörster 2006: 37).[26]

Ein anderer politikwissenschaftlicher Ansatz, der im Kontext betrieblicher Familienpolitik von Bedeutung ist, ist das Governance-Konzept. In vielen Aufgabenbereichen tritt der Staat nicht (mehr) als autoritär regelnder Interventionsstaat auf, sondern agiert als minimaler bzw. kooperativer Staat. Das bedeutet, dass die Rollen von Wirtschaft und Gesellschaft betont werden und der Staat als Organisator gesellschaftlicher Produktion und Verteilung zurück tritt (Braun/Giraud 2003: 158-159) bzw. Verhandlungen mit nicht-staatlichen Akteuren führt und mit diesen kooperiert. Das Governance-Konzept ist somit über den staatlichen Bereich hinaus konzipiert und berücksichtigt die Zusammenarbeit zwischen staatlichen, privatwirtschaftlichen und zivilgesellschaftlichen Akteuren bei der Erfüllung öffentlicher Aufgaben (v. Prittwitz 2007: 194). Für den Bereich der betrieblichen Familienpolitik bedeutet dies beispielsweise, dass die Verbesserung der Vereinbarkeit von Beruf und Familie weder auf betrieblicher noch auf staatlicher Ebene isoliert verfolgt wird. Die Verbindung einzelwirtschaftlicher Interessen (flexibler Personaleinsatz) mit gesamtgesellschaftlich gewünschten Auswirkungen (bessere Vereinbarkeit) werfen als sachlogische Aspekte von Governance ebenso politikwissenschaftliche Fragestellungen auf wie interaktionslogische Gesichtspunkte, die beispielsweise die Kooperation betrieblicher und staatlicher Akteure in Netzwerken betreffen.

Neben dem Governance-Konzept und der Policy-Analyse bieten weitere politikwissenschaftliche Ansätze Möglichkeiten zur Untersuchung betrieblicher Familienpolitik. Zu denken ist dabei sowohl an die Forschung zu Verbänden und Interessenorganisation als auch an international-vergleichende Betrachtungen. Die Einbeziehung von Arbeitgeber- und Arbeitnehmerverbänden in unterschiedliche staatliche Programme zur betrieblichen Familienpolitik (z.B. im Rahmen der Allianz für Familie) sowie die Bedeutung von Gewerkschaften bei der Formulierung vereinbarkeitsbezogener Arbeitnehmerinteressen kann auf Basis der breit gefächerten Verbändetheorien politikwissenschaftlich untersucht werden. Gleichfalls werfen Aspekte der Interessenselektion (bspw. Schaffung familienbewusster Personalmaßnahmen für Hochqualifizierte bzw. Geringqualifizierte) Fragestellungen auf, die sowohl auf staatlicher als auch betrieblicher Ebene politikwissenschaftliche Bearbeitung finden können. Der Frage, ob Verbände oder der Staat Promotoren für eine familienbewusste Personalpolitik sind, kann, insbesondere vor dem Hintergrund von Verbändetheorien und unterschiedlichen (Wohlfahrts-)Staatsarrangements, international-vergleichend nachgegangen werden.

[26] Ob und inwieweit staatliche Programme betrieblicher Familienpolitik Gegenstand von Evaluationsuntersuchungen sind, zeigt die Literaturanalyse in Kapitel 2 des vorliegenden Beitrags.

1.3 Erwartungen von Unternehmen an den Staat im Bereich der familienbewussten Personalpolitik

Im Rahmen einer vom Forschungszentrum Familienbewusste Personalpolitik im Herbst 2007 durchgeführten Betriebsstätten Befragung ‚Familienbewusstsein deutscher Unternehmen'[27] wurden 1.001 Personalverantwortliche bzw. Geschäftsführende gefragt, ob der Staat eine stärkere Rolle in der familienbewussten Personalpolitik übernehmen soll. 44,2 % würden dies begrüßen, wohingegen sich 51,3 % gegen ein stärkeres staatliches Engagement aussprechen (Rest: jeweils keine Angabe). Wird dieses Antwortverhalten untersucht, so zeigt sich, dass es weder von der Branche noch Unternehmensgröße abhängig ist. Jedoch kann – unter Verwendung des berufundfamilie-Indexes[28] – gezeigt werden, dass ein Zusammenhang zwischen dem betrieblichen Familienbewusstsein und der Forderung nach staatlichem Engagement besteht: Die Unternehmen, die familienbewusster als der Durchschnitt sind, sprechen sich mehrheitlich (56,4 % gegenüber 43,6 %) gegen eine stärkere staatliche Rolle aus, bei den weniger familienbewussten Unternehmen halten sich eine ablehnende (49,7 %) und befürwortende Position (50,3 %) die Waage.

Denjenigen Unternehmensvertretern, die sich für eine stärkere staatliche Rolle ausgesprochen haben, wurden verschiedene staatliche Handlungsoptionen präsentiert, die durchaus unterschiedlich bewertet wurden: Große Einigkeit besteht hinsichtlich der Frage, ob der Staat informierend tätig werden soll: 93,9 % stimmen zu, während lediglich 5,4 % dagegen sind. Ein ähnliches Bild ergibt sich, wenn gefragt wird, ob der Staat Maßnahmen familienbewusster Personalpolitik finanziell fördern soll. Hier stehen 90 % Zustimmung gegenüber 8,1 % Ablehnung. Vergleichbare Werte ergeben sich auch, wenn statt nach finanzieller Förderung nach Anreizstrukturen gefragt wird. Diese würde 83,9 % begrüßen, 11,8 % sind gegen die Schaffung staatlicher Anreizstrukturen. Mehr Uneinigkeit besteht zwischen den Unternehmensvertretern, wenn nach der Verabschiedung von Gesetzen zur Förderung der Vereinbarkeit von Beruf und Familie gefragt wird. Zwar sprechen sich rund zwei Drittel (66,3 %) für entsprechende Gesetze aus, fast ein Drittel ist jedoch dagegen (30,5 %). Eine ähnliche Verteilung (62 Prozent Zustimmung, 29,4 % Ablehnung) ergibt sich aus den Antworten auf die Frage, ob der Staat koordinierend, beispielsweise durch die Vernetzung relevanter Akteure tätig werden soll. Für die Bevorzugung bei der Vergabe von öffentlichen Aufträgen an solche Unternehmen, die ihren Beschäftigten familienbewusste Maßnahmen anbieten, sprechen sich 56,3 % aus, dagegen sind 38,2 %. Während sich im Gesamtbild bisher mehrheitlich Zustimmung für staatliches Handeln konstatieren lässt, gilt dies lediglich nicht für die Frage, ob der Staat die institutionelle Einführung eines, den Gleichstellungsbeauftragen vergleichbaren, Familienbeauftragten verbindlich regeln soll. Gegen eine derartige Regelung sprechen sich 49,5 % aus, dafür 41,6 %.

Auf Datenbasis von 75 auditierten Unternehmen untersuchen Dilger und König den Zusammenhang zwischen dem Anlass der Einführung familienbewusster Maßnahmen und Forde-

[27] Die Stichprobe sowie weitere Informationen zur Befragung werden in dem Beitrag von Gerlach/Schneider/Wieners/Juncke/Heinze „Status quo des betrieblichen Familienbewusstseins deutscher Unternehmen – Ergebnisse einer empirischen Erhebung“ in diesem Band thematisiert.

[28] ebenda.

rungen der Unternehmen an den Staat. Diesbezüglich ist zu erwarten, dass *„eine Betonung der gesellschaftlichen Relevanz des Themas durch die Unternehmen mit einer deutlichen Forderung nach staatlichen Maßnahmen verbunden ist"* (Dilger/König 2007: 195). Die statistischen Analysen zeigen, dass aus Unternehmenssicht eine hohe gesellschaftliche Relevanz der Vereinbarkeitsfrage mit der Forderung an den Staat nach finanzieller Förderung, Anreizstrukturen sowie Informationen einhergeht (Dilger/König 2007: 199).

1.4 Entwicklung bundespolitischer Aktivitäten im Bereich der betrieblichen Familienpolitik

Mit dem Gesetz zum Erziehungsgeld sowie zum Erziehungsurlaub (1985) ist der Beginn politischer Steuerung von Vereinbarkeitsfrage und betrieblicher Familienpolitik durch das Bundesfamilienministerium markiert. Der Erziehungsurlaub zielte konzeptionell auf eine befristete berufliche Freistellung zur Kinderbetreuung und -erziehung, aus welchem im Rahmen der Wiedereinstellungsgarantie keine Karrierenachteile entstehen sollten. Die Kombination von Freistellung und Wiedereinstellungsgarantie unterstütze im Hinblick auf die Vereinbarkeit von Beruf und Familie ein sukzessives Vereinbarkeitsmuster. Nach diesem wechseln sich Familienphasen mit Phasen der Erwerbstätigkeit zeitweise ab (Wingen 1997: 162).

Erste Veröffentlichungen zum Verhältnis zwischen Familie und Arbeitswelt sind um das Jahr 1985 entstanden (BMJFG 1983, 1984, 1987), sie lagen teilweise in der Verantwortung des wissenschaftlichen Beirats für Familienfragen oder stellten auf die besondere Stellung von Frauen zwischen Beruf und Familie ab. Dabei markiert das Jahr 1987 einen bedeutsamen Zeitpunkt für die Verbindung von Frauen- und Familienpolitik, als erstmals deutliche Schwerpunkte im Feld der Vereinbarkeit von Beruf und Familie gesetzt wurden. Diese hatten jedoch zunächst den Charakter von wissenschaftlichen Analysen, Modellversuchen und Workshops. 1992 erfolgte eine erste Institutionalisierung des Themas durch Einrichtung der Arbeitsgruppe ‚Vereinbarkeit von Familie und Beruf' beim damaligen Bundesministerium für Familie und Senioren, 1993 wurde erstmals der Wettbewerb ‚Der familienfreundliche Betrieb' durchgeführt. Dabei deutet sich insgesamt eine Verzahnung von Familien- und Frauen- bzw. Gleichstellungspolitik an: Dies geschah einerseits vor dem Hintergrund des individuellen Wahlfreiheitskonzepts der Lebensplanung, andererseits vor der langsam wachsenden Einsicht in den volkswirtschaftlich bedeutsamen Wert von Familienarbeit, die nicht zuletzt mit dem Fünften Familienbericht und seinem Humanvermögenskonzept (BT-Drucksache 12/7560) grundgelegt worden war. Indizien dafür waren nicht nur das Zweite Gleichberechtigungsgesetz von 1994, sondern auch viele Maßnahmen zur Lösung der Vereinbarkeitsfrage. Zu nennen ist hier der Rechtsanspruch auf einen Kindergartenplatz, der 1996 für alle dreijährigen Kinder eingeführt wurde. Ferner sind eine Reihe von Modellversuchen bzw. Forschungsprojekten zu erwähnen, die zunehmend die Familienfreundlichkeit der Arbeitswelt oder anderer Familienumwelten, wie z.B. der Kommune, in ihr Blickfeld nahmen (BMFS 1992, BMFSFJ 1998). Daneben wurden Modellprojekte zu Beratungsangeboten im Kontext der Vereinbarkeitsfrage für kleine und mittelständische Unternehmen, zur Förderung von Teilzeitarbeit in Fach- und Führungspositionen und zur familienbezogenen Gestaltung von Telearbeit gefördert. Seit 2004 besteht beim BMFSFJ das Referat „Familienfreundliche Arbeitswelt und Unternehmenskultur“, was Ausdruck der Bedeutung des Themas und dessen Institutionalisierung ist.

Hinsichtlich gesetzgeberischer Aktivitäten wurden im Jahr 2001 mit dem Teilzeit- und Befristungsgesetz gesetzliche Rahmenbedingungen für eine verbesserte Vereinbarkeit von Beruf und Familie geschaffen. Der Teilzeitanspruch besteht jedoch unabhängig von Familienpflichten, so dass dieses Gesetz nicht primär als familienpolitische Regelung gelten kann, obgleich es Arbeitnehmenden familienbewusste Arbeitszeiten ermöglichen und erheblichen Gestaltungsspielraum bieten kann (Scheiwe 2007: 94). Demnach ist dem Gesetz eine implizite Regelung betrieblicher Familienpolitik beizumessen.

Als Ausgangspunkt der Intensivierung familienpolitischen Handelns in Bezug auf betriebliche Familienpolitik kann das Jahr 2003 gesehen werden. In dieses fallen die zitierte Prognos-Studie sowie die Gründung der ‚Allianz für Familien‘. Die Prognos- Untersuchung erreiche große öffentliche Aufmerksamkeit, nicht zuletzt auf Seiten betrieblicher Entscheidungsträger, da familienbewusste Personalpolitik mit positiven betriebswirtschaftlichen Effekten in Verbindung gebracht wurde. Die Allianz für Familie sowie die unter ihrem Dach auch gebündelten Initiativen (Lokale Bündnisse für Familie, Unternehmensprogramm Erfolgsfaktor Familie) können als Ausdruck innovativer Partnerschaften in der Familienpolitik gelten. Damit verbundene Einbeziehungen neuer Akteure (Spitzenverbände der deutschen Wirtschaft, Gewerkschaften, Zivilgesellschaft) können als Reaktion auf fiskalische Engpässe verstanden werden, mit welchen politisches Handeln konfrontiert ist. Sie markieren aber gleichzeitig ebenfalls die Akzeptanz sowie die – im Hinblick auf zusätzliche zivilgesellschaftliche Ressourcen – gezielte Suche nach neuen, eher netzwerkartigen Organisationsformen von Politik bzw. politischer Problemlösung.

An der Schnittstelle zwischen Beruf und Familie wirkendes Instrumentenpaar können Elternzeit und Elterngeld aus dem Jahr 2007 betrachtet werden. Deren Einfluss auf betriebliche Familienpolitik und Arbeitsorganisation kann durchaus als gravierender bezeichnet werden, als dies bei der Erziehungszeit und dem Erziehungsgeld der Fall war, nicht zuletzt, weil insbesondere auch Männer über die so genannten Partnermonate und das Gestaltungsprinzip als Lohnersatzleistung einen Anreiz erhalten, ihre Berufstätigkeit zugunsten der Kinderbetreuung zu reduzieren. Gleichzeitig ist festzustellen, dass seit Einführung von Elternzeit und Elterngeld die Frauen, die bereits vor der Geburt ihres Kindes erwerbstätig waren, nach der Geburt eher und häufiger wieder eine Berufstätigkeit aufnehmen (RWI 2008: 41).

In der Rückschau wird deutlich, dass Betriebe als Akteure der Familienpolitik seit den späten 1990er Jahren in den Fokus geraten sind. Während das Verhältnis zwischen Arbeitswelt und Familie seit den 1980er Jahren zunächst über Modell- und Forschungsprojekte durch das Bundesfamilienministerium bearbeitet wurde, sind die systematische Erweiterung der Akteursszene sowie die Regelungen zu Elternzeit und -geld Maßnahmen einer höheren Intensitätsstufe. Aktuell zeichnet sich mit den Überlegungen bezüglich einer zweijährigen Pflegezeit (Köhler 2010) eine Erweiterung des Fokus‘ betrieblicher Familienpolitik ab.

2 Betriebliche Familienpolitik als Gegenstand des Schrifttums

Betriebliche Familienpolitik bzw. die Rolle von Unternehmen im Kontext der Vereinbarkeitsfrage ist im Schrifttum auf unterschiedliche Art und Weise thematisiert worden. Im Folgenden sollen zwei Gebiete, innerhalb derer relevante Publikationen zu vermuten sind, analysiert werden: Zum einen wird der Fokus auf Veröffentlichungen des Bundesfamilienministeriums gelenkt. Diese sind zu einem großen Teil von externen Verfassern (bspw. aus Wirtschaftsinstituten, Stiftungen oder Beratungsunternehmen) erstellt worden, so dass lediglich die Herausgeberschaft beim Bundesfamilienministerium liegt. Ergänzend wird das originär politikwissenschaftliche Schrifttum bemüht.[29] Betrachtet wird der Zeitraum ab 2003, da dieses Jahr als Ausgangsjahr für den Bedeutungsgewinn betrieblicher Familienpolitik interpretiert werden kann.

2.1 Betriebliche Familienpolitik im Spiegel der Veröffentlichungen des Bundesfamilienministeriums

Im Rahmen der 2003 erschienenen Projektdokumentation *„Fachkompetenzen als Potenzial einer innovativen Personalentwicklung – Die Kompetenzbilanz“* (BMFSFJ 2003) wurden außerberuflich erworbene Kompetenzen in den Zusammenhang der Personalentwicklung gestellt. In einer weiteren Veröffentlichung (BMFSFJ 2003a), die gemeinsam mit anderen Bundesministerien und den Spitzenverbänden der deutschen Wirtschaft entstanden ist, wurden Maßnahmen zur Förderung der Chancengleichheit bilanziert. Daneben wird auch die Balance von Familie und Arbeitswelt thematisiert. Im Rahmen eines Projektes der vier Spitzenverbände der deutschen Wirtschaft, des Bundesfamilienministeriums und des Instituts der deutschen Wirtschaft ist ein erster Monitor durchgeführter familienbewusster Maßnahmen in deutschen Unternehmen unter dem Titel *„Wie familienfreundlich ist die deutsche Wirtschaft“* (Institut der deutschen Wirtschaft 2003) erschienen. Dieser gibt neben dem Verbreitungsgrad der Maßnahmen Aufschluss über Motive und Hemmnisse bei deren Einführung. Mit der ebenfalls im Jahr 2003 erschienenen Prognos-Studie *„Betriebswirtschaftliche Effekte familienfreundlicher Maßnahmen“* ist der definitive Ausgangspunkt zu Veröffentlichungen zur betrieblichen Familienpolitik markiert, was primär durch einen modellhaft berechneten Return on Investment familienbewusster Maßnahmen in Höhe von 25 % sowie durch den damit verbundenen Appell an das Wirtschaftlichkeitsdenken betrieblicher Entscheidungsträger gelang.[30]

Nachdem über den Monitor des Instituts der deutschen Wirtschaft die Unternehmensperspektive abgebildet wurde, dokumentiert eine erstmals 2004 erschienene Publikation die *„Erwartungen an einen familienfreundlichen Betrieb“* aus Sicht von Arbeitnehmenden mit Kindern

---

[29] Das betriebswirtschaftliche Schrifttum im Kontext betrieblicher Familienpolitik ist Gegenstand des Beitrags von Schneider/Heinze/Wieners „Betriebliche Familienpolitik im Spiegel der betriebswirtschaftlichen Diskussion“ im vorliegenden Band.

[30] Zu Konzeption und wissenschaftlichen Bewertung der Studie vgl. den Beitrag von Schneider/Heinze/Wieners „Betriebliche Familienpolitik im Spiegel der betriebswirtschaftlichen Diskussion“ des vorliegenden Bandes sowie Juncke 2005: 41-43.

oder Pflegeaufgaben (BMFSFJ 2004). Diese vom Wirtschafts- und Sozialwissenschaftlichen Institut in der Hans-Böckler-Stiftung erstellte Studie kommt u.a. zu dem Ergebnis, dass die befragten Arbeitnehmenden den größten Handlungsbedarf in Bezug auf familienfreundliche Arbeitszeiten sehen. Ferner werden gewünschte Arbeitszeitlagen, betriebliche Sozialleistungen und Arbeitsbedingungen sowie der Umgang mit der Elternzeit aus Beschäftigtensicht thematisiert.[31]

Im Jahr 2005 liegt ein Fokus im Kreuzungsfeld von betrieblicher Interessenvertretung und Familienbewusstsein. Während eine von der Hans-Böckler-Stiftung verantwortete Veröffentlichung (BMFSFJ 2005) primär betrieblichen Akteuren als Handlungshilfe im Kontext familienfreundlicher Regelungen dient und Vorschläge für diesbezügliche Betriebsvereinbarungen enthält, stellt eine andere (BMFSFJ 2005a), vom Institut der deutschen Wirtschaft verantwortete, familienfreundliche Regelungen aus Betriebsvereinbarungen und Tarifverträgen beispielhaft dar.[32] Ferner wird im Jahr 2005 die Perspektive des einzelnen Betriebes verlassen: Wiederum im Auftrag der Prognos AG werden die gesamtwirtschaftlichen und gesamtgesellschaftlichen Effekte betrieblicher Familienpolitik dargestellt (BMFSFJ 2005b): Auf Basis makroökonomischer Modellrechnungen werden durch *„integrierte Work-Life-Balance-Konzepte“* neben einer höheren Geburtenrate gesteigertes Wirtschaftswachstum, eine Stärkung der Wettbewerbsfähigkeit, eine Stimulierung der Binnennachfrage, die Senkung der Lohnnebenkosten sowie zusätzliche Arbeitsplätze postuliert[33] (BMFSFJ 2005b: 8-9). Ein anderes Gutachten (BMFSFJ 2005c) untersucht *„familienorientierte Arbeitszeitmuster“* und behandelt einerseits theoriegeleitet den Zusammenhang von Arbeitszeit und Wirtschaftswachstum. Damit kann diese Veröffentlichung im Zusammenhang mit der vorangegangenen gesehen werden. Darüber hinaus werden u.a. Arbeitszeitmodelle thematisiert und empirische Befunde zu flexiblen Arbeitszeitmodellen referiert.

Im Jahr 2006 erscheinen drei empirische Untersuchungen zur betrieblichen Familienpolitik: Einerseits schreibt der *„Unternehmensmonitor Familienfreundlichkeit“* (BMFSFJ 2006b) die Studie des Instituts der deutschen Wirtschaft aus dem Jahr 2003 fort. Zum zweiten Mal wird damit auf Basis einer Unternehmensbefragung der Stand zur Verbreitung familienbewusster Maßnahmen untersucht. In Bezug auf die Vorgängerstudie zeigt sich, dass das Familienbewusstsein der Unternehmen, wiederum dargestellt über die Verbreitung familienbewusster Personalmaßnahmen, angestiegen ist und das Thema aus Perspektive der befragten Geschäftsführenden bzw. Personalverantwortlichen an Bedeutung gewonnen hat (BMFSFJ 2006b: 8). Als komplementäre Untersuchung können die Ergebnisse einer repräsentativen Bevölkerungsumfrage zur betrieblichen Familienfreundlichkeit dienen: Das vom Bundesfamilienministerium beauftragte Institut für Demoskopie Allensbach (2006) erhob, welche Maßnahmen ein Unter-

---

[31] Im Jahr 2004 ist ferner ein Bericht über die Auswirkungen der §§ 15 und 16 Bundeserziehungsgeldgesetz erschienen (BMFSFJ 2004a), der Gesetzesänderungen zum 1.1.2001 evaluiert. Der Bericht untersucht, wie sich Teilzeiterwerbstätigkeit während der Elternzeit entwickelt hat. Dabei wird sowohl die Perspektive der Elternzeitnehmenden als auch der Unternehmen berücksichtigt.

[32] Vgl. dazu auch den Beitrag von Juncke „Rechtliche Rahmenbedingungen betrieblicher Familienpolitik“ des vorliegenden Bandes.

[33] Vgl. dazu auch den Beitrag von Gerlach/Laß „Gesamtgesellschaftliche Effekte betrieblicher Familienpolitik“ des vorliegenden Bandes.

nehmen aus Sicht der Arbeitnehmer im Alter von 16 bis 44 Jahren umsetzen muss, um besonders familienbewusst zu sein. Dabei zeigte sich, in Analogie zu anderen Studien, u.a. eine hohe Bedeutung (83 %) flexibler Arbeitszeiten. Daneben wird konstatiert, dass 88 % der Befragten der Meinung sind, dass die Unternehmen in Deutschland grundsätzlich mehr für deren Familienbewusstsein tun müssen. Ferner antizipieren die Befragten unterschiedliche Vorteile für den Betrieb, wenn sich dieser familienbewusst positioniert. In Vorbereitung für das Bundeselterngeld- und Elternzeitgesetz wurde, ebenfalls vom Institut für Demoskopie Allensbach (2006a) eine Befragung von Geschäftsführenden und Personalverantwortlichen durchgeführt. Neben den Erwartungen an die Neuregelungen zum Elterngeld wurden die Erfahrungen zur Elternzeit thematisiert.

Auch der Siebte Familienbericht (BMFSFJ 2006a) ist in den Kanon der Publikationen des Bundesfamilienministeriums einzuordnen. Unter der Überschrift ‚Zeitorganisation' werden Zeitkonflikte im Spannungsfeld zwischen Beruf und Familie thematisiert. Das aufgeführte Spektrum von Maßnahmen zur Gestaltung familienbewusster Arbeitszeit illustriert Möglichkeiten betrieblicher Familienpolitik. Neben der Entwicklung betrieblicher Angebote zur Arbeitszeitflexibilisierung plädiert der Bericht für Kooperationsformen zwischen Kommunen, Arbeitgebern und Zivilgesellschaft.

Die Veröffentlichungen des Bundesfamilienministeriums zur betrieblichen Familienpolitik aus dem Jahr 2007 sind primär als Praxisleitfäden für Unternehmen anzusehen, die u.a. die Implementierung familienbewusster Personalmaßnahmen (BMFSFJ 2007) bzw. Möglichkeiten eines betrieblichen Engagements bei der Kinderbetreuung (BMFSFJ 2007a) zum Inhalt haben. Ebenfalls Praxischarakter haben mehrere Veröffentlichungen aus dem Jahr 2008, wobei unterschiedliche Schwerpunkte – beruflicher Wiedereinstieg nach familienbedingten Auszeiten (BMFSFJ 2008), Führungskräfte und Familie (BMFSFJ 2008a), familienbewusste Maßnahmen im Handwerk (BMFSFJ 2008b) und familienbewusste Personalpolitik in kleinen und mittleren Unternehmen (BMFSFJ 2008c) dargestellt werden. Daneben sind im Jahr 2008 methodisch unterschiedlich angelegte Studien im Auftrag des Bundesfamilienministeriums entstanden. Sowohl die Arbeitgeber- als auch die Arbeitnehmerperspektive aufnehmend, werden in der Publikation „Familienfreundlichkeit als Erfolgsfaktor für die Rekrutierung und Bindung von Fachkräften" (BMFSFJ 2008d) Ergebnisse einer repräsentativen Umfrage dargestellt. Aus Sicht der befragten berufstätigen Personen spielt u.a. betriebliche Familienfreundlichkeit eine Rolle bei der Arbeitgeberwahl und kann ein Grund für einen Arbeitgeberwechsel darstellen. Gleichzeitig haben Arbeitnehmer Sorge vor negativen Konsequenzen, wenn sie die betriebliche Familienpolitik in Bewerbungsgesprächen thematisieren. Die Befragung der Arbeitgeber stellt u.a. heraus, dass betriebliches Familienbewusstsein kaum als Personalmarketinginstrument Anwendung findet. Im Kontext der Regelungen zur Erziehungs- bzw. Elternzeit bzw. des im Jahr 2007 in Kraft getretenen Bundeselterngeld- und Elternzeitgesetz sind die Untersuchung „Beruflicher Wiedereinstieg nach der Familiengründung" (BMFSFJ 2008) sowie die Evaluationsstudie des Rheinisch-Westfälischen Instituts für Wirtschaftsforschung (2008)[34] zu sehen. Erstgenannte

[34] Hierbei handelt es sich um den Endbericht 2008 – ein Zwischenbericht des Forschungsvorhabens ist bereits im Vorjahr erschienen (RWI 2007).

stellt auf Basis qualitativer und quantitativer Datenerhebungen insbesondere geschlechtsspezifisch bedingte, unterschiedliche Verhaltensmuster von Frauen und Männern im Zusammenhang mit der Entscheidung für den Wiedereinstieg nach der Erziehungszeit heraus. Ferner wird angemerkt, dass Frauen beim Wiedereinstieg auf berufliche Hürden stoßen, wie beispielsweise Flexibilitätsanforderungen oder den Verlust (betriebsspezifischen) Humankapitals. Die Evaluationsstudie fokussiert u.a. auf Unterschiede in der Inanspruchnahme von Elternzeit im Vergleich zur Erziehungszeit sowie auf den *„Einfluss des neuen Systems auf die Intensität und Dauerhaftigkeit des Rückzugs aus dem Erwerbsleben“* (RWI 2008: 7). Einen umfassenden Überblick hinsichtlich relevanter Studienergebnisse im Kontext familienbewusster Personalpolitik gibt der von der Familienforschung Baden-Württemberg im Auftrag des BMFSFJ erstelle Monitor Familienforschung Nr. 16 aus dem Jahr 2009 (FamilienForschung Baden-Württemberg 2009).

Zwei im Jahr 2009 erschienene Publikationen knüpfen an familienpolitische Schwerpunktprogramme an: Zum einen wird mit dem Praxisleitfaden „Unternehmen Kinderbetreuung“ (BMFSFJ 2009) die Verbindung zwischen dem angestrebten Ausbau der Kinderbetreuungsinfrastruktur und betrieblichen Akteuren geschaffen. Der Leitfaden zeigt, unterstützt durch Praxisbeispiele, unterschiedliche Möglichkeiten betrieblicher Kinderbetreuung auf. Zum anderen werden Kooperationen und Vernetzungen verschiedener (kommunaler, betrieblicher, zivilgesellschaftlicher) Akteure als Möglichkeit zur Verbesserung der Vereinbarkeit von Beruf und Familie ins Feld geführt (BMFSFJ 2009a). An die Initiative „Lokale Bündnisse für Familie“ anknüpfend werden Voraussetzungen für Kooperationen sowie Praxisbeispiele dargestellt. Auf die betriebsinterne Situation im Kontext familienbewusster Personalpolitik fokussieren Informationen für Arbeitnehmervertretungen, Unternehmens- und Personalleitungen (BMFSFJ 2009b). Neben der Darstellung verschiedener Personalmaßnahmen und jeweiliger Auswirkungen auf Beschäftigte und das Unternehmen liegt der Schwerpunkt dieser Veröffentlichung auf dem Arbeitsrecht; sie enthält Informationen zur Einführung betrieblicher Regelungen sowie Auszüge aus relevanten Tarifverträgen und Betriebsvereinbarungen. Unterschiedliche empirische Erhebungen zur betrieblichen Familienpolitik zitiert die Publikation „Einstellungen und Lebensbedingungen von Familien 2009“ (BMFSFJ 2009c). Die Ergebnisse von Bevölkerungsumfragen können als Fortschreibung der vom Institut für Demoskopie Allensbach im Jahr 2006 erhobenen Daten verstanden werden, wobei die Bewertung des Familienbewusstseins des eigenen Arbeitgebers u.a. differenziert nach der beruflichen Stellung dargestellt wird. Ergänzend werden auch Studienergebnisse genannt, die auf Befragungen von Unternehmensverantwortlichen, beispielsweise hinsichtlich der Bedeutung von betrieblichen Familienbewusstsein oder Angebote für Mitarbeitende in Elternzeit, beruhen.

Im Jahr 2010[35] ist nach 2003 und 2006 zum dritten Mal der „Unternehmensmonitor Familienfreundlichkeit“ (BMFSFJ 2010) erschienen. Die methodisch analog zu den Vorgangsbefragungen angelegte Erhebung des Instituts der deutschen Wirtschaft zeigt, dass trotz der Wirtschaftskrise mehr familienbewusste Personalmaßnahmen in den deutschen Unternehmen angeboten werden. Darüber hinaus hat die Bedeutung betrieblicher Familienpolitik aus Unterneh-

[35] Berücksichtigung fanden Veröffentlichungen bis April 2010.

menssicht zugenommen, für „*fast sechs von zehn Unternehmen sind familienfreundliche Maßnahmen mittlerweile zentrale Bestandteile der Personalentwicklung*" (BMFSFJ 2010: 6). Die 21. Ausgabe des Monitors Familienforschung fungiert als zusammenfassende Veröffentlichung zu den Effekten von Familienfreundlichkeit. Neben Effekten für Gesellschaft und Kommunen werden, unter Rückgriff auf weitere Studienergebnisse, betriebswirtschaftliche Effekte von Familienbewusstsein für Unternehmen dargestellt (BMFSFJ 2010a).

Zusammenfassend zeigt die Zusammenschau der Veröffentlichungen des Bundesfamilienministeriums, dass dieses sich regelmäßig externen Sachverstandes bedient, um unterschiedliche Publikationsarten (Praxisleitfäden, empirische Untersuchungen, Evaluationsstudien) herauszugeben. Während die Praxisleitfäden primär als Fallstudien präsentiert werden, beruhen die eher wissenschaftlich verfassten Untersuchungen in erster Linie auf Modellrechnungen bzw. auf quantitativ geleiteten Befragungsdaten. Die komplementären Perspektiven betrieblicher Familienpolitik (der Beschäftigten sowie die der Unternehmensleitungen/Personalverantwortlichen) finden in den Schriften des Bundesfamilienministeriums ihre jeweils entsprechende Berücksichtigung. Auch lässt sich die familienpolitische Schwerpunktsetzung an den Veröffentlichungen nachzeichnen, die somit als Spiegel der politischen Maßnahmen und Zielsetzungen verstanden werden können. Insgesamt kann festgehalten werden, dass die Veröffentlichungen einerseits eine bedeutsame Komponente der Staatsfunktionen als Moderator und Anreizbieter darstellen; andererseits sind sie als basale Publikationen anzusehen, die eine grundlegende Funktion für das wissenschaftliche Schrifttum bzw. oft die erstmalige Artikulation innovativer, wissenschaftlicher Themenbereiche darstellen.

2.2 Betriebliche Familienpolitik im Spiegel des politikwissenschaftlichen Schrifttums

Eine Sichtung der einschlägigen politikwissenschaftlichen Zeitschriften in Deutschland seit 2003 weist nur wenige Aufsätze zur Familienpolitik nach. Überhaupt kein Beitrag familienpolitischer Prägung ist in der „Politischen Vierteljahresschrift“, in der „Zeitschrift für Politikwissenschaft“, in der „Neue politische Literatur“, in der „Zeitschrift für Politik“ sowie in „Leviathan“ zu finden. In den Zeitschriften „Aus Politik und Zeitgeschichte“, „Politische Studien“, „Vorgänge“, „Blätter für deutsche und internationale Politik“ sowie „Sozialer Fortschritt“ sind Aufsätze zur Familienpolitik, wie folgende Tabelle darstellt, vereinzelt und in Themenheften erschienen.

Tabelle 1: Aufsätze zur Familienpolitik in politikwissenschaftlichen Zeitschriften[36]

Jahr	APuZ	Politische Studien	Vorgänge	Blätter	Sozialer Fortschritt
2003	*„Erwerbstätigkeit von Frauen und Kinderbetreuungskultur in Europa“* (Aufsatzsammlung, Bd. 44)				Einzelbeitrag zu betrieblicher Familienpolitik als gesellschaftspolitische Aufgabe und Weg zum Unternehmenserfolg (H. 3/2003)
2004		*„Familienförderung - Herausforderung für Politik, Wirtschaft und Gesellschaft“* (Aufsatzsammlung, H. 396/2004)			
2005	*„Familienpolitik“* (Aufsatzsammlung, Bd. 23-24/2005)			Einzelbeitrag zu geschlechts- und schichtspezifischen Effekten rot-grüner Familienpolitik (H. 8/2005)	
2006				einzelne Beiträge zur Familienpolitik (H. 3 und 8/2006)	

[36] In der von 2004-2007 erschienenen Zeitschrift „Intervention. Zeitschrift für Ökonomie“ ist über den Inhalt der Zusammenstellung hinaus in Heft 1/2007 ein Beitrag zur Familienpolitik der großen Koalition in Deutschland erschienen (Leitner 2007).

Jahr	APuZ	Politische Studien	Vorgänge	Blätter	Sozialer Fortschritt
2007	*„Familiengründung und Beruf"* (Aufsatzsammlung, Bd. 7/2007)			einzelne Beiträge zur Familienpolitik (H. 4 und 7/2007)	
2008			*„Die öffentliche Familie"* (Aufsatzsammlung, H. 3/2008)	einzelner Beitrag zum Elterngeld (H. 8/2008)	
2009	einzelne Beiträge zu Geschlechterrollen und Beruf und Familie (Bd. 41/2009)				einzelne Beiträge zur Familienpolitik und zu Elternzeit und Elterngeld (H. 12/2009)
2010		*„Instrumente der Familienpolitik"* (Aufsatzsammlung, H. 430/2010)			Sonderheft „Investitionen in Kinder" thematisiert Schnittstelle zw. Bildungs- und Familienpolitik (H. 4/2010)

Quelle: Eigene Zusammenstellung.

Die Beiträge in den gesichteten Zeitschriften stellen in erster Linie Fragen der Kinderbetreuung und jüngerer familienpolitischer Maßnahmen (Übergang von Erziehungsgeld zum Elterngeld) in den Mittelpunkt. Ein anderer, insbesondere in den „Blättern" vorzufindender Teil widmet sich familienpolitischen Themen aus gleichstellungspolitischer bzw. feministischer Sicht. Insgesamt zeigt die Literaturanalyse, dass Familienpolitik in erster Linie im Bereich der Frauen- und Geschlechterforschung untersucht wird. Policy-analytische Arbeiten lassen sich diesbezüglich jedoch kaum finden, im Untersuchungsfokus stehen eher die Konsequenzen der neueren familienpolitischen Entwicklung für Geschlechterpolitik und -forschung (Gerlach 2010). Allein einzelne Beiträge in der Zeitschrift „Sozialer Fortschritt" widmen sich explizit betrieblicher Familienpolitik. Diese wird als Ausdifferenzierung einer allgemeinen betrieblichen Sozialpolitik betrachtet, innerhalb welcher die betriebliche Personalpolitik zunehmend an Bedeutung gewinnt. Familienpolitik wird hier als „Querschnittspolitik" verstanden, während die betriebliche Familienpolitik „als Element einer als Gesellschaftspolitik verstandenen Familienpolitik einerseits und als integraler Bestandteil moderner Unternehmenspolitik andererseits" aufgefasst wird (Wingen 2003:63). Ein anderer Aufsatz thematisiert Elternzeit und Elterngeld als neues Instrumentenpaar der Familienpolitik und präsentiert auf Basis einer Unternehmensbefragung empirische Befunde zu Elternzeitdauer und Rückkehrquote (Gerlach u.a. 2009). Auch der bereits zitierte Aufsatz von Ristau (2005), der in der APuZ-Sammlung „Familienpolitik" erschienen ist, widmet sich im Kontext der Beschreibung der Allianz für Familie der Rolle von Unternehmen in der Familienpolitik.[37]

Wird der Suchraum auf englischsprachige Publikationen erweitert, können zur Rolle von Unternehmen in der Familienpolitik international vergleichende Beiträge aufgeführt werden. Im Rahmen einer empirischen Untersuchung von 375 erwerbswirtschaftlichen Unternehmen und Non-Profit Organisationen hat den Dulk (2001) familienbewusste Personalpolitik in den Zusammenhang mit Wohlfahrtsstaatsregimen gesetzt. Sie untersucht u.a. den Einfluss des Regimes auf die Existenz betrieblicher Maßnahmen in den Niederlanden, Italien, dem Vereinigten Königreich und Schweden. Die Studie kommt, trotz unterschiedlicher Limitationen, die vornehmlich dem explorativen Vorgehen geschuldet sind, zu dem Ergebnis, dass das jeweilige Wohlfahrtsstaatsregime für die betriebliche Familienpolitik bedeutsam ist (den Dulk 2001: 197).

Eine Expertengruppe der Europäischen Kommission hat eine komparative Analyse von 30 europäischen Ländern vorgenommen und dabei differenziert die Rolle von Unternehmen im Kontext der Vereinbarkeitsfrage untersucht. Neben deskriptiven Befunden zum Umfang betrieblicher Familienpolitik in den Untersuchungsländern (bspw. hinsichtlich betrieblicher Kinderbetreuung, ergänzenden Freistellungsregelungen, Arbeitszeiten und finanziellen Leistungen) thematisieren sie Gründe und Effekte. Unterschiede sowohl zwischen den Betrieben selbst als auch im internationalen Zusammenhang erklärt die Kommissionsstudie mit *„institutional pressure"*, in dessen Zusammenhang *„the extend of public provisions, the cultural climate and industrial relations"* relevant sind (European Commission 2005: 74).

Einen bilateralen Vergleich zur Bedeutung von Unternehmen im familienpolitischen Kontext stellen Klammer und Letablier (2007) an. In der Zeitschrift „Social Policy & Public Administration" konstatieren sie, dass Unternehmen *„are obliged by law (France) or motivated by incentives and assistance (Germany, to a lesser degree also France) to become active in the fields of gender equality and family-friendly working conditions"* (2007: 689). Im vergleichbaren Kontext ist eine Studie zu verorten, die untersucht, warum in Frankreich Unternehmen in einem geringeren Ausmaß familienbewusste Maßnahmen anbieten als dies in Großbritannien und in den USA der Fall ist (Ollier-Malaterre 2009). Die auf 44 qualitativen Tiefeninterviews beruhenden Ergebnisse deuten auf der Makroebene darauf hin, dass die Unterschiede zu einem Teil mit dem wohlfahrtsstaatlichen Arrangement zusammen hängen. Darüber hinaus sind die gesetzlichen Rahmenbedingungen und die Rolle der Gewerkschaften erklärend (Ollier-Malaterre 2009: 172-173). Diesbezüglich kann auf eine Studie von Heywood/Jirjahn (2009) verwiesen werden, in welcher auf Basis von 6.653 Datensätzen des IAB-Betriebspanels regressionsanalytisch untersucht wird, welche Bedeutung Gewerkschaften und Betriebsräten für familienbewusste Maßnahmen haben: Von Gewerkschaften ausgehandelten Tarifverträgen ist demnach kein signifikanter Einfluss auf die Existenz der untersuchten drei Maßnahmen zuzuschreiben. Anders verhält es sich bei Betriebsräten: Deren Existenz ist eine positive Bestimmungs-

[37] In diesem Kontext ist anzumerken, dass Ristau zum Zeitpunkt seines Beitrags als Abteilungsleiter im BMFSFJ tätig war.

größe für das Vorhandensein von Maßnahmen zur Kinderbetreuung, während der Elternzeit oder hinsichtlich flexibler Arbeitszeitmodelle (Heywood/Jirjahn 2009: 136).

Weitere Veröffentlichungen thematisieren zwar international vergleichend den in Deutschland zu beobachtenden familienpolitischen Instrumentenwechsel (Lewis u.a. 2008; Fagnani 2007; Arthur 2004) oder bearbeiten (vereinbarkeitsfördernde) Familienpolitik im Kontext der Wohlfahrtsstaatsdebatte und der Ausprägung in verschiedenen wohlfahrtsstaatlichen Regimen (Leitner/Wroblewski 2006; Pankratz 2009), lassen dabei jedoch die Perspektive nicht-staatlicher Akteure (und damit die Rolle von Unternehmen) außer Acht. Ferner findet sich auch im englischsprachigen Schrifttum die Vereinbarkeitsfrage im Zusammenhang feministischer Herangehensweisen (Stratigati 2004). Auch wenn (einige wenige) politikwissenschaftlich orientierte Aufsätze zur betrieblichen Familienpolitik existieren, kann resümierend der Befund von Klammer und Letablier, dass die Rolle nicht-staatlicher Akteure in der Familienpolitik vom Schrifttum keine Beachtung findet (2007: 673) für das wissenschaftliche Schrifttum bestätigt werden. Dies wird dadurch unterstützt, dass eine politikwissenschaftliche Zeitschrift, die sich auf betriebliche Familienpolitik spezialisiert hat, weder im deutsch- noch im englischsprachigem Raum existiert.

3 Anknüpfungspunkte für politikwissenschaftliche Forschung

Die Analyse des Schrifttums hat gezeigt, dass betriebliche Familienpolitik bisher keinen nennenswerten Eingang in die politikwissenschaftliche Forschung gefunden hat. Dieser Befund wird kontrastiert, wenn die Veröffentlichungen des Bundesfamilienministeriums Berücksichtigung finden. Dessen regelmäßig in Auftrag gegebene Studien können möglicherweise den Raum füllen, den der Mangel an (politik-)wissenschaftlichen Publikationen zur betrieblichen Familienpolitik öffnet. Dabei unterliegen jedoch die vom Ministerium herausgegebenen Veröffentlichungen grundsätzlich Einschränkungen, da jene Publikationen auch mit politischen Intentionen verbunden sind; sie können nicht bedingungslos als Substitute für fehlende wissenschaftliche Publikationen gelten. Einerseits werden die zu bearbeitenden Themen vom Bundesfamilienministerium vorgegeben, so dass in diesem Sinne nicht von einer frei wählenden Wissenschaft gesprochen werden kann. Ferner ist dem Bundesfamilienministerium ein jeweils spezifisches Interesse an den Studienergebnissen kaum abzusprechen, so dass zu vermuten steht, dass die Wahl der Methodik die Ergebnisoffenheit beeinflusst. Daten und Auswertungsverfahren werden nicht immer veröffentlicht, was die Objektivität einschränkt und möglicherweise auch dazu führt, dass die Studien kaum Gegenstand kritischer wissenschaftlicher Auseinandersetzung sind. Betriebliche Familienpolitik kann jedoch durchaus zu einem Thema der Politikwissenschaft avancieren, wie die folgende Skizze von Anknüpfungspunkten verdeutlicht:

3.1 Funktionswandel und Neuausrichtung politischer Instrumente

Familienpolitik in Deutschland hat in den vergangenen Jahren einen Wandel der Ergänzung ökonomischer Interventionsformen durch (sozial-)ökologische Intervention erfahren. Die familienbewusste Gestaltung der Arbeitswelt mit dem Ziel der Vereinbarkeit von Beruf und Familie ist der (sozial-)ökologischen Intervention zuzurechnen. Neben den Motiven für diesen Instrumentenwechsel bieten auch die mit ihm verbundenen Konsequenzen für Aufgabenwahrnehmung und -finanzierung im föderalen Staat Raum für politikwissenschaftliche Analysen. In concreto bedeutet dies, dass der Fokus auf die kommunale Ebene gerichtet werden kann, welche mittelbar über die Landesebene mit der Schaffung der Kinderbetreuungsinfrastruktur befasst ist. Über die Bereitstellung von Servicedienstleistungen regt der Bund ferner die Gründung von Governancestrukturen auf gemeindlicher Ebene (Lokale Bündnisse für Familie) an und aktiviert damit ohne Einbindung der Landesebene die Kommunen. Gleichzeitig eröffnen sich neue Akteurskonstellationen, da Unternehmen im Rahmen betrieblicher Familienpolitik in diese Strukturen eingebunden werden. Durch eine familienbewusste Personalpolitik eröffnen Unternehmen ihren Beschäftigten Möglichkeiten, Beruf und Familie zu vereinbaren und entlasten somit den Staat teilweise von seinen Aufgaben. Dieser wiederum fördert durch eigene Maßnahmen betriebliches Handeln im Sinne von Corporate Social Responsibility (Albareda u.a. 2007: 402). Damit ist eine Vielfalt von Fragen für die Politikwissenschaft formuliert, die neue Akteurskonstellationen, den Agenda-Setting-Prozess, den Politikgestaltungsprozess und nicht zuletzt die normative Begründung der Wahl unterschiedlicher Handlungsalternativen betrifft.

3.2 Verknüpfung unterschiedlicher Politikbereiche

Neben der Integration (neuer) Akteure in familienpolitisches Handeln bietet auf horizontaler Ebene die Verknüpfung von Arbeitsmarktpolitik und Familienpolitik Raum für policy-analytische Untersuchungen. Im Zusammenhang mit der betrieblichen Familienpolitik kann beispielsweise von politikwissenschaftlichem Interesse sein, ob und in welchem Umfang die beiden Ressorts kooperieren und inwieweit sich der Wechsel politischer Eliten vom Familien- zum Arbeitsministerium auf Themen und Instrumente auswirkt. Nicht zuletzt die Äußerungen der Bundesarbeitsministerin Ursula von der Leyens zu Alleinerziehenden und deren familien- und arbeitsmarktpolitischen Implikationen (Süddeutsche Zeitung: 5) bieten sich dafür an. Auch die thematische Besetzung betrieblicher Familienpolitik auf kommunaler Ebene durch Jugendämter und Wirtschaftsförderung kann als Indiz neuer Politikkonstellationen gelten. Weitere Analysegegenstände sind vor dem Hintergrund des Humanvermögenskonzepts des Fünften Familienberichts Weiterqualifizierungsprogramme während Familienphasen, so dass sich hier Verknüpfungen der Bildungs-, Familien- und Arbeitsmarktpolitik abzeichnen.

3.3 Issue-Wandel: Weiterentwicklung vom Gender- zum Family-mainstreaming

Ausgehend von Ungleichbehandlungen zwischen Frauen und Männern hat sich die Gleichstellungspolitik zu einem Arbeitsfeld des Bundesfamilienministeriums entwickelt. Unterschiedliche politische Maßnahmen und zunehmende Qualifikationsniveaus von Frauen haben dazu geführt, dass die Ungleichbehandlung abgenommen hat, obgleich sie noch immer an beruflichen Karriereverläufen und Entgeltungleichheiten festzumachen ist. Als eine Ursache für den so genannten Gender Pay Gap können familienbedingte Erwerbsunterbrechungen und -reduzierungen gelten (Gender Pay Gap, BMFSFJ 2009d: 18). Vor dem empirisch gesicherten Hintergrund, dass Frauen eindeutig häufiger die Erwerbstätigkeit für Kinderbetreuung unterbrechen als Männer, kann hinsichtlich der negativen lohnbezogenen Konsequenzen weiblicher Erwerbsunterbrechung auch vom *„wage penalty for motherhood"* gesprochen werden (Ziefle 2004: 217). Demnach ist die Ursache für die Ungleichbehandlung weniger im Geschlecht und mehr an Familienpflichten zu suchen. Inwieweit eine verbesserte Vereinbarkeit von Beruf und Familie, getrieben durch betriebliche Familienpolitik, Ungleichbehandlungen zu beseitigen mag ist ebenso eine politikwissenschaftliche Fragestellung wie die, ob perspektivisch ein Wandel vom genderhin zum family-mainstreaming erfolgt. Die beschriebene Verbindung von Frauen- und Familienpolitik sowie die Weiterentwicklung der Frauenpolitik zur Gleichstellungspolitik bieten ertragreiche Ansatzpunkte für die Untersuchung von Themenkarrieren und Interessenpolitik.

Parallel stellt auf betrieblicher Ebene die zunehmende Verknüpfung von Gleichstellungspolitik und Familienorientierung einen weiteren, bisher vernachlässigten Analysegegenstand dar. Die Berücksichtigung der Annahme, dass eine wirkungsvolle Gleichstellungspolitik nur realisiert werden kann, wenn den Folgen geschlechtsbedingter Arbeitsbelastung durch Erwerbs- und Familienarbeit bzw. der Inkompatibilität doppelter Lebensentwürfe Rechnung getragen wird (Gerlach 2007: 18), kann dabei als Forschungsansatz fungieren. Eine Ergänzung dieses Forschungsansatzes um die Rolle der Gewerkschaften, vermag hinsichtlich der policyanalytischen Kategorien von Problemdefinition, Agenda Setting, Politikformulierung und -implementierung dabei besonders lohnend sein.

Literatur

Albareda, L., Lozano, J. M., Ysa, T. (2007): Public Policies on Corporate Social Responsibility: The Role of Governments in Europe. In: Journal of Business Ethics. 74. Jahrgang. Heft 4/2007. S. 391-407.

Arthur, L. (2004): Work-Life Balance. Anglo-German perspectives on complex and diverse issues in working lives. In: Debatte: Review of Contemporary German Affairs. 12. Jahrgang. Heft 2/2004. S. 137-152.

Bonoli, G. (2007): Time Matters: Postindustrialization, New Social Risks, and Welfare State Adaption in Advanced Industrial Democracies. In: Comparative Political Studies. 40. Jahrgang. Heft 5/2007. S. 495-520.

Braun, D., Giraud, O. (2003): Steuerungsinstrumente. In: Schubert, K., Bandelow, N. (Hrsg): Lehrbuch der Politikfeldanalyse. München. S. 147-174.

Bundesministerium für Familie, Senioren, Frauen und Jugend (Hrsg.) (1998): Familien- und Kinderfreundlichkeitsprüfung in den Kommunen: Erfahrungen und Konzepte. Stuttgart u.a.

Bundesministerium für Familie, Senioren, Frauen und Jugend (Hrsg.) (2003): Fachkompetenzen als Potenzial einer innovativen Personalentwicklung – Die Kompetenzbilanz. Berlin.

Bundesministerium für Familie, Senioren, Frauen und Jugend (Hrsg.) (2003a): Bilanz 2003 der Vereinbarung zwischen der Bundesregierung und den Spitzenverbänden der deutschen Wirtschaft zur Förderung der Chancengleichheit von Frauen und Männern in der Privatwirtschaft. Berlin.

Bundesministerium für Familie, Senioren, Frauen und Jugend (Hrsg.) (2004): Erwartungen an einen familienfreundlichen Betrieb. Berlin.

Bundesministerium für Familie, Senioren, Frauen und Jugend (Hrsg.) (2004a): Bericht über die Auswirkungen der §§ 15 und 16 Bundeserziehungsgeldgesetz. Berlin.

Bundesministerium für Familie, Senioren, Frauen und Jugend (Hrsg.) (2005): Familienfreundlichkeit im Betrieb – Handlungshilfe für die betriebliche Interessenvertretung. Berlin.

Bundesministerium für Familie, Senioren, Frauen und Jugend (Hrsg.) (2005a): Familienfreundliche Regelungen in Tarifverträgen und Betriebsvereinbarungen. Berlin.

Bundesministerium für Familie, Senioren, Frauen und Jugend (Hrsg.) (2005b): Work-Life-Balance – Motor für wirtschaftliches Wachstum und gesellschaftlich Stabilität. Berlin.

Bundesministerium für Familie, Senioren, Frauen und Jugend (Hrsg.) (2005c): Familienorientierte Arbeitszeitmuster – Neue Wege zu Wachstum und Beschäftigung. Berlin.

Bundesministerium für Familie, Senioren, Frauen und Jugend (2006): Die Initiative Lokale Bündnisse für Familie aus ökonomischer Sicht. Berlin.

Bundesministerium für Familie, Senioren, Frauen und Jugend (Hrsg.) (2006a): Familie zwischen Flexibilität und Verlässlichkeit. Perspektiven für eine lebenslaufbezogene Familienpolitik. 7. Familienbericht. Berlin.

Bundesministerium für Familie, Senioren, Frauen und Jugend (Hrsg.) (2006b): Unternehmensmonitor Familienfreundlichkeit 2006. Wie familienfreundlich ist die deutsche Wirtschaft? Berlin.

Bundesministerium für Familie, Senioren, Frauen und Jugend (Hrsg.) (2007): Informationen für Personalverantwortliche. [online abrufbar unter: http://www.bmfsfj.de/RedaktionBMFSFJ/Broschuerenstelle/Pdf-Anlagen/Informationen-f_C3_BCr-Personalverantwortliche,property=pdf,bereich=bmfsfj,sprache=de,rwb=true.pdf (letzter Zugriff am 19. April 2010)].

Bundesministerium für Familie, Senioren, Frauen und Jugend (Hrsg.) (2007a): Betriebliches Engagement in der Kinderbetreuung. [online abrufbar unter: http://www.bmfsfj.de/RedaktionBMFSFJ/Broschuerenstelle/Pdf-Anlagen/Informationen-f_C3_BCr-Personalverantwortliche,property=pdf,bereich=bmfsfj,sprache=de,rwb=true.pdf (letzter Zugriff am 19. April 2010)].

Bundesministerium für Familie, Senioren, Frauen und Jugend (Hrsg.) (2008): Beruflicher Wiedereinstieg nach der Familiengründung - Bedürfnisse, Erfahrungen, Barrieren [online abrufbar unter: http://www.bmfsfj.de/RedaktionBMFSFJ/Broschuerenstelle/Pdf-Anlagen/beruflicher-wiedereinstieg-nach-der-familiengr_C3_BCndung,property=pdf, bereich= bmfsfj,sprache=de,rwb=true.pdf (letzter Zugriff am 28.04.2010)].

Bundesministerium für Familie, Senioren, Frauen und Jugend (Hrsg.) (2008a): Führungskräfte und Familie. Wie Unternehmen Work-Life-Balance fördern können. [online abrufbar unter: http://www.bmfsfj.de/RedaktionBMFSFJ/Broschuerenstelle/Pdf-Anlagen/F_C3_BChrungskr_C3_A4fte-und-Familiel-Leitfaden,property=pdf,bereich=bmfsfj,sprache=de,rwb=true.pdf (letzter Zugriff am 28.04.2010)].

Bundesministerium für Familie, Senioren, Frauen und Jugend (Hrsg.) (2008b): Familienfreundliche Maßnahmen im Handwerk. Potenziale, Kosten-Nutzen-Relationen, Best Practices. [online abrufbar unter: http://www.bmfsfj.de/RedaktionBMFSFJ/Broschuerenstelle/Pdf-Anlagen/Familienfreundliche-Ma_C3_9Fnahmen-im-Handwerk, property=pdf,bereich= bmfsfj,rwb=true.pdf (letzter Zugriff am 28.04.2010)].

Bundesministerium für Familie, Senioren, Frauen und Jugend (Hrsg.) (2008c): Familienorientierte Personalpolitik. Checkheft für kleinere und mittlere Unternehmen. [online abrufbar unter: http://www.bmfsfj.de/RedaktionBMFSFJ/Broschuerenstelle/Pdf-Anlagen/familienorientierte-personalpolitik-checkheft,property=pdf.pdf (letzter Zugriff am 28.04.2010)].

Bundesministerium für Familie, Senioren, Frauen und Jugend (Hrsg.) (2008d): Familienfreundlichkeit als Erfolgsfaktor für die Rekrutierung und Bindung von Fachkräften. [online abrufbar unter: http://www.bmfsfj.de/RedaktionBMFSFJ/Broschue renstelle/Pdf-Anlagen/Familienfreundlichkeit-als-Erfolgsfaktor-f_C3_BCr-die-Rekrutierung-und-Bindung-von-Fachkr_C3_A4ften,property=pdf, bereich=bmfsfj,sprache=de, rwb=true.pdf (letzter Zugriff am 28.04.2010)].

Bundesministerium für Familie, Senioren, Frauen und Jugend (Hrsg.) (2009): Unternehmen Kinderbetreuung - Praxisleitfaden für die betriebliche Kinderbetreuung [online abrufbar unter: http://www.bmfsfj.de/RedaktionBMFSFJ/Broschuerenstelle/Pdf-Anlagen/Unternehmen-Kinderbetreuung-Praxisleitfaden-betriebliche-Kinderbetreuung,property=pdf,bereich=bmfsfj,sprache=de,rwb=true.pdf (letzter Zugriff am 28.04.2010)].

Bundesministerium für Familie, Senioren, Frauen und Jugend (Hrsg.) (2009a): Erfolgreich für mehr Vereinbarkeit von Familie und Beruf. [online abrufbar unter: http://www.bmfsfj.de/RedaktionBMFSFJ/Broschuerenstelle/Pdf-Anlagen/Erfolgreich-f_C3_BCr-mehr-Vereinbarkeit-von-Familie-und-Beruf,property=pdf,bereich=bmfsfj,sprache=de,rwb= true.pdf (letzter Zugriff am 19. April 2010)].

Bundesministerium für Familie, Senioren, Frauen und Jugend (Hrsg.) (2009b): Fragen und Antworten zu den Lokalen Bündnissen für Familie. [online abrufbar unter: http://www.bmfsfj.de/RedaktionBMFSFJ/Broschuerenstelle/Pdf-Anlagen/lokale-buendnisse-buergerflyer-pdf,property=pdf,bereich=bmfsfj,sprache=de,rwb=true.pdf (letzter Zugriff am 28.04.2010)].

Bundesministerium für Familie, Senioren, Frauen und Jugend (Hrsg.) (2009c): Einstellungen und Lebensbedingungen von Familien 2009 [online abrufbar unter: http://www.bmfsfj.de/RedaktionBMFSFJ/Broschuerenstelle/Pdf-Anlagen/monitor-familienforschung-juli-2009,property=pdf,bereich=bmfsfj,sprache=de,rwb=true.pdf (letzter Zugriff am 28.04.2010)].

Bundesministerium für Familie, Senioren, Frauen und Jugend (Hrsg.) (2009d): Entgeltungleichheit zwischen Frauen und Männern in Deutschland. Berlin.

Bundesministerium für Familie, Senioren, Frauen und Jugend (Hrsg.) (2010): Unternehmensmonitor Familienfreundlichkeit 2010 [online abrufbar unter: http://www.bmfsfj.de/RedaktionBMFSFJ/

Broschuerenstelle/Pdf-Anlagen/unternehmensmonitor-2010,property=pdf,bereich=bmfsfj,sprache =de,rwb=true.pdf (letzter Zugriff am 28.04.2010)].

Bundesministerium für Familie, Senioren, Frauen und Jugend (Hrsg.) (2010a): Gewinnen mit Familie – Effekte von Familienfreundlichkeit. Monitor Familienforschung. Beiträge aus Forschung, Statistik und Familienpolitik. Ausgabe 21. [online abrufbar unter: http://www.bmfsfj.de/Redaktion BMFSFJ/Broschuerenstelle/Pdf-Anlagen/monitor-familienforschung21,property=pdf,bereich=bmfs fj,sprache=de,rwb=true.pdf].

Bundesministerium für Familie und Senioren (Hrsg.) (1992): Handbuch zur örtlichen und regionalen Familienpolitik. Stuttgart u.a.

Bundesministerium für Jugend, Familie und Gesundheit (Hrsg.) (1983): Familienfreundliche Gestaltung des Arbeitslebens. Stuttgart u.a.

Bundesministerium für Jugend, Familie und Gesundheit (Hrsg.) (1984): Familie und Arbeitswelt. Gutachten des wissenschaftlichen Beirats für Familienfragen. Stuttgart u.a.

Bundesministerium für Jugend, Familie und Gesundheit (Hrsg.) (1987): Frauen zwischen Familie und Beruf. Stuttgart u.a.

Bundestags-Drucksache 12/7560 aus dem Jahr 1994: Fünfter Familienbericht: Familie und Familienpolitik im geeinten Deutschland – Zukunft des Humanvermögens. Bonn.

den Dulk, L. (2001): Work-family arrangements in organisations. A cross-national study in the Netherlands, Italy, the United Kingdom and Sweden. o.O.

Dilger, A., König, H. (2007): Familienbewusste Personalpolitik. Anregungen zur Einführung und Ausgestaltung. In: Zeitschrift Führung + Organisation. 76. Jahrgang. Heft 4/2007. S. 194-201.

European Commission (Hrsg.) (2005): Reconciliation of work and private life: A comparative review of thirty European Countries. Luxemburg.

FamilienForschung Baden-Württemberg (Hrsg.) (2009): Herausforderung familienbewusste Personalpolitik: Vorteile für Beschäftigte und Unternehmen. [online abrufbar unter: http://www.bmfsfj.de/RedaktionBMFSFJ/Abteilung2/Newsletter/Monitor-Familienfor schung/2009-01/medien/monitor-2009-01,property=pdf,bereich=bmfsfj,sprache=de, rwb=true.pdf (letzter Zugriff am 28.04.2010)].

Gerlach, I. (2000): Politikgestaltung durch das Bundesverfassungsgericht am Beispiel der Urteilssprechung zum Familienlastenausgleich. In: Aus Politik und Zeitgeschichte. Band 3-4/2000.

Gerlach, I. (2007): Einleitung. In: Dilger, A., Gerlach, I., Schneider, H. (Hrsg.): Betriebliche Familienpolitik. Potenziale und Instrumente aus multidisziplinärer Sicht. Wiesbaden. S. 12-28.

Gerlach, I., Schneider, H., Juncke, D. (2009): Elternzeit und -geld als familienpolitische Instrumente: Entwicklung, Zielsetzung und empirische Befunde aus deutschen Unternehmen. In: Sozialer Fortschritt. 58. Jahrgang. Heft 12/2009: S. 273-282.

Gerlach, I. (2010): Familienpolitik. 2. Auflage. Wiesbaden.

Gerlach, I. (2010): Politikwissenschaft in Deutschland: Policy-Forschung. In: Gerlach, I., Jesse, E., Kneuer, M., Werz, N. (Hrsg.): Politikwissenschaft in Deutschland. Im Erscheinen.

Heywood, J.S., Jirjahn, U. (2009): Family-Friendly Practices and Worker Representation in Germany. In: Industrial Relations. 48. Jahrgang. Heft 1/2009. S. 121-145.

Institut der deutschen Wirtschaft (Hrsg.) (2003): Wie familienfreundlich ist die deutsche Wirtschaft. [online abrufbar unter: http://www.bmfsfj.de/Redaktion BMFSFJ/Abtei lung2/Pdf-Anlagen/monitor-familienfreundlichkeit,property= pdf.pdf (letzter Zugriff am 19. April 2010)].

Institut für Demoskopie Allensbach (2006): Familienfreundlichkeit im Betrieb. Ergebnisse einer repräsentativen Bevölkerungsumfrage. [online abrufbar unter: http://www.beruf-und-familie.de/ system/cms/data/dl_data/df906b9d3dba5c26aa91c1140d5f5220/bmfsfj_allensbach_familienfreund lichkeit_betrieb.pdf (letzter Zugriff am 19. April 2010)].

Institut für Demoskopie Allensbach (2006a): Elterngeld und Elternzeit. Einstellungen der Verantwortlichen in deutschen Wirtschaftsunternehmen. [online abrufbar unter: http://www.bmfsfj.de/RedaktionBMFSFJ/Abteilung2/Pdf-Anlagen/allensbach-elterngeld -elternzeit, property=pdf,bereich=bmfsfj,sprache=de,rwb=true.pdf (letzter Zugriff am 19. April 2010)].
Fagnani, J. (2007): Family Policies in France and Germany. Sisters or distant cousins? In: Community, Work & Family. 10. Jahrgang. Heft 1/2007. S. 39-56.
Jann, W., Wegrich, K. (2009): Phasenmodelle und Politikprozesse: Der Policy-Cycle. In: Schubert, K., Bandelow, N. (Hrsg): Lehrbuch der Politikfeldanalyse 2.0. München.
Juncke, D. (2005): Betriebswirtschaftliche Effekte familienbewusster Personalpolitik. Forschungsstand. Forschungszentrum Familienbewusste Personalpolitik – Arbeitspapier Nr. 1. Münster.
Kevenhörster, P. (2006): Politikwissenschaft. Band 2. Ergebnisse und Wirkungen der Politik. Wiesbaden.
Klammer, U., Letablier, M-T. (2007): Family Policies in Germany and France: The Role of Enterprises and Social Partners. In: Social Policy & Administration. 41. Jahrgang. Heft 6. S. 672-692.
Leitner, S., Wroblewski, A. (2004): Welfare States and Work-Life Balance. Can good practices be transferred from the Nordic countries to conservative welfare states? In: European Societies. 8. Jahrgang. Heft 2/2006. S. 295-317.
Leitner, S. (2007): Vorfahrt für die Familie? Zur Familienpolitik der großen Koalition in Deutschland. In: Intervention. Zeitschrift für Ökonomie. 4. Jahrgang. Heft 1/2007. S. 22-27.
Lewis, J., Knijn, T., Martin, C., Ostner, I. (2008): Patterns of Development in Work/Family Reconciliation Policies for Parents in France, Germany, the Netherlands and the UK in the 2000s. In: Social Politics: International Studies in Gender, State & Society. 15. Jahrgang. Heft 3. S. 261-286.
Köhler, K. (2010): Für die Pflege von Angehörigen will ich Zeit geben. Interview. In: Frankfurter Allgemeine Sonntagszeitung Nr. 3 vom 24. Januar 2010. S. 5.
Ministerium für Arbeit, Soziales, Familie und Gesundheit (Hrsg.) (2005): Viva Familia. Mainz.
Ollier-Malaterre, A. (2009): Organizational work-life initiatives: context matters. France compared to the UK and the US. In: Community, Work & Family. 12. Jahrgang. Heft 2/2009. S. 159-178.
Pankratz, C. J. (2009): Cross-National Comparisons of Family Policies: The Relevance of National Approaches to Social Welfare. In: Journal of Comparative Family Studies. 40. Jahrgang. Heft 3/2009. S. 493-511.
Prittwitz, V. von (2007): Vergleichende Politikanalyse. Stuttgart.
Prognos (2003): Betriebswirtschaftliche Effekte familienfreundlicher Maßnahmen. Kosten-Nutzen-Analyse. Berlin.
Rheinisch-Westfälisches Institut für Wirtschaftsforschung (2007): Evaluation des Gesetzes zum Elterngeld und zur Elternzeit. Zwischenbericht 2007. Essen.
Rheinisch-Westfälisches Institut für Wirtschaftsforschung (2008): Evaluation des Gesetzes zum Elterngeld und zur Elternzeit. Endbericht 2008. [online abrufbar unter http://www.bmfsfj.de/Redaktion BMFSFJ/Abteilung2/Pdf-Anlagen/beeg-evaluation-endbericht,property=pdf,bereich=bmfsfj,sprache =de,rwb=true.pdf (letzter Zugriff am 7. April 2010)].
Ristau, M. (2005): Der ökonomische Charme der Familie. In: Aus Politik und Zeitgeschichte. Heft 23-24/2005. S. 16-23.
Schnabel, R. (2007): Steuerliche Behandlung von Kinderbetreuung und Familientransfers in Unternehmen. In: Dilger, A., Gerlach, I., Schneider, H. (Hrsg.): Betriebliche Familienpolitik. Potenziale und Instrumente aus multidisziplinärer Sicht. Wiesbaden. S. 225-234.
Schneider, V., Janning, F. (2005): Politikfeldanalyse. Kurseinheiten 1 bis 3. Akteure, Strukturen und Diskurse in der öffentliche Politik. Fernuniversität Hagen.
Scheiwe, K. (2007): Familienorientierte Personalpolitik von Unternehmen – arbeitsrechtliche Rahmenbedingungen von Elternzeit und Teilzeit, Möglichkeiten und Grenzen. In: Dilger, A.,

Gerlach, I., Schneider, H. (Hrsg.): Betriebliche Familienpolitik. Potenziale und Instrumente aus multidisziplinärer Sicht. Wiesbaden. S. 86-102.
Steinmann, G. (2007): Kindermangel in Deutschland. Bevölkerungsökonomische Analysen und familienpolitische Lösungen. Frankfurt am Main.
Stratigati, M. (2004): The Cooptation of Gender Concepts in EU Policies: The Case of „Reconciliation of Work and Family". In: Social Politics. 11. Jahrgang. Heft 1/2004. S. 30-56.
Süddeutsche Zeitung (Nr. 91 vom 21. April 2010): Neuer Job binnen sechs Wochen. Arbeitsministerin von der Leyen will junge Hartz-IV-Empfänger schneller vermitteln. S. 5.
Wingen, M. (1997): Familienpolitik. Stuttgart.
Wingen, M. (2003): Betriebliche Familienpolitik als gesellschaftspolitische Aufgabe – familienbewußte Personalpolitik als Weg zum Unternehmenserfolg. In: Sozialer Fortschritt. 52. Jahrgang. Heft 3/2003: S. 60-64.
Ziefle, Andrea (2004): Die individuellen Kosten des Erziehungsurlaubs. Eine empirische Analyse der kurz- und längerfristigen Folgen für den Karriereverlauf von Frauen. In: Kölner Zeitschrift für Soziologie und Sozialpsychologie. 56. Jahrgang. Heft 2/2004. S. 213-231.

Betriebliche Familienpolitik im Spiegel der betriebswirtschaftlichen Diskussion

Helmut Schneider, Jana Heinze und Helen Wieners

Einleitung

Die Vereinbarkeit von Beruf und Familie hat sich im vergangenen Jahrzehnt vor dem Hintergrund geringer Reproduktionsraten einerseits und Arbeitskräfteengpässen im Bereich Hochqualifizierter andererseits in allen Industrienationen zu einem gesellschaftlichen Schlüsselthema entwickelt (vgl. OECD 2007a; 2007b). Während Regierungsakteure insbesondere über die Gestaltung gesetzlicher Rahmenbedingungen und die Bereitstellung von Betreuungsangeboten zur besseren Vereinbarkeit von Beruf und Familie beitragen können, kommt den Unternehmen bei der Lösung von Vereinbarkeitskonflikten zwischen Beruf und Familie eine praktische Schlüsselrolle zu (vgl. Dex 2003).

Die Einführung familienbewusster Maßnahmen kann hierbei als typisch betriebswirtschaftliches Entscheidungsproblem identifiziert werden, bei dem den Kosten von bspw. einem Betriebskindergarten die potenziellen Erträge wie eine niedrigere Fehlzeitenquote der Mitarbeitenden gegenüberstehen. Initialpunkt der betriebswirtschaftlichen Forschung ist die Notwendigkeit, die Dimensionen einer familienbewussten Personalpolitik und deren Effekte für eine betriebswirtschaftlich orientierte Analyse umfassend zu formulieren und zu systematisieren, um so die Basis für eine empirische Untersuchung der Effekte familienbewusster Personalpolitik zu schaffen. Der wissenschaftliche Gestaltungsanspruch der praktisch-normativ ausgerichteten Studien der betriebswirtschaftlichen Forschung umfasst dabei seit den 1980er Jahren die genaue Definition der Input- und Outputgrößen, mit dem Ziel, konkrete Handlungsempfehlungen für Unternehmen abzuleiten.

Die Beiträge betriebswirtschaftlicher Forschung lassen sich im Wesentlichen vier Gruppen zuordnen. Die erste Gruppe umfasst Studien zur Identifikation relevanter Inputgrößen, genauer zu den unterschiedlichen Dimensionen einer familienbewussten Personalpolitik. Die zweite Gruppe umfasst darauf aufbauend deren Operationalisierung, d.h. Messinstrumente zur Erfassung unternehmensindividueller Familienpolitik. Die dritte Gruppe analysiert vor dem Hintergrund eines in der Praxis unterschiedlich stark ausgeprägten Familienbewusstseins potenzielle Promotoren bzw. Hindernisse (z.B. Branche, Größe oder Personalstruktur). Die vierte Gruppe untersucht schließlich auf Basis empirischer Studien die betriebswirtschaftlichen Effekte einer familienbewussten Personalpolitik. Beschriebene vier Gruppen werden im Folgenden vorgestellt.

1 Dimensionen betrieblicher Familienpolitik

Die Vereinbarkeit von Beruf und Familie respektive eine familiengerechte Arbeitsgestaltung zielt im Ergebnis auf diejenigen Arbeitsbedingungen, die Mitarbeitende befähigen, „[...] den Anforderungen der beruflichen Arbeit sowie der außerberuflichen Lebensbereiche nachzukommen" (Resch 2007: 120). Zu diesem Zweck wird innerhalb der betrieblichen Familienpolitik, familienorientierten oder familienbewussten Personalpolitik (vgl. Althammer 2007: 45) eine Vielzahl betrieblicher Maßnahmen angeboten. „Family-friendly arrangements in firms are taken to be practices, facilitating the reconciliation of work and family-life, which firms introduce to complement statutory requirements [...]. Only employees can decide whether or not any particular arrangement is actually family-friendly" (OECD 2001: 146). Gemäß dieser Definition sind Maßnahmen nur dann als familienbewusst zu bezeichnen, wenn sie über die vom geltenden Recht vorgeschriebenen Maßnahmen hinausgehen und wenn die Mitarbeitenden diese selbst als familienbewusst respektive familienfreundlich empfinden.

Ergänzend ist hinzuzufügen, dass sich Familienbewusstsein[38] nicht nur in der Anzahl angebotener **Maßnahmen**, sondern darüber hinaus in einer **flexiblen** und **individuellen** Anpassung derselbigen widergespiegelt (vgl. Schneider 2007: 68-73; Schneider et al. 2005; Goedicke/Brose 2008: 189). Familienbewusste Maßnahmen umfassen folglich kreative, individuelle sowie unbürokratische Einzellösungen, die durch Flexibilität und Innovationsfähigkeit gekennzeichnet sind (vgl. Berger 2004: 81; Braun 2004: 70-71; Backes-Gellner et al. 2003). Die Instrumente zielen in weiten Teilen auf eine zeitliche sowie örtliche Flexibilisierung der Arbeit und werden durch familienbezogene Entgeltbestandteile sowie Beratungs- und Betreuungsangebote unterstützt (vgl. Schmitz 2006a: 62-63; BMFSFJ 2006; BMFSFJ 2005: 413; Dorbritz et al. 2005; Juncke 2005: 8; BMFSFJ 2004b: 8; Kapella 2007).

Resümierend manifestiert sich Familienbewusstsein im Spiegel der dargestellten Forschungsergebnisse unter anderem in einem dynamischen und flexiblen Leistungsangebot. Dieses wird im Rahmen eines **nachfrageadäquaten Maßnahmenbündels**, das die Vereinbarkeit von Beruf und Familie unterstützt, ausgestaltet. Diese Leistungsdimension ist damit gleichzeitig der sichtbarste Gestaltungsraum von Familienbewusstsein innerhalb der Unternehmen. Eine wesentliche Komponente, die im Hinblick auf eine mitarbeitendenorientierte Planung und Umsetzung familienbewusster Personalpolitik von hoher Relevanz erscheint, ist darüber hinaus die „Dialogkultur zwischen Führung, Betriebsrat und den Mitarbeitern" (Mohn/Schmidt 2004: 14),

---

[38] In dem vorliegenden Kapitel wird vor dem Hintergrund semantischer und konnotativer Unterschiede zwischen den Begriffen *familienfreundlich* und *familienbewusst* ausschließlich der Begriff *familienbewusst* respektive *Familienbewusstsein* verwendet. Während der Begriff Familienfreundlichkeit den Ausgleich zwischen den mitunter konfligierenden Rollenanforderungen der Lebensbereiche Beruf und Familie in den Kontext einer nicht zweckgerichteten unternehmerischen, quasi anthroposophischen Verhaltensweise rückt, adressiert der Begriff Familienbewusstsein treffender den Charakter einer Investition, d.h. einer bewussten unternehmerischen Entscheidung in der Vermutung einer mit dieser Investition verbundenen Rendite, beispielsweise in Form geringerer Fehlzeiten. Insofern trägt der Begriff Familienbewusstsein dem Postulat betriebswirtschaftlicher Rationalität eher Rechnung, in den auch das Handeln von Unternehmen als Akteuren einer besseren Vereinbarkeit von Beruf und Familie einzuordnen ist. Im Falle der Zitierung von Untersuchungen bzw. Werken anderer Autoren wird, falls im Originaltext verwendet, der Terminus Familienfreundlichkeit beibehalten.

die in der betrieblichen Informations- und Kommunikationspolitik ihren Ausdruck findet (vgl. Döge/Behnke 2006: 17; BMFSFJ 2004a: 37; Gemeinnützige Hertie-Stiftung 2003: 8; Busch/Rump 1999: 46-49; Winnes 1999: 13).

Neben der Informationsintensität unterscheiden Busch/Rump (1999) in diesem Zusammenhang drei Aktionsfelder:

- eine umfassende Informationspolitik von oben nach unten
- eine umfassende Informationspolitik von unten nach oben
- explizite Informationen über familienunterstützende Aktivitäten

Die Autoren betonen, dass insbesondere die ersten beiden Felder der Informationspolitik eine wechselseitige Vertrauenskultur voraussetzen. Die Kommunikationswege sollten hierbei stärker durch Offenheit und Ehrlichkeit als durch formale (Sprach) Regelungen gekennzeichnet sein. Dadurch können die Interessen der Arbeitnehmer mit den teilweise entgegengesetzten Interessen der Arbeitgeber über eine umfassende und gut funktionierende Kommunikation koordiniert und abgestimmt werden (vgl. Busch/Rump 1999: 61). Des Weiteren ist die Kommunikation im Unternehmen für eine Akzeptanz der Implementierung und Nutzung familienbewusster Maßnahmen von besonderer Relevanz (vgl. Doppler/Lauterburg 2002: 164, 336).

Insgesamt manifestiert sich Familienbewusstsein hier als **Ergebnis von Informationsprozessen, die den Aufbau einer langfristigen Beziehung zu den Mitarbeitenden sowie die Entwicklung eines Bewusstseins über deren Bedürfnisse** zum Ziel haben. Hierbei sind die Aspekte der Erfassung, Analyse, Interpretation und Bereitstellung von Informationen über die Gesamtheit der Mitarbeitenden, deren gegenwärtige und zukünftige Bedürfnisse sowie beeinflussende Rahmenbedingungen von besonderer Relevanz, um umfassende Problemlösungen für verschiedene und sich ändernde Bedürfnisse konzipieren zu können.

Neben Leistungs- und Kommunikationsaspekten, die zumeist sichtbar und bewusst von den Mitarbeitenden wahrgenommen werden können, beschreibt der dritte Zugang zu dem Konstrukt Familienbewusstsein eine mitunter unbewusste Verankerung familienbewusster Normen und Werte in der Unternehmenskultur. Die Unternehmenskultur kann allgemein als „ein Muster gemeinsamer Grundprämissen, das die Gruppe bei der Bewältigung ihrer Probleme externer Anpassung und interner Integration erlernt hat, das sich bewährt hat und somit als bindend gilt; und das daher an neue Mitglieder als rational und emotional korrekter Ansatz für den Umgang mit Problemen weitergegeben wird" definiert werden (Schein 1995: 25). Vereinfacht ausgedrückt entspricht sie damit der individuellen sozialen Realität in den Betrieben; ihre Ausdrucksform findet sie in Verhaltensnormen, Sprachregeln, Wertvorstellungen oder gemeinsamen Symbolen, die von den Mitarbeitenden übereinstimmend geteilt werden (vgl. Berger 2004: 80; Steinmann/Schreyögg 2000; Kadritzke 1997: 8).

Ziel ist es, „langfristig verankerte Grundsätze [zu schaffen], die sich als Selbstverständlichkeit in den Köpfen der Mitarbeiter festsetzen" (Licci 2004: 95). Damit erfüllt die Unternehmenskultur eine wesentliche Identifikations-, Integrations- sowie Koordinationsfunktion in den Organisationen, die langfristig zu einer höheren Motivation der Mitarbeitenden beitragen soll (vgl. Baetge et al. 2007: 188). Dies gilt auch und insbesondere für das Themenfeld der

Vereinbarkeit von Beruf und Familie. Eine familienbewusste Unternehmenskultur richtet sich hierbei an jeden Mitarbeitenden und bezieht auch diejenigen Personen mit ein, die aktuell nicht im Unternehmen präsent, sondern in Elternzeit sind (vgl. Schmitz 2006b: 51-53; Berger 2004: 42). Neben den Mitarbeitenden schließt die Unternehmenskultur schließlich auch die Unternehmensführung ein (vgl. Gemeinnützige Hertie-Stiftung 2003: 17; Becker et al. 1999: 8; Winnes 1999).

Thompson et al. (1999) konstatieren in diesem Kontext drei Dimensionen einer (individuell wahrgenommenen) familienbewussten Unternehmenskultur:

- die Unterstützung durch die Unternehmensleitung bei familialen Angelegenheiten
- familienverträgliche Arbeitszeitanforderungen und
- das Ausbleiben negativer Karrierekonsequenzen bei Inanspruchnahme von familienunterstützenden Maßnahmen

In darauf aufbauenden Studien werden zudem die Komponenten Betriebsklima, d.h. die Unterstützung des unmittelbaren Arbeitsumfeldes sowie der direkte Vorgesetzte als relevante Einflussgröße einer familienbewussten Unternehmenskultur ergänzt (vgl. Allen 2001; Dikkers et al. 2007). Es wird deutlich, dass eine familienfreundliche Kultur ein ganzheitliches, integratives Unternehmenskonzept ist, „[…] in dem die betrieblichen Notwendigkeiten sowie die Ziele, Bedürfnisse und Interessen der Beschäftigten zusammengefasst und miteinander verbunden sind“ (Busch/Rump 1999: 46). Eine familienfreundliche Unternehmenskultur zeichnet sich folglich durch ein Betriebsklima aus, in dem die Inanspruchnahme familialer Aufgaben durch Unternehmensführung, Vorgesetzte und Kollegen nicht negativ sanktioniert, sondern in einer ganzheitlichen Akzeptanz in ihren Auswirkungen und Anforderungen getragen wird (vgl. Klenner 2007). Insgesamt manifestiert sich Familienbewusstsein im Rahmen der Unternehmenskultur folglich **als ganzheitliche Akzeptanz familialer Verpflichtungen sowie deren Auswirkungen und Anforderungen.**

2 Messansätze betrieblicher Familienpolitik

Zur Operationalisierung des Konstrukts Familienbewusstsein liegt in der Literatur bisher noch kein einheitliches Messmodell vor. Die erste Gruppe an empirischen Analysen im Zusammenhang mit der Messung von Familienbewusstsein zeichnet sich durch eine primär qualitativ orientierte Forschungsrichtung aus, die auf Basis kleiner Stichproben – häufig fallstudienbasiert – spezifische Aspekte des Familienbewusstseins untersucht (vgl. Dex/Scheibl 1999; Whitehouse/Zetlin 1999). Dabei fokussieren die qualitativ orientierten Ansätze auf die Evaluation familienbewusster Maßnahmen, wie etwa Arbeitszeitmodelle, Kinderbetreuungsangebote etc. Diese Ansätze sind nicht darauf ausgerichtet, Unterschiede im betrieblichen Familienbewusstsein zwischen einzelnen Unternehmen zu quantifizieren. Die zweite Gruppe umfasst diejenigen Untersuchungen, die Familienbewusstsein quantitativ zu erfassen suchen.

2.1 Family-friendly-index (USA)

Das amerikanische Families and Work Institute erarbeitete Anfang der 1990er Jahre einen ersten detaillierten Ansatz zur Quantifizierung betrieblichen Familienbewusstseins in Form eines Indexes (vgl. Galinsky/Friedman/Hernandez 1991). Der durch eine Studie mit 188 Unternehmen generierte family-friendly-index basiert auf der Analyse von 29 familienfreundlichen Maßnahmen in sieben Handlungsfeldern. Die Einzelmaßnahmen werden hinsichtlich der Art der Ausgestaltung, der Zugangsmöglichkeiten für die Belegschaft, des Institutionalisierungsgrades, der Engagementintensität des Unternehmens, der Bereitstellung (finanzieller) Ressourcen, der notwendigen Anstrengungen zur Umsetzung sowie des Innovationsgrades jeweils mit einem Punktwert beurteilt. Im Zuge der Verdichtung des Maßnahmeneinsatzes in einen eindimensionalen Indexwert werden die Bewertungen unternehmensspezifisch gewichtet. Die Gewichtungsfaktoren sind dabei Ergebnis von Expertengesprächen und Betriebserkundungen. Abgesehen von messtheoretischen Schwächen – etwa im Hinblick auf die Generierung der Gewichtungsfaktoren – ist vor allem die ausschließliche Fokussierung des family-friendly-index auf die Maßnahmen eines Unternehmens zur besseren Vereinbarkeit von Beruf und Familie seine zentrale Schwachstelle. So vernachlässigt der Index die erforderliche Einbeziehung der Kommunikation zwischen Mitarbeitenden und Führungsebene sowie die Erfassung unternehmenskultureller Normen und Werte.

2.2 Work-family-culture und work-home-culture (USA)

Während der Index des Families and Work Institute primär auf die Erfassung der Leistungsdimension abzielt, identifiziert der Messansatz von Thompson et al. (1999) bzw. in der Weiterentwicklung von Dikkers et al. (2007) die familienbewusste Unternehmenskultur als Ankerpunkt der betrieblichen Familienpolitik.

Die Autoren verweisen in ihren Studien auf die familienbewusste Unternehmenskultur als zentralen Baustein der betrieblichen Familienpolitik. In diesem Kontext ist der Maßnahmenkatalog eines Unternehmens zunächst hinreichende Bedingung, um den Mitarbeitenden die Vereinbarkeit von Beruf und Familie zu ermöglichen. Die Unternehmenskultur fungiert dabei als Katalysator der realen Nutzung familienbewusster Maßnahmen. Bei Existenz einer nicht-familienbewussten Unternehmenskultur werden Maßnahmen seitens des Unternehmens zwar angeboten, aufgrund von Angst vor negativen Karrierekonsequenzen oder anderer interner Sanktionsmechanismen nicht von den Betroffenen in Anspruch genommen.

In der ursprünglichen Fassung von Thompson et al. (1999) wird die familienbewusste Unternehmenskultur über drei Dimensionen erfasst: die Unterstützung durch die Unternehmensleitung bei familialen Angelegenheiten, familienverträgliche Arbeitszeitanforderungen und das Ausbleiben negativer Karrierekonsequenzen bei Inanspruchnahme von familienbewussten Maßnahmen. Der Fragebogen besteht aus insgesamt 21 Items, die auf einer 7er-Likert Skala (stimme voll zu bis stimme gar nicht zu) erfasst werden. Die Weiterentwicklung des Messkonzeptes erfolgte durch Dikkers et al. (2007) anhand der Integration der Dimensionen „Betriebsklima“ und „Unterstützung durch den direkten Vorgesetzten“. Analog zur Untersuchung von Allen (2001) wurde von den Autoren eine konzeptionelle Unterscheidung zwischen der eher globalen Unterstützung durch die Unternehmensleitung bei Vereinbarkeitsfragen und den konkreten Koordinierungs- und Austauscherfordernissen mit dem direkten Vorgesetzten angestrebt. Darüber hinaus wurde das Betriebsklima, genauer die kollegiale Unterstützung im unmittelbaren Arbeitsumfeld als relevanter Promotor oder Hindernis der Inanspruchnahme familienbewusster Leistungen erfasst. Die finale Itembatterie besteht aus 18 Items, die auf einer 5er Likert-Skala erfasst werden. Obgleich die detaillierte Erfassung der Kulturdimension überzeugt und in zukünftigen Analysen Berücksichtigung finden wird (vgl. berufundfamilie-Index), fehlt es bei den vorgestellten Messinstrumenten in der integrativen Zusammenführung der Leistungs-, Informations- und Kulturdimension.

Die Schwachstelle einer einseitigen Fokussierung auf eine Dimension des betrieblichen Familienbewusstseins überwindet der Index des International Center of Work and Family an der Universität Navarra (Spanien) mit dem Konstrukt Familienverantwortliche Unternehmen (Family Responsible Employer – FRE) sowie eine Untersuchung der wahrgenommen familiären Unterstützung durch Unternehmen (perceived organizational family support – POSF) der us-amerikanischen Wissenschaftler Jahn/Thompson/Kopelman (2003).

2.3 Family Responsible Employer – FRE (Spanien)

Das Konstrukt Familienverantwortung wird hierbei über drei konstituierende Dimensionen aufgespannt. Aufbauend auf der Unternehmenskultur, die als Fundament die Familienverantwortung eines Unternehmens einerseits unterstützen, anderseits behindern kann, bilden die Leistungsdimension und die unterstützenden Rahmenbedingungen die aktiven Gestaltungsräume der betrieblichen Familienpolitik.

Der Fragebogen zur Messung der Familienverantwortung besteht aus insgesamt 28 Items zur Erfassung der Leistungskomponente (31 Items bei Unternehmen mit einer Anzahl an Mitarbeitenden $\geq$ 250 und einem Umsatz $\geq$ 50 Millionen), sechs Items, die sich auf die unternehmenskulturelle Dimension einer familienbewussten Personalpolitik beziehen und sieben Items zur Messung der unterstützenden Rahmenbedingungen. Die jeweils auf einer 4er-Ordinalskala gemessenen Antworten zu den insgesamt 41 (44) Fragen werden anschließend durchgängig in Punktwerte transformiert. Die im Hinblick auf Familienorientierung jeweils schlechteste Ausprägung erhält dabei 0 Punkte, die zweitschlechteste 2 Punkte, die zweitbeste 3 Punkte und die beste Ausprägung schließlich 4 Punkte. Anschließend wird ein gewichteter Summenindex gebildet, der auf 100 Punkte normiert ist. Auf Basis des so ermittelten Punktwertes werden die Unternehmen abschließend einem von vier Quadranten zugeordnet, der das Ausmaß des Beitrages eines Unternehmens zu seiner humanökologischen Umwelt beschreibt (vgl. Chinchilla et al. 2006). Obgleich die Mehrdimensionalität der Messung überzeugt, erscheint die Art der Transformation der Antworten in einen Indexwert fragwürdig. So stellt beispielsweise die Abfrage der Leistungsdimension darauf ab, wie viele Mitarbeitende Zugang zu den angegebenen Leistungen besitzen. Dieses metrische Maß (Zugang der Mitarbeitende in Prozent) wird ohne korrespondierende Prozentangaben in ein ordinales Skalenniveau transformiert (none, some, most, all). Die semantische Abstufung zwischen den Antwortkategorien „some“ und „most“ bleibt damit unklar. Die nachfolgende Transformation der Antwortkategorien (none, some, most, all) in Punktwerte (0, 2, 3, 4) ist zudem nicht nachvollziehbar und erscheint damit willkürlich. Diese methodischen Mängel spiegeln sich auch in der Abfrage und Punktetransformation der Kultur- und Kommunikationsdimension wider.

2.4 Perceived organizational family support (POSF)

Das Konstrukt der wahrgenommen familiären Unterstützung durch Unternehmen (perceived organizational family support – POSF) umfasst insgesamt drei Dimensionen (Instrumente, Information und Unternehmenskultur), die anhand von zehn Items operationalisiert werden. Drei Items messen hierbei die Dimension Instrumente (z.B.: „My organization puts money and effort into showing its support of employees with families”), jeweils drei Items die Dimension Information (z.B.: „It is easy to find out about family support programs within my organization”) sowie die unternehmenskulturelle Unterstützung (z.B.: “In general, my organization is very supportive of its employees with families”). Das zehnte Item misst das Gesamtfamilienbewusstsein des Unternehmens („My organization is more family-friendly than most other organizations I could work for“). Alle Items wurden auf einer 7-stufigen Likertskala erfasst. Neben den genannten Dimensionen wurde eine weitere Untersuchungseinheit bestimmt, die die organisationale Unterstützung durch den direkten Vorgesetzten abbilden soll. In der ursprünglichen Konzeption der PSFS Skala (Perceived Supervisory Family Support) wurden Eltern nach dem Ausmaß der sozialen Unterstützung bei der Vereinbarkeit von Beruf und Familie durch ihren Vorgesetzen befragt („My supervisor is very understanding if someone has to leave early or come in late due to a family emergency“). Diese Items wurden in der vorliegenden POSF-Untersuchung umformuliert, um seitens der Befragten primär eine Einschätzung bezüglich der Unterstützung durch den Vorgesetzen in Bezug auf die gesamte Belegschaft zu erfassen. Die Items werden auf einer 7-stufigen Likertskala bewertet.

Obgleich die Mehrdimensionalität der Messung überzeugt, besteht die erste Limitation des Befragungsinstruments in der ausschließlichen Fokussierung auf das Urteil der Mitarbeitenden. Dies liegt zum einen darin begründet, dass es aus forschungsökonomischen Gründen in der Praxis nicht immer möglich ist, auf Befragungen von Mitarbeitenden zur Erfassung des betrieblichen Familienbewusstseins zurückzugreifen. Des Weiteren sind Befragungen von Mitarbeitenden im Rahmen der betrieblichen Familienpolitik ohne zusätzliche Kontrollvariablen besonders störanfällig für äußere Einflüsse, wie bspw. die allgemeine Arbeits(un)zufriedenheit der Beschäftigten. Einschränkend ist darüber hinaus zu betonen, dass jeweils drei Items zur Erfassung der unterschiedlichen Dimensionen im Vergleich zu den bereits vorgestellten Instrumenten keine dezidierte Erfassung des Konstruktes Familienbewusstseins ermöglichen.

3 Promotoren betrieblicher Familienpolitik

Neben messtheoretischen Ansätzen zur Erfassung des betrieblichen Familienbewusstseins, verweist die betriebswirtschaftliche Fachliteratur parallel auf mögliche Promotoren einer familienbewussten Personalpolitik.

Einen umfassenden Überblick über Arbeiten zur Analyse zentraler Promotoren einer familienbewussten Personalpolitik gibt Yasbek (2004). Unter Rückgriff auf die internationale Forschung kommt sie zur Identifikation zentraler Unternehmenscharakteristika, die als Katalysatoren bei der Einführung einer familienbewussten Personalpolitik fungieren. Der Suchraum verweist hier insbesondere auf die Rolle der Personalstruktur als Treiber in einer familienbewussten Personalpolitik. Im Fokus stehen unter anderem das Verhältnis zwischen dem weiblichen und männlichen Arbeitskräftepotenzial im Unternehmen sowie der prozentuale Anteil an qualifizierten Fachkräften am gesamten Personalbestand. Basierend auf der resource dependence theory von Pfeffer und Salancik (1978) identifiziert auch Goodstein (1994) einen hohen Anteil weiblicher Beschäftigter als zentralen Promotor einer proaktiven betrieblichen Familienpolitik. Dieses Ergebnis unterstützt ebenfalls die in den USA durchgeführte Studie von Konrad und Mangel (2000). Poelmans, Chinchilla und Cardona (2003) zeigen unter besonderer Berücksichtigung spanischer Unternehmen, dass neben einem hohen weiblichen Arbeitskräftepotenzial im Unternehmen insbesondere eine angespannte Arbeitsmarktlage als zentraler Treiber der Diffusion familienbewusster Personalpolitik fungiert. Mit Blick auf das Qualifikationsniveau der weiblichen Beschäftigten konstatieren Ingram und Simons (1995), dass die Stärke des institutionellen Drucks eine familienbewusste Personalpolitik einzuführen, abhängig von dem prozentualen Anteil von Frauen in Managementpositionen ist. Galinsky und Bond (1998) unterstützen mit ihren Ergebnissen ebenfalls, dass eine hohe Frauenquote in Führungspositionen mit einer erhöhten Bereitstellung familienbewusster Maßnahmen einhergeht. Ergänzende Studien aus den USA bestätigen parallel, dass Unternehmen, die über einen hohen Anteil an qualifiziert ausgebildeten weiblichen Beschäftigten verfügen, umfangreichere Vereinbarkeitsprogramme anbieten (vgl. Konrad/Mangel 2000).

Andererseits weisen empirische Untersuchungen darauf hin, dass der Anteil an weiblichen Beschäftigten nicht per se einen positiven Effekt auf das Ausmaß des betrieblichen Familienbewusstseins ausüben muss: Abhängig von der konkreten familienbewussten Leistung kommen Guthrie und Roth (1999) zu dem Ergebnis, dass der Frauenanteil am gesamten Personalbestand, in Führungspositionen und im Vorstandsvorsitz einerseits einen Effekt auf die Gewährleistung spezifischer familienbewusster Leistungen (Bsp. bezahlte Ausfallzeit bei Krankheit) ausübt, andererseits die Existenz bspw. des Mutterschaftsurlaubes nicht mit einem insgesamt hohen Frauenanteil im Unternehmen sowie der hierarchischen Position der Frauen korreliert ist.

Morgan und Milliken (2006) sowie Suzuki, Tanimoto und Atsumi (2008) konnten in ihren Untersuchungen ebenfalls keine durchgängige Korrelation zwischen der Anzahl weiblicher Beschäftigter und dem Ausmaß des betrieblichen Familienbewusstseins feststellen. Neben dem prozentualen Anteil an weiblichen Beschäftigten verweisen internationale Studien parallel auf die geschlechtsneutrale Bedeutung des Qualifikationsniveaus der Mitarbeitenden für das Ausmaß des betrieblichen Familienbewusstseins. Comfort, Johnson und Wallace (2003) untersuchten in kanadischen Unternehmen die Zugangsmöglichkeiten unterschiedlicher Gruppen von Mitarbeitenden zu familienbewussten Leistungen: Im Ergebnis zeigt sich, dass Akademiker, Mitarbeitende in Managementpositionen sowie Fachkräfte über bessere Zugangsmöglichkeiten zu familienbewussten Leistungen verfügen als niedrig qualifizierte Mitarbeitender. Studien aus Australien, Japan und Großbritannien bestätigen in diesem Kontext ebenfalls, dass die Bereitstellung familienbewusster Leistungen mit einem hohen Anteil an qualifizierten Fachkräften zusammenhängt (vgl. Gray/Tudball 2002; Evans 2001). Umgekehrt sind Unternehmen, deren Personalbestand überwiegend aus Stundenlohnempfängern besteht, vergleichsweise weniger familienbewusst (vgl. Galinsky/Bond 1998). Zu abweichenden Ergebnissen kommt eine Studie von Galinsky et al. (2008). Die durch eine Arbeitgeberbefragung generierten Ergebnisse lassen auf den Promotor der Bindung von Mitarbeitenden generell und nicht auf die ausschließliche Bindung schwer zu ersetzender Mitarbeitender schließen.

Eine differenzierte Analyse des Einflusses der Geschlechts- und Qualifikationsstruktur auf das betriebliche Familienbewusstsein erfolgt in der Untersuchung von Schneider et al. (2010): Der Anteil weiblicher Mitarbeiter besitzt demnach nur dann eine Relevanz für das betriebliche Familienbewusstsein, wenn der Anteil wichtiger Mitarbeiter gering ist. Bei einem hohen Qualifikationsniveau der Mitarbeiter wird das Ausmaß betrieblichen Familienbewusstseins geschlechtsindifferent. Umgekehrt gilt auch, dass in Unternehmen, die sich durch einen hohen Anteil weiblicher Mitarbeiter auszeichnen, das betriebliche Familienbewusstsein nahezu qualifikationsindifferent ist.

Neben der Personalstruktur verweist Yasbeck (2004) parallel auf den Sektor, die Branche und Größe des Unternehmens als mögliche Treiber einer familienbewussten Personalpolitik. Eine in Australien, Japan, Großbritannien und den USA durchgeführte Studie zeigt dabei beispielsweise, dass familienbewusste Maßnahmen eher im öffentlichen als im privatwirtschaftlichen Sektor anzufinden sind (vgl. Evans 2001). Dies liegt laut den Autoren zum einen darin begründet, dass der wirtschaftliche Druck auf den öffentlichen Sektor vergleichsweise gering ist. Zum anderen bestehen im öffentlichen Sektor mehr legislative Vorgaben zur Gestaltung des Arbeitsumfeldes als im privatwirtschaftlichen Sektor. In Bezug auf die Branche kommt die Studie von Galinsky und Bond (1998) zu dem Ergebnis, dass Unternehmen des Finanz-, Versicherungs- und Immobiliensektors in den USA das höchste Familienbewusstsein aufweisen, während Beschäftigte des Groß- und Einzelhandels keinen breiten Zugang zu familienbewussten Leistungen besitzen. Neben Sektor und Branche beeinflusst auch die Größe des Unternehmens das Ausmaß des unternehmensspezifischen Familienbewusstseins. Galinsky und Bond (1998) sowie Evans (2001) verweisen in ihren Studien auf das hohe Familienbewusstsein großer Unternehmen (mehr als 1000 Beschäftige). Bezogen auf konkrete Maßnahmen sind jedoch Leistungspakete der Arbeitszeitflexibilisierung und Telearbeit eher in kleineren Unternehmen (weniger als 10 Beschäftigte) verfügbar als in großen Unternehmen.

4 Betriebswirtschaftliche Effekte betrieblicher Familienpolitik[39]

Neben den identifizierten Treibern familienbewusster Personalpolitik verweisen Studien ferner auf mögliche Effekte einer familienbewussten Personalpolitik und ihr naheliegender Forschungsgebiete. Dies ergibt sich primär aus der Tatsache, dass in Anbetracht des sich verschärfenden Wettbewerbs um hochqualifizierte Mitarbeitende das verstärkte Engagement zahlreicher Unternehmen im Kontext von Vereinbarkeitsfragen nicht zuletzt von originär betriebswirtschaftlichen Überlegungen, etwa im Hinblick auf eine größere Wettbewerbsattraktivität im Bewerbermarkt gekennzeichnet ist. Anbieter und Nachfrager familienbewusster Personalpolitik stehen hierbei in einer reziproken Beziehung zueinander: Mitarbeitende, deren familienbedingte Anspruchskollisionen durch das Unternehmen ernst genommen und entschärft werden, zeichnen sich – so die Vermutung – im direkten Austausch durch eine erhöhtes Commitment zum Unternehmen aus (vgl. Orthner/Pittman 1986; Grover/Crooker 1995). Eine internationale Literaturübersicht von Yasbeck (2004) ergänzend sind darauf aufbauend folgende betriebswirtschaftliche Effekte einer familienbewussten Personalpolitik zu identifizieren:

- niedrigere Fluktuationsrate
  (Grover/Crooker 1995; Center for Ethical Business Cultures 1997; Galinsky/Johnson 1998; Dex/Scheibl 1999; Thompson/Beauvais/Lyness 1999; Evans 2001; Eaton 2001; Managing Work/Life Balance 2003; BMFSFJ 2006; Gerlach et al. 2007; Kisilevitz/Bedington 2009; Prognos 2003; Schneider et al. 2008)

- geringerer Humankapitalverlust an Wettbewerber
  (Dex/Scheibl 1999)

- geringere Rekrutierungs- und Weiterbildungskosten
  (Center for Ethical Business Cultures 1997; Dex/Scheibl 1999; Evans 2001; Eaton 2001)

- positives Arbeitgeberimage
  (Center for Ethical Business Cultures 1997; Dex/Scheibl 2001)

- größerer Bewerberpool
  (Center for Ethical Business Cultures 1997; Evans 2001; Schneider et al. 2008)

- verbesserte Bewerberqualität
  (Dex/Scheibl 1999; Schneider et al. 2008)

- erhöhter Return on Investment von Weiterbildungsmaßnahmen durch längere Betriebszugehörigkeit der Beschäftigten
  (Dex/Scheibl 1999)

[39] vgl. zum Folgenden ausführlich Juncke 2005.

- niedrigere Absentismusquote
(Center for Ethical Business Cultures 1997; Galinsky/Johnson 1998; Dex/Scheibl 1999; Human Resources Development Canada 2002; Comfort/Johnson/Wallace 2003; Managing Work/Life Balance 2007

- geringerer Krankenstand
(Center for Ethical Business Cultures 1997; Dex/Scheibl 1999; BMFSFJ 2006; Gerlach et al. 2007; Dilger/König 2007; Schneider et al. 2008)

- reduzierte Stressbelastung
(Evans 2001, Bajpai/Sarmah 2008)

- höhere Rückkehrquote aus der Elternzeit
(Managing Work/Life Balance 2007; Gerlach et al. 2007; Prognos 2003; Schneider et al. 2008)

- reduzierte Rollenkonflikte zwischen „Berufs- und Privatmensch"
(Galinsky/Johnson 1998; Evans 2001; Human Resources Development Canada 2002; Human Resources Development Canada 2002; White et al. 2003)

- erhöhte Arbeitsmoral und Zufriedenheit der Mitarbeitenden
(Grover/Crooker 1995; Center for Ethical Business Cultures 1997; Galinsky/Johnson 1998; Dex/Scheibl 1999; Allen 2001; Managing Work/Life Balance 2007; Comfort/Johnson/Wallace 2003; Bajpai/Sarmah 2008; Backes-Gellner et al. 2003; Kisilevitz/Bedington 2009; BMFSFJ 2006)

- höhere Loyalität der Mitarbeitenden
(Center for Ethical Business Cultures 1997; Galinsky/Johnson 1998; Dex/Scheibl 2001; Eaton 2001; Center for Ethical Human Resources Development Canada 2002, O´Driscoll et al. 1992, Backes-Gellner et al. 2003; Kisilevitz/Bedington 2009)

- flexiblerer Einsatz der Mitarbeitenden in der Personalplanung (insbesondere im Hinblick auf Geschäftszeiten)
(Evans 2001; Human Resources Development Canada 2002)

- positiveres Unternehmensimage
(Center for Ethical Business Cultures 1997; Dex/Scheibl 1999; Evans 2001; Gerlach et al. 2007; Dilger/König 2007; Schneider et al. 2008)

- höhere Produktivität
  (Center for Ethical Business Cultures1997; Galinsky/Johnson 1998; Dex/Scheibl 1999; Eaton 2001; Buttler/Skattebo 2004; Lambert 2000; Konrad/Mangel 2000, Bloom et al. 2006; BMFSFJ 2006; Schneider et al. 2008)

Darüber hinaus verweisen Studien auf eine verkürzte Abwesenheitsdauer nach dem Mutterschutz, eine erhöhte Zeitsouveränität, eine vielfältigere Struktur der Mitarbeitenden, positive Effekte für den Produktabsatz, Auswirkungen auf den Börsenwert von Aktiengesellschaften sowie auf eine generell gesteigerte Wettbewerbsfähigkeit des Unternehmens (vgl. Dex/Scheibl 1999: 24; Evans 2001: 24-25; OECD 2001: 148; Prognos 2003: 11; Athur/Cook 2004; Gerlach et al. 2007; Dilger/König 2007; Prognos 2003). Einen umfassenden Überblick über Modal- und Finalziele einer familienbewussten Personalpolitik im Hinblick auf betriebswirtschaftliche Effekte sowie ihre Wirkungszusammenhänge bietet beispielsweise das Zielsystem einer familienbewussten Personalpolitik nach Schneider et al. (2008).

Dem dargestellten betriebswirtschaftlichen Nutzen einer familienbewussten Personalpolitik stehen jedoch auch direkte und indirekte Kosten gegenüber. Hierunter fallen zum einen direkte monetäre Transferleistungen (z.B. Zuschüsse zur Kinderbetreuung) für Beschäftigte (vgl. Dex/Scheibl 1999; Dex/Scheibl 2001) sowie Kosten für bspw. Heimarbeitsplätze und Eltern-Kind-Büros (vgl. Evans 2001). Zum anderen können Kosten im Rahmen der Diagnose-, Implementierungs- und Wirkungsphase anfallen, wie beispielsweise Kosten für Befragungen von Mitarbeitenden zur Evaluierung der Bedarfsstruktur der Beschäftigten sowie für die Weiterentwicklung der Handlungsfelder und ggf. Umstrukturierungsprozesse innerhalb der Unternehmen (Change-Management) (vgl. Evans 2001; Yasbeck 2004).

Fehlt ein Mitarbeitender aufgrund von ungelösten Vereinbarkeitsproblematiken, können zudem Produktivitätsverluste innerhalb des Unternehmens bzw. Kosten für die temporäre Vertretung von Stellen entstehen (vgl. Dex/Scheibl 1999: 24; Evans 2001: 25; OECD 2001: 148). Darüber hinaus ist zu berücksichtigen, dass nicht alle Mitarbeitenden in gleichem Maße von den zum Teil nur begrenzt verfügbaren familienbewussten Maßnahmen profitieren können. Bei Mitarbeitenden, die aufgrund ihrer familiären Konstellation keinen originären Anspruch besitzen (Singles) bzw. die Maßnahmen trotz Bedarf nicht nutzen können, können sich Motivationsverluste und eine niedrige Arbeitsmoral einstellen (vgl. Dex/Scheibl 1999; Evans 2001).

Fazit

Die betriebliche Familienpolitik erfordert sui generis einen interdisziplinären Forschungszugang. Dabei gilt es, die Handlungsperspektive der Betriebswirtschaft mit der Beobachtendenperspektive der Politikwissenschaft zu integrieren. Bisherige Untersuchungen erfolgten primär aus gesamtgesellschaftlicher Sicht; weitgehend unberücksichtigt bleibt die mikroökonomische Ebene einschließlich einer fundierten Untersuchung der Effektivität und Effizienz familienbewusster Maßnahmen der Personalpolitik. Isoliert werden beide Ansätze den konzeptionellen

Anforderungen der Einführung und Ausgestaltung einer familienbewussten Personalpolitik jedoch nicht gerecht.

Die umfassende Literaturanalyse verdeutlicht insgesamt, dass hinsichtlich der Dimensionen des Familienbewusstseins im Schrifttum weitgehende Übereinkunft bezüglich erklärender Schlüsselvariablen besteht, jedoch verschiedene Aspekte – (betriebliche) Maßnahmen, Unternehmenskultur oder Information und Kommunikation – unterschiedlich stark betont und hervorgehoben werden. Einigkeit besteht jedoch vor allem darüber, dass Familienbewusstsein deutlich mehr umfasst als die Bereitstellung (betrieblicher) familienbewusster Maßnahmen, die eine Vereinbarkeit von Beruf und Familie unterstützen. Die skizzierte dreidimensionale Konstruktion des Familienbewusstseins spiegelt sich auch in den Messansätzen wider, mit denen der Übergang von der Konzeptionalisierung zur Operationalisierung des Familienbewusstseins erfolgt ist. Analog zur Uneinigkeit bezüglich der Relevanz unterschiedlicher Dimensionen fehlt es bislang jedoch an einem Messansatz, der einerseits die eindimensionale Reduzierung von Familienbewusstsein auf die Leistungs- bzw. Kulturkomponente überwindet und andererseits den Anforderungen an die Messung komplexer Sachverhalte genügt.

Die Beziehung zwischen Strukturdaten der Mitarbeitenden und dem Ausmaß des betrieblichen Familienbewusstseins respektive der (selektiven) Bereitstellung familienbewusster Maßnahmen signalisiert – trotz divergierender empirischer Ergebnisse im Einzelfall – zusammenfassend die Bedeutung betrieblich-familialer Anspruchskollisionen als Promotor für das betriebliche Familienbewusstsein. Es bleibt jedoch unklar, ob die betrieblichen Bemühungen um eine bessere Vereinbarkeit von Beruf und Familie eher auf die potenzielle quantitative Betroffenheit von Unternehmen, festgemacht am Anteil weiblicher Beschäftigter, oder auf die potenzielle qualitative Betroffenheit, festgemacht am Anteil besonders qualifizierter und schwer zu ersetzender Beschäftigter, im Folgenden kurz „wichtige“ Beschäftigte, zurückzuführen ist. Offen ist darüber hinaus, ob die im internationalen Schrifttum identifizierten Treiber des betrieblichen Familienbewusstseins auch in Deutschland mit seinen spezifischen Rahmenbedingungen, etwa im Hinblick auf das Verhältnis zwischen öffentlichem und privaten Sektor, Branchenbesonderheiten oder auch staatliche Betreuungsangebote (vgl. Röding/Littek 2007; Hank/Kreyenfeld/Spieß 2004) und familialen Arbeitsteilung zwischen Mann und Frau (vgl. Lauk/Meyer 2004; Rüling 2004), Gültigkeit besitzen. Im Rahmen betriebswirtschaftlicher Effekte einer familienbewussten Personalpolitik besteht in der (internationalen) Literatur weitgehende Übereinkunft bezüglich zentraler Effekte einer familienbewussten Personalpolitik. Vor dem Hintergrund bis dato mangelhafter Messkonzepte des betrieblichen Familienbewusstseins ist die kausale Beziehung zwischen Input (familienbewusster Personalpolitik) und Output (betriebswirtschaftliche Effekte einer familienbewussten Personalpolitik) bisher jedoch wenig fundiert (vgl. hierzu das Kapitel Betriebswirtschaftliche Effekte einer familienbewussten Personalpolitik in diesem Band).

Literatur

Allen, T. (2001): Family-supportive work environments: The role of organizational perceptions. In: Journal of Vocational Behavior, 58. Jg. (2001), S. 414-435.

Althammer, J. (2007): Gesamtwirtschaftliche Effekte betrieblicher Familienpolitik. In: Dilger, A., Gerlach, I., Schneider, H. (Hrsg.): Betriebliche Familienpolitik. Potenziale und Instrumente aus multidisziplinärer Sicht. Wiesbaden. S. 45-63.

Arthur, M., Cook, A. (2004): Taking Stock of Work-Family Initiatives: How Announcements of ‚Family-Friendly' Human Resource Decisions Affect Shareholder Value, in: Industrial and Labor Relations Review, 57. Jg. (2004), S. 599-613.

Backes-Gellner, U., Kranzusch, P., Schröer, S. (2003): Familienfreundlichkeit im Mittelstand. Betriebliche Strategien zur besseren Vereinbarkeit von Beruf und Familie, IfM-Materialien Nr. 155, Bonn.

Baetge, J., Schewe, G., Schulz, R., Solmecke, H. (2007): Unternehmenskultur und Unternehmenserfolg: Stand der empirischen Forschung und Konsequenzen für die Entwicklung eines Messkonzeptes. In: Journal für Betriebswirtschaft, Jg. 57, Heft 3-4, S. 183-219.

Bajpai, N., Sarmah D. K. (2008): Work Life Balance – An important component to retain Hi-tech employees. In: Shrivastav, S. K., Nagaraja Murthy, H.L. (Hrsg.): New Concepts and Practices Related to Human Behaviour – Challenges of Globalization Effects.

Becker, S. J., Wollert, A., Wilms, G. (1999): Vorbemerkungen. In: Gemeinnützige Hertie-Stiftung (Hrsg.): Unternehmensziel: Familienbewußte Personalpolitik. Ergebnisse einer wissenschaftlichen Studie, Köln, S. 7-9.

Berger, R.(2004): Familienfreundliche Unternehmenskultur und Innovationsfähigkeit. In: Schmidt, R., Mohn, L. (Hrsg.): Familie bringt Gewinn. Innovation durch Balance von Familie und Arbeitswelt, Gütersloh, S. 77-85.

Bloom, N., Kretschmer, T., van Reenen, J. (2006): Work Life Balance. Management Practices and Productivity. [online verfügbar unter: http://www.niesr.ac.uk/pdf/wef210406.pdf (Zugriff am 02. September 2008)].

BMFSFJ (2006): Familienfreundlichkeit im Betrieb. Ergebnisse einer repräsentativen Bevölkerungsbefragung, Berlin.

BMFSFJ (2005): Siebter Familienbericht – Familie zwischen Flexibilität und Verlässlichkeit, Berlin.

BMFSFJ (2004a): Führungskräfte und Familie. Wie Unternehmen Work-Life-Balance fördern können. Ein Leitfaden für die Praxis, Berlin.

BMFSFJ (2004b): Erwartungen an einen familienfreundlichen Betrieb. Erste Auswertung einer repräsentativen Befragung von Arbeitnehmerinnen und Arbeitnehmern mit Kindern und Pflegeaufgaben, Berlin.

Braun, L. G. (2004): Familienorientierte Personalpolitik aus Unternehmersicht. In: Schmidt, R., Mohn, L. (Hrsg.): Familie bringt Gewinn. Innovation durch Balance von Familie und Arbeitswelt, Gütersloh, S. 70-76.

Busch, C., Rump, J. (1999): Chancen und Möglichkeiten der Vereinbarkeit von Familie und Beruf in Klein- und Mittelbetrieben. In: Gemeinnützige Hertie-Stiftung (Hrsg.): Unternehmensziel: Familienbewußte Personalpolitik. Ergebnisse einer wissenschaftlichen Studie, Köln, S. 39-84.

Butler, A. B., Skattebo, A. (2004): What is acceptable for women may not be for men: The effect of family conflicts with work on job-performance ratings. In: Journal of Occupational & Organizational Psychology, 77. Jg. (2004), S. 553-564.

Center for Ethical Business Cultures (1997): Creating High Performance Organizations: The Bottom Line Value of Work/Life Strategies. [online verfügbar unter: http://www.cebcglobal.org/Knowledge

Center/Publications/WorkLife/CreatingHighPerformanceOrganizations.htm (Zugriff am 02. September 2008)].

Chinchilla, N., Leòn, C., Canela, M. Á., Ariño, M. Á., Quiroga, V. (2006): Análisis sectorial de las políticas de conciliación. Conclusiones del estudio IFREI 2006 basado en 360 empresas [Branchenbezogene Analyse der Vereinbarkeitspolitik. Implikationen der IFREI 2006 Studie basierend auf 360 Unternehmen]. [online verfügbar unter: http://www.iese.edu/en/files/Conclusiones%20del%20estudio%20IFREI%202006%20basado%20en%20360%20empresas_tcm4-8161.pdfCohen 1997].

Comfort, D., Johnson, K., Wallace, D. (2003): Part-time Work and Family- friendly Practices in Canadian Workplaces (The Evolving Workplace Series). [online verfügbar unter: http://www.statcan.gc.ca/bsolc/olc-cel/olc-cel?catno=71-584-M&CHROPG=1&lang =eng (Zugriff am 11. November 2008)].

Dex, S. (2003): Families and work in the twenty-first century. Bristol 2003.

Dex, S., Scheibl, F. (2001): Flexible and Family-Friendly Working Arrangements in UK-Based SMEs: Business Case. In: British Journal of Industrial Relations, 39. Jg. (2001), S. 411-431.

Dex, S., Scheibl, F. (1999): Business Performance and Family-Friendly Policies. In: Journal of General Management, 24. Jg. (1999), S. 22-37.

Dikkers, J. S. E., Geurts, S. A. E., den Dulk, L., Peper, B., Taris, T. W., Kompier, M. A. J. (2007): Dimensions of work-home culture and their relations with the use of work-home arrangements and work-home interaction. In: Work & Stress, 21. Jg. (2007), S. 155-172.

Dilger, A., König, H. (2007): Betriebswirtschaftliche Effekte familienbewußter Personalpolitik – Eine empirische Analyse familienfreundlicher Betriebe. In: Betriebswirtschaftliche Forschung und Praxis, 59. Jg. (2007), S. 77-89.

Dorbritz, J., Lengerer, A., Ruckdeschel, K. (2005): Einstellungen zu demographischen Trends und zu bevölkerungsrelevanten Politik, Wiesbaden.

Döge, P., Behnke, C. (2006): Betriebs- und Personalräte als Akteure familienbewusster Personalpolitik. Handlungsmuster von Personalvertretungen in Unternehmen und Organisationen mit dem audit berufundfamilie, Institut für anwendungsorientierte Innovations- und Zukunftsforschung e.V., Berlin.

Doppler, K., Lauterburg, C. (2002): Change Management, Frankfurt.

Eaton, S. C. (2001): If You Can Use Them: Flexibility Policies, Organizational Commitment, and Perceived Productivity. Kennedy School of Government. Working Paper No. 01-009. Cambridge. [online verfügbar unter: http://ksgnotes1.harvard.edu/Research/wpaper.nsf/rwp/RWP01-009/$File/rwp01_009_eaton.pdf (Zugriff am 15. Juni 2005)].

Evans, J. M. (2001): Firms` Contribution to the Reconciliation between Work and Family Life. Labour Market and Social Policy Occasional Papers. Paris 2001.

Galinsky, E., Bond, J. T. (1998): The 1998 Business Work-Life Study: A Sourcebook. Executive Summary. [online verfügbar unter: http://familiesandwork.org/summary/worklife.pdf (Zugriff am 05. Oktober 2008)].

Galinsky, E., Bond, J. T., Sakai, K., Kim, S. S., Giuntoli, N. (2008): National study of employers, Families and Work Institute, New York.

Galinsky, E., Friedman, D. E., Hernandez, C. A. (1991): The Corporate Reference Guide to Work-Family Programs, New York 1991.

Galinsky, E., Johnson, A. A. (1998): Reframing the Business Case for Work-Life Initiatives, New York.

Gemeinnützige Hertie-Stiftung (Hrsg.) (2003): Strategien einer familienbewussten Unternehmenspolitik, Berichtsband, Bonn.

Gerlach, I., Schneider, H., Juncke, D. (2007): Betriebliche Familienpolitik in auditierten Unternehmen und Institutionen, Forschungszentrum Familienbewusste Personalpolitik – Arbeitspapier Nr. 3, Münster.

Goedicke, A., Brose, H.-G. (2008): The Proof of the Pudding is in the Eating: Was heißt `Familienfreundlichkeit` von Personalpolitik?. In: Szydlik, M. (Hrsg.) (2008): Flexibilisierung. Folgen für Arbeit und Familie, Wiesbaden, S. 170-192.
Goodstein, J. D. (1994): Institutional Pressures and Strategic Responsiveness: Employer Involvement in Work-Family Issues. In: Academy of Management Journal, 37. Jg. (1994), S. 350-382.
Gray, M., Tudball, J. (2002): Family-Friendly Work Practices: Differences within and between workplaces. Melbourne 2002.
Guthrie, D., Roth, L. M. (1999): The state, courts and maternity policies in U.S. organizations: Specifying institutional mechanisms. In: American Sociological Review, 64. Jg. (1999), S. 41-63.
Grover, S. L., Crooker, K. J. (1995): Who appreciates family-responsive human resource policies: The impact of family-friendly policies on the organizational attachment of parents and non-parents. In: Personnel Psychology, 48 Jg. (1995), S. 271-288.
Hank, K., Kreyenfeld, M., Spieß, K. (2004): Kinderbetreuung und Fertilität in Deutschland. In: Zeitschrift für Soziologie, 34. Jg. (2004), S. 228-244.
Human Resources Development Canada (2002): The Business Case for Work-Life Balance. [online verfügbar unter: http://www.http://www.hrsdc.gc.ca/eng/lp/spila/wlb/16benefits_costs_businesscase.shtml (Zugriff am 25. November 2008)] .
Ingram, P., Simons, T. (1995): Institutional and resource dependence determinants of responsiveness to work-family issues. In: Academy of Management Journal, 38. Jg. (1995), S. 1466-1482.
Jahn, E. W., Thompson, C. A., Kopelman, R. E. (2003): Rationale und construct validity evidence for a measure of perceived organizational family support (POSF): Because purported practices may not reflect reality. In: Community, Work and Family, 6. Jg. (2003), S. 123-140.
Juncke, D. (2005): Betriebswirtschaftliche Effekte familienbewusster Personalpolitik: Forschungsstand, Forschungszentrum Familienbewusste Personalpolitik – Arbeitspapier Nr. 1, Münster.
Kadritzke, U. (1997): Editorial. In: Kadritzke, U. (Hrsg.): Unternehmenskulturen unter Druck. Neue Managementkonzepte zwischen Anspruch und Wirklichkeit, Berlin, S. 7-11.
Kapella, O. (2007): Familienfreundlichkeit. Definitionen und Indikatoren, Working Paper Nr. 58, Österreichisches Institut für Familienforschung (Hrsg.), Wien.
Kisilevitz, M., Bedington, T. (2009): Managing Work-Life Balance Programs in a Down Economy. In: Benefitz & Compensation Digest, 46. Jg. (2009), S. 30-34.
Klenner, C. (2007): Erwartungen von Arbeitnehmerinnen und Arbeitnehmern an einen familienfreundlichen Betrieb. In: Dilger, A., Gerlach, I., Schneider, H. (Hrsg.): Betriebliche Familienpolitik. Potenziale und Instrumente aus multidisziplinärer Sicht, Wiesbaden, S. 163-190.
Konrad, A. M., Mangel, R. (2000): The Impact of Work-Life Programs on Firm Productivity. In: Strategic Management Journal, Vol. 21 Issue 12, S. 1225-1237.
Lambert, S. J. (2000): Added benefits: the link between work-life benefits and organizational citizenship behavior. In: Academy of Management Journal, 43. Jg. (2000), S. 801-815.
Lauk, M., Meyer, S. (2004): Frauen, Männer und die Hausarbeit - Hintergründe der Zeitverwendung in Theorie und Empirie. Darmstadt Discussion Papers in Economics Nr. 125, Darmstadt (2004). [online verfügbar unter: http://www.bwl.tudarmstadt.de/vwl/forsch/veroeff/papers/ddpie_125.pdf (Zugriff am: 19. Februar 2009)].
Licci, C. (2004): Familienbewusste Unternehmenskultur und Personalentwicklung. In: Schmidt, R., Mohn, L. (Hrsg.): Familie bringt Gewinn. Innovation durch Balance von Familie und Arbeitswelt, Gütersloh, S. 93-99.
Managing Work/Life Balance (2007): Work/Life Initiatives: The Way Ahead Report on the Year 2007 Survey. Executive Summary. [online verfügbar unter: http://www.worklifebalance.com.au/pdfs/mwlb2007execsum.pdf (Zugriff am 04. September 2008)].

Mohn, L., Schmidt R. (2004): Einführung: Familie bringt Gewinn. In: Schmidt, R., Mohn, L. (Hrsg.): Familie bringt Gewinn. Innovation durch Balance von Familie und Arbeitswelt, Gütersloh, S. 11-15.
Morgan, H., Milliken, F. J. (2006): Keys to action: Understanding differences in organizations` responsiveness to work-and-family issues. In: Journal of Human Resource Management, 31. Jg. (2006), S. 227-258.
O´Driscoll, M. P., Ilgen, D. R., Hildreth, K. (1992): Time devoted to job and off-job activities, interrole conflict, and affective experiences. In: Journal of Applied Psychology, 77. Jg. (1992), S. 272-279.
OECD (2007a): International Migration Outlook 2007, Paris.
OECD (2007b): Education at a Glance 2007, Paris.
OECD (2001): Employment Outlook 2001, Paris.
Orthner, D. K., Pittman, J. F. (1986): Family contributions to work commitment. In: Journal of Marriage and the Family, 48. Jg. (1986), S. 573-581.
Pfeffer, J., Salincik, G. R. (1978): The External Control of Organizations, New York 1978.
Poelmans, S. A. Y., Chinchilla, N., Cardona, P. (2003): Family-friendly HRM policies and the employment relationship. International Journal of Manpower. 24. Jg. (2003), S. 128-147.
Prognos (2003): Betriebswirtschaftliche Effekte familienfreundlicher Maßnahmen. Kosten-Nutzen-Analyse. Berlin.
Resch, M. (2007): Familienfreundlichkeit von Unternehmen aus arbeitspsychologischer Sicht. In: Dilger, A., Gerlach, I., Schneider, H. (Hrsg.): Betriebliche Familienpolitik. Potenziale und Instrumente aus multidisziplinärer Sicht, Wiesbaden, S. 103-124.
Röding, C., Littek, Y. (2007): Frauen zwischen Erwerbstätigkeit und Kinderbetreuung : Bewertende Analyse der Maßnahmen und Instrumente der aktuellen staatlichen Familienpolitik und familienorientierten Personalpolitik für Mütter, Staat und Unternehmen, München.
Rüling, A. (2004): Familiale Arbeitsteilung im Informationszeitalter. Egalitäre Arrangements von Arbeit und Leben als Herausforderung. In: Kahlert, H., Kajatin, C. (Hrsg.): Arbeit und Vernetzung im Informationszeitalter. Wie neue Technologien die Geschlechterverhältnisse verändern, Frankfurt a. M., S. 187-211.
Schein, E. H. (1995): Unternehmenskultur. Ein Handbuch für Führungskräfte. Frankfurt a. M./New York: Campus Verlag.
Schmitz, M. (2006a): Familienfreundliche Personalpolitik, Broschürenreihe der Konrad-Adenauer-Stiftung e.V.: Zukunftsforum Politik, Nr. 74, Sankt Augustin.
Schmitz, M. (2006b): Familienfreundlichkeit als Unternehmensstrategie. Potenzialträger motivieren und binden, Düsseldorf.
Schneider, H., Gerlach, I., Heinze, J., Wieners, H. (2009): Betriebliches Familienbewusstsein – geschlechts- oder qualifikationsgetrieben? Eine empirische Analyse des Familienbewusstseins deutscher Unternehmen unter besonderer Berücksichtigung der Geschlechts- und Qualifikationsstruktur der Beschäftigten, in: DBW 2/2010.
Schneider, H., Gerlach, I., Juncke, D., Krieger, J. (2008): Betriebswirtschaftliche Ziele und Effekte einer familienbewussten Personalpolitik, Forschungszentrum Familienbewusste Personalpolitik – Arbeitspapier Nr. 5, Münster.
Schneider, N. F. (2007): Work-Life-Balance – Neue Herausforderungen für eine zukunftsorientierte Personalpolitik aus soziologischer Perspektive, In: Dilger, A., Gerlach, I., Schneider, H. (Hrsg.): Betriebliche Familienpolitik. Potenziale und Instrumente aus multidisziplinärer Sicht, Wiesbaden, S. 64-74.
Schneider, N. F., Häuser, J., Ruppenthal, S., Stengel, S., Naderi, R. (2005): Familienfreundliche Gestaltung der Erwerbsarbeit in Rheinland-Pfalz. Abschlussbericht eines Projekts im Auftrag des Ministeriums für Arbeit, Soziales, Familie und Gesundheit des Landes Rheinland-Pfalz.

Steinmann, H., Schreyögg, G. (2000): Management, Wiesbaden.

Suzuki, K., Tanimoto, K., Atsumi, N. (2008): Support for Working Parents: Government Policies and Corporate Responses in Japan. In: Asian Business & Management, 7. Jg. (2008), S. 297-319.

Thompson, C. A., Beauvais, L. L., Lyness, K. S. (1999): When work-family benefits are not enough: The influence of work-family culture on benefit utilization, organizational attachment and work-family conflict. In: Journal of Vocational Behavior, 54. Jg. (1999), S. 392-415.

White, M. et al. (2003): 'High-performance' Management Practices, Working

Whitehouse, G., Zetlin, D. (1999): Family Friendly Policies: Distribution and Implementation in Australian Workplaces. In: The Economic and Labour Relations Review, 10. Jg. (1999), S. 221-223.

Winnes, R. (1999): Zur Ausgangssituation einer „Familienbewussten Personalpolitik" der Unternehmen, in: Gemeinnützige Hertie-Stiftung (Hrsg.): Unternehmensziel: Familienbewußte Personalpolitik. Ergebnisse einer wissenschaftlichen Studie, Köln, S. 11-37.

Yasbek, P. (2004): The business case for firm-level work-life balance policies: a review of the literature, Wellington. [online verfügbar unter: www.dol.govt.nz/PDFs/FirmLevelWLB. pdf (Zugriff am 19. November 2008)].

IV. Konzeptionelle Herleitung betrieblichen Familienbewusstseins

Konzeptionelle Herleitung betrieblichen Familienbewusstseins

Helmut Schneider, Helen Wieners und Jana Heinze

Einleitung

Im Rahmen der öffentlichen und wissenschaftlichen Diskussion über die Vereinbarkeit von Beruf und Familie steht der leistungserbringende Aspekt eines Unternehmens häufig im Fokus. Hierunter fallen betriebliche Maßnahmen wie Kindergartenplätze, monetäre Transferleistungen oder flexible Arbeitszeitmodelle. Das Maßnahmenangebot einer Organisation – hinsichtlich unterschiedlicher Mitarbeitendenbedürfnisse im Kontext der Vereinbarkeit von Beruf und Familie – rückt damit ins Zentrum des Begriffs Familienbewusstsein. Gleichzeitig verdeutlichen die dargestellten Zugänge in der Literatur die Grenzen einer rein leistungsorientierten Sichtweise auf das komplexe Konstrukt Familienbewusstsein. Denn parallel zu der Ausgestaltung des Maßnahmenangebotes bedarf es der wechselseitigen Kommunikation zwischen Mitarbeitenden und Führungskräften, um eine den Bedürfnissen und Ansprüchen gerecht werdende familienbewusste Personalpolitik zu gestalten. Neben den leistungs- und kommunikationsorientierten Ansätzen finden sich darüber hinaus Hinweise auf ein umfassendes Werteverständnis, das sich in einer familienbewussten Atmosphäre bzw. allgemein in der Unternehmenskultur widerspiegelt. Legt man das Bild eines Eisberges als Vergleich zu Grunde, wird deutlich, dass die Leistungsdimension lediglich die Spitze des Eisberges darstellt – die Vereinbarkeit von Beruf und Familie wird durch betriebliche Maßnahmen ermöglicht und durch die Mitarbeitenden und die Unternehmensumwelt bewusst wahrnehmbar. Unter der Oberfläche bilden der Dialog und die Unternehmenskultur jedoch das mehrschichtige Fundament einer betrieblichen Familienpolitik.

Die dargestellten Zugänge werden nachfolgend ausführlich illustriert, um darauf aufbauend ein Messinstrument zu entwickeln, das das betriebliche Familienbewusstsein in Form eines Indexes quantitativ erfasst. Eine solche Quantifizierung ist dabei aus unterschiedlichen Gründen von herausragender Bedeutung. Erstens erlaubt die Messung eine Analyse der Entwicklung des betrieblichen Familienbewusstseins im Zeitablauf sowie zweitens international vergleichende Studien zum Ausmaß betrieblichen Familienbewusstseins. Drittens erfordert die Erklärung unterschiedlicher Grade betrieblichen Familienbewusstseins zunächst deren valide Erfassung. Viertens schließlich ist auf Grundlage einer Messung des betrieblichen Familienbewusstseins

Forschung zu den Wirkungen einer besseren Vereinbarkeit von Beruf und Familie, etwa im Hinblick auf Fehlzeiten, Bewerberanzahl oder Reproduktionsverhalten möglich.

Auf Grundlage der erarbeiteten Ergebnisse der umfassenden internationalen und nationalen Literaturrecherche lässt sich betriebliches Familienbewusstsein über unterschiedliche Facetten beschreiben; dies ist ein Indiz für die Mehrdimensionalität des Konstrukts und schließt eine valide Messung über nur einen Indikator aus (vgl. Bergkvist/Rossiter, 2007; Rossiter, 2002; Gardner et al., 1998).

Vor diesem Hintergrund ist Familienbewusstsein als abstraktes Konstrukt zunächst theoretisch zu definieren (vgl. Bagozzi/Fornell, 1982), bevor sich die Operationalisierung über mehrere Indikatoren, die in einer genau spezifizierten Beziehung zu dem betrachteten Konstrukt stehen, anschließt (vgl. Diamantopoulos/Riefler, 2008; Diamantopoulos/Winklhofer, 2001; Fornell/Bookstein, 1982; Churchill, 1979). Aufgrund der Tatsache, dass zum einen sowohl Kausalitätsrichtung als auch Nicht-Austauschbarkeit der Indikatoren sowie die in diesem Zusammenhang von Jarvis, Mackenzie und Podsakoff (2003) und Eberl (2004) zusammengetragenen Prüffragen durchweg eine formative Spezifizierung des Konstrukts induzieren, zum anderen diese Art der Spezifikation auch in Expertengesprächen bestätigt wurde, wurde Familienbewusstsein als formatives Modell operationalisiert. Den auf dem Paradigma von Churchill (1979) basierenden Vorschlag von Diamantopoulos und Winklhofer (2001) aufgreifend und ergänzend, umfasste die Spezifikation des formativen Konstrukts „Familienbewusstsein" folgende Schritte:

Diskussion und Definition des Konstruktes Familienbewusstsein, deduktive Ableitung der Indikatoren, Pre-Tests sowie Experten- und Gruppengespräche zur Beurteilung der Zuordnungseindeutigkeit von Indikatoren zum Konstrukt und inhaltlicher Relevanz der einzelnen Indikatoren, Überarbeitung der Indikatoren sowie Datenerhebung.

Tabelle 1: Konzeptualisierung und Operationalisierung von Familienbewusstsein

Leitfaden zur Konzeptualisierung und Operationalisierung des theoretischen Konstruktes Familienbewusstsein nach Diamantopoulos und Winklhofer	**siehe dazu**
Diskussion des Konstruktes Familienbewusstsein	Konzeptionelle Herleitung betrieblichen Familienbewusstseins
Definition des Konstruktes Familienbewusstsein	Definition des Konstruktes Familienbewusstsein
Deduktive Ableitung der Indikatoren	Ergebnis: Messansatz des Familienbewusstseins: der berufundfamilie-Index, siehe im Detail: Schneider et al., 2008
Pre-Tests zur Beurteilung der Zuordnungseindeutigkeit von Indikatoren zum Konstrukt und inhaltlicher Relevanz der einzelnen Indikatoren	Schneider et al., 2008
Experten- und Gruppengespräche zur Beurteilung der Zuordnungseindeutigkeit von Indikatoren zum Konstrukt und inhaltlicher Relevanz der einzelnen Indikatoren	Schneider et al., 2008
Überarbeitung der Indikatoren	Schneider et al., 2008
Datenerhebung	Messansatz des Familienbewusstseins: der berufundfamilie-Index

Quelle: Eigene Darstellung.

1 Definition des Konstruktes Familienbewusstsein

In der Literatur finden sich unterschiedliche Zugänge zum Konstrukt Familienbewusstsein, die neben dem Leistungsaspekt des betrieblichen Familienbewusstseins auch kommunikative und unternehmenskulturelle Aspekte betonen (vgl. Eby et al., 2005). Resümierend wird Familienbewusstsein im Spiegel bisheriger Forschungsergebnisse hier als Ergebnis von Informationsprozessen zwischen Management und Belegschaft, einem dynamischen und flexiblen Maßnahmenangebot zur besseren Vereinbarkeit von Beruf und Familie sowie einer ganzheitlichen Akzeptanz familialer Verpflichtungen sowie deren Auswirkungen und Anforderungen verstanden. Basierend auf dieser Definition lassen sich drei mit Dialog, Leistung und Kultur bezeichnete

Dimensionen ableiten, die hinsichtlich ihrer Bestandteile weiter disaggregiert werden können (vgl. Schneider et al., 2008).

Um den Mitarbeitenden die Vereinbarkeit von Beruf und Familie zu ermöglichen, ist Voraussetzung, dass das betriebliche Angebot zur Lösung von Vereinbarkeitskonflikten in Kommunikationsprozesse zwischen Management und Beschäftigten eingebettet ist (Dimension Dialog). Dabei ist es zunächst von Bedeutung, dass ein Unternehmen umfassende, aktuelle und differenzierte Informationen über mögliche Vereinbarkeitskonflikte der Beschäftigten besitzt (vgl. Jahn/Thompson/Kopelman, 2003; Kirby/Krone, 2002; Milliken/Martins/Morgan, 1998). Ferner fließen externe Informationen, die beispielsweise überbetriebliche Kooperationen oder das lokale Angebot an familienbewussten Angeboten betreffen, in den Informationsprozess mit ein. Darüber hinaus ist die mitarbeitendengerichtete Kommunikation im Unternehmen, sowohl im Hinblick auf Informationsumfang und -häufigkeit als auch Informationskanäle, für eine Akzeptanz der Implementierung und Nutzung familienbewusster Maßnahmen von besonderer Relevanz (vgl. Jahn/Thompson/Kopelman, 2003; Doppler/Lauterburg, 2002). Schließlich drückt sich Familienbewusstsein darin aus, inwieweit Beschäftigte in Prozesse zur Planung von Maßnahmen zur besseren Vereinbarkeit von Beruf und Familie eingebunden sind (vgl. Busch/Rump, 1999).

Familienbewusste Maßnahmen, die in Unternehmen eingesetzt werden können, zielen auf einen Ausgleich zwischen unterschiedlichen Interessen und Anforderungen, insbesondere der Zeitansprüche, die von Seiten des Arbeitgebers einerseits und seines familialen Umfeldes andererseits an den Arbeitnehmer gestellt werden (Dimension Leistung). Das Messkonzept berücksichtigt in der Dimension Leistung das quantitative Maßnahmenangebot (vgl. Breaugh/Frye, 2008; Brandon/Temple, 2008; Poelmans/Caligiuri, 2008; Tagge, 2008; Hoyman/Duer, 2004; Dex/Scheibl, 2001; Mitchell, 1997; Osterman, 1995). Darüber hinaus werden mittels weiterer Indikatoren zur Nachfrageadäquanz und Ausdifferenzierung des betrieblichen Maßnahmenangebots auch qualitative Aspekte beachtet (vgl. Goedicke/Brose, 2008; Schneider et al., 2005). Ebenfalls berücksichtigte finanzielle Investitionen des Unternehmens können Vereinbarkeitskonflikte entschärfen, beispielsweise durch Entgeltbestandteile und geldwerte Leistungen für Mitarbeitende mit Familienpflichten (vgl. Jahn/Thompson/Kopelman, 2003). Das letzte Kriterium in der Dimension Leistung ist die Flexibilität bezüglich der Maßnahmenanpassung (vgl. Dex/Scheibl, 2001). Nicht nur unvorhersehbare Vereinbarkeitsprobleme können eine Neujustierung des Angebots familienbewusster Maßnahmen erfordern, sondern auch allgemein sich ändernde Wünsche oder Anforderungen der Mitarbeitenden.

Das im Unternehmen verankerte und gelebte Familienbewusstsein erfasst das Messkonzept in der Dimension Kultur. Eine familienbewusste Kultur drückt sich durch eine ganzheitliche Akzeptanz familialer Verpflichtungen und deren Auswirkungen und Anforderungen aus. Die Wertevielfalt im Unternehmen zeigt, inwiefern das Miteinander von Beruf und Familie neben anderen Modellen der Lebensgestaltung zu den betrieblichen Selbstverständlichkeiten gehört sowie – unter dem Aspekt der Kontinuität – inwieweit die Vereinbarkeitsproblematik neu oder bereits seit einem längeren Zeitraum thematisiert bzw. bearbeitet wird (vgl. Dikkers et al., 2007; Premeaux/Adkins/Mossholder, 2007; Swody/Powell, 2007; Jahn/Thompson/Kopelman, 2003; Allen, 2001; Thompson/Beauvais/Lyness, 1999). Im Kontext der Unternehmensführung wird einerseits das Engagement der Unternehmensleitung und direkten Vorgesetzten für Vereinbarkeitsfragen erfasst, andererseits wird berücksichtigt, ob Mitarbeitende mit Familienpflichten dieselben Aufstiegs- und Entwicklungschancen haben wie Mitarbeitende ohne (vgl. Dikkers et al., 2007; Allen, 2001; Thompson/Beauvais/Lyness, 1999). Das Betriebsklima zielt mit der Kollegialität auf das Verhältnis zwischen Mitarbeitenden mit und ohne Familienpflichten (vgl. Mesmer-Magnus/Viswesvaran, 2009; Allen, 2001; Dikkers et al., 2007).

2 Messansatz des Familienbewusstseins: der berufundfamilie-Index

Basierend auf den drei dargestellten konstituierenden Dimensionen – Dialog, Leistung und Kultur – kristallisieren sich elf Subdimensionen heraus, die sich in 19 Indikatoren disaggregieren lassen. Die abgeleiteten Indikatoren wurden unter Zuhilfenahme internationaler Forschungsliteratur und Expertengespräche in 21 Items überführt, deren Auswahl, Inhalt und Formulierungen so bestimmt sind, dass sie die zugrunde liegenden inhaltlichen Facetten des Konstruktes und seine Bestandteile widerspiegeln.

Abbildung 1: Itemübersicht des berufundfamilie-Indexes

Dimension	Subdimension	Indikator	Item
DIALOG	1 Information	1 Umfang	1 Unser Unternehmen verfügt über zahlreiche Informationen im Hinblick auf die Mitarbeiterbedürfnisse zur Vereinbarkeit von Beruf und Familie.
		2 Aktualität	2 Unserem Unternehmen liegen aktuelle Informationen über die Mitarbeiterbedürfnisse zur Vereinbarkeit von Beruf und Familie vor.
		3 Differenziertheit	3 Unser Unternehmen ist über die Bedürfnisse zur Vereinbarkeit von Beruf und Familie unterschiedlicher Mitarbeitergruppen gut informiert.
		4 Initiative	4 In unserem Unternehmen werden Informationen über die Mitarbeiterbedürfnisse zur Vereinbarkeit von Beruf und Familie aktiv von der Unternehmensleitung eingeholt.
		5 Rahmenbedingungen	5 Unser Unternehmen ist über gesetzliche Rahmenbedingungen und staatliche Leistungen im Zusammenhang mit der Vereinbarkeit von Beruf und Familie gut informiert.
			6 Das Angebot zur Vereinbarkeit von Beruf und Familie vergleichbarer Unternehmen ist uns **weitgehend unbekannt.**
	2 Kommunikation	6 Mitarbeiterorientierung	7 Unser Angebot zur Vereinbarkeit von Beruf und Familie wird mitarbeitergerecht kommuniziert.
		7 Häufigkeit	8 In unserem Unternehmen existiert ein ständiges Informationsangebot zur Vereinbarkeit von Beruf und Familie.
		8 Umfang	9 Unsere Mitarbeiter erhalten umfassende Informationen zu unserem Angebot zur Vereinbarkeit von Beruf und Familie.
	3 Reaktion	9 zeitnahe Reaktion	10 Anregungen von Mitarbeitern zur Vereinbarkeit von Beruf und Familie werden schnell geprüft.
		10 Beteiligung der Mitarbeiter	11 Mitarbeiter werden in die Planung von Maßnahmen zur Vereinbarkeit von Beruf und Familie **nur begrenzt** eingebunden.
LEISTUNG	4 Quantität	11 Umfang	12 Unsere Mitarbeiter wünschen sich **mehr** Maßnahmen zur Vereinbarkeit von Beruf und Familie.
	5 Qualität	12 Nachfrageadäquanz	13 Unsere Maßnahmen zur Vereinbarkeit von Beruf und Familie richten sich nach den Mitarbeiterbedürfnissen.
	6 Investitionen	13 Volumen	14 Wir investieren finanziell **weniger** in Maßnahmen zur Vereinbarkeit von Beruf und Familie als vergleichbare Unternehmen.
	7 Flexibilität	14 Maßnahmenanpassung	15 Unser Maßnahmenangebot zur Vereinbarkeit von Beruf und Familie passen wir an sich ändernde Mitarbeiterbedürfnisse an.
KULTUR	8 Normen / Werte	15 Wertevielfalt	16 In unserem Unternehmen ist das Miteinander von Beruf und Familie eine Selbstverständlichkeit.
	9 Kontinuität	16 Dauerhaftigkeit	17 Wir verfolgen die Vereinbarkeit von Beruf und Familie ernsthaft, sie ist für uns kein Modethema.
	10 U-Führung	17 Führungskultur	18 Unsere Unternehmensleitung engagiert sich glaubhaft für die Vereinbarkeit von Beruf und Familie.
			19 Mitarbeiter mit Führungsverantwortung ermöglichen im Rahmen ihres Handlungsspielraums ihren Mitarbeitern die Vereinbarkeit von Beruf und Familie.
		18 Entwicklungschancen	20 In Relation zu vergleichbaren Unternehmen arbeiten in unserem Unternehmen überdurchschnittliche viele Führungskräfte mit Familienpflichten.
	11 Betriebsklima	19 Kollegialität	21 In unserem Unternehmen treten **häufig** Spannungen zwischen Mitarbeitern mit und ohne Familienpflichten auf.

Quelle: Eigene Darstellung.

Das Resultat der darauf basierenden Messung ist ein Punktwert auf einer Skala von 0 (gar nicht familienbewusst) bis 100 (sehr familienbewusst), der als „berufundfamilie-Index“ das Ausmaß des betrieblichen Familienbewusstseins beschreibt. Zur Beurteilung der Zuordnungseindeutigkeit und inhaltlichen Relevanz des ursprünglichen Indikatorensets wurden insgesamt sechs Pre-Tests, 15 Expertendialoge sowie zwei Gruppendiskussionen durchgeführt.[40]

Folgende Vorgehensweise beschreibt die Generierung des Index-Wertes basierend auf der Itembatterie der 21 quasimetrischen Items:

(1) Aufgrund der Tatsache, dass fünf negative Items[41] in die Itembatterie integriert wurden, wurden diese zur einheitlichen Auswertung und Vergleichsmöglichkeit mit den positiven Items gespiegelt.

(2) Die Werte der Indikatoren *Rahmenbedingungen* und *Führungskultur* werden nicht direkt erfragt, sondern indirekt durch das arithmetische Mittel ihnen zugrunde liegender Items berechnet.

(3) Innerhalb jeder der elf Subdimensionen wird basierend auf den Punktwerten zugehöriger Indikatoren das arithmetische Mittel generiert.[42] Das Ergebnis sind elf Subdimensionswerte, die aus Gründen besserer Verständlichkeit auf eine Skala von 0 bis 100 normiert werden.

(4) Diese neu generierten Punktwerte bilden zum arithmetischen Mittel verdichtet den ihnen zugeschriebenen Dimensionswert. Das Ergebnis sind drei Dimensionswerte, die ebenfalls auf eine Skala von 0 bis 100 normiert werden.

(5) Diese drei Dimensionswerte können hinsichtlich ihrer Bedeutung gewichtet und zu einem Gesamtpunktwert verdichtet werden. In diesem Index-Wert, dem **berufundfamilie-Index**, der eine Größe zwischen 0 und 100 annehmen kann, kommt der Grad des betrieblichen Familienbewusstseins zum Ausdruck. Ein Wert von 100 bedeutet dabei sehr familienbewusst, ein Wert von 0 bedeutet gar nicht familienbewusst.

[40] Pre-Tests: n= 42, n=8, n=23, n=7, n=39, n=39, Gruppendiskussionen: n=6, n=12.

[41] Dialog: Rahmenbedingungen II, Beteiligung der Mitarbeiter; Leistung: Umfang, Volumen; Kultur: Kollegialität.

[42] Vor der Berechnung der Punktwerte wurde die 7-stufige Likertskala von -3 („trifft gar nicht zu“) bis +3 („trifft voll und ganz zu“) in eine Skala von 1 bis 7 transformiert.

Abbildung 2: Vom Fragebogen zum berufundfamilie-Index

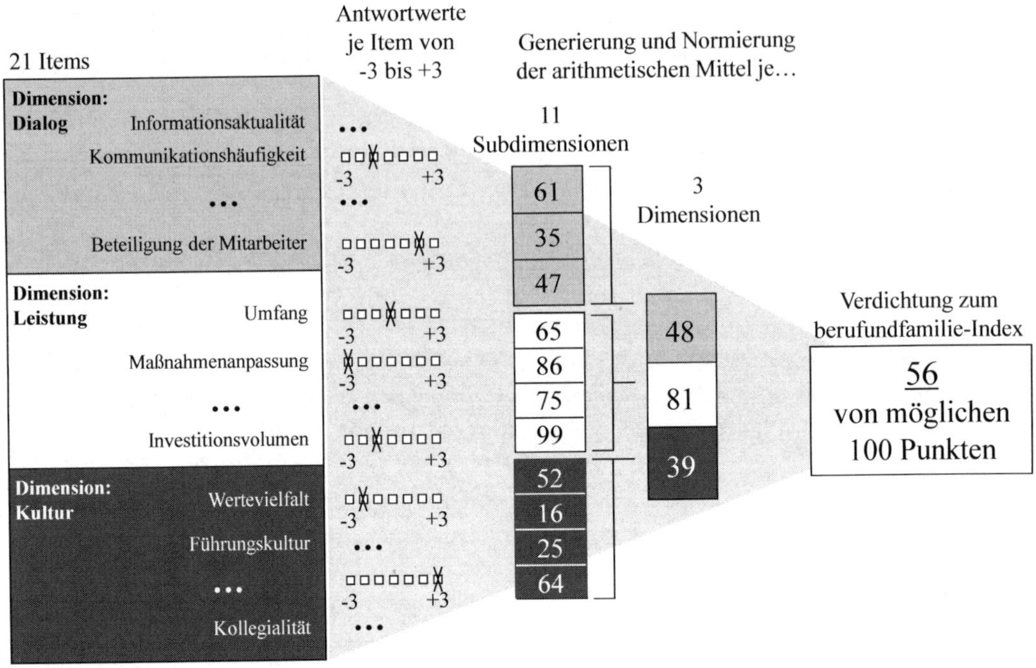

Quelle: Eigene Darstellung.

3 Reliabilitäts- und Validitätsprüfung des berufundfamilie-Indexes

Bisherige Datenerhebungen und -auswertungen haben auf explorative Art und Weise die familienbewusste Personalpolitik deutscher Unternehmen untersucht. Diese Untersuchungen unterlagen aufgrund des engen Adressatenkreises und der ausgewählten Indikatoren jedoch Restriktionen. Die damit einhergegangene Datenhomogenität kann durch die vom Forschungszentrum Familienbewusste Personalpolitik im Dezember 2007 durchgeführte repräsentative empirische Untersuchung[43] durchbrochen werden. Im Fokus der nachfolgenden Darstellung stehen diejenigen (statistischen) Prüfverfahren, die auf Reliabilität und Validität des berufundfamilie-Indexes fokussieren.

Im Rahmen der Reliabilitätsprüfung wurde ein Mittelwertvergleichstest (t-Test) für alle 21 Items des Indexes zwischen Unternehmen mit einem hohen Indexwert (Top 25 %; n=238) und Unternehmen mit einem geringen Indexwert (Low 25 %; n=239) durchgeführt (Trennschärfe-

[43] Für weitere Informationen zur Repräsentativerhebung sowie Ergebnisse vergleiche den Beitrag von Gerlach/Schneider/Wieners/Juncke/Heinze „Status quo des betrieblichen Familienbewusstseins deutscher Unternehmen – Ergebnisse einer empirischen Erhebung“ in diesem Band.

test). Die durchgängige Signifikanz ($p<0,01$) der Mittelwertunterschiede zwischen Top 25 % und Low 25 % induzieren die Reliabilität des berufundfamilie-Indexes.

Die inhaltliche Validität wurde im Rahmen der Voruntersuchung, d.h. vor der Datenerhebung, auf der Grundlage von Expertengesprächen bestätigt. Ziel war es, das Ausmaß der Übereinstimmung zwischen a priori beabsichtigter und tatsächlicher Indikatorzuordnung zu überprüfen (vgl. Schneider et al., 2008). Auf detaillierte und gesondert dokumentierte Einzelergebnisse an dieser Stelle bewusst verzichtend (vgl. hierzu ausführlich Schneider et al., 2008), kann festgehalten werden, dass alle Experten sowohl die Relevanz des Indexes gleichermaßen bestätigt als auch die Dimensionen Dialog – Leistung – Kultur für vollständig erachtet haben. Allerdings führten diagnostizierte Redundanzen und Verständnisschwierigkeiten zu konzeptionellen, semantischen und/oder inhaltlichen Anpassungen der Items. Die Kriteriumsvalidität wurde sowohl anhand von Außen- als auch von Innenkriterien getestet. Als erster Prüfschritt wurde das Außenkriterium audit berufundfamilie herangezogen. Das audit berufundfamilie ist ein primär qualitativ angelegtes Evaluationsinstrument, das familienbewusste Unternehmen zertifiziert sowie – neben einer ausführlichen Analyse des Ist-Zustandes – individuelle Entwicklungsmöglichkeiten aufzeigt. Als Indikator der Kriteriumsvalidität sollten auditierte Unternehmen ein höheres Familienbewusstsein aufweisen als nicht auditierte Unternehmen. Gleiches gilt für das zweite herangezogene Außenkriterium Lokale Bündnisse für Familie. Die Lokalen Bündnisse für Familie gehen auf eine Initiative des Bundesministeriums für Familie, Senioren, Frauen und Jugend zurück. Sie zeichnen sich dadurch aus, dass in Kommunen vorhandene Ressourcen unterschiedlicher Akteure in Netzwerken mit dem Ziel zusammenarbeiten, die Lebensbedingungen für Familien zu verbessern. Ein zentrales Handlungsfeld in diesem Zusammenhang ist die Gewährleistung der Vereinbarkeit von Familie und Beruf. Im Ergebnis zeigte sich, dass der Mittelwert auditierter Unternehmen ($n=32$) mit 75,81 signifikant ($t(958)=4,90$; $p<0,001$) über dem Mittelwert (62,10) nicht-auditierter Unternehmen ($n=928$) liegt. Unternehmen, die angaben, aktiv in einem Lokalen Bündnis ($n=35$) mitzuarbeiten, erreichten mit 72,56 einen signifikant ($t(957)=5,28$; $p<0,001$) höheren Mittelwert als diejenigen Unternehmen, die angaben, nicht aktiv mitzuarbeiten (MW=62,17; $n=924$).

Als weiterer Indikator zur Prüfung der Kriteriumsvalidität wurden sechs in den Fragebogen integrierte, dimensionsspezifische Prüfitems als Innenkriterien herangezogen. Zur Prüfung der Validität wurden Mittelwertvergleichstests (t-Test) respektive Chi-Quadrat-Tests zwischen den Unternehmen mit den höchsten respektive niedrigsten Indexwerten (Top 25 % vs. Low 25 %) in den Dimensionen Leistungen, Dialog und Kultur durchgeführt. Im Ergebnis zeigten sich bei allen sechs Prüfitems signifikante Unterschiede. Als ergänzendes – wenn auch schwaches – Innenkriterium wurde das auf einer 7er-Skala gemessene Gesamturteil bezüglich des eigenen Familienbewusstseins (Wie schätzen Sie aktuell das Familienbewusstsein Ihres Unternehmens ein?) herangezogen. Auch hier zeigten sich signifikante Unterschiede ($t(475)=-18,352$; $p<0,001$) zwischen den Top 25 % (Selbsteinschätzung 6,25; $n=238$) und den Low 25 % (Selbsteinschätzung 4,34; $n=239$).

Im Rahmen der Konstruktvalidität wurde die Validitätsprüfung anhand von Arbeitshypothesen durchgeführt. Hierfür wurde zunächst eine Zusammenhangsanalyse zwischen den Mitarbeitendenstrukturdaten und dem ermittelten berufundfamilie-Index durchgeführt. Eine Verbindung wird dahingehend vermutet, dass Unternehmen, die über einen höheren Anteil Beschäftigter mit Familienpflichten verfügen, dem Familienbewusstsein vor dem Hintergrund einer vergleichsweise anspruchsvolleren Interessenkollision einen höheren Stellenwert und breiteren Gestaltungsraum einräumen. Diesen Gedankengang fortführend, müssten diejenigen Unternehmen, die unter die Top 25 % fallen, einen signifikant höheren Anteil an Mitarbeitenden mit Familienpflichten besitzen als diejenigen Unternehmen, die nur einen niedrigen Indexwert erreichten. Im Ergebnis zeigte sich, dass diejenigen Unternehmen, die unter die Top 25 % (n=216) der untersuchten Unternehmen fallen, einen signifikant höheren (t(421)=-3,586; p<0,001) Anteil an Mitarbeitenden mit Familienpflichten (MW: 53,51 %) beschäftigen als die Low 25 % (MW: 44,18 %, n=207). Als weiterer Prüfschritt wurde die zugeschriebene Bedeutung (Wie bedeutsam ist die Vereinbarkeit von Beruf und Familie in Ihrem Unternehmen heute?) in Verbindung zum erreichten Indexwert gesetzt. Eine Beziehung wird dahingehend vermutet, dass Unternehmen, die die Bedeutsamkeit der Vereinbarkeit von Beruf und Familie als hoch einschätzen, ein höheres Familienbewusstsein aufweisen als Unternehmen, die der Vereinbarkeit von Beruf und Familie eine geringe Bedeutung beimessen. Der Mittelwert der Top 25 % Unternehmen (n=236) liegt mit 6,30 signifikant (t(471)=-18,682; p<0,001) über dem Mittelwert (4,22) der Low 25 % Unternehmen (n=237).

Insgesamt ist zu konstatieren, dass sowohl im Rahmen der Prüfverfahren der Reliabilität als auch im Rahmen der umfassenden Validitätsprüfung der Index als zuverlässiges und gültiges Instrument zur Messung des betrieblichen Familienbewusstseins bestätigt werden konnte.

Fazit

Die umfassende konzeptionelle Herleitung des Konstruktes Familienbewusstsein hat verdeutlicht, dass die betriebliche Familienpolitik mehr umfasst, als die Bereitstellung von Maßnahmen zur Entschärfung des Vereinbarkeitskonfliktes. In diesem Kontext ist die Leistungsdimension hinreichende Bedingung zur Vereinbarkeit von Beruf und Familie, eine anspruchsgruppengerechte Kommunikation sowie das unternehmenskulturelle Verständnis das tragende Fundament und Katalysator der Inanspruchnahme. Isoliert wird keine der Dimensionen den konzeptionellen Anforderungen des Konstruktes Familienbewusstsein gerecht.

Im Rahmen der Spezifikation des Konstruktes wurden die dargestellten Dimensionen des betrieblichen Familienbewusstseins systematisch zusammengeführt und analysiert, um darauf aufbauend ein Messinstrument zu entwickeln, das das betriebliche Familienbewusstsein quantitativ erfasst. Mit dem entwickelten berufundfamilie-Index steht nun ein Instrument zur Verfügung, mit dem Unternehmen selbstständig Stärken und Entwicklungspotenziale der eigenen familienorientierten Personalpolitik überprüfen können.

Die wesentliche Stärke des vorgestellten Indexes bezieht sich in erster Linie auf die notwendige systematische Zusammenführung aller in der Literatur diskutierten Dimensionen des betrieblichen Familienbewusstseins (Dialog, Leistung und Kultur) sowie der statistisch validen Erfassung derselbigen. Die konzeptionellen wie messtheoretischen Schwächen der bereits vorhandenen und zuvor dargestellten Messansätze wurden damit systematisch überwunden. Durch die Kombination mit betriebswirtschaftlichen Erfolgsparametern sowie moderierenden Einflussgrößen kann das Messinstrument parallel neue Einblicke in die Zusammenhänge zwischen familienbewusster Personalpolitik und darauf aufbauenden betriebswirtschaftlichen Effekten liefern. Die durch die empirische Erhebung generierte breite Datenbasis besitzt gleichzeitig ein hohes wissenschaftliches Potenzial für dezidierte Untersuchungen im Hinblick auf Gruppenunterschiede sowie nationale Benchmark-Analysen. Neben dem interorganisationalen und internationalen Benchmark eröffnet der Index zudem die Möglichkeit, intertemporale Vergleichsmomente und Migrationsbewegungen zu untersuchen.

Diese Ergebnisse sind vor dem Hintergrund der Limitationen zu reflektieren, aus denen sich gleichzeitig Ansatzpunkte für zukünftige Forschungsvorhaben ergeben. So zielt der berufundfamilie-Index auf die Verdichtung des Familienbewusstseins zu einem metrisch skalierten Indexwert, der statistische Verknüpfungen sowohl zu Ursachen als auch zu Wirkungen einer familienbewussten Personalpolitik ermöglichen soll. Aussagen zu unternehmensspezifischen Entwicklungslinien und Besonderheiten können auf Basis des berufundfamilie-Indexes nicht getroffen werden. Hierzu sind qualitative und kontinuierliche Methoden heranzuziehen, wobei der Index als standardisiertes Messinstrument geeignet erscheint, diesen qualitativen Prozess zu unterstützen und zu ergänzen. Als eine weitere Limitation des berufundfamilie-Indexes ist die Fokussierung auf das Urteil von Führungskräften zu nennen. Obgleich bei der Entwicklung des Messinstrumentes die Perspektive der Mitarbeitenden explizit integriert wurde, wären in der weiteren Forschung vergleichende Studien zur Wahrnehmung des betrieblichen Familienbewusstseins aus Mitarbeitenden- und Managementperspektive wünschenswert.

Literatur

Allen, T. (2001): Family-supportive work environments: The role of organizational perceptions. In: Journal of Vocational Behavior, 58. Jg. (2001), S. 414-435.

Bagozzi, R. C. P., Fornell, C. (1982): Theoretical Concepts, Measures and Meaning. In: Fornell, C. (Hrsg.): A Second Generation of Multivariate Analysis: Measures and Evaluation, 2. Aufl. New York 1982, S. 24-38.

Bergkvist, L., Rossiter, J. R. (2007): The Predictive Validity of Multiple-Item Versus Single-Item Measures of the Same Constructs. In: Journal of Marketing Research, 44. Jg. (2007), S. 175-184.

Brandon, P. D., Temple, J. B. (2008): Family provisions at the workplace and their relationship to absenteeism, retention, and productivity of workers: Timely evidence from prior data. In: Australian Journal of Social Issues, 42. Jg. (2008), S. 447-460.

Breaugh, J., Frye, N. K. (2008): Work-Family Conflict – The Importance of Family-Friendly Employment Practices and Family-Supportive Supervisors. In: Journal of Business & Psychology, 22. Jg. (2008), S. 345-353.

Busch, C., Rump, J. (1999): Chancen und Möglichkeiten der Vereinbarkeit von Familie und Beruf in Klein- und Mittelbetrieben. In: Gemeinnützige Hertie-Stiftung (Hrsg.):Unternehmensziel: Familienbewußte Personalpolitik. Ergebnisse einer wissenschaftlichen Studie, Köln 1999, S. 39-84.

Churchill Jr., G. A. (1979): A Paradigm for Developing Better Measures of Marketing Constructs. In: Journal of Marketing Research, 16. Jg. (1979), S. 64-73.

Dex, S., Scheibl, F. (2001): Flexible and Family-Friendly Working Arrangements in UK-Based SMEs: Business Case. In: British Journal of Industrial Relations, 39. Jg. (2001), S. 411-431.

Diamantopoulos, A., Riefler, P. (2008): Formative Indikatoren: Einige Anmerkungen zu ihrer Art, Validität und Multikollinarität. In: Zeitschrift für Betriebswirtschaft, 78. Jg. (2008), S. 1183-1196.

Diamantopoulos, A., Winklhofer, H. M. (2001): Index Construction with Formative Indicators: An Alternative to Scale Development. In: Journal of Marketing Research, 38. Jg. (2001), S. 269-277.

Dikkers, J. S. E., Geurts, S. A. E., den Dulk, L., Peper, B., Taris, T. W., Kompier, M. A. J. (2007): Dimensions of work-home culture and their relations with the use of work-home arrangements and work-home interaction. In: Work&Stress, 21. Jg. (2007), S. 155-172.

Doppler, K., Lauterburg, C. (2002): Change Management, Frankfurt 2002.

Eberl, M.(2004): Formative und reflektive Indikatoren im Forschungsprozess: Entscheidungsregeln und die Dominanz des reflektiven Modells. Schriften zur Empirischen Forschung und Quantitativen Unternehmensplanung, Heft 19, München.

Eby, L. T., Casper, W. J., Lockwood, A., Bordeaux, C., Brinley, A. (2005): Work and family research in IO/OB: Content analysis and review of the literature (1980–2002). In: Journal of Vocational Behavior, 66. Jg. (2005), S. 124-197.

Fornell, C., Bookstein, F. L. (1982): Two Structural Equation Models: LISREL and PLS Applied to Consumer Exit-Voice Theory. In: Journal of Marketing Research, 19. Jg. (1982), S. 440-452.

Gardner, D. G., Cummings, L. L., Dunham, R. B., Pierce, J. L. (1998): Single-Item Versus Multiple-Item Measurement Scales: An Empirical Comparison. In: Educational and Psychological Measurement, 58. Jg. (1998), S. 898-915.

Goedicke, A., Brose, H.-G. (2008): The Proof of the Pudding is in the Eating: Was heißt `Familienfreundlichkeit` von Personalpolitik? In: Szydlik, M. (Hrsg.) (2008): Flexibilisierung. Folgen für Arbeit und Familie, Wiesbaden 2008, S. 170-192.

Hoyman, M., Duer, H. (2004): A Typology of Workplace Policies: Worker Friendly vs. Family Friendly? In: Review of Public Personnel Administration, 24. Jg. (2004), S. 113-132.

Jahn, E. W., Thompson, C. A., Kopelman, R. E. (2003): Rationale und construct validity evidence for a measure of perceived organizational family support (POSF): Because purported practices may not reflect reality. In: Community, Work and Family, 6. Jg. (2003), S. 123-140.
Jarvis, C. B., Mackenzie, S. B., Podsakoff, P. M. (2003): A Critical Review of Construct Indicators and Measurement Model Misspecification in Marketing and Consumer Research. In: Journal of Consumer Research, 30. Jg. (2003), S. 199-218.
Kirby, E. L., Krone, K. J. (2002): The policy exists but you can't really use it: Communication and the structuration of work-family policies. In: Journal of Applied Communication Research, 30. Jg. (2002), S. 50-77.
Mesmer-Magnus, J. R., Viswesvaran, C. (2009): The role of the coworker in reducing work-family conflict: A review and directions for future research. In: Pratiques Psychologiques, 15 Jg. (2009), S. 213-224.
Milliken, F. J., Martins, L. L., Morgan, H. (1998): Explaining organizational responsiveness to work-family issues: The role of human resource executives as issue interpreters. In: Academy of Management Journal, 41. Jg. (1998), S. 580-598.
Mitchell, O. S. (1997): Work and family benefits. In: Blau, F. D., Ehrenberg, R. G. (Hrsg.): Gender and family issues in the workplace. New York 1997, S. 268-276.
Osterman, P.(1995): Work/family programs and the employment relationship. In: Administrative Sciences Quarterly, 40. Jg. (1995), S. 681-700.
Poelmans, S. A. Y., Caligiuri, P. (2008): Harmonizing work, family, and personal life: From policy to practice. New York 2008.
Premeaux, S. F., Adkins, C. L., Mossholder, K. W. (2007): Balancing work and family: A field study of multidimensional, multi-role work-family conflict. In: Journal of Organizational Behavior, 28. Jg. (2007), S. 705-727.
Rossiter, J. R. (2002): The C-OAR-SE Procedure for Scale Development in Marketing. In: International Journal of Research in Marketing, 19. Jg. (2002), S. 305-335.
Schneider, H., Gerlach, I., Wieners, H., Heinze, J. (2008): Der berufundfamilie-Index – ein Instrument zur Messung des betrieblichen Familienbewusstseins. Forschungszentrum Familienbewusste Personalpolitik – Arbeitspapier Nr. 4. (2008), Münster und Berlin.
Schneider, N. F., Häuser, J., Ruppenthal, S., Stengel, S., Naderi, R. (2005): Familienfreundliche Gestaltung der Erwerbsarbeit in Rheinland-Pfalz. Abschlussbericht eines Projekts im Auftrag des Ministeriums für Arbeit, Soziales, Familie und Gesundheit des Landes Rheinland-Pfalz.
Swody, C. C., Powell, G. (2007): Determinants of Employee Participation in Organizations' Family-friendly Programs: A Multi-level Approach. In: Journal of Business & Psychology, 22. Jg. (2007), S. 111-122.
Tagge, S. (2008): Institutionelle Bestimmungsfaktoren der Fertilität. Hamburg 2008.
Thompson, C. A., Beauvais, L. L., Lyness, K. S. (1999): When work-family benefits are not enough: The influence of work-family culture on benefit utilization, organizational attachment and work-family conflict. In: Journal of Vocational Behavior, 54. Jg. (1999), S. 392-415.

V. Empirische Befunde zum betrieblichen Familienbewusstsein

Status quo des betrieblichen Familienbewusstseins deutscher Unternehmen – Ergebnisse einer empirischen Erhebung

Irene Gerlach, Helmut Schneider, Helen Wieners, David Juncke und Jana Heinze

Einleitung

Die Vereinbarkeit von Beruf und Familie ist an der Schnittstellte unternehmerischer Verantwortung und sozialpolitischer Reglementierung und Steuerung angesiedelt. Unternehmen nehmen sich hierbei zunehmend als eigenständige Akteure wahr, die durch betriebsinterne Vereinbarkeitsmodelle dazu beitragen, die Elternschaft und/oder die Pflege Familienangehöriger mit dem Berufsleben ihrer Mitarbeiter und Mitarbeiterinnen zu harmonisieren. Obgleich die betriebliche Familienpolitik damit sowohl aus gesellschaftlicher wie auch originär betriebswirtschaftlicher Sicht eine hohe praktische Relevanz besitzt, fehlt es – nicht zuletzt vor dem Hintergrund unzureichender Messkonzepte – bislang an fundierten empirischen Analysen zum Familienbewusstsein deutscher Unternehmen. Damit ist nicht nur das Ausmaß des betrieblichen Familienbewusstseins angesprochen, sondern in methodischer Konsequenz auch eine Analyse ihrer Wirkungen und Promotoren.

Die Analyse des Status quo betrieblichen Familienbewusstseins ist aus betriebswirtschaftlicher Perspektive vor allem unter dem Gesichtspunkt des Personalmarketing relevant. Da eine bessere Vereinbarkeit von Beruf und Familie seitens der Unternehmen insbesondere mit dem Ziel einer größeren Attraktivität im Bewerbermarkt angestrebt wird (vgl. Gerlach/Schneider/Juncke, 2007), erlauben Daten über das Ausmaß betrieblichen Familienbewusstseins den Unternehmen eine Einschätzung des relevanten Wettbewerbsumfeldes. Grundlage der empirischen Analyse ist eine im November 2007 durchgeführte Befragung von 1.001 Personalverantwortlichen deutscher Unternehmen. Die Repräsentativerhebung wurde als standardisierte Telefonbefragung durch ein Marktforschungsinstitut durchgeführt. Die Konzeption und Durchführung der repräsentativen Unternehmensbefragung zielte in erster Linie auf die empirische Durchdringung von Fragestellungen zum Familienbewusstsein deutscher Unternehmen (Input). Daneben wurden 26 Fragen in den Fragebogen aufgenommen, die zur Erforschung betriebswirtschaftlicher Effekte einer familienbewussten Personalpolitik beitragen sollen (Output; vgl. Kapitel 6).

Das nachfolgende Kapitel umfasst – neben einer kurzen Stichprobenbeschreibung – die zentralen Ergebnisse der repräsentativen Unternehmensbefragung. Besonderer Fokus liegt hierbei auf dem Status quo des Ausmaßes betrieblicher Familienpolitik, gemessen unter Zuhilfenahme des berufundfamilie-Indexes, sowie der Analyse zentraler Promotoren des betrieblichen Familienbewusstseins.

1 Stichprobe

Die Stichprobe wurde in der vorliegenden Untersuchung nach Wirtschaftszweigen (Klassifikation der Wirtschaftszweige Ausgabe 2003) und Anzahl der Mitarbeitenden stratifiziert. Aufgrund ihrer Spezifika wurden der Primärsektor, die öffentliche Verwaltung sowie private Haushalte mit Hauspersonal nicht in die Unternehmensstichprobe einbezogen. Über die Auswahl der Beschäftigtengrößenklassen wurden kleine (6-49 Mitarbeitende), mittlere (50-199), größere (200-499) und große Betriebe (≥ 500) abgedeckt.

Als Mindestgröße für einen Betrieb wurden sechs Beschäftigte festgelegt. Auf den Einbezug kleinster Betriebe (1-5 Mitarbeitende) wurde verzichtet, da bei einer durchschnittlichen Anzahl an Mitarbeitenden von nur rund zwei Personen in dieser Beschäftigtengrößenklasse die Lösung von Vereinbarkeitsproblematiken in der Regel keinen formalen Strukturen und Prozessen unterliegt, sondern einen eher informellen und intuitiven Charakter besitzt (vgl. Stumpf, 2008). Darüber hinaus erwachsen aus der geringen Anzahl von Mitarbeitern kleinster Betriebe bei der Identifikation zentraler Promotoren des betrieblichen Familienbewusstseins, die sich primär auf die Struktur der Mitarbeitenden beziehen, methodische Schwierigkeiten. Aufgrund einer zu hohen Anzahl fehlender Werte wurden 41 Unternehmen aus der Analyse ausgeschlossen (vgl. Krafft, 1999, S. 126). Grundlage der sich anschließenden Auswertungen sind folglich 960 Unternehmen (vgl. Tab. 1).

Tabelle 1: Stichprobenstruktur

Wirtschaftszweige	Beschäftigtengrößenklassen 6-49	50-199	200-499	>500	**Summe**
Bergbau	2	1	1	2	**6**
verarbeitendes Gewerbe	46	74	56	56	**232**
Energie- u. Wasserversorgung	2	3	1	3	**9**
Baugewerbe	54	25	13	1	**93**
Handel	81	57	26	20	**184**
Gastgewerbe	16	6	2	1	**25**
Verkehr u. Nachrichtenübermittlung	20	19	12	8	**59**
Kredit u. Versicherung	9	11	10	12	**42**
Grundstückswesen	47	41	19	8	**115**
Erziehung u. Unterricht	14	12	7	7	**40**
Gesundheit	29	32	24	25	**110**
sonstige Dienstleistungen	17	14	9	5	**45**
Summe	**337**	**295**	**180**	**148**	**960**

Quelle: Eigene Darstellung.

2 Ergebnisse der repräsentativen Unternehmensbefragung

Im Ergebnis erreichen die deutschen Unternehmen im Durchschnitt einen Index-Wert von 62,56 (n=960) von 100 maximal zu erreichenden Punkten. Im Hinblick auf die durch den berufundfamilie-Index generierten Dimensionswerte offenbart sich die Dominanz einer familienbewussten Kultur als zentraler Baustein des betrieblichen Familienbewusstseins: Im Mittel erhält die Kulturdimension 70,60 (n=960) von möglichen 100 Punkten. Dieser Mittelwert liegt signifikant über denen der Leistungs- (MW=60,54; t(959)=16,6; p<0,001) und Dialogdimension (MW=56,54; t(959)=23,6; p<0,001) (vgl. Abb. 1).

Abbildung 1: Häufigkeitsverteilungen des berufundfamilie-Indexes und seiner drei Dimensionen

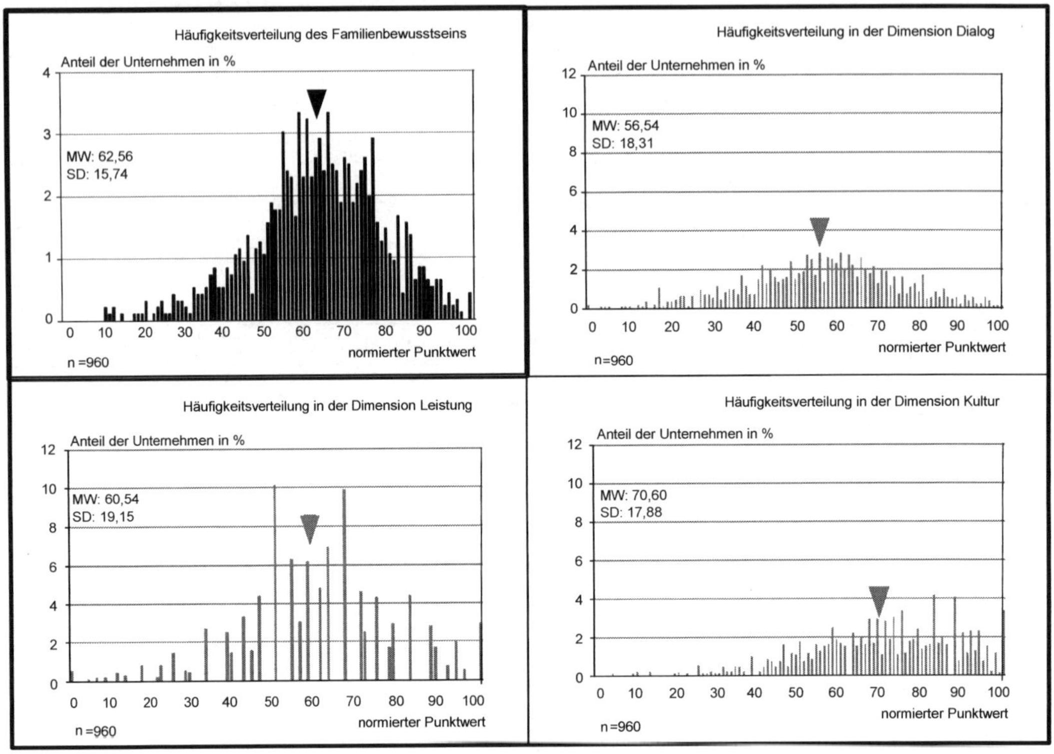

Quelle: Eigene Darstellung.

Unter Zugrundelegung einer 25-prozentigen Über- oder Unterschreitung des Mittelwertes lassen sich im Hinblick auf das Ausmaß betrieblichen Familienbewusstseins vier trennscharfe (F(3, 959)=2.382, 87; p<0,001) Gruppen unterscheiden. Die erste Gruppe umfasst 15,31 Prozent der Unternehmen, die besonders familienbewusst sind. Sie erreichen einen Mittelwert des berufundfamilie-Indexes von 85,49. Die Gruppe der Unternehmen mit einem leicht überdurchschnittlichen Familienbewusstsein umfasst 36,67 Prozent der Unternehmen; das Familienbewusstsein beträgt hier im Durchschnitt 69,80. Die dritte Gruppe der Unternehmen, deren Familienbewusstsein leicht unterdurchschnittlich ausgeprägt ist, umfasst 33,33 Prozent und erreicht einen Mittelwert von 55,73. Die vierte Gruppe der stark unterdurchschnittlich familienbewussten Unternehmen (14,69 Prozent) schließlich weist einen Mittelwert von 36,08 auf.

Parallel zur verstärkten öffentlichen Diskussion der Vereinbarkeit von Beruf und Familie, ist ihre Bedeutung auch in deutschen Unternehmen innerhalb der letzten beiden Jahre deutlich gestiegen. Wurde die Vereinbarkeit von Beruf und Familie im Jahr 2005 mit einem Wert von 4,57 als eher bedeutsam eingestuft – gemessen auf einer Skala von 1 (gar nicht bedeutsam) bis

7 (sehr bedeutsam) und damit verhältnismäßig nah am Indifferenzpunkt – so wird im Jahr 2007 mit einer deutlichen Steigerung um 17 Prozent und einem Wert von 5,33 der Vereinbarkeit von Beruf und Familie in Unternehmen deutlich mehr Bedeutung beigemessen. Perspektivisch, so die Meinung der Befragten, ist jedoch wieder ein Bedeutungsrückgang zu erwarten. Dieser drückt sich in einem um 5 Prozent niedrigeren Wert (5,04) aus. Die Vereinbarkeit von Beruf und Familie wird künftig jedoch einen höheren Stellenwert in den Unternehmen einnehmen als dies in der Vergangenheit der Fall war.

Abbildung 2: Bedeutung der Vereinbarkeit von Beruf und Familie

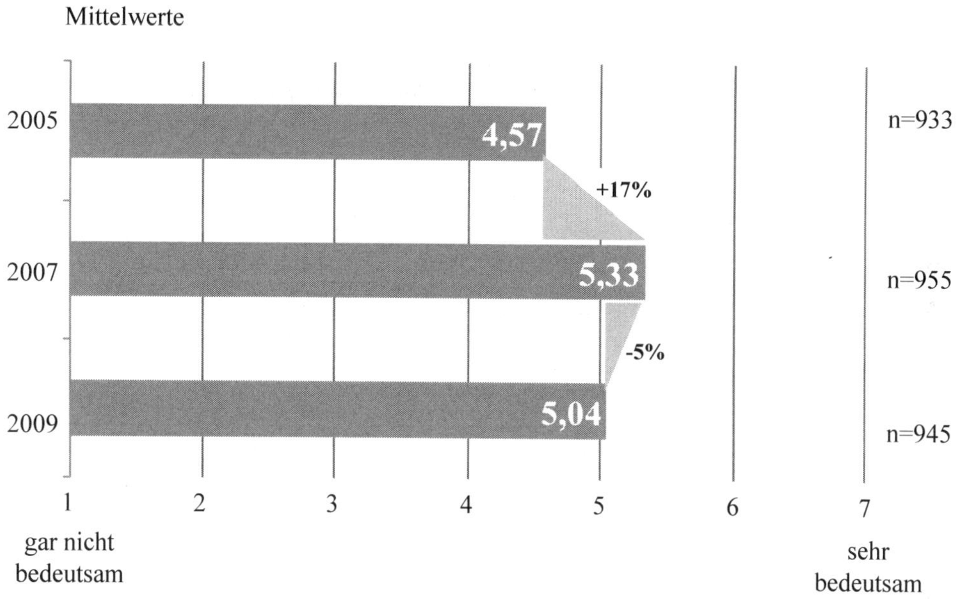

Quelle: Eigene Darstellung.

Insgesamt zeigt sich trotz perspektivisch vermutetem allgemeinem Bedeutungsrückgang ein steigendes Familienbewusstsein im Zeitablauf; die deutliche Mehrheit der Unternehmen (60,5 bis 79,7 Prozent) schätzt sich selbst im Zeitablauf als familienbewusst bis sehr familienbewusst ein, lediglich (14,7 bis 3,6 Prozent) als wenig bis gar nicht familienbewusst.

Abbildung 3: Selbsteinschätzung des Familienbewusstseins im Zeitablauf

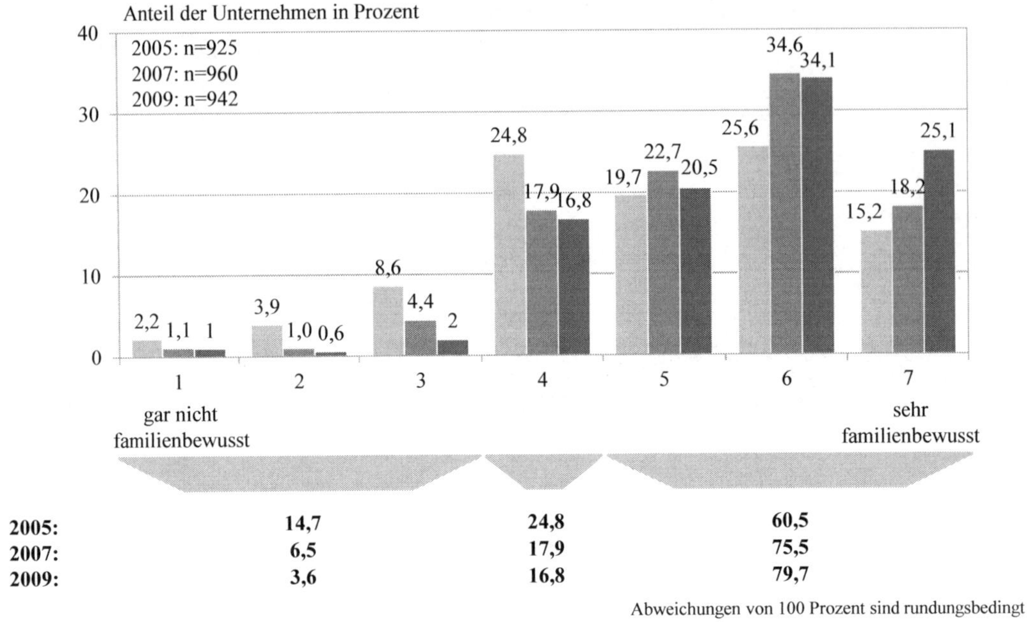

Quelle: Eigene Darstellung.

Diesen positiven Trend detailliert betrachtet, zeigt sich, dass fast jedes dritte Unternehmen einen Anstieg des Familienbewusstseins sowohl in den letzten zwei Jahren als auch für die kommenden zwei Jahre bekräftigt. Lediglich drei Prozent der deutschen Unternehmen verzeichnen einen Rückgang des betrieblichen Familienbewusstseins innerhalb der letzten beiden Jahre und weniger als zehn Prozent innerhalb der kommenden beiden Jahre. Die Vereinbarkeit von Beruf und Familie bzw. eine familienbewusste Personalpolitik ist folglich weder retrospektiv noch perspektivisch ein Randthema in der Unternehmenspolitik.

Um differenzierende Analysen zum Familienbewusstsein deutscher Unternehmen durchzuführen, wurden diverse Gruppenunterschiede im Hinblick auf das betriebliche Familienbewusstsein näher betrachtet. Die in die Untersuchung einbezogenen Gruppen an Unternehmen unterscheiden sich hinsichtlich ihrer

(1) Unternehmensspezifika (Größe, Branche und regionale Lage)
(2) Personalstruktur (Anteil weiblicher und wichtiger Mitarbeitender)

Im Hinblick auf die Unternehmensgröße zeigen sich lediglich bei Unternehmen mit sehr wenigen Mitarbeitenden (n=135, Anzahl an Mitarbeitenden: 6-19) signifikante Unterschiede zum

Gesamtmittelwert: sie sind mit einem Indexwert von 67,52 überdurchschnittlich familienbewusst ($t(134)=3,210$; $p<0,001$). Auch in Bezug auf die Branche ergibt sich nur eine signifikante Abweichung: Unternehmen aus dem Bereich „Erziehung und Unterricht" (n=40) weisen mit 67,96 einen signifikant höheres Familienbewusstsein als die Gesamtstichprobe auf ($t(39)=2,357$; $p<0,05$). Demgegenüber weisen die Unternehmen, die im östlichen Teil Deutschlands[44] angesiedelt sind (n=142), mit 60,59 einen unterdurchschnittlichen Indexwert auf.

Neben branchen-, größen- sowie regionsspezifischen Besonderheiten des betrieblichen Familienbewusstseins wurde darüber hinaus auch die Bedeutung der Personalstruktur für das unternehmensspezifische Ausmaß des betrieblichen Familienbewusstseins untersucht (vgl. Comfort/Johnson/Wallace, 2003; Evans, 2001; Konrad/Mangel, 2000; Galinsky/Bond, 1998).

Nehmen Mitarbeitende Erziehungs- oder Pflegeaufgaben wahr, erwachsen hieraus zeitliche und räumliche Synchronisierungsanforderungen zwischen Beruf und Familie (vgl. Schneider/Wieners, 2006, S. 15.). Diese sind dabei aufgrund einer gestiegenen weiblichen Erwerbstätigkeit sowie einer nach wie vor höheren Beteiligung an der Familienarbeit in besonders hohem Maße an Frauen gestellt (vgl. Shelton/John, 1996). Die daraus resultierende Notwendigkeit für ein Unternehmen, eine familienbewusste Personalpolitik zu betreiben, wächst mit der Anzahl ebendieser (potenziell) betroffenen weiblichen Mitarbeiter im Unternehmen – durch sie wird das Mengengerüst der Folgekosten einer mangelnden Vereinbarkeit von Beruf und Familie maßgeblich determiniert. Unternehmen mit einem hohen Anteil weiblicher Mitarbeiter wären damit potenziell familienbewusster als Unternehmen mit einem geringen Anteil weiblicher Mitarbeiter (Hypothese 1).

Ergänzend wird hier in Betracht gezogen, dass für die Unternehmen gerade im Bereich schwer zu ersetzender Mitarbeitender ein besonderes Interesse darin besteht, das Humanvermögen im Betrieb zu halten und seine Abwertung durch familienbedingte Erwerbstätigkeitsunterbrechung oder seinen Verlust durch Ausscheiden aus dem Betrieb zu verhindern (vgl. Thiele, 2009; Comfort/Johnson/Wallace, 2003; Evans, 2001; Konrad/Mangel, 2000; Galinsky/Bond, 1998). Eine familienbewusste Personalpolitik wäre damit nicht ausschließlich auf die Bindung und Gewinnung weiblicher Mitarbeiter ausgerichtet, sondern zielt auf wichtige Beschäftigte, die – zunächst unabhängig vom Geschlecht – die Vereinbarkeit von Beruf und Familie anstreben. Wichtige Mitarbeitende sind zusammenfassend:

- weiblich oder männlich
- Mitarbeitende mit besonderen Qualifikationen, d.h. einem höheren Bildungsabschluss und/oder gleichwertiger beruflicher Erfahrung
- und/oder besonderem betriebsinternen Wissen, d.h. sie besitzen durch ihr im Zeitablauf erworbenes betriebsspezifisches Humankapital ein hohes Gewicht für den betriebsinternen Ablauf
- die nicht oder nur unter überproportionalem Ressourcenaufwand kurzfristig ersetzt werden können
- auf dem Arbeitsmarkt knapp und stark umworben

[44] Berlin, Brandenburg, Mecklenburg-Vorpommern, Sachsen, Sachsen-Anhalt und Thüringen

Die Beschäftigten setzen sich aus Akademikern und Mitarbeitenden ohne Hochschulabschluss zusammen; eine Fokussierung auf Akademiker wäre unzureichend, da Mitarbeitende durchaus ohne Hochschulabschluss betriebsinterne Qualifikationen erwerben können, die sie schwer ersetzbar machen. Die Qualität der (potenziellen) Betroffenheit ist in diesem Kontext folglich eine andere: Die Folgekosten mangelnder Vereinbarkeit von Beruf und Familie sind bei wichtigen Mitarbeitenden höher als bei Mitarbeitenden, die insgesamt leicht zu ersetzen sind (vgl. Yasbek, 2004; Ramlall, 2004). Unabhängig vom Geschlecht ihrer Mitarbeitenden sind Unternehmen mit einem hohen Anteil wichtiger Mitarbeitender vor dem Hintergrund kostenintensiver Investitionen in das Humankapital einerseits und Arbeitsmarktengpässen andererseits folglich eher bereit eine familienbewusste Personalpolitik zu betreiben, als Unternehmen mit einem hohen Anteil leicht ersetzbarer Mitarbeitender (Hypothese 2).

Die Ergebnisse der repräsentativen Unternehmensbefragung zeigen, dass Unternehmen mit einem hohen Anteil weiblicher Mitarbeiter zunächst ein höheres Familienbewusstsein (MW: 63,28) als Unternehmen mit einem geringen Anteil weiblicher Mitarbeiter (MW: 61,56) haben. Dieser Unterschied ist allerdings nicht signifikant ($F(1, 875)=2{,}581$; $p=0{,}109$), so dass Hypothese 1 verworfen werden muss. Analog zu Hypothese 1 wurde auch die Vermutung hinsichtlich des positiven Einflusses der Qualifikationsstruktur auf das betriebliche Familienbewusstsein überprüft ($F(1, 838)=2{,}364$; $p=0{,}125$). Unternehmen mit einem hohen Anteil wichtiger Mitarbeitender haben ein Familienbewusstsein von 65,00, während Unternehmen mit einem geringen Anteil wichtiger Mitarbeiter lediglich einen Wert von 60,21 erreichen. Der Mittelwertunterschied ist signifikant ($F(1, 838)=19{,}437$; $p<0{,}001$), so dass Hypothese 2 angenommen wird.[45] Zum besseren Verständnis der überraschenden Nicht-Bedeutung der Geschlechtsstruktur der Mitarbeitenden für das betriebliche Familienbewusstsein, wurden abschließend die Merkmalsausprägungen der dichotomisierten unabhängigen Variablen miteinander in Form einer Vier-Felder-Matrix verknüpft (vgl. Tab. 2).

[45] Um zu überprüfen, ob der Einfluss der Mitarbeiterstruktur möglicherweise durch andere Variablen überlagert wird, wurden für die Branchenzugehörigkeit, das Unternehmensalter sowie die Anzahl Beschäftigter separate Analysen durchgeführt, wobei der Mediansplit für jede Subgruppe gesondert berechnet wurde. Im Ergebnis übt der Anteil weiblicher Beschäftigter bei keiner Subgruppe einen signifikanten (< 5 Prozent) Einfluss auf das betriebliche Familienbewusstsein aus. Ein hoher Anteil wichtiger Mitarbeiter hingegen führt mit Ausnahme von mittelgroßen Unternehmen (50-499 Beschäftigte) und Unternehmen mittleren Alters (29-47 Jahre) durchweg zu einem höheren betrieblichen Familienbewusstsein.

Tabelle 2: Familienbewusstsein in Abhängigkeit des Anteils weiblicher und wichtiger Mitarbeitender

		Anteil weiblicher Mitarbeiter (AWEM)	
		unter dem Median (-)	über dem Median (+)
Anteil wichtiger Mitarbeitender (AWIM)	über dem Median (+)	MW=64,77 SD=15,68 n=198 **2**	MW=64,61 SD=17,55 n=181 **4**
	unter dem Median (-)	**1** MW=58,13 SD=16,03 n=199	**3** MW=62,60 SD=14,06 n=193

Quelle: eigene Darstellung.

Der Anteil weiblicher Mitarbeiter besitzt demnach nur dann eine Relevanz für das betriebliche Familienbewusstsein, wenn der Anteil wichtiger Mitarbeitender gering ist. Bei einem hohen Qualifikationsniveau der Mitarbeitenden wird das Ausmaß betrieblichen Familienbewusstseins geschlechtsindifferent. Umgekehrt gilt auch, dass in Unternehmen, die sich durch einen hohen Anteil weiblicher Mitarbeiter auszeichnen, das betriebliche Familienbewusstsein nahezu qualifikationsindifferent ist. Zusammenfassend wird das betriebliche Familienbewusstsein vor allem durch die Qualifikationsstruktur der Mitarbeitenden beeinflusst. Die differenzierten Analysen haben jedoch deutlich gemacht, dass auch die Geschlechterstruktur bedeutsam sein kann, nämlich dann, wenn das Unternehmen eher wenige wichtige Mitarbeitende beschäftigt. Die Auswirkung der Geschlechts- und Qualifikationsstruktur auf das betriebliche Familienbewusstsein ist demnach nicht additiv – treten beide Promotoren gleichermaßen im Unternehmen auf, erfolgt keine Verstärkung der Treiber.

Neben Größe, Branche, regionale Lage und der Personalstruktur der untersuchten Unternehmen wurde ergänzend in Betracht gezogen, dass auch Indikatoren des außerbetrieblichen, kommunalen Engagements, der Bedeutsamkeit und Institutionalisierung der betrieblichen Familienpolitik und des Selbstbildes des Unternehmens einen – wenn auch schwächeren – Einfluss auf das Ausmaß des betrieblichen Familienbewusstseins ausüben. Die Ergebnisse der repräsentativen Unternehmensbefragung verdeutlichen in diesem Kontext, dass Unternehmen, die sich im Hinblick auf die betriebliche Familienpolitik durch

- keinen Unternehmenssitz im östlichen Teil Deutschlands[46]
- eine aktive Mitarbeit in einem Lokalen Bündnis für Familie
- eine Durchführung des audits berufundfamilie

[46] Berlin, Brandenburg, Mecklenburg-Vorpommern, Sachsen, Sachsen-Anhalt und Thüringen

- eine hohe Bedeutung der Vereinbarkeit von Beruf und Familie
- eine familienbewusste Selbsteinschätzung

auszeichnen, auf Basis des berufundfamilie-Indexes familienbewusster als der bundesdeutsche Durchschnitt sind.

Fazit

Die Gründe eine familienbewusste Personalpolitik zu betreiben, sind vielfältig. So kann der unternehmerische Zugang zu einer besseren Vereinbarkeit von Beruf und Familie einerseits von einem Bekenntnis zur gesellschaftlichen Verantwortung geprägt sein (vgl. Schwalbach, 2008; Detomasi, 2008; Albareda et al., 2008). Andererseits kann das Familienbewusstsein von einem investiven Kalkül geprägt sein, bei dem den Kosten einer besseren Vereinbarkeit von Beruf und Familie potenzielle Erträge gegenüberstehen (vgl. Cornelißen, 2008; OECD, 2007; Wayne/Randel/Stevens, 2006).

Unabhängig von der zugrundeliegenden Motivstruktur der Unternehmen, weisen die auf Basis der repräsentativen Unternehmensbefragung unter 1.001 Unternehmen generierten Daten zum Familienbewusstsein deutscher Unternehmen mit einem Gesamtmittelwert von rund 63 von 100 möglichen Indexpunkten auf eine hohe betriebliche Relevanz der Vereinbarkeit von Beruf und Familie hin. Zudem bekräftigen deutsche Unternehmen einerseits die aktuelle Bedeutsamkeit der betrieblichen Familienpolitik und andererseits die ansteigende Umsetzung der Vereinbarkeit von Beruf und Familie nicht nur retrospektiv, sondern auch für die kommenden Jahre. Damit wird auch deutlich, dass angesichts eines bei zahlreichen Unternehmen schon heute zu konstatierenden hohen Familienbewusstseins die bessere Vereinbarkeit von Beruf und Familie weniger ein Profilierungsinstrument als vielmehr zunehmend einen Hygienefaktor[47] im Rahmen der Personalgewinnung respektive -bindung darstellt.

[47] Vgl. den Beitrag von Schneider/Gerlach/Juncke/Krieger „Betriebswirtschaftliche Effekte einer familienbewussten Personalpolitik“ in diesem Band.

Abbildung 4: Promotoren des betrieblichen Familienbewusstseins

Unternehmensspezifika	Größe: wenige Mitarbeitende Branche: Erziehung und Unterricht Unternehmenssitz nicht im östlichen Teil Deutschlands
Personalstruktur	Zusammenspiel aus Qualifikationsstruktur und Geschlechterstruktur
betriebliche Familienpolitik	hohe Bedeutung der Vereinbarkeit von Beruf und Familie Familienbewusste Selbsteinschätzung aktive Mitarbeit im Lokalen Bündnis für Familie Durchführung des audits berufundfamilie

Quelle: Eigene Darstellung.

Im Hinblick auf Promotoren des betrieblichen Familienbewusstseins zeigen sich lediglich bei Unternehmen mit sehr wenigen Mitarbeitenden (n=135, Anzahl an Mitarbeitende: 6-19) sowie bei Unternehmen aus dem Bereich „Erziehung und Unterricht“ (n=40) signifikante Unterschiede zum Gesamtmittelwert ($t(39)=2,357$; $p<0,05$). Die Analyse zentraler Treiber im Kontext der Personalstruktur hat verdeutlicht, dass das betriebliche Familienbewusstsein vor allem von der Qualifikationsstruktur der Mitarbeitenden abhängt. Das Geschlecht der Mitarbeitenden spielt nur dann eine Rolle, wenn das Qualifikationsniveau insgesamt gering ist. Weiterhin sind eine aktive Mitarbeit in einem Lokalen Bündnis für Familie, die Zertifizierung durch die berufundfamilie gGmbH sowie eine insgesamt hohe eingeräumte Bedeutsamkeit des Themas Vereinbarkeit von Beruf und Familie und hohe Selbsteinschätzung der eigenen betrieblichen Familienpolitik Indikator, für ein im bundesweiten Vergleich überdurchschnittliches betriebliches Familienbewusstsein.

Literatur

Albareda, L., Lozano, J. M., Tencati, A., Midttun, A., Perrini, F. (2008): The Changing Role of Governments in Corporate Social Responsibility: Drivers and Responses. In: Business Ethics: A European Review, 17. Jg. (2008), S. 347-363.

Comfort, D., Johnson, K., Wallace, D. (2003): Part-time Work and Family- friendly Practices in Canadian Workplaces (The Evolving Workplace Series). [online verfügbar unter: http://www.statcan. gc.ca/bsolc/olc-cel/olc-cel?catno=71-584-M&CHROPG=1&lang=eng, Zugriff am 11.11.2008].

Cornelißen, W. (2008): Vereinbarkeit von Familie und Beruf. In: Badura, B., Schröder, H., Vetter, C. (Hrsg.): Fehlzeiten-Report 2007. Arbeit, Geschlecht und Gesundheit: Zahlen, Daten, Analysen aus allen Branchen der Wirtschaft. Berlin 2008, S. 175-192.

Detomasi, D. (2008): The Political Roots of Corporate Social Responsibility. In: Journal of Business Ethics, 82. Jg. (2008), S. 807-819.

Evans, J. M. (2001): Firms` Contribution to the Reconciliation between Work and Family Life. Labour Market and Social Policy Occasional Papers. Paris 2001.

Galinsky, E., Bond, J. T. (1998): The 1998 Business Work-Life Study: A Sourcebook. Executive Summary. [online verfügbar unter: http://familiesandwork.org/summary/worklife.pdf, Zugriff am 05.10.2008].

Gerlach, I., Schneider, H., Juncke, D. (2007): Betriebliche Familienpolitik in auditierten Unternehmen und Institutionen, Arbeitspapier Nr. 3 des Forschungszentrums Familienbewusste Personalpolitik, Münster 2007.

Konrad, A. M., Mangel, R. (2000): The Impact of Work-Life Programs on Firm Productivity. In: Strategic Management Journal, 21. Jg. (2000), S. 1225-1237.

Krafft, M. (1999): An Empirical Investigation of the Antecedents of Sales Force Control Systems. In: Journal of Marketing, 63. Jg. (1999), S. 120-134.

OECD (2007): Babies and Bosses. Reconciling Work and Family Life. A Synthesis of Findings for OECD Countries. Paris 2007.

Ramlall, S. (2004): A Review of Employee Motivation Theories and their Implications for Employee Retention within Organizations. In: Journal of American Academy of Business, 5. Jg. (2004), S. 52-63.

Schneider, H., Wieners, H. (2006): Konzeptionelle Grundlagen der Analyse betriebswirtschaftlicher Effekte einer familienbewussten Personalpolitik. Forschungszentrum Familienbewusste Personalpolitik, Arbeitspapier Nr. 2 (2006), Münster.

Schwalbach, J. (Hrsg.) (2008): Corporate Social Responsibility, Zeitschrift für Betriebswirtschaft – Journal of Business Economics, Special Issue 3/2008, Wiesbaden 2008.

Shelton, B. A., John, D. (1996): The division of household labor. In: Annual Review of Sociology, 22. Jg. (1996), S. 299-322.

Stumpf, C. (2008): Bestimmungsgründe und Auswirkungen familienfreundlicher Maßnahmen. Eine empirische Analyse der Vereinbarkeit von Beruf und Familie in Unternehmen der Metropolregion Rhein-Neckar. In: Arbeit. Zeitschrift für Arbeitsforschung, Arbeitsgestaltungen und Arbeitspolitik, 17. Jg. (2008), S. 119-132.

Thiele, S. (2009): Work-Life-Balance zur Bindung der Mitarbeitenden: Eine Strategie gegen den Fachkräftemangel. Bremen 2009.

Wayne, J. H., Randel, A. E./Stevens, J. (2006): The role of identity and work-family support in work-family enrichment and its work-related consequences. In: Journal of Vocational Behavior, 69. Jg. (2006), S. 445-461.

Yasbek, P. (2004): The business case for firm-level work-life balance policies: a review of the literature, Wellington. Online verfügbar unter: www.dol.govt.nz/PDFs/FirmLevelWLB.pdf, Zugriff am 19.11.2008.

Status quo des betrieblichen Familienbewusstseins in der Schweiz – eine empirische Analyse in zwei Kantonen

Irene Gerlach und Inga Laß

Einleitung

Ebenso wie in Deutschland gewinnt die bessere Vereinbarkeit von Beruf und Familie in der Schweiz aus demografischen, volkswirtschaftlichen und gleichstellungspolitischen Gründen an Relevanz. Das traditionelle innerfamiliale Arbeitsteilungsmodell, in welchem der Mann der Erwerbsarbeit und die Frau der Haus- und Familienarbeit nachgeht, wird immer seltener praktiziert – in den meisten Schweizer Familien sind heute beide Elternteile erwerbstätig. Vorherrschend ist dabei das modernisierte bürgerliche Rollenmodell, in dem der Vater Vollzeit arbeitet und die Mutter Teilzeit (Bundesamt für Statistik 2008: 66f). Die hohe Erwerbsbeteiligung beider Geschlechter wird in der Schweiz von einer niedrigen Geburtenrate und einem steigenden Anteil kinderloser Menschen begleitet. Auf lange Sicht wird dies zu einem sinkenden Anteil erwerbsfähiger Menschen in der Schweiz führen, so dass die Sicherung der „Ressource Humankapital" zur zentralen Aufgabe der Unternehmen wird. Diese Entwicklungen weisen auf die erhöhte Dringlichkeit hin, mit der das Ziel der Vereinbarkeit von Beruf und Familie auch in der Schweiz vorangetrieben werden sollte.

Die föderalistisch aufgebaute politische Struktur der Schweiz bringt eine komplexe Verteilung familienrelevanter Verantwortungsbereiche mit sich: Sowohl der Bund als auch die Kantone und Gemeinden bestimmen die familienpolitischen Maßnahmen und die gesetzlichen Rahmenbedingungen. Auf dieser Gesetzesbasis sind Unternehmen in der Schweiz jedoch nur sehr begrenzt zu familienbewusstem Verhalten verpflichtet. Doch steht es jedem Unternehmen offen, ausschließlich die gesetzlichen Vorgaben zu erfüllen oder aber den Mitarbeitenden die Vereinbarkeit von Beruf und Familie durch freiwilliges Engagement zusätzlich zu erleichtern. Hierdurch kommt der Personalpolitik der Unternehmen für die Vereinbarkeit von Beruf und Familie ein zentraler Stellenwert zu.

Die Auftraggeberinnen der hier zu beschreibenden Studie waren die Fachstelle Gleichstellung von Frauen und Männern des Kantons Basel-Stadt sowie die Fachstelle für Gleichstellung von Frau und Mann des Kantons Zürich. In diesen beiden Kantonen hat das Ziel der Vereinbarkeit von Beruf und Familie auf politischer Ebene in den letzten Jahren steigende Bedeutung erlangt. So hat der Regierungsrat des Kantons Basel-Stadt im Jahr 2006 das Programm Familienfreundliche Wirtschaftsregion Basel als eine Schwerpunktmaßnahme in den Legislaturplan aufgenommen. Auf Initiative der Fachstelle Gleichstellung von Frauen und Männern entstand daraufhin im gleichen Jahr der Round Table familienfreundliche Wirtschaftsregion Basel, dem 16 Basler Wirtschaftsverbände, Unternehmen und Verwaltungsstellen angehören. Der Round

Table verfolgt das Ziel, Basel als familienfreundliche Wirtschaftsregion zu positionieren und in Unternehmen das Wissen darüber zu verankern, dass sich betriebliches Familienbewusstsein auch unter ökonomischen Gesichtspunkten lohnt. Parallel hierzu hat sich der Regierungsrat des Kantons Zürich für die laufende Legislaturperiode (2007-2011) zum Ziel gesetzt, die Vereinbarkeit von Beruf und Familie in Zürcher Unternehmen zu verbessern und Impulse zur Förderung neuer Arbeits- und Lebensmodelle zu geben. Unter anderen ist die Fachstelle für Gleichstellung von Frau und Mann mit der Umsetzung der Legislaturziele betraut. Der Regierungsrat hat zudem eine Promotorin und einen Promotor der Vereinbarkeit von Beruf und Familie in Unternehmen gewählt, welche Familienfreundlichkeit als Erfolgsfaktor in der Privatwirtschaft bekannt machen sollen (Gerlach/Laß/Dinkel 2009: 13; 15).

Die folgende Studie basiert auf einer repräsentativen Befragung von Unternehmen in den Kantonen Basel-Stadt und Zürich.[48] Sie liefert erstmals allgemein gültige Hinweise über das Ausmaß betrieblichen Familienbewusstseins zweier Schweizer Kantone. Auf Basis des adaptierten berufundfamilie-Indexes beantwortet die Studie die zentrale Fragestellung, wie familienbewusst die Unternehmen in Basel-Stadt und Zürich derzeit aufgestellt sind und ob Unterschiede im Familienbewusstsein zwischen den beiden Kantonen existieren. Zudem ist es anhand der Studie möglich, Faktoren zu identifizieren, die in den Untersuchungsräumen Einfluss auf das Ausmaß des Familienbewusstseins haben. Für den berufundfamilie-Index war die Untersuchung in den beiden Schweizer Kantonen ein erster Fall der Überprüfung am Ausland. Viele der im Folgenden dokumentierten Ergebnisse der Befragung bestätigen die im Rahmen der repräsentativen deutschen Unternehmensbefragung gewonnenen Erkenntnisse.

1 Familienpolitische Charakteristika der Schweiz

Die Familienpolitik in der Schweiz ist geprägt von einer vielfältigen Akteurskonstellation und komplexen Verteilung von Verantwortungsbereichen. Diese ergibt sich zum einen aus dem föderalistischen Staatsaufbau des Landes. Hierdurch verteilen sich die familienpolitischen Kompetenzen auf Bund, Länder und Gemeinden. Über gesetzgeberische Kompetenzen verfügt der **Bund** insbesondere im Bereich der Sozialversicherungen, so zum Beispiel bezüglich der Familienzulagen und der Mutterschaftsversicherung. Zudem sind der Arbeitnehmerschutz, die Gesetzgebung im Zivil- und Strafrecht sowie das Wohnungswesen bundeseinheitlich geregelt. In Bezug auf andere familienpolitische Maßnahmen kann der Bund lediglich Finanzhilfen leisten und hierfür die Voraussetzungen festlegen (Sieber et al. 2004: 109).

Die **Kantone** sind souverän und üben dementsprechend alle Rechte aus, die nicht dem Bund übertragen wurden. Somit verfügen sie bei der konkreten Ausgestaltung und Ausführung in den Bereichen, in denen der Bund nicht zuständig ist oder von seiner Kompetenz nicht Gebrauch gemacht hat, über einen großen Spielraum. In den Kompetenzbereich der Kantone fällt neben dem Bildungswesen unter anderem auch das Sozial- und Gesundheitswesen. Zudem legen sie (im Rahmen der Bundesvorgaben) die exakte Höhe der Familienzulagen fest und sind

[48] Der ausführliche Forschungsbericht findet sich bei Gerlach/Laß/Dinkel 2009.

über kantonale Familienausgleichskassen für deren Vollzug verantwortlich (Sieber et al. 2004: 109f).

Den **Gemeinden** fällt die Aufgabe der Bereitstellung und des Betriebes der familienergänzenden Kinderbetreuung zu (Kübler 2007: 219). Bei der Finanzierung werden sie teilweise (wie z.B. in Basel-Stadt) von den Kantonen unterstützt.

Neben der durch den föderalen Staatsaufbau bedingten Aufteilung der familienpolitischen Kompetenzen zeigt sich auch innerhalb der Familienpolitik des Bundes eine starke Fragmentierung. So sind insgesamt 19 verschiedene Bundesämter aus allen sieben Departements mit familienpolitischen Aufgaben betraut.[49] Mit Blick auf die Vereinbarkeit von Beruf und Familie erscheinen mehrere Institutionen von besonderer Relevanz: Das *Staatssekretariat für Wirtschaft (seco)* im Eidgenössischen Volkswirtschaftsdepartement (EVD) erweist sich als zentral, da es für die Arbeitsrechtlichen Schutzbestimmungen (Kündigungsschutz bei Schwangerschaft und Mutterschaft, Mutterschaftsurlaub, Freistellung bei Krankheit des Kindes etc.) zuständig ist. Demgegenüber ist das *Bundesamt für Sozialversicherungen (BSV)* im Eidgenössischen Departement des Inneren (EDI) unter anderem für die Anstoßfinanzierung zur Schaffung von Betreuungsplätzen verantwortlich. Das *Eidgenössische Büro für die Gleichstellung von Frau und Mann (EBG)* (ebenfalls im EDI angesiedelt) ist für Kampagnen zur Förderung der Gleichstellung zuständig. Die Familienbesteuerung ist ihrerseits der *Eidgenössischen Steuerverwaltung (EStV)* im Eidgenössischen Finanzdepartement (EFD) unterstellt. Hinzu kommen verschiedene Expertenkommissionen wie die *Eidgenössische Koordinationskommission für Familienfragen (EKFF)*, welche dem EDI zugeteilt ist und als beratendes Organ eine bedeutende Funktion übernimmt. Mit Blick auf die weite Streuung der familienpolitischen Kompetenzen wurde bereits im Jahr 1982 die *Zentralstelle für Familienfragen (ZSFF)* im BSV eingerichtet. Die ZSFF hat die Aufgabe, die familienpolitischen Tätigkeiten des Bundes zu koordinieren. Sie überprüft die Vorhaben des Bundes auf deren jeweilige Auswirkungen auf die Familien und übernimmt in eingeschränktem Maße die Funktion einer Koordinationsstelle im Policyfeld Familienpolitik (Vatter et al. 2004: 71ff).

Neben der Bundesverwaltung gibt es noch eine Vielfalt weiterer Akteure im familienpolitischen Bereich. Hierzu gehören auf staatlicher Ebene neben dem Bundesrat und dem Parlament insbesondere die Parteien. Alle Regierungsparteien haben in Grundsatzpapieren ihre Vorstellung von Familienpolitik dargelegt. Hinzu kommt eine Vielfalt gesellschaftlicher Akteure, wie die Sozialpartner, Pro Familia Schweiz, Pro Juventute und Alliance F sowie kirchennahe Frauenverbände (Sieber et al. 2004: 125f). Zudem wirken Sozialforscher mit ihren Forschungsschwerpunkten und Ergebnissen auf familienpolitische Entscheidungen ein. Zu nennen ist hier insbesondere das *Büro für arbeits- und sozialpolitische Studien (BASS),* welches seit 1993 Forschung im familienpolitischen Bereich betreibt (Kübler 2007: 224).

Die Positionen der diversen Akteure können drei Weltanschauungen zugeordnet werden: der konservativen, der liberalen sowie der sozialdemokratischen.[50] Akteure mit einer *konserva-*

---

[49] Vgl. für eine tabellarische Übersicht der familienpolitischen Handlungsfelder sowie der zuständigen Bundesämter und Departements Vatter et al. 2004 71f.

[50] Für eine ausführliche Darstellung der wichtigsten Komponenten der drei Weltanschauungen sowie einer Zuordnung der einzelnen familienpolitischen Akteure zu diesen Weltanschauungen siehe Kübler 2007: 225.

tiven Weltanschauung vertreten das traditionelle Alleinernährermodell. Der Staat soll sich demgemäß nur in die Belange der Familie einmischen, um dieses Familienmodell zu unterstützen. Vertreter der *liberalen Weltanschauung* favorisieren hingegen die Wahlfreiheit bezüglich verschiedener Familienmodelle. Hierfür soll der Staat gesetzliche und fiskalische Rahmenbedingungen schaffen. Demgegenüber zielen Akteure mit *sozialdemokratischer Weltanschauung* auf die Gleichheit von Vater und Mutter bezüglich ihrer Rollen in Wirtschaft und Haushalt. Aufgabe des Staates ist es hierbei, die Chancengleichheit zwischen den Geschlechtern zu fördern (Kübler 2007: 224).

Betrachtet man die gegenwärtige Gesetzgebung und konkreten Maßnahmen im familienpolitischen Bereich (siehe Übersicht im Anhang), so wird deutlich, dass die Schweizer Familienpolitik in den letzten 10 bis 20 Jahren einen deutlichen Wandel vollzogen hat, welcher sich derzeit noch fortsetzt. So hat sich die Familienpolitik bis in die 1990er Jahre vorwiegend an dem Ziel der Armutsbekämpfung orientiert und sich auf Maßnahmen wie Kinderzulagen, Steuerabzüge, bedarfsbezogene Leistungen und Beratungsangebote konzentriert. In den 1990er Jahren verfolgte dann ein zunehmend stärker vernetzter Akteursblock aus dem sozialdemokratischen Lager neben der Armutspolitik auch das Ziel der Gleichstellungspolitik. Die Frage, ob Gleichstellungspolitik in die familienpolitischen Programme mit aufgenommen werden sollte oder nicht, bildete den zentralen familienpolitischen Streitpunkt der 1990er Jahre. Zunächst bildeten die Gegner dieser Neuerung, bestehend aus dem konservativen und dem liberalen Lager, die dominante Gruppe, so dass eine Ausweitung der familienpolitischen Orientierung in Richtung Gleichstellung von Frau und Mann unterblieb. Gegen Ende der 1990er Jahre wechselten die Liberalen jedoch das Lager und verfolgten zusammen mit den Sozialdemokraten das Ziel der Gleichstellung. Als Begründung führten sie die Notwendigkeit an, dem Mangel an qualifizierten Arbeitskräften entgegenzuwirken. Durch die neue Kräfteverteilung konnte eine Gleichstellungspolitik auf allen föderalen Ebenen durchgesetzt werden. Auf Bundesebene ermöglichte dieser Wandel zum Beispiel die Einführung einer Mutterschaftsversicherung (2005), welche zuvor in mehreren Anläufen an Referenden gescheitert war. Zudem konnte 2002 nach jahrelangem politischem Ringen eine Anstoßfinanzierung mit dem Ziel des Ausbaus der Kinderbetreuung im Vorschul- und Schulalter durchgesetzt werden (Kübler 2007). 2009 wurde schließlich eine Reform der Familienbesteuerung beschlossen, welche mittels eines Elterntarifs die steuerliche Entlastung von Familien mit Kindern anstrebt und einen Abzug für Fremdbetreuung von Kindern bei der direkten Bundessteuer vorsieht. Das neue Gesetz wird im Jahr 2011 in Kraft treten (EFD 2010).

Obgleich die genannten Reformen und Maßnahmen zu einer Verbesserung bezüglich der Vereinbarkeit von Beruf und Familie insbesondere von Frauen geführt haben, gestaltet sich die staatliche Familienpolitik in diesem Bereich verglichen mit derjenigen in Deutschland dennoch ausbaufähig. Während mit dem deutschen Bundeselterngeld- und Elternzeitgesetz im Jahr 2006 ein leistungsfähiges Instrument zur sequentiellen (oder simultanen) Verknüpfung von Erwerbs- und Familienarbeit für Frauen und Männer geschaffen wurde, existiert ein vergleichbares Instrument in der Schweiz bisher nicht. Für Mütter bestehen seit 2005 ein Anrecht auf einen bezahlten Mutterschaftsurlaub über 14 Wochen nach der Geburt sowie ein Kündigungsschutz während der Schwangerschaft und bis 16 Wochen nach der Niederkunft. Für Väter besteht kein vergleichbarer Anspruch; ihnen stehen nur ein bis zwei freie Tage bei der Geburt eines Kindes zu[51]. Auf Basis dieser Rechtsgrundlage sind insbesondere Väter, aber auch Mütter, gezwungen, nach der Geburt eines Kindes die Erwerbsarbeit zeitnah wieder aufzunehmen, wenn sie den Arbeitsplatz sowie das Einkommen erhalten möchten. Hierdurch kommt der Personalpolitik der Unternehmen eine zentrale Funktion bei der Vereinbarkeit von Beruf und Familie zu: Es steht jedem Arbeitgeber frei, ausschließlich die gesetzlichen Mindestanforderungen zu erfüllen oder aber durch Information und Kommunikation, vereinbarkeitsfördernde Maßnahmen sowie eine familienbewusste Unternehmenskultur Rahmenbedingungen zu schaffen, die den Mitarbeitenden die Vereinbarkeit von Beruf und Familie zusätzlich erleichtern.

2 Entwicklung des Messinstrumentes: Vom berufundfamilie-Index zum berufundfamilie-Index^{CH}

Als Basis für die Entwicklung des Messinstrumentes für die Untersuchung in der Schweiz diente der berufundfamilie-Index[52]. Um diesen hinsichtlich des Schweizer Kontextes zu spezifizieren, wurden das Konstrukt Familienbewusstsein sowie der deutsche berufundfamilie-Index in verschiedenen Schritten überprüft und modifiziert. Anhand mehrerer Interviews mit Experten aus dem Bereich der Schweizer Familienpolitik wurde die Relevanz der geplanten Studie für die Schweiz ermittelt. Anschließend dienten Leitfadeninterviews mit Schweizer Geschäftsführenden und Personalverantwortlichen zur Überprüfung des Konstrukts Familienbewusstsein und der Anpassung des Messinstrumentes an den Schweizer Kontext. Auf Basis der hierdurch gewonnenen Erkenntnisse und der Erfahrungen durch die deutsche Studie wurde der Fragebogen für die Studie entwickelt. Nach der Durchführung eines quantitativen Pretests in Form einer Telefonbefragung wurden die Reliabilität des Messinstrumentes überprüft und der Fragebogen weiter optimiert.

Während der Pretests konnte das Konstrukt Familienbewusstsein und seine Dreiteilung in die konstituierenden Dimensionen Dialog, Leistung und Kultur auch für die Schweiz bestätigt werden. Bezüglich der einzelnen Indikatoren und Items wurden verschiedene Anpassungen inhaltlicher wie semantischer Art vorgenommen. Zudem wurde im Vergleich zur deutschen Befragung ein zusätzliches Item aufgenommen, das den Stellenwert der Vereinbarkeit von Beruf und Familie im Unternehmen erfragt. Das Ergebnis der Modifikationen war der berufundfamilie-Index^{CH}, welcher auf insgesamt 22 Items basiert. Die Items repräsentieren 20 Indikatoren, welche ihrerseits 11 Subdimensionen zugehörig sind. Diese 11 Subdimensionen entspringen den drei Dimensionen Dialog, Leistung und Kultur. Die folgende Abbildung verdeutlicht die Struktur des berufundfamilie-Indexes^{CH}.

---

[51] Hierbei ist jedoch festzuhalten, dass sich die Eidgenössische Kommission für Familienfragen derzeit mit der Frage der Einführung einer Elternzeit in der Schweiz beschäftigt. Hierzu ist eine Publikation geplant, welche ein konkretes Modell für die Schweiz vorschlagen soll. Das Büro BASS ist mit der Prüfung und Berechnung von Modellvarianten beauftragt (www.buerobass.ch).

[52] Vergleiche den Beitrag von Gerlach/Schneider/Wieners/Juncke/Heinze „Status quo des betrieblichen Familienbewusstseins deutscher Unternehmen – Ergebnisse einer empirischen Erhebung“ in diesem Band.

Abbildung 1: Finale Itembatterie[53] des berufundfamilie-Indexes^CH^

Dimension	Subdimension	Indikator	Item
DIALOG	1 Information	1 Umfang	1 Unser Unternehmen verfügt über zahlreiche Informationen im Hinblick auf die Bedürfnisse der Mitarbeitenden zur Vereinbarkeit von Beruf und Familie.
		2 Aktualität	2 Unserem Unternehmen liegen aktuelle Informationen über die Bedürfnisse der Mitarbeitenden zur Vereinbarkeit von Beruf und Familie vor.
		3 Differenziertheit	3 Unser Unternehmen ist über die Bedürfnisse unterschiedlicher Gruppen von Mitarbeitenden zur Vereinbarkeit von Beruf und Familie gut informiert.
		4 Initiative	4 In unserem Unternehmen werden Informationen über die Bedürfnisse der Mitarbeitenden zur Vereinbarkeit von Beruf und Familie aktiv von der oder dem Personalverantwortlichen eingeholt.
		5 Rahmenbedingungen	5 Unser Unternehmen ist über gesetzliche Rahmenbedingungen und staatliche Leistungen im Zusammenhang mit der Vereinbarkeit von Beruf und Familie gut informiert. 6 Unser Unternehmen tauscht sich mit anderen Unternehmen und/oder Organisationen über Möglichkeiten der Vereinbarkeit von Beruf und Familie aus.
	2 Kommunikation	6 Mitarbeitenden-orientierung	7 Unsere Mitarbeitenden werden mit den für sie relevanten Informationen versorgt.
		7 Häufigkeit	8 In unserem Unternehmen existiert ein ständiges Informationsangebot zur Vereinbarkeit von Beruf und Familie.
		8 Umfang	9 Unsere Mitarbeitenden erhalten umfassende Informationen zu unserem Angebot zur Vereinbarkeit von Beruf und Familie.
	3 Reaktion	9 zeitnahe Reaktion	10 Anregungen von Mitarbeitenden zur Vereinbarkeit von Beruf und Familie werden schnell geprüft.
		10 Beteiligung der Mitarbeitenden	11 Mitarbeitende werden in die Planung von Maßnahmen zur Vereinbarkeit von Beruf und Familie eingebunden.
LEISTUNG	4 Quantität	11 Umfang	12 Unsere Mitarbeitenden sind mit der Anzahl der Maßnahmen zur Vereinbarkeit von Beruf und Familie zufrieden.
	5 Qualität	12 Nachfrageadäquanz	13 Unsere Maßnahmen zur Vereinbarkeit von Beruf und Familie richten sich nach den Bedürfnissen der Mitarbeitenden.
	6 Investitionen	13 Volumen	14 Wir investieren erhebliche Geldbeträge in Maßnahmen zur Vereinbarkeit von Beruf und Familie.
	7 Flexibilität	14 Maßnahmenanpassung	15 Unser Maßnahmenangebot zur Vereinbarkeit von Beruf und Familie passen wir an sich ändernde Bedürfnisse von Mitarbeitenden an.
KULTUR	8 Normen/Werte	15 Wertevielfalt	16 In unserem Unternehmen ist das Miteinander von Beruf und Familie eine Selbstverständlichkeit.
	9 Bedeutsamkeit	16 Dauerhaftigkeit	17 Wir verfolgen die Vereinbarkeit von Beruf und Familie ernsthaft, sie ist für uns ein Dauerthema.
		17 Stellenwert	18 In unserem Unternehmen sind andere Themen wesentlich wichtiger als die Vereinbarkeit von Beruf und Familie.
	10 U-Führung	18 Führungskultur	19 Unsere Unternehmensleitung engagiert sich glaubhaft für die Vereinbarkeit von Beruf und Familie. 20 Vorgesetzte ermöglichen im Rahmen ihres Handlungsspielraums ihren Mitarbeitenden die Vereinbarkeit von Beruf und Familie.
		19 Entwicklungschancen	21 Die Führungspositionen in unserem Unternehmen sind mit Familienpflichten nur schwer vereinbar.
	11 Betriebsklima	20 Kollegialität	22 In unserem Unternehmen treten häufig Spannungen zwischen Mitarbeitenden mit und ohne Familienpflichten auf.

Quelle: Eigene Darstellung.

[53] Item Nr. 18 musste nachträglich aus der Berechnung des berufundfamilie-Indexes^CH^ herausgenommen werden, da während der telefonischen Befragung durch das Marktforschungsinstitut eine inkorrekte Formulierung verwendet wurde.

Statistische Auswertungen der Daten des quantitativen Pretests haben gezeigt, dass der entwickelte berufundfamilie-Index^{CH} als valides und reliables Messinstrument eingestuft werden kann.

3 Untersuchungsdesign

Die Grundgesamtheit der Erhebung bildeten alle Betriebe in den Kantonen Basel-Stadt und Zürich. Um die Repräsentativität der Untersuchung in Hinblick auf die Betriebe der beiden Kantone zu gewährleisten, wurde die Stichprobe nach zwei Merkmalen in der Grundgesamtheit geschichtet; zum einen bezüglich der Verteilung der Betriebe auf einzelne Größenklassen (bezogen auf die Mitarbeitendenzahl) und zum anderen bezüglich der vorhandenen Branchenstruktur.

Mit Blick auf die *Beschäftigtengrößenklassen* wurde differenziert in kleine (6-49 Mitarbeitende), mittlere (50-249 Mitarbeitende) und große Betriebe (mindestens 250 Mitarbeitende). Auf die Berücksichtigung von sehr kleinen Betrieben (mit weniger als 6 Mitarbeitenden) wurde verzichtet, da Vereinbarkeitsproblematiken in diesen Betrieben zumeist auf informellen Wegen gelöst werden können. Die vorgenommene Einteilung unterscheidet sich geringfügig von derjenigen der deutschen Studie – in dieser gab es vier Größenklassen, wobei die größte Kategorie Betriebe mit über 500 Mitarbeitenden umfasste. Für die Schweiz war die Beschränkung auf drei Größenklassen angemessen, da die dortige Wirtschaft vorwiegend durch kleine und mittlere Unternehmen gekennzeichnet ist und bereits Betriebe mit mehr als 250 Mitarbeitenden selten sind.

Als Basis der *Klassifikation nach Branchen* diente die Allgemeine Systematik der Wirtschaftszweige (NOGA) des Bundesamtes für Statistik. Die Einteilung der Unternehmen wurde anhand der durch NOGA ausgewiesenen Wirtschaftszweige vorgenommen. Aufgrund der brancheneigenen Spezifika sowie um eine Vergleichbarkeit mit den Ergebnissen der deutschen Untersuchung zum berufundfamilie-Index zu gewährleisten, wurden der Primärsektor, die öffentliche Verwaltung sowie private Haushalte mit Personal in der Untersuchung nicht berücksichtigt. Jedoch wurde in Anbetracht der Branchenstruktur in den Kantonen Basel-Stadt und Zürich im Gegensatz zur deutschen Befragung der Bergbau von der Befragung ausgeschlossen und die Wirtschaftszweige Baugewerbe sowie Energie- und Wasserversorgung zusammengelegt.

Für die Kantone Basel-Stadt und Zürich wurde jeweils eine separate Stichprobe erhoben. Anhand der Einteilung in zehn Branchen und drei Beschäftigtengrößenklassen ergibt sich hierfür eine Matrix mit 30 zu besetzenden Zellen. Die Befragung erfolgte im September 2009 durch ein Marktforschungsinstitut in Form eines standardisierten Telefoninterviews. Insgesamt wurden 323 Betriebe aus dem Kanton Basel-Stadt sowie 434 Betriebe aus dem Kanton Zürich befragt[54]. Die folgende Grafik weist die realisierten Stichprobenpläne für Basel-Stadt und Zürich aus.

Abbildung 2: Realisierte Stichprobenpläne für Basel-Stadt (erster Abbildungsteil) und Zürich (zweiter Abbildungsteil)

Wirtschaftszweige	Beschäftigtengrößenklassen			
	6-49	50-249	≥ 250	**Summe**
Herstellung von Waren	11	8	2	**21**
Bau (inkl. Energie-/Wasserversorgung)	12	8	2	**22**
Handel, Reparaturen	30	14	1	**45**
Gastgewerbe	17	9	1	**27**
Verkehr, Nachrichten	14	10	6	**30**
Banken, Versicherungen	8	6	8	**22**
Immobilien, Informatik, F&E	28	26	6	**60**
Unterrichtswesen	14	18	1	**33**
Gesundheits-/Sozialwesen	17	21	5	**43**
Sonstige Dienstleistungen	10	9	1	**20**
Summe	**161**	**129**	**33**	**323**

Wirtschaftszweige	Beschäftigtengrößenklassen			
	6-49	50-249	≥ 250	**Summe**
Herstellung von Waren	23	23	18	**64**
Bau (inkl. Energie-/Wasserversorgung)	20	11	2	**33**
Handel, Reparaturen	44	24	8	**76**
Gastgewerbe	18	6	1	**25**
Verkehr, Nachrichten	9	12	4	**25**
Banken, Versicherungen	11	20	15	**46**
Immobilien, Informatik, F&E	32	24	11	**67**
Unterrichtswesen	13	12	4	**29**
Gesundheits-/Sozialwesen	16	17	17	**50**
Sonstige Dienstleistungen	12	4	3	**19**
Summe	**198**	**153**	**83**	**434**

Quelle: Eigene Darstellung.

[54] Aufgrund verschiedener Faktoren konnte die ursprünglich angestrebte Stichprobe nicht vollständig realisiert werden. Insbesondere die Größenklasse ≥ 250 Mitarbeitende weist in beiden Kantonen fehlende Interviews auf.

Im Zentrum der Befragung stand die Erhebung der 22 Items des berufundfamilie-Indexes^{CH} zur Messung des betrieblichen Familienbewusstseins. Jedoch wurde zur Beantwortung weiterführender Fragestellungen eine Reihe weiterer Fragen in die Studie integriert. Ein Frageblock diente der Erhebung von Items, die zur Validierung des berufundfamilie-Indexes^{CH} genutzt werden konnten. Zudem wurden die Geschäftsführenden und Personalverantwortlichen gebeten, den Grad des Familienbewusstseins ihres Unternehmens für den aktuellen Zeitpunkt (2009) sowie für das Jahr 2011 selbst einzuschätzen. Weiterhin wurden die in dem jeweiligen Unternehmen wichtigsten Maßnahmen im Bereich der Vereinbarkeit von Beruf und Familie erfragt. Um die Gleichbehandlung von Frauen und Männern in Bezug auf die Vereinbarkeit von Beruf und Familie in Unternehmen zu überprüfen, wurden zudem Fragen zu diesem Themenbereich in den Fragebogen aufgenommen. Ein weiterer Fragenblock beschäftigte sich mit den Determinanten von Familienbewusstsein. Er diente zur Untersuchung der Frage, welche Eigenschaften des Unternehmens und der Personalstruktur das betriebliche Familienbewusstsein beeinflussen. Ein abschließender Fragenblock erfragte für Basel-Stadt und Zürich separat den Bekanntheitsgrad jeweils eines kantonalen Instruments zur Förderung der Vereinbarkeit von Beruf und Familie.

4 Ergebnisse der Untersuchung

4.1 Die Selbsteinschätzung der Unternehmen

Um einen ersten Eindruck hinsichtlich des Familienbewusstseins der befragten Unternehmen und dessen Entwicklung zu erhalten, wurden die Interviewten gebeten, die Familienfreundlichkeit[55] ihres Unternehmens auf einer 7er-Ordinalskala von „gar nicht familienfreundlich" bis „sehr familienfreundlich" selbst einzuschätzen. Referenz dieser Einschätzung war der Befragungszeitpunkt (Familienfreundlichkeit aktuell) sowie das Jahr 2011 (Familienfreundlichkeit perspektivisch). Die folgende Abbildung verdeutlicht die von den Unternehmen erwartete Entwicklung der Familienfreundlichkeit in Basel-Stadt und Zürich:

[55] In der deutschen Befragung wurde der Begriff „familienbewusst" resp. „Familienbewusstsein" verwendet, da hiermit der Charakter von Familienpolitik als einer Investition, d.h. einer bewussten unternehmerischen Entscheidung in Erwartung einer Rendite, herausgestellt werden kann (Schneider/Gerlach/Wieners/Heinze 2008: 5). Demgegenüber deutet der Begriff „familienfreundlich" resp. „Familienfreundlichkeit" eher ein einseitiges Entgegenkommen der Unternehmen in Richtung der Mitarbeitenden an. In den Pretests hatte sich jedoch herausgestellt, dass der Begriff „Familienbewusstsein" vielen Befragten nicht geläufig sein würde. Es wurde somit während der Schweizer Befragung die Bezeichnung „Familienfreundlichkeit" benutzt.

Abbildung 3: Selbsteinschätzung der Familienfreundlichkeit für Basel-Stadt (erster Abbildungsteil) und Zürich (zweiter Abbildungsteil)

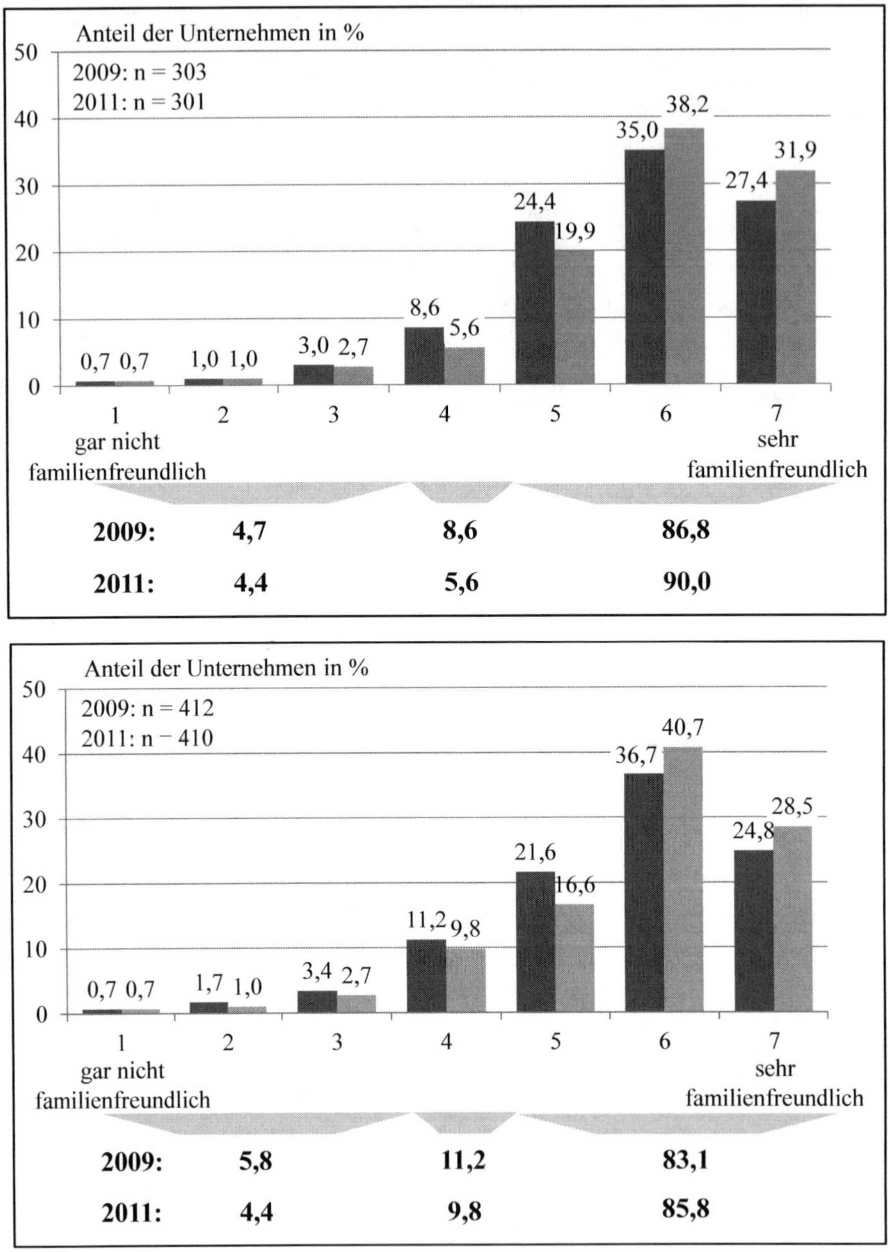

Quelle: Eigene Darstellung.

Derzeit schätzt die Mehrheit der basel-städtischen Unternehmen ihre Familienfreundlichkeit positiv ein: 86,8 % aller Unternehmen sehen sich als familienfreundlich bis sehr familienfreundlich. Als wenig bis gar nicht familienfreundlich bewerten sich gerade 4,7 %. Für die nahe Zukunft schätzen sich die Unternehmen selbst noch positiver ein: 90 % der Unternehmen sehen sich im Jahr 2011 als familienfreundlich bis sehr familienfreundlich, nur 4,4 % der Unternehmen als wenig bis gar nicht familienfreundlich. Viele Unternehmen möchten somit trotz der zum Erhebungszeitpunkt angespannten Wirtschaftslage ihre Familienfreundlichkeit intensivieren. Folglich ist zu erwarten, dass die durchschnittliche betriebliche Familienfreundlichkeit in Zukunft zunehmen wird. Während der Mittelwert derzeit bei 5,7 von möglichen 7 Punkten (SD=1,2) liegt, wird für das Jahr 2011 ein Mittelwert von 5,9 (SD=1,1) erwartet.

In Zürich zeigt sich bezüglich der Selbsteinschätzung der Unternehmen ein ähnliches Bild. Auch hier sieht sich die überwiegende Mehrheit der Unternehmen (83,1 %) als familienfreundlich bis sehr familienfreundlich. Demgegenüber halten sich 5,8 % für wenig bis gar nicht familienfreundlich. Wie die basel-städtischen Unternehmen erwarten auch Zürcher Unternehmen einen Anstieg der Familienfreundlichkeit bis 2011. So sehen sich in Zukunft 85,8 % der Unternehmen als familienfreundlich bis sehr familienfreundlich und 4,4 % der Unternehmen als gar nicht bis wenig familienfreundlich. Im Mittel wird die Familienfreundlichkeit hierdurch von 5,6 (SD=1,2) auf 5,8 Punkte (SD=1,2) steigen. Verglichen mit Basel-Stadt fällt in Zürich sowohl die aktuelle als auch die prospektive Selbsteinschätzung etwas schlechter aus. Jedoch erwarten beide Kantone einen gleich hohen Anstieg der durchschnittlichen Familienfreundlichkeit um 0,2 Punkte.

4.2 Wichtigste Maßnahmen

Ein zentraler Punkt bezüglich des Familienbewusstseins von Unternehmen ist das Angebot an Maßnahmen für die Mitarbeiterinnen und Mitarbeiter. Folglich wurden die Interviewpartner gebeten, die in ihrem Unternehmen wichtigsten drei Maßnahmen zur Vereinbarkeit von Beruf und Familie anzugeben. Hierbei fällt die Einschätzung der basel-städtischen und der Zürcher Unternehmen ähnlich aus, wie die folgende Tabelle deutlich macht:

Tabelle 1: Die wichtigsten Maßnahmen zur Vereinbarkeit von Beruf und Familie

	Basel-Stadt		**Zürich**	
Rang	**Maßnahme**	**%**	**Maßnahme**	**%**
1	Teilzeitarbeit (z.B. Teilzeit, Jobsharing)	55	Teilzeitarbeit (z.B. Teilzeit, Jobsharing)	53
2	Zeitrahmen-Modell (z.B. flexible Arbeitszeiten, Gleitzeit)	49	Zeitrahmen-Modell (z.B. flexible Arbeitszeiten, Gleitzeit)	52
3	Urlaubs- und Beurlaubungs-regelungen (z.B. Vaterschaftsurlaub; Rück-sicht auf Schulferien)	31	Urlaubs- und Beurlaubungs-regelungen (z.B. Vaterschaftsurlaub; Rück-sicht auf Schulferien)	42
4	Finanzielle Zuschüsse (z.B. Kinderzulagen, Krippen-beiträge)	12	Flexibler Arbeitsort (z.B. Heimarbeit, Telearbeit)	12
5	Betreuungsangebote für Kinder (z.B. Betriebsinterne Kinder-krippe, Zusammenarbeit mit externer Kinderbetreuung)	10	Betreuungsangebote für Kinder (z.B. Betriebsinterne Kinderkrip-pe, Zusammenarbeit mit externer Kinderbetreuung)	10

Quelle: Eigene Darstellung.

Sowohl in Basel-Stadt als auch in Zürich werden Maßnahmen im Bereich der Teilzeitarbeit, des Zeitrahmen-Modells sowie der Urlaubs- und Beurlaubungsregelungen am häufigsten genannt. Hierauf folgen in Basel-Stadt finanzielle Zuschüsse, während in Zürich dem flexiblen Arbeitsort größeres Gewicht eingeräumt wird. Auf dem fünften Platz finden sich in beiden Kantonen Betreuungsangebote für Kinder.

4.3 Der berufundfamilie-Index^{CH}

Inwiefern die untersuchten Unternehmen intersubjektiv nachvollziehbar als familienbewusst bezeichnet werden können, wird durch den berufundfamilie-Index^{CH} gemessen. Abbildung 4 illustriert die Ausprägung der drei zugrunde liegenden Dimensionen in Basel-Stadt und Zürich.

Abbildung 4: Die drei Dimensionen des Familienbewusstseins für Basel-Stadt (erster Abbildungsteil) und Zürich (zweiter Abbildungsteil)

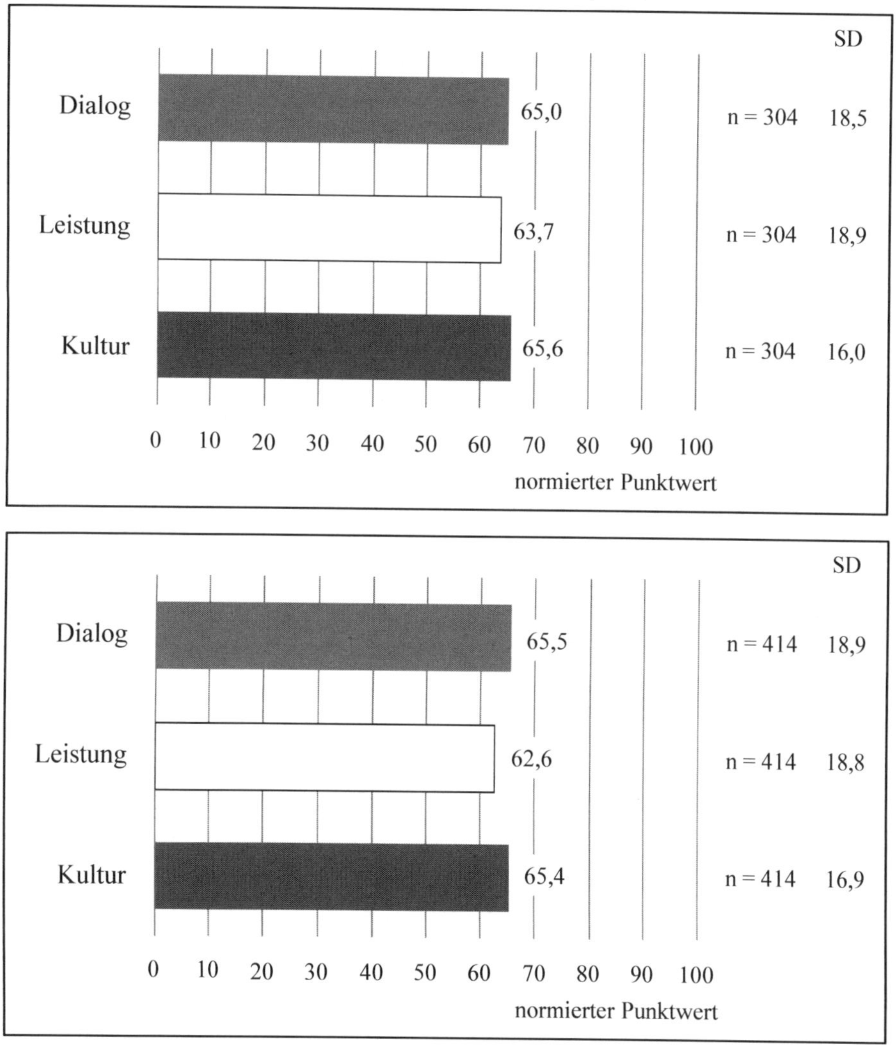

Quelle: Eigene Darstellung.

Hier wird deutlich, dass sowohl in Basel-Stadt als auch in Zürich die Dimensionen Dialog und Kultur vergleichsweise stark ausgeprägt sind, während die Dimension Leistung knapp 2 (Basel-Stadt) respektive knapp 3 Punkte (Zürich) darunter liegt. Basel-städtische und Zürcher Unternehmen setzen somit tendenziell eher auf den Dialog mit den Mitarbeitenden und auf eine familienbewusste Unternehmenskultur als auf das Angebot konkreter familienbewusster Maßnahmen. Hier zeigt sich verglichen mit den anderen Dimensionen somit noch Entwicklungspotenzial.

Der aus den drei genannten Dimensionen bestehende berufundfamilie-Index^{CH} weist in Basel-Stadt einen Durchschnittswert von 64,8 von möglichen 100 Punkten auf (SD=14,8); in Zürich beträgt er 64,5 Punkte (SD=15,3). Somit bestätigt sich auch in der Messung durch den berufundfamilie-Index^{CH} das leicht stärker ausgeprägte Familienbewusstsein der basel-städtischen Unternehmen. Insgesamt können sowohl basel-städtische als auch Zürcher Unternehmen mit beinahe zwei Dritteln der möglichen Punkte als familienbewusst eingestuft werden, jedoch besteht noch Raum für künftige Verbesserungen.

4.4 Spitzenreiter und Schlusslichter im Bereich Vereinbarkeit

Betrachtet man die genaue Verteilung der Unternehmen anhand des berufundfamilie-Indexes^{CH}, so lässt sich eine Gruppe von Unternehmen identifizieren, die besonders familienbewusst sind (d.h. ihr Indexwert liegt mindestens 25 % über dem Mittelwert) und eine Gruppe von Unternehmen, die im Bereich Familienbewusstsein besonders schlecht abschneiden (d.h. ihr Indexwert liegt mindestens 25 % unter dem Mittelwert). Spitzenreiter haben einen berufundfamilie-Index^{CH} von mindestens 81 Punkten, während Schlusslichter höchstens 49 (Basel) bzw. 48 (Zürich) Punkte erreichen. Abbildung 5 veranschaulicht die Verteilungen von Spitzenreitern, Schlusslichtern und Mittelfeld in den Kantonen.

Abbildung 5: Der berufundfamilie-Index^{CH} – Schlusslichter und Spitzenreiter für Basel-Stadt (erster Abbildungsteil) und Zürich (zweiter Abbildungsteil)

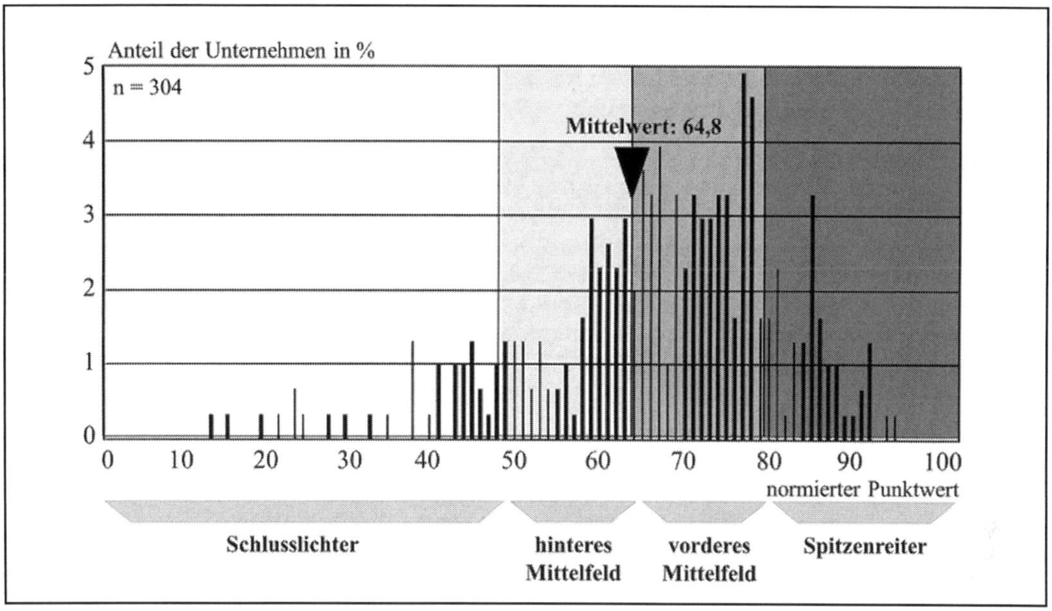

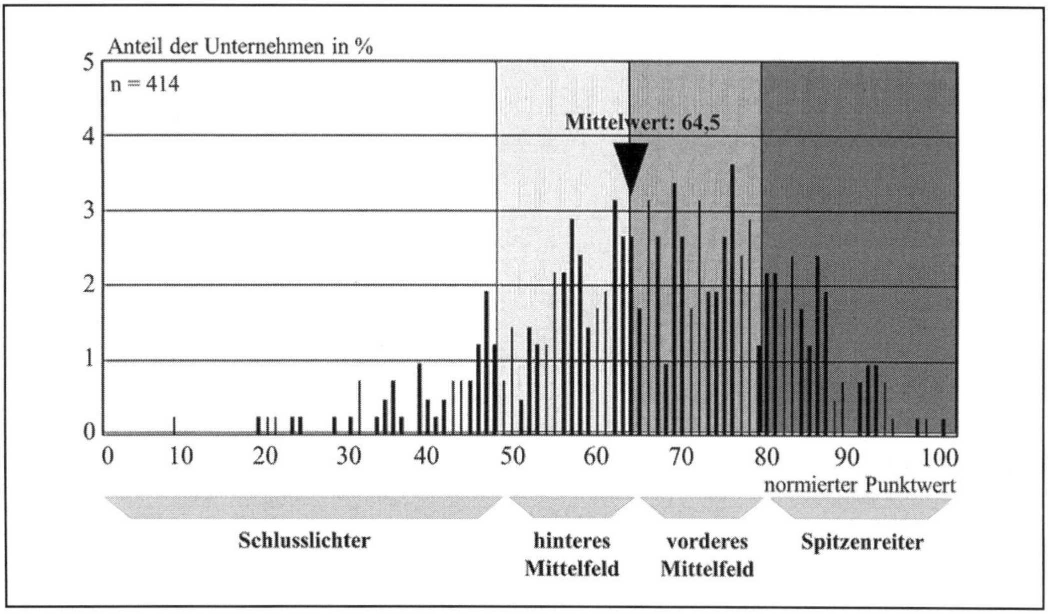

Quelle: Eigene Darstellung.

Die Anteile der einzelnen Gruppen differieren zwischen den Kantonen: Zählen in Basel 12,5 % der Unternehmen zu den Spitzenreitern, so sind dies in Zürich 14,7 %. Demgegenüber sind in Basel 14,5 % der Unternehmen als Schlusslichter einzustufen, während es in Zürich 15,2 % sind. Im Vergleich zeigt sich in Zürich somit ein höherer Anteil besonders familienbewusster Unternehmen, jedoch auch ein höherer Anteil an Unternehmen mit einem deutlichen Nachholbedarf bezüglich des Familienbewusstseins.

4.5 Gruppenanalysen

Um die Determinanten von betrieblichem Familienbewusstsein zu ermitteln, wurden die Unternehmen anhand verschiedener Variablen in Gruppen eingeteilt und der durchschnittliche berufundfamilie-Index^{CH}-Wert der einzelnen Gruppe jeweils mit dem berufundfamilie-Index^{CH}-Wert des jeweiligen Kantons verglichen. Die relevanten Variablen lassen sich den Kategorien

(1) Unternehmensspezifika und Rahmenbedingungen
(2) Personalstruktur sowie
(3) betriebliche Familienpolitik zuordnen.

In diesen Kategorien zeigen sich folgende, für Basel-Stadt und Zürich einheitliche Zusammenhänge[56]:

(1) Unternehmen, die sich in einer schlechten wirtschaftlichen Lage sehen, sind auf Basis des berufundfamilie-Indexes^{CH} weniger familienbewusst als der Durchschnitt aller befragten Unternehmen.

(2) Unternehmen, die einen vergleichsweise hohen Anteil an Führungskräften in Teilzeit beschäftigen, sind familienbewusster als der Durchschnitt. Gleiches gilt für Unternehmen mit einem vergleichsweise hohen Anteil weiblicher Führungskräfte. Bezüglich der Personalstruktur ist somit insbesondere die Struktur der Führungsebene von Relevanz.

(3) Unternehmen, die sich selbst als (sehr) familienfreundlich einschätzen oder ein Budget für die Vereinbarkeit von Beruf und Familie haben, sind familienbewusster als der Durchschnitt. Dies trifft ebenfalls auf die Unternehmen zu, die der Meinung sind, dass das betriebliche Engagement für die Vereinbarkeit von Beruf und Familie zunehmend wichtiger für die Gewinnung qualifizierter Beschäftigter wird. Demgegenüber sind Unternehmen, die sich selbst als nicht/wenig bzw. mäßig familienfreundlich einschätzen oder die Vereinbarkeit nicht für zunehmend wichtig bezüglich der Rekrutierung

[56] Basis hierfür sind ausschließlich *signifikante* Abweichungen des Gruppen-Indexwertes vom Gesamt-Indexwert in beiden Kantonen.

qualifizierter Mitarbeitender halten, weniger familienbewusst als der Durchschnitt aller befragten Unternehmen.

Die folgende Tabelle gibt eine Übersicht über die Ergebnisse der Gruppenanalysen.

Tabelle 2: Zentrale Ergebnisse der Gruppenanalysen

	Basel-Stadt		Zürich	
	Index	**n**	**Index**	**n**
Alle Unternehmen	**64,8**	**304**	**64,5**	**414**
Gruppen mit überdurchschnittlichem Indexwert				
Anteil Führungskräfte in Teilzeit > 25 %	70,2**	66	70,2**	52
Anteil weiblicher Führungskräfte > 25 %	67,6*	103	68,3**	129
Selbsteinschätzung: (sehr) familienfreundlich	67,6**	263	67,7**	342
Vereinbarkeit (eher) wichtig für Rekrutierung	67,2*	180	67,3**	243
Budget für familienfreundliche Maßnahmen	72,4**	35	73,3**	63
Gruppen mit unterdurchschnittlichem Indexwert				
Schlechte wirtschaftliche Lage	55,6*	28	53,9**	45
Selbsteinschätzung: nicht/wenig familienfreundlich	49,1*	14	41,6**	24
Selbsteinschätzung: mäßig familienfreundlich	44,8**	26	52,5**	46
Vereinbarkeit (eher) unwichtig für Rekrutierung	57,5**	48	53,7**	53

* Gruppenmittelwert unterscheidet sich signifikant (5 %-Niveau) vom Gesamtmittelwert (t-Test)

** Gruppenmittelwert unterscheidet sich signifikant (1 %-Niveau) vom Gesamtmittelwert (t-Test)

Quelle: Eigene Darstellung.

4.6 Gleichbehandlung von Frauen und Männern

Die im Vorfeld der Studie geführten Expertengespräche haben gezeigt, dass die Vereinbarkeit von Beruf und Familie von Geschäftsführenden und Personalverantwortlichen teilweise als ein primär die Frauen betreffendes Problem angesehen wird. Jedoch erweist sich die Kombination der beiden Lebensbereiche als einfacher, wenn beide Partner hieran mitwirken (können), so dass eine Doppelbelastung der Frauen und Mütter vermieden wird. Dementsprechend steht die

Gleichbehandlung von Frauen und Männern in enger Beziehung zum Bereich der betrieblichen Familienpolitik. Aus diesem Grund wurde in der Studie untersucht, inwieweit Frauen und Männern in Bezug auf die Vereinbarkeit von Beruf und Familie in den Unternehmen die gleiche Behandlung zukommt. Hierzu wurden folgende drei Items in die Studie integriert:

Abbildung 6: Gleichbehandlung im Kontext der Vereinbarkeit von Beruf und Familie

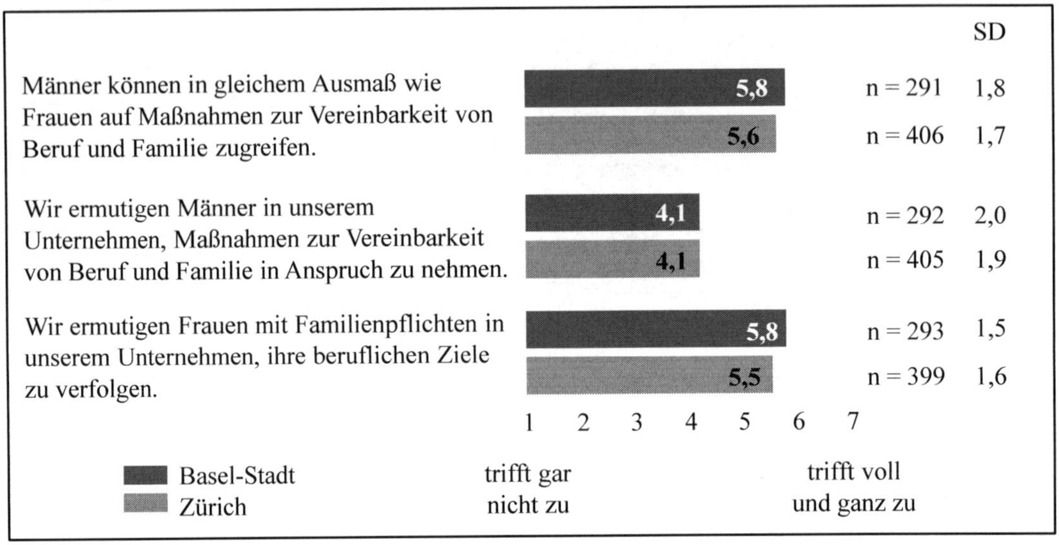

Quelle: Eigene Darstellung.

Die Items wurden auf einer Skala von 1 (stimme überhaupt nicht zu) bis 7 (stimme voll und ganz zu) gemessen. Vergleicht man die Mittelwerte des zweiten und des dritten Items, so zeigt sich, dass eine proaktive Politik in Hinblick auf die Verfolgung sowohl beruflicher als auch familiärer Interessen eher bei Frauen als bei Männern durchgeführt wird. Die Resultate zum ersten Item zeigen zwar, dass Männer zumeist ebenso stark von Maßnahmen zur Vereinbarkeit von Beruf und Familie Gebrauch machen können wie Frauen, sie werden dazu jedoch nicht unbedingt gezielt aufgefordert.

Auf Basis des arithmetischen Mittels dieser drei Items wurde zudem ein Gleichbehandlungsindex errechnet, dessen Wert analog zum berufundfamilie-Index^{CH} zwischen 0 und 100 liegt. Hierbei erreichen Unternehmen im Kanton Basel-Stadt mit 69,9 einen recht hohen Wert (SD=21,6). Zürcher Unternehmen schneiden mit 68,1 Punkten (SD=21,4) leicht schlechter ab, liegen aber ebenfalls auf hohem Niveau. Hier deutet sich an, dass die Vereinbarkeit von Beruf und Familie in vielen Unternehmen bereits als geschlechterübergreifendes Thema angesehen wird.

Wird der berufundfamilie-Index^{CH} mit den Gleichbehandlungsitems sowie dem Gleichbehandlungs-Index in Beziehung gesetzt, so zeigt sich, dass Unternehmen, die der Gleichbehandlung von Frauen und Männern im Rahmen der Vereinbarkeit von Beruf und Familie einen hohen Stellenwert beimessen, ebenfalls einen deutlich höheren berufundfamilie-Index^{CH}-Wert erreichen als Unternehmen, die diesem Thema wenig Beachtung schenken. So ergab sich zwischen dem berufundfamilie-Index^{CH} und dem Gleichbehandlungs-Index in beiden Kantonen eine Korrelation von 0,63 (nach Pearson).

Fazit

Der demografische Wandel zahlreicher Industriestaaten impliziert Veränderungen, nach welchen die Bevölkerungen zunehmend älter werden und gleichzeitig schrumpfen. Diese Entwicklung ist auch für die Schweiz nachzuzeichnen, so dass die Vereinbarkeit von Beruf und Familie in den Kantonen eine zunehmende Relevanz erfährt: Um demografisch bedingte Rückgänge beim Erwerbspersonenpotenzial kompensieren, aber auch den Lebensentwürfen der Menschen entsprechen zu können, wird es immer mehr zu einer Unternehmensstrategie, qualifizierte Frauen wie Männer auch dann im Betrieb beschäftigen zu können, wenn sie familiale Verpflichtungen wahrnehmen. Unternehmen werden somit als familienpolitische Akteure tätig und leisten bedeutsame Beiträge für eine bessere Vereinbarkeit von Erwerbsarbeit und Familie. In diesem Zusammenhang stellte sich die Frage, wie familienbewusst die Unternehmen in der Schweiz derzeit sind.

An diese Fragestellung knüpfte die beschriebene Studie an. Mit Hilfe des berufundfamilie-Indexes^{CH} wurde eine empirische Untersuchung zur Messung des betrieblichen Familienbewusstseins in Basel-Stadt und Zürich durchgeführt. Die Datenanalyse hat gezeigt, dass der berufundfamilie-Index^{CH} sowohl in Basel-Stadt als auch in Zürich bei knapp 65 von 100 Punkten liegt. Bezogen auf die Fragestellung, wie familienbewusst die Unternehmen in den untersuchten Kantonen aufgestellt sind, kann festgehalten werden, dass Familienbewusstsein keine Unbekannte in den Unternehmen ist, jedoch noch weiteres Verbesserungspotenzial besteht.

Wie das Ergebnis insgesamt zu bewerten ist, kann ein Vergleich mit den Ergebnissen der deutschen Unternehmensbefragung zeigen: Verglichen mit dem deutschen berufundfamilie-Index-Wert von 63 Punkten erscheinen basel-städtische und Zürcher Unternehmen ähnlich familienbewusst. Auch die Verteilung der Unternehmen auf Spitzenreiter (15 %), Mittelfeld (70 %) und Schlusslichter (14 %) in Hinblick auf das Familienbewusstsein gestaltet sich in Deutschland ähnlich. Während die Werte des berufundfamilie-Indexes^{CH} und des deutschen berufundfamilie-Indexes somit eng beieinander liegen, unterscheiden sich die ihnen zugrunde liegenden Dimensionen deutlich: So ist insbesondere die Dimension Dialog in Basel-Stadt und Zürich stärker ausgeprägt als in Deutschland. Demgegenüber ist in deutschen Unternehmen die familienbewusste Kultur weiter entwickelt als in den beiden Schweizer Kantonen. Bezüglich der familienbewussten Leistungen zeigen sich nur geringe Unterschiede, wobei die basel-städtischen und Zürcher Unternehmen hier einen leichten Vorsprung zeigen.

Insgesamt gilt es jedoch zu bedenken, dass einer internationalen Vergleichbarkeit der Ergebnisse dadurch Grenzen gesteckt sind, dass die Messinstrumente dem jeweiligen nationalen Kontext angepasst und damit nicht identisch sind. Um Veränderungen hinsichtlich des Familienbewusstseins der Unternehmen in Basel-Stadt und Zürich sichtbar machen zu können, ist folglich die Wiederholung der Studie nach Ablauf weniger Jahre angezeigt. Anhand der Gegenüberstellung der Ergebnisse der beiden Studien ließe sich eine Entwicklung des Familienbewusstseins in den Unternehmen nachzeichnen und überprüfen, inwiefern eine weitergehende Sensibilisierung der Unternehmen für das Thema Vereinbarkeit von Beruf und Familie stattgefunden hat.

Literatur

Bundesamt für Statistik (Hrsg.) (2008): Familien in der Schweiz. Statistischer Bericht 2008. [online abrufbar unter: http://www.bfs.admin.ch/bfs/portal/de/index/news/publikationen.Document.114233.pdf (letzter Zugriff am 06.07.2010)].

Eidgenössisches Finanzdepartement (2010): Reform der Ehe- und Familienbesteuerung. [online abrufbar unter: http://www.efd.admin.ch/dokumentation/zahlen/00579/00608/00631/index.html?lang=de (letzter Zugriff am 30.06.2010)].

Gerlach, I., Laß, I., Dinkel, S. (2009): Ergebnisse der Studie Familienfreundlichkeit von Unternehmen in den Kantonen Basel-Stadt und Zürich. [online abrufbar unter: http://www.vereinbarkeit.zh.ch/etc/medialib/ji/ffg/vereinbarkei/pub3.Par.0018.File.dat/projektpapier_studie.pdf (letzter Zugriff am 30.06.2010)].

Kübler, D. (2007): Understanding the Recent Expansion of Swiss Family Policy: An Idea-Centered Approach. In: Journal of Social Policy. 36. Jahrgang, Heft 2/2007. S. 217-237.

Schneider, H., Gerlach, I., Wieners, H., Heinze, J. (2008): Der berufundfamilie-Index – ein Instrument zur Messung des betrieblichen Familienbewusstseins. Forschungszentrum Familienbewusste Personalpolitik. Arbeitspapier Nr. 4.

Sieber, C., Schmassmann, H., Mäder, U. (2004): Die Familienpolitik in der Schweiz. In: Eidgenössisches Departement des Inneren (Hrsg.): Familienbericht 2004. Strukturelle Anforderungen an eine bedürfnisgerechte Familienpolitik. Bern.

Vatter, A., Ledermann, S., Sager, F., Zollinger, L. (2004): Familienpolitik auf Bundesebene, Forschungsbericht Nr. 8/04. Bundesamt für Sozialversicherung. Bern.

Anhang

Gegenwärtige Maßnahmen auf Bundes- und Kantonsebene im Bereich der Vereinbarkeit von Beruf und Familie:

Art der Maßnahme	Ausgestaltung
Familienzulagen	• **Bundeseinheitlich geregelte Mindestansätze** für arbeitgeberfinanzierte Kinder- und Ausbildungszulagen (seit 2009): Kinderzulage: mind. 200 CHF/Monat für Kinder bis 16 J. Ausbildungszulage: mind. 250 CHF/Monat für Kinder von 16 bis 25 J. • genaue Ausgestaltung ist kantonsabhängig: BS erfüllt die Mindestanforderungen; ZH gewährt die Ausbildungszulagen bereits ab dem 13. Lebensjahr
Familienbesteuerung	• **Gemeinsame Besteuerung** von Ehepartnern • Verschiedene **Abzüge für Familien** mit Kindern • Reform der Besteuerung tritt 2011 in Kraft: Einführung eines niedrigeren Elterntarifs mit Kinderbetreuungsabzug
Familienergänzende Kinderbetreuung	• **Anstoßfinanzierung des Bundes** zur Schaffung neuer Plätze in Kindertagesstätten (seit 2002); wurde in ZH besonders gut genutzt • In BS: Rechtsanspruch auf einen Tagesbetreuungsplatz (seit 2006) • Nachfrage übersteigt die zur Verfügung stehenden Plätze

Familienverträgliche Arbeitswelt	• **Arbeitsrechtliche Schutzbestimmungen:**
	  • **Kündigungsschutz** während der Schwangerschaft bis 16 Wochen nach der Geburt des Kindes
	  • Anspruch auf **Mutterschaftsurlaub** von mind. 14 Wochen nach der Niederkunft (seit 2005). Während dieses Zeitraums werden 80 % des Lohns ausbezahlt. Gilt in einer Branche ein Gesamtarbeitsvertrag (GAV), der bessere Konditionen vorschreibt, so gilt der GAV.
	  • Ein gesetzlicher **Vaterschaftsurlaub** existiert nicht; Vätern stehen ein bis zwei freie Tage bei der Geburt des Kindes zu. Jedoch gilt dies als Minimalvorschrift, so dass Arbeitgeber auf vertraglichem Weg weitergehende Regelungen treffen können.

	• Freistellung zur **Betreuung kranker Kinder** bis zu drei Tagen
	• Kampagnen zur **Förderung der Gleichstellung** von Frau und Mann auf Bundes- und Kantonsebene:
	  • BS: Programm Familienfreundliche Wirtschaftsregion Basel im Legislaturplan des Regierungsrates. Umsetzung durch die Fachstelle Gleichstellung von Frauen und Männern (seit 2006)
	  • ZH: Verbesserung der Vereinbarkeit von Beruf und Familie in Unternehmen als Legislaturziel des Regierungsrates (2007-2011). Umsetzung unter anderen durch die Fachstelle für Gleichstellung von Frau und Mann

Familienverträgliches Schul- und Bildungssystem	• **Anstoßfinanzierung des Bundes** zur Förderung schulergänzender Betreuung (seit 2002); wurde in BS und ZH sehr gut genutzt
	• **Finanzierung/Subventionierung** der vorschulischen und außerschulischen Betreuung kantonsabhängig:
	  • BS: durch Kanton und Gemeinden
	  • ZH: ausschließlich durch Gemeinden, jedoch ist die „Volksinitiative Kinderbetreuung Ja!" anhängig, welche eine finanzielle Beteiligung des Kantons fordert
	• **Blockzeiten** an allen Kindergärten und Primarschulen in BS und ZH
	• **Tagesschulen:**
	  • ZH: vergleichsweise gutes Angebot an Tagesschulen
	  • BS: Initiative „Tagesschulen für mehr Chancengleichheit" für den Ausbau von Volksschulen zu (unentgeltlichen) Tagesschulen ist anhängig
	• keine **Mittagstische** an Kindergärten und Schulen in BS, in ZH Mittagstische an weniger als 25 % der Kindergärten und weniger als 50 % der Grundschulen

Quelle: Eigene Darstellung auf Basis von Gerlach/Laß/Dinkel 2009: 10ff, EFD 2010 sowie Bundesamt für Statistik 2008: 23ff.

Betriebliches Familienbewusstsein aus Mitarbeitendenperspektive – Ergebnisse einer Pilotstudie

Helen Wieners und Jana Heinze

Einleitung

Die Betreuung eigener Kinder bzw. Pflege älterer Angehöriger mit der eigenen Berufstätigkeit zu vereinbaren, ist eine zentrale Herausforderung für die Mitarbeitenden eines Unternehmens. Trotz der damit einhergehenden hohen Bedeutung einer bedarfsgerechten Ausgestaltung einer familienbewussten Personalpolitik, wurden im Vergleich zur Arbeitgeberperspektive bisher jedoch nur eingeschränkt umfassende Analysen zur Messung des betrieblichen Familienbewusstseins aus Sicht der Mitarbeitenden veröffentlicht. Durch das im Anschluss dargestellte Befragungsinstrument kann diese Forschungslücke nun zumindest partiell geschlossen werden. Fokus des konzipierten Befragungsinstrumentes ist die systematische Erfassung der in Anlehnung an den berufundfamilie-Index (vgl. Kapitel 4) konzipierten drei Dimensionen Dialog, Leistung und Kultur aus Sicht der Mitarbeitenden. Durch die Integration soziodemografischer Variablen sowie Fragen zur Bedeutung der Vereinbarkeit ist es darüber hinaus erstmals möglich, detaillierte Auskünfte über die Struktur der Mitarbeitenden hinsichtlich aktueller und künftiger Familienpflichten sowie Bedarfsanalysen ausgewählter Gruppen von Mitarbeitenden durchzuführen.

1 Adaption des berufundfamilie-Indexes

Der berufundfamilie-Index misst das betriebliche Familienbewusstsein anhand einer Gesamteinschätzung eines Personalverantwortlichen respektive des Geschäftsführers. Um eine valide Einschätzung des betrieblichen Familienbewusstseins aus Sicht der Mitarbeitenden zu generieren, sind zunächst dementsprechende Modifizierungen an diesem Befragungsinstrument vorzunehmen, die der individuellen Perspektive der Mitarbeitenden Rechnung tragen. Das Pilotprojekt zur Anpassung des Managementinstruments berufundfamilie-Index wurde in Kooperation mit einer deutschen Großbank (im Folgenden P-BANK genannt) durchgeführt. An unterschiedlichen Standorten im In- und Ausland beschäftigt die P-BANK rund 4.000 Mitarbeitende. Auf der Basis des berufundfamilie-Indexes und literaturbasierter konzeptioneller Überlegungen wurden zunächst unterschiedliche qualitative und quantitative Voruntersuchungen durchgeführt. Ziel war es, ein Instrument zur Messung des betrieblichen Familienbewusstseins aus Sicht der Mitarbeitenden zu entwickeln, das sich ebenso wie der berufundfamilie-Index einerseits durch seine Validität andererseits durch Verständlichkeit und Kompaktheit auszeichnet.

Schritt 1 der empirischen Voruntersuchungen waren Expertengespräche. Diese hatten das Ziel, zu erforschen, was Familienbewusstsein aus Sicht der Mitarbeitenden ausmacht. Wann ist ein Unternehmen familienbewusst? Welche Herausforderungen begegnen den Mitarbeitenden mit Familienpflichten? Zählt nur die Bereitstellung von Leistungspaketen oder gibt es weitere andere Aspekte, die ein familienbewusstes Arbeitsumfeld ausmachen?

Als Gruppe von Experten wurden einerseits Mitarbeitende der P-BANK befragt. Insgesamt fanden drei in Frankfurt durchgeführte Gruppendiskussionen (Gruppe A: fünf Mitarbeitende mit Erziehungspflichten, Gruppe B: vier Mitarbeitende mit Pflegeaufgaben, Gruppe C: drei Mitarbeitende ohne Familienpflichten) statt. Andererseits wurden darüber hinaus zwölf Personen mit Familienpflichten (neun Personen mit Erziehungspflichten und drei Personen mit Pflegeaufgaben) interviewt, die nicht der P-BANK angehören. Die Gespräche wurden unter Zuhilfenahme teilstandardisierter Leitfäden durchgeführt und ausgewertet. Die Konstruktion des Leitfadens beruhte auf theoretischen Überlegungen (Literatur, Dokumente etc.) sowie explorativen Gesprächen bzw. bereits durchgeführten Studien im Vorfeld der Untersuchung. Die unterschiedlichen Forschungsfragen konnten so in Themenbündel gegliedert werden, die durch möglichst offene Fragen die Vorstellungen der Befragten über eine familienbewusste Personalpolitik erfassen sollen. Die Gespräche fanden in der P-BANK respektive an einem von den Experten selbst gewählten Ort statt und dauerten zwischen 15 und 75 Minuten.

Die im berufundfamilie-Index zusammengefassten Dimensionen und Subdimensionen einer familienbewussten Personalpolitik wurden sowohl durch die Literaturanalyse als auch durch die Gespräche mit Mitarbeitenden bestätigt. Inhaltlich kleine Änderungen zeigten sich lediglich dahingehend, als dass

1. innerhalb der Dimension Dialog (Subdimension Information) die Indikator Differenziertheit und Aktualität nicht bestätigt wurden, darüber hinaus einerseits der Indikator Umfang in den Indikator Thematisierung und andererseits der Indikator zeitnahe Reaktion in den Indikator Ernsthaftigkeit überführt wurde,
2. innerhalb der Dimension Leistung (Subdimension Flexibilität) der Indikator Maßnahmenanpassung in den Indikator Maßnahmennutzung überführt wurde, da aus Sicht der Mitarbeitenden die Flexibilität eher auf eine flexible, spontane Nutzung der angebotenen Maßnahmen fokussiert, als auf eine flexible Umgestaltung des Maßnahmenangebots im Zeitablauf und
3. innerhalb der Dimension Kultur (Subdimension Normen/Werte) ein neuer Indikator (Zeitkultur) aufgenommen wurde, der beschreibt, inwieweit die Arbeitsleistungsbewertung der Mitarbeitenden auf der Länge der Anwesenheit im Unternehmen basiert.

Die finale Itembatterie des Mitarbeitenden-Indexes umfasst 19 Fragen, die – in Anlehnung an den berufundfamilie-Index – 18 Indikatoren der 11 Subdimensionen operationalisieren. Vor der Feldphase der Befragung, wurde das Instrument in zwei unterschiedlichen Pre-Tests in der P-BANK überprüft. Für einen qualitativen Pre-Test wurden sieben Mitarbeitende unterschiedlicher Hierarchiestufen der P-BANK eingeladen, das Befragungsinstrument kritisch zu diskutieren. Zwei Mitarbeitende antworteten dabei schriftlich, die übrigen fünf Gespräche wurden in der P-BANK geführt und dauerten zwischen 25 und 50 Minuten an. Für einen quantitativen Pre-Test wurden seitens der P-BANK 90 Mitarbeitende unterschiedlicher Hierarchiestufen zufällig ausgewählt und zur Teilnahme eingeladen. Analog zum beschriebenen Reliabilitäts- und Validitätscheck in Kapitel 4 wurden auch im Rahmen des modifizierten Indexes statistische Testverfahren (Kriteriums- und Konstruktvalidität und t-Test) nach Testende durchgeführt, um Aussagen über die prinzipielle Einsetzbarkeit des Messinstruments treffen zu können. Zusammengefasst weisen alle Ergebnisse auf ein statistisch valides und reliables Instrument zur Messung des betrieblichen Familienbewusstseins aus Sicht der Mitarbeitenden hin.

Abbildung 1: Itemübersicht des Mitarbeitenden-Indexes

Dimension	Subdimension	Indikator	Item
DIALOG	Information	Umfang	Die P-BANK ist über meine Bedürfnisse zur Vereinbarkeit von Beruf und Familie gut informiert.
		Initiative	Die P-BANK holt aktiv Informationen über meine Bedürfnisse zur Vereinbarkeit von Beruf und Familie ein.
		Rahmenbedingungen	Ansprechpartner in der P-BANK sind über gesetzliche Rahmenbedingungen und staatliche Leistungen im Zusammenhang mit der Vereinbarkeit von Beruf und Familie gut informiert.
	Kommunikation	Mitarbeiterorientierung	Durch die P-BANK fühle ich mich in Fragen der Vereinbarkeit von Beruf und Familie gut informiert.
		Häufigkeit	Ich weiß, wo ich in der P-BANK bei konkreten Vereinbarkeitsproblemen passgenaue Informationen erhalte.
		Thematisierung	Die Vereinbarkeit von Beruf und Familie ist ein Thema in der Unternehmenskommunikation der P-BANK.
	Reaktion	Ernsthaftigkeit	Mitarbeitervorschläge zur besseren Vereinbarkeit von Beruf und Familie werden in der P-BANK ernst genommen.
		Beteiligung der Mitarbeiter	Bei der P-BANK werden Mitarbeiter in die Planung von Maßnahmen zur Vereinbarkeit von Beruf und Familie eingebunden.
LEISTUNG	Quantität	Umfang	Maßnahmen zur Vereinbarkeit von Beruf und Familie werden in der P-BANK nicht im ausreichenden Maße angeboten.
	Qualität	Nachfrageadäquanz	Vereinbarkeitsprobleme werden durch die von der P-BANK angebotenen Maßnahmen aus meiner Sicht gut gelöst.
	Investitionen/ mon. Transfer/ mon. Anstrengung	Volumen	Die Maßnahmen zur Vereinbarkeit von Beruf und Familie sind der P-BANK sichtbar Geld wert.
	Flexibilität	Maßnahmennutzung	Auf die von der P-BANK angebotenen Maßnahmen zur Vereinbarkeit von Beruf und Familie kann unbürokratisch zugegriffen werden.
KULTUR	Normen / Werte	Wertevielfalt	In der P-BANK ist das Miteinander von Beruf und Familie eine Selbstverständlichkeit.
		Zeitkultur	In der P-BANK wird die Arbeitsleistung in erster Linie danach bewertet, wie lange man am Arbeitsplatz ist.
	Kontinuität	Dauerhaftigkeit	Die P-BANK verfolgt die Vereinbarkeit von Beruf und Familie nachhaltig; sie ist kein Modethema.
	U-Führung	Führungskultur	Die Unternehmensleitung der P-BANK engagiert sich glaubhaft für die Vereinbarkeit von Beruf und Familie.
			Mein direkter Vorgesetzter unterstützt die Vereinbarkeit von Beruf und Familie.
		Entwicklungschancen	In der P-BANK haben Mitarbeiter mit und ohne Familienpflichten bei gleicher Qualifikation die gleichen Karrierechancen.
	Betriebsklima	Kollegialität	In der P-BANK treten häufig Spannungen zwischen Mitarbeitern mit und ohne Familienpflichten auf.

Quelle: Eigene Darstellung.

Neben diesem Mitarbeitenden-Index sind folgende Punkte, mit denen Mitarbeitende das betriebliche Familienbewusstsein der P-BANK im Allgemeinen wie im Speziellen beurteilen sollen, Bestandteile dieses Frageblocks:

- Um das Familienbewusstsein der P-BANK im Zeitablauf und auf einer weniger detaillierten Ebene betrachten zu können, wurden die Mitarbeitenden der P-BANK gebeten, das Familienbewusstsein ihres Unternehmens insgesamt aktuell, d.h. für das Jahr 2009, sowie retrospektiv für das Jahr 2008 zu bewerten.
- Der Mitarbeitende-Index liefert detaillierte Informationen über das (erreichte) Familienbewusstsein insgesamt und innerhalb der drei Dimensionen. Die Bedeutung der drei Dimensionen aus Sicht der Mitarbeitenden wurde zudem direkt über eine Konstantsummenskala erfasst.
- Der direkte Vorgesetzte erhält eine zentrale Rolle innerhalb der Vereinbarkeitsproblematik. Das Befragungsinstrument wurde schließlich um drei Items ergänzt, die, basierend auf den drei bekannten Dimensionen, auf eine „Bewertung" des direkten Vorgesetzten abzielen.
- Die letzte Untersuchungsfrage dieses Blocks fokussiert auf konkrete familienbewusste Personalmaßnahmen in der P-BANK, deren Bekanntheits- und Nutzungsgrad sowie deren Bedeutung.

Ein weiterer Frageblock beschäftigt sich mit der Bedeutung der Vereinbarkeitslage. Neben einem Gesamturteil wird darauf fokussiert, wie bedeutsam die Vereinbarkeit von Beruf und Familie nicht nur hinsichtlich der Arbeitszufriedenheit, sondern auch bei der Wahl eines neuen Arbeitgebers ist. Schließlich wurde in einem letzten Block das Ausmaß der Vereinbarkeitslage in der P-BANK untersucht. Schwerpunkt ist hier die Frage, inwiefern die Vereinbarkeit von Beruf und Familie (bereits) problemlos möglich ist oder ob in der Realität eher Fehlzeiten aufgrund von Vereinbarkeitsproblemen anzufinden sind.

2 Ergebnisse der Pilotstudie[57]

Vom 2. bis 23. Juni 2009 wurden mit Hilfe dieses Befragungsinstruments im Rahmen einer Online-Befragung alle inländischen Beschäftigten des Finanzinstituts eingeladen, an der Befragung teilzunehmen. Die Stichprobe umfasste 668 (von 3.817 möglichen) Fälle(n) und bildet nach Durchführung einer Datengewichtung die Beschäftigtenstruktur der P-BANK hinsichtlich Geschlecht und Alter repräsentativ ab. Ziel dieser Befragung war es, Daten zur Wahrnehmung des Familienbewusstseins der P-BANK aus Sicht der Mitarbeitenden zu liefern und zudem

[57] Im Folgenden werden schwerpunktmäßig nur diejenigen Ergebnisse der Pilotstudie vorgestellt, die das größte Generalisierungspotenzial für andere Unternehmen besitzen. Für detaillierte Auswertungen auch anderer Frageblöcke der Untersuchung (Bsp. Bewertung der in Anlehnung an den berufundfamilie-Index konzipierten Dimensionen Dialog, Leistung und Kultur) wenden Sie sich bitte an die Autoren bzw. das Forschungszentrum Familienbewusste Personalpolitik.

Hinweise auf die Gestaltung eines zukünftigen Ausbaus bzw. einer Spezifizierung familienbewusster Personalpolitik zu geben.

Abbildung 2: Stichprobe der Pilotstudie

Grundgesamtheit

	männliche Mitarbeiter	weibliche Mitarbeiter	**Summe**
bis 29 Jahre	6,7 % / 256	7,2 % / 275	**13,9 % / 531**
30 bis 39 Jahre	19,2 % / 733	12,8 % / 488	**32,0 % / 1.221**
40 bis 49 Jahre	24,1 % / 920	13,7 % / 523	**37,8 % / 1.443**
ab 50 Jahre	9,7 % / 370	6,6 % / 252	**16,3 % / 622**
Summe	**59,7 % / 2.279**	**40,3 % / 1.538**	**100 % / 3.817**

Nettostichprobe

	männliche Mitarbeiter	weibliche Mitarbeiter	**Summe**
bis 29 Jahre	6,7 % / 37	7,2% / 40	**13,9 % / 77**
30 bis 39 Jahre	19,2 % / 107	12,8 % / 71	**32,0 % / 178**
40 bis 49 Jahre	24,1 % / 135	13,7 % / 77	**37,8 % / 212**
ab 50 Jahre	9,7 % / 55	6,6 % / 37	**16,3 % / 92**
Summe	**59,7 % / 334**	**40,3 % / 225**	**100 % / 559**
109 Fälle ohne Angabe zu Alter und Geschlecht			**668**

Quelle: Eigene Darstellung.

3 Ausmaß der Vereinbarkeitslage

Das Familienbewusstsein tangiert die einzelnen Beschäftigten und wirkt unmittelbar auf die Ebene der Mitarbeitenden. Eine Mitarbeiterbefragung kann in diesem Kontext dazu dienen, Bedarfe der Beschäftigten hinsichtlich einer verbesserten Vereinbarkeit von Beruf und Familie differenziert zu identifizieren, um die Ausgestaltung familienbewusster Personalpolitik zu justieren. Informationen zum Ausmaß der Vereinbarkeitslage helfen zudem, Fehlinvestitionen zu vermeiden und neue Leistungspakete zielgruppengenau auszugestalten.

Bei den an der Studie teilnehmenden Mitarbeitenden besitzen mehr als 90 Prozent aktuell oder zukünftig Vereinbarkeitsanforderungen. Die deutliche Mehrheit der Befragten mit Familienpflichten sind Mitarbeitende mit Kindern (fast 80 Prozent). Rund jeder zehnte Befragte mit Familienpflichten ist von einer doppelten Vereinbarkeitsproblematik betroffen und kümmert sich neben dem Beruf nicht nur um eigene Kinder, sondern darüber hinaus auch um zu pflegende Angehörige.

Abbildung 3: Ausmaß der Vereinbarkeitslage

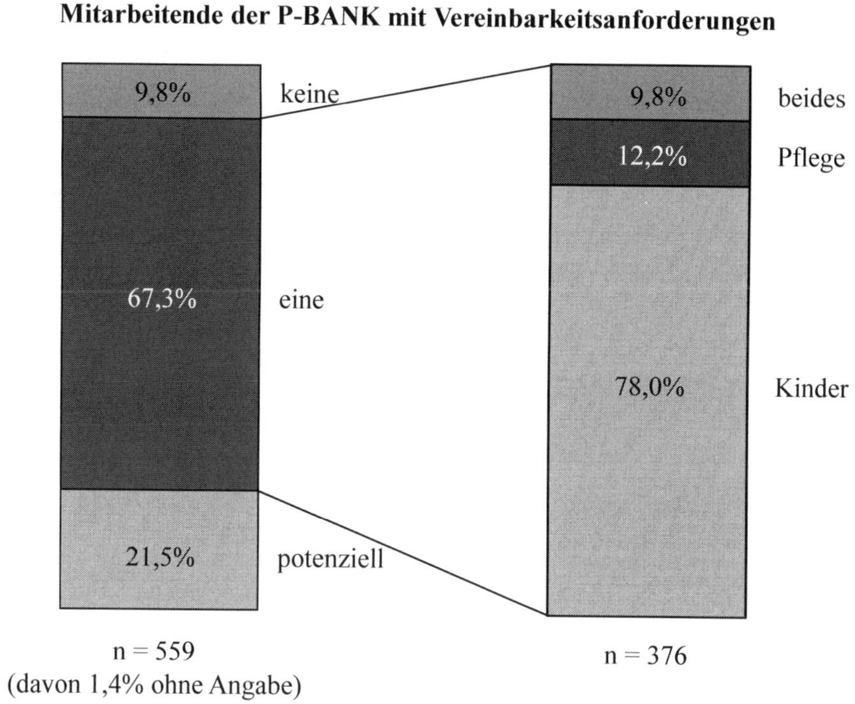

Quelle: Eigene Darstellung.

Bezüglich der Vereinbarkeit von Beruf und Familie konnte ein signifikanter Unterschied bei der persönlichen Einschätzung zwischen der Gruppe von Mitarbeitern mit Kindern sowie der Gruppe von Mitarbeitern mit pflegebedürftigen Angehörigen identifiziert werden. Im Vergleich zwischen den Gruppen schätzen Mitarbeiter mit Kindern ihre persönliche Vereinbarkeit besser ein als Mitarbeiter mit pflegebedürftigen Angehörigen. Die persönliche Vereinbarkeit von Beruf und Familie ist dabei für die Beschäftigten mit Kindern folglich problemloser möglich als für Mitarbeitende mit zu pflegenden Angehörigen oder aber mit Kindern und pflegebedürftigen Angehörigen. In diesem Zusammenhang bestätigt fast ein Viertel der Mitarbeitenden mit Familienpflichten bereits vorhandene Fehlzeiten aufgrund persönlicher Vereinbarkeitsprobleme.

4 Bedeutung der Vereinbarkeit von Beruf und Familie

Die empirische Auswertung zur Bedeutsamkeit der Vereinbarkeit von Beruf und Familie insgesamt, bei der Wahl eines neuen Arbeitgebers, hinsichtlich Entgeltbestandteilen und der Arbeitszufriedenheit verdeutlicht zusammenfassend, dass die Vereinbarkeit von Beruf und Familie für die Mitarbeitenden der P-BANK kein randständiges Thema im Berufsleben und in der Karriereplanung darstellt. In diesem Kontext wird die Vereinbarkeit von Beruf und Familie von rund Dreiviertel der Befragten der P-BANK zunächst allgemein als sehr bedeutsam angesehen. Analog dazu messen die Mitarbeitenden der P-BANK bei der Wahl eines neuen Arbeitgebers dem Kriterium „Vereinbarkeit von Beruf und Familie" eine ähnlich hohe Bedeutung bei wie dem Kriterium „Gehalt".

Abbildung 4: Kriterien bei der Wahl eines neuen Arbeitgebers

Wenn Sie sich auf eine neue Stelle bewerben würden, welche Bedeutung hätten die folgenden Kriterien für die Wahl Ihres Arbeitgebers?

Bitte bewerten Sie die nachfolgenden Kriterien. Hierzu haben Sie 100%, die Sie darauf verteilen können.

Je mehr Prozentpunkte ein Kriterium erhält, als um so bedeutender empfinden Sie dieses.

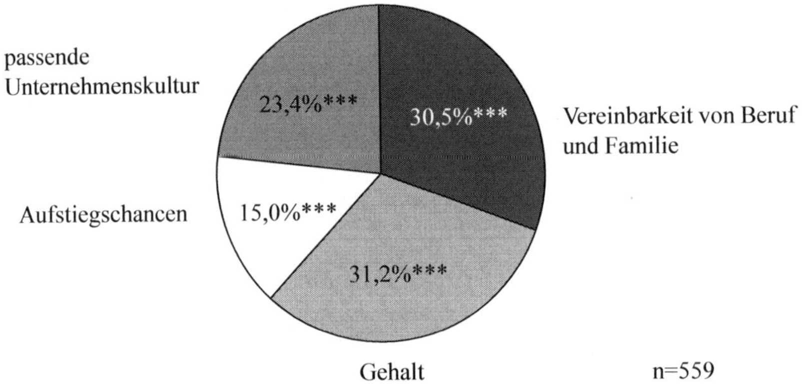

Signifikant auf *=10%-Niveau, **=5%-Niveau, ***=1%-Niveau (T-Test)
etwaige Abweichungen von 100% sind rundungsbedingt

Quelle: Eigene Darstellung.

Ferner sind mehr als die Hälfte der Mitarbeitenden dazu bereit, auf einen Teil ihres Entgelts bzw. zukünftiger Gehaltserhöhungen zugunsten familienbewusster Maßnahmen, z.B. Kinderbetreuungsangebote oder (weitere) Möglichkeiten der Arbeitszeitflexibilisierung, zu verzichten. Rund die Hälfte der Befragten bestätigte darüber hinaus, dass die Vereinbarkeit von Beruf und

Familie eine sehr hohe Bedeutung hinsichtlich der eigenen Arbeitszufriedenheit besitzt. In diesem Kontext konnte ein verhältnismäßig starker Zusammenhang zwischen dem betrieblichen Familienbewusstsein und der Arbeitszufriedenheit bei den Mitarbeitenden der P-BANK identifiziert werden. Bei der Frage nach einem möglichen Verzicht eines Teils ihres Entgeltes zugunsten familienbewusster Maßnahmen gab mehr als die Hälfte der Mitarbeiter an, sich dieses für Maßnahmen der Kinderbetreuung und Arbeitszeitflexibilisierung vorstellen zu können. Untenstehende Tabelle fasst die Kernergebnisse zum Ausmaß und zur Bedeutung der Vereinbarkeitslage noch einmal zusammen.

Tabelle 1: Ausmaß und Bedeutung der Vereinbarkeitslage

Frageblock und Inhalt	Fazit
Ausmaß der Vereinbarkeitslage - Items, die Vereinbarkeitsanforderungen der Mitarbeitenden abbilden. Dabei wird zwischen Kindern und zu pflegenden Angehörigen unterschieden. - Items, die messen, inwiefern eine problemlose Vereinbarkeit von Beruf und Familie möglich ist. - Fehlzeiten aufgrund von Vereinbarkeitsproblemen	• Bei den an der Studie teilnehmenden Mitarbeitenden besitzen mehr als 90 Prozent aktuell oder zukünftig Vereinbarkeitsanforderungen. • Mitarbeitende mit Familienpflichten haben zu fast 80 Prozent Kinder, fast jeder zehnte Mitarbeitende mit Familienpflichten hat Nachwuchs und zu pflegende Angehörige • Die Vereinbarkeit von Beruf und Familie wird bei den Mitarbeitenden mit Vereinbarkeitsanforderungen als grundsätzlich möglich eingeschätzt. Für Beschäftigte mit Kindern ist die Vereinbarkeit problemloser möglich als für die anderen Gruppen der Beschäftigten mit Familienpflichten. • Fast ein Viertel der Mitarbeitenden mit Familienpflichten hat schon einmal wegen ungelöster Vereinbarkeitsprobleme fehlen müssen.
Bedeutung der Vereinbarkeitslage - Items zur Bedeutsamkeit der Vereinbarkeit von Beruf und Familie: insgesamt, bei der Wahl eines neuen Arbeitgebers, hinsichtlich der Arbeitszufriedenheit und Entgeltbestandteilen	• Die Bedeutung der Vereinbarkeit von Beruf und Familie wird von den Mitarbeitenden der P-BANK insgesamt als sehr wichtig angesehen. • In Bezug auf die Arbeitszufriedenheit und das Familienbewusstsein besteht ein verhältnismäßig starker Zusammenhang, so dass das Familienbewusstsein eine hohe Bedeutung für die Arbeitszufriedenheit besitzt. • Für die Mitarbeitenden der P-BANK ist bei der Wahl eines neuen Arbeitgebers die Vereinbarkeit von Beruf und Familie genauso bedeutsam wie das Gehalt. • Mehr als die Hälfte der Mitarbeitenden würde zugunsten von einer familienbewussten Personalpolitik auf einen Teil des Gehaltes verzichten. • Wenn Mitarbeitende der P-BANK auf Entgelt verzichten würden, wäre dieses am ehesten zugunsten von Kinderbetreuung und Arbeitszeitflexibilisierung.

Quelle: Eigene Darstellung.

5 Das Familienbewusstsein der P-Bank aus Sicht unterschiedlicher Gruppen von Mitarbeitenden

Das Familienbewusstsein eines Unternehmens wird von unterschiedlichen moderierenden Variablen beeinflusst (Bsp. Größe, Branche, Personalstruktur). Analog ist bei einer Mitarbeitendenbefragung davon auszugehen, dass bestimmte Merkmale der Beschäftigten möglicherweise einen Einfluss darauf haben, wie das Familienbewusstsein des Arbeitgebers bewertet wird. Nach Untersuchung unterschiedlicher unternehmensbezogener (z.B. Dauer der Betriebszugehörigkeit, Hierarchieebene, Stellenumfang), mitarbeitendenbezogener (z.B. Alter, Geschlecht, Bildungsabschluss) und vereinbarkeitsbezogener (z.B. Kinder, zu pflegende Angehörige) Variablen hat sich gezeigt, dass der Stellenumfang sowie die Art der Familienpflichten für die Bewertung des betrieblichen Familienbewusstseins von Bedeutung sind: Einerseits bestehen zwischen Mitarbeitenden in Vollzeit und in Teilzeit signifikante Unterschiede hinsichtlich der Bewertung, andererseits sind derartige Unterschiede auch zwischen Mitarbeitenden, die Angehörige pflegen und solchen, die dies nicht tun, festzustellen. Vollzeitmitarbeitende und pflegende Beschäftigte bewerten das betriebliche Familienbewusstsein schlechter als die jeweilige Vergleichsgruppe. Dies kann damit zusammen hängen, dass Vollzeitbeschäftigte eine andere Beziehung zu ihrem Arbeitgeber haben als die Teilzeitbeschäftigten. Der Grund liegt möglicherweise darin, dass sie mehr Zeit am Arbeitsplatz verbringen und sich somit mehr für das Unternehmen einbringen als Teilzeitbeschäftigte. Diesem Engagement entwächst unter Umständen eine Anspruchshaltung der Vollzeitbeschäftigten, die in negativen Bewertungen ihren Ausschlag findet. Darüber hinaus sind Vollzeitbeschäftigte bei der Entwicklung von Vereinbarkeitsstrategien grundsätzlich stärker auf das Unternehmen angewiesen als Teilzeitbeschäftigte, da deren Lösungsweg der Zeitkonkurrenz durch Zeitreduktion im ersten Bereich von Erwerb und Familie nicht in Frage kommt. Deren Interesse an der Einbindung durch den Arbeitgeber ist nicht so ausgeprägt, so dass hier kein Anlass für Unzufriedenheit besteht. Die höhere Unzufriedenheit Pflegender kann bedeuten, dass der Arbeitgeber Pflegende kaum im Rahmen der Ermittlung ihres familienbewusstseinsbezogenen Bedarfs berücksichtigt und Maßnahmen speziell für pflegende Beschäftigte nur in geringem Ausmaß vorhanden sind. Hinsichtlich der abgefragten Beurteilung familienbewusster Personalmaßnahmen der P-BANK zeigt sich in der vorliegenden Pilotstudie eine hohe Nutzungsintensität und Bekanntheit der Maßnahmen „Zuschuss zu Kinderbetreuungskosten“ und „flexible Arbeitszeitgestaltung“. Diese Befunde bestätigen die in (internationalen) Studien konstatierte (unternehmensübergreifende) Bedeutsamkeit des Maßnahmenfeldes flexiblen Arbeitszeit- und Arbeitsortgestaltung sowie (finanzielle) Unterstützungsangebote bei der Kinderbetreuung.

Fazit

Angestoßen durch die demografische Entwicklung hat sich die Vereinbarkeit von Beruf und Familie zu einem betrieblichen Schlüsselthema entwickelt. Trotz der damit einhergehenden hohen Bedeutung, wurden bisher nur eingeschränkt umfassende Analysen der Betroffenheitslage sowie zur Bedeutsamkeit und Nutzungsintensität familienbewusster Personalmaßnahmen aus der Mitarbeitendenperspektive veröffentlicht. Ein Grund hierfür liegt in der empirischen Umsetzbarkeit von (generalisierbaren) Mitarbeiterbefragungen. In diesem Kontext können Aussagen zu unternehmensübergreifenden Entwicklungslinien und Besonderheiten auf Basis einzelner, unternehmensbezogener Mitarbeiterbefragungen nicht getroffen werden. Hierzu sind umfassende Befragungen einer Großzahl von Mitarbeitenden unterschiedlicher Branchen und Größenklassen von Nöten. Mitarbeitendenbefragungen einzelner Unternehmen liefern jedoch in der Tiefe wertvolle Einblicke in die konkrete Umsetzung betrieblicher Familienpolitik. Untenstehende Abbildung verdeutlicht – unter Rückgriff auf die repräsentative Unternehmensbefragung mit dem berufundfamilie-Index – das Spannungsfeld zwischen einer unter forschungsökonomischen Restriktionen realisierbaren ausgeprägten Befragungsbreite mehrerer Unternehmen anhand der Unternehmensspitze (einzelne Personalverantwortliche) und einer ausgeprägten Befragungstiefe einzelner Unternehmen auf Mitarbeitendenebene.

Abbildung 5: Die Mitarbeiterbefragung als Ergänzung zum berufundfamilie-Index

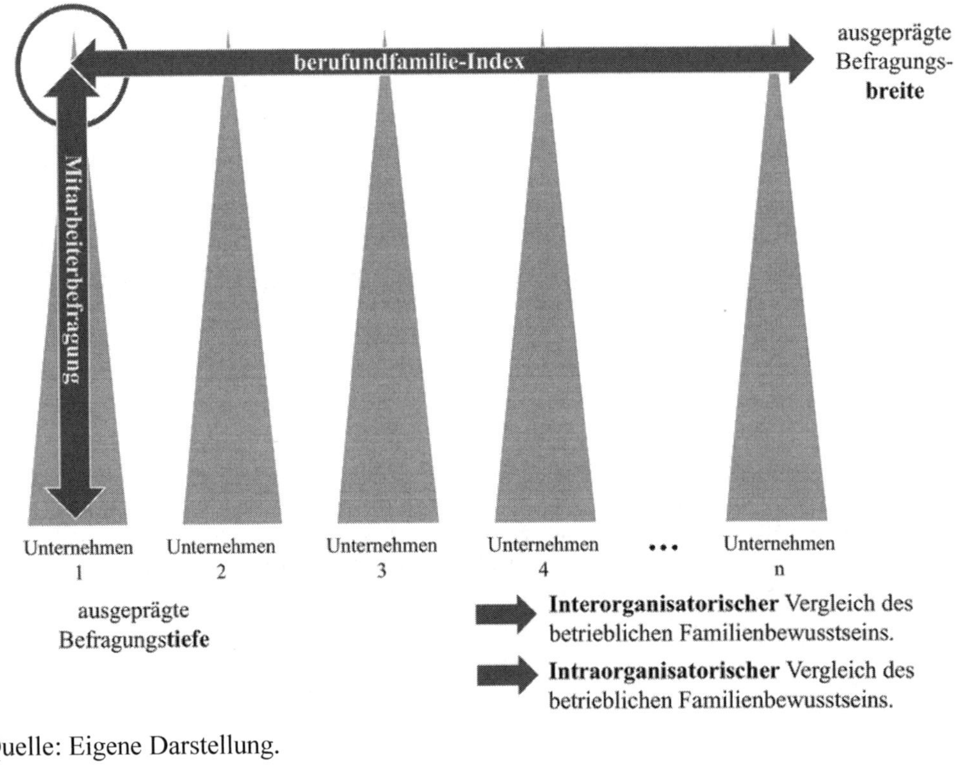

Quelle: Eigene Darstellung.

Unabhängig von den aus den Limitationen abgeleiteten Perspektiven für zukünftige Forschungsvorhaben, bestätigen die Ergebnisse der Pilotstudie in der P-Bank insgesamt die hohe betriebswirtschaftliche Relevanz des Themas Vereinbarkeit von Beruf und Familie. So besitzen bei den an der Studie teilnehmenden Mitarbeitenden rund 90 % aktuell oder zukünftig Vereinbarkeitsanforderungen. Aktuelle Untersuchungen des FFP zeigen in diesem Kontext, dass die Vereinbarkeit von Beruf und Familie weniger ein Profilierungsinstrument als vielmehr zunehmend ein essenzieller Faktor im Rahmen der Personalgewinnung respektive -bindung darstellt. Der unternehmerische Zugang zu einer besseren Vereinbarkeit von Beruf und Familie ist hierbei von einem investiven Kalkül geprägt, bei dem eine gelingende Vereinbarkeit von Beruf und Familie im Unternehmen eine größere Wettbewerbsattraktivität im Bewerbermarkt nach sich zieht.

Der Schwerpunkt des betrieblichen Familienbewusstseins liegt gegenwärtig (noch) auf der Lösung von Vereinbarkeitskonflikten zwischen Beruf und Kinderbetreuungspflichten. Die innerhalb der Pilotstudie belegte Prävalenzrate von rund 12 % der Mitarbeitenden mit Pflegeverantwortung für einen Angehörigen offenbart jedoch parallel, dass das Vereinbarkeitsmanagement von Pflegeaufgaben und Beruf kein Nischenthema mehr in Unternehmen ist. Vor dem Hintergrund demografischer Veränderungen ist zudem davon auszugehen, dass die Anzahl betroffener Mitarbeitender mit Pflegeaufgaben in der Zukunft weiter ansteigen wird. Unternehmen werden folglich in naher Zukunft vermehrt vor die Herausforderung gestellt sein, die Pflege Familienangehöriger mit dem Berufsleben ihrer Mitarbeitenden zu harmonisieren.

Betriebliches Familienbewusstsein aus der Sicht von Führungskräften – Ergebnisse einer Pilotstudie

Helmut Schneider

1 Die doppelte Rolle von Führungskräften im Kontext betrieblichen Familienbewusstseins: Ermöglicher einerseits, Betroffene andererseits

Eine wesentliche Rolle bei der unmittelbaren Umsetzung einer familienbewussten Personalpolitik im betrieblichen Alltag kommt den Führungskräften zu. Durch ihre den Arbeitsalltag der unterstellten Beschäftigten wesentlich prägenden Entscheidungen können Führungskräfte die familienbewusste Personalpolitik einer Gesamtorganisation maßgeblich unterstützen, oder auch konterkarieren. Diese Rolle von Führungskräften soll im Folgenden unter dem Begriff „**Ermöglicher** einer familienbewussten Personalpolitik" subsumiert werden. Darüber hinaus können Führungskräfte aber auch selbst Eltern sein oder Angehörige pflegen und insofern mit der Herausforderung einer besseren Vereinbarkeit von Beruf und Familie konfrontiert sein. Diese Rolle wird im Folgenden als „**Betroffene**" einer besseren Vereinbarkeit von Beruf und Familie" beschrieben. Vor dem Hintergrund hoher Arbeits- und Flexibilitätsanforderungen an Führungskräfte gestaltet sich für diesen Personenkreis die Vereinbarkeitsfrage möglicherweise besonders schwierig. Während die Rolle des Ermöglichers sowohl konzeptionell als auch empirisch im Schrifttum Beachtung gefunden hat (bspw. Thomas/Ganster, 1995), ist die Perspektive von Führungskräften als Betroffene von Vereinbarkeitsfragen bislang vernachlässigt worden. Dies ist insbesondere unter dem Gesichtspunkt eines möglichen Zusammenhanges der beiden Rollen ein unbefriedigender Forschungsstand. So wäre es denkbar, dass Führungskräfte, die selber von Vereinbarkeitsfragen betroffen sind, die Vereinbarkeit von Beruf und Familie bei den unterstellen Beschäftigten in höherem Maße unterstützen als Führungskräfte ohne Vereinbarkeitsprobleme. Möglicherweise spielt es dabei auch eine Rolle, inwieweit die Führungskräfte in ihrer Rolle als Betroffene für sich die Vereinbarkeit von Beruf und Familie als möglich erachten oder nicht. Nicht zuletzt vor dem Hintergrund der großen Bedeutung, die Führungskräften in ihrer Rolle als Ermöglicher zugeschrieben wird, scheint eine Analyse des Zusammenhanges zwischen der Ermöglicher- und der Betroffenen-Rolle lohnenswert. Vor diesem Hintergrund werden nachfolgend die Ergebnisse einer Untersuchung zum betrieblichen Familienbewusstsein unter mehr als 1.000 Führungskräften wiedergegeben. Dabei werden zum einen die beiden Rollen singulär analysiert, zum anderen werden erste, explorative Analysen zum möglichen Zusammenhang zwischen der Betroffenen- und Ermöglicherperspektive vorgestellt.

2 Empirische Befunde zum betrieblichen Familienbewusstsein aus der Sicht von Führungskräften

2.1 Untersuchungsmethodik und Stichprobenbeschreibung

Im Vorfeld der Erhebung war zunächst die Untersuchungszielgruppe einzugrenzen, mit anderen Worten war der Begriff Führungskraft zu präzisieren. Typische Kriterien, an denen eine Führungskraft festgemacht werden kann, sind Hierarchieebene, Mitarbeiter- oder Budgetverantwortung. Vor dem Hintergrund der skizzierten doppelten Rolle von Führungskräften im Kontext des Vereinbarkeitsmanagements, wurde hier die Frage der Mitarbeiterverantwortung fokussiert. Unabhängig von der Hierarchieebene oder einer möglichen Budgetverantwortung, ist für die Rolle des Ermöglichers die Personalverantwortung eines Beschäftigten ausschlaggebend. Führungskräfte wurden vor diesem Hintergrund als Mitarbeitende definiert, die für fünf oder mehr Beschäftigte Personalverantwortung tragen. Dabei wurde der damit skizzierte Zielgruppenfilter nicht im Vorfeld der Rekrutierung möglicher Teilnehmer im Sinne einer Filterfrage eingesetzt, sondern im Rahmen der Probandenrekrutierung zunächst pauschal von der Zielgruppe Führungskräfte gesprochen, so dass es zu einer Selbst-Selektion der Teilnehmer kam. Im Rahmen der sich anschließenden Erhebung wurden dann unter anderem auch Budget- und Personalverantwortung der Befragten erhoben. Befragungsteilnehmer, die dem oben skizzierten Kriterium einer Personalverantwortung von größer/gleich fünf nicht entsprachen, wurden aus dem Datensatz entfernt. Die Erhebung wurde als Online-Befragung im Zeitraum April-Mai 2010 durchgeführt. Rekrutiert wurden die Probanden aus der Datenbank der berufundfamilie gGmbH, die einen Link zur Online-Befragung an die Auditverantwortlichen der durch die berufundfamilie zertifizierten Arbeitgeber mit der Bitte versandte, diesen Link an alle Beschäftigten weiterzuleiten. Insgesamt haben 2.014 Probanden den Online-Fragebogen aufgerufen. 778 davon entsprachen nicht dem skizzierten Kriterium Personalverantwortung, 26 Befragte wurden wegen einer zu großen Anzahl fehlender Werte (größer als neun) aus dem Datensatz entfernt. Die finale Stichprobe beträgt dementsprechend 1.210 Befragte. Tabelle 1 beschreibt die Stichprobe anhand zentraler Merkmale im Hinblick auf die Befragten sowie deren Arbeitgeber.

Tabelle 1: Beschreibung der Stichprobe

Geschlecht (n = 1.205)				
männlich	weiblich			
80,4 %	19,6 %			
Alter (n = 1.208)				
bis 29 Jahre	30-39	40-49	50-59	60 und älter
0,9 %	16,4 %	44,6 %	34,6 %	3,5 %
Umfang der Beschäftigung (n = 1.207)				
Vollzeit	Teilzeit			
95,4 %	4,6 %			
Budgetverantwortung (n = 1.207)				
ja	nein			
59,6 %	40,4 %			
Leitungsspanne (n = 1.210)				
5-14	15-49	50-99	100 und mehr	
48,5 %	29,8 %	11,1 %	10,7 %	
Hierarchieebene (n = 1.194)				
1.	2.	3.	4.	
6,5 %	29,4 %	43,9 %	20,2 %	
Art des Arbeitgebers (n = 1.192)				
privatwirtschaftlich	gemeinwirtschaftlich	öffentliche Institution	Hochschule	
35,2 %	8,4 %	50,3 %	6,2 %	
Gesamtzahl der Beschäftigten des Arbeitgebers (n = 1.195)				
1-49	50-199	200-499	500-999	1.000 und mehr
2,2 %	5,3 %	5,1 %	6,9 %	80,6 %

Quelle: Eigene Berechnungen.

Der Blick auf Tabelle 1 verdeutlicht, dass die befragten Führungskräfte überwiegend männlich (80,4 %), in Vollzeit tätig sind (95,4 %) und zwischen 40 und 59 Jahre alt sind (79,2 %). Die Mehrzahl der Befragten (59,6 %) verfügt neben der Personal- auch über eine Budgetverantwortung. Hinsichtlich der Leitungsspanne offenbart sich ein heterogenes Bild: die Untersuchung enthält in der Mehrzahl Führungskräfte mit einer eher geringen Leitungsspanne; mehr als 20 % der Befragten tragen aber auch Personalverantwortung für mehr als 50 Mitarbeiter. Die große Mehrheit der Befragten ist in großen Organisationen mit mehr als 1.000 Beschäftigten tätig, wobei rund die Hälfte der Befragten in einer öffentlichen Institution beschäftigt ist. Fasst man die öffentlichen Institutionen mit gemeinwirtschaftlichen Arbeitgebern und Hochschulen als Arbeitgeber des Nonprofit-Sektors zusammen, so sind rund ein Drittel der Befragten (35,2 %) bei gewinnorientierten Organisationen und knapp zwei Drittel im Nonprofit-Sektor angestellt. Obgleich keine Daten über die Grundgesamtheit vorliegen und somit die Repräsentativität der

Stichprobe nicht beurteilt werden kann, kann angenommen werden, dass die Stichprobe im Hinblick auf Alter, Geschlecht, Umfang der Beschäftigung und Leitungsspanne eine hinreichende Qualität besitzt. Mit Blick auf den Arbeitgeber hingegen, erscheint der Nonprofit-Sektor ebenso überrepräsentiert wie Großorganisationen. Darüber hinaus ist bei der Interpretation der Daten zu berücksichtigen, dass alle Befragten bei Arbeitgebern beschäftigt sind, die das Audit der berufundfamilie gGmbH durchlaufen haben und somit ein höheres Familienbewusstsein besitzen als der Durchschnitt bundesdeutscher Arbeitgeber. Ungeachtet dieser Einschränkungen erlaubt die Stichprobe, auch in Anbetracht seiner Größe, erste Rückschlüsse auf den Status quo der Vereinbarkeit von Beruf und Familie aus Sicht von Führungskräften. Der Fragebogen umfasste insgesamt 30 überwiegend geschlossene Fragen. Neben Angaben zum Befragten und dessen Arbeitgeber enthielt er Fragenblöcke zur Betroffenheit und Lösung von Vereinbarkeitsfragen, zur Nutzung und Bedeutung unterschiedlicher Maßnahmen zur besseren Vereinbarkeit von Beruf und Familie sowie zur Einschätzung des betrieblichen Familienbewusstseins. Dabei wurden, wenn sinnvoll, die Befragten sowohl in ihrer Rolle als Ermöglicher als auch in ihrer Rolle als Betroffener adressiert. Enthielt ein Frageblock mehrere Variablen, so wurde die Reihenfolge der einzelnen Fragestellungen randomisiert.

2.2 Betriebliches Familienbewusstsein aus der Sicht von Führungskräften in der Rolle als Betroffene

Mehr als die Hälfte (57,8 %) der befragten Führungskräfte ist von der Vereinbarkeit von Beruf und Familie betroffen (vgl. Abbildung 1). Der Schwerpunkt von Vereinbarkeitsfragen liegt im Bereich der Kinderbetreuung und -erziehung, die für 76,7 % der betroffenen Führungskräfte relevant ist. Pflegeaufgaben nehmen 14,9 % der Führungskräfte mit Vereinbarkeitsfragen wahr. 8,3 % der betroffenen Führungskräfte haben sowohl Kinder als auch zu pflegende Angehörige. Wenn es um die Frage geht, ob die Erziehungs- und Betreuungsaufgaben von Kindern familiär oder extern gelöst werden, so wird diese mit 75,5 % zu Gunsten familiärer Lösungen von den betroffenen Führungskräften beantwortet. Im Bereich der Pflege zeichnet sich mit 66,0 % zu Gunsten familiärer Betreuungsaufgaben ein ähnliches Bild ab.

Abbildung 1: Vereinbarkeitslage von Führungskräften

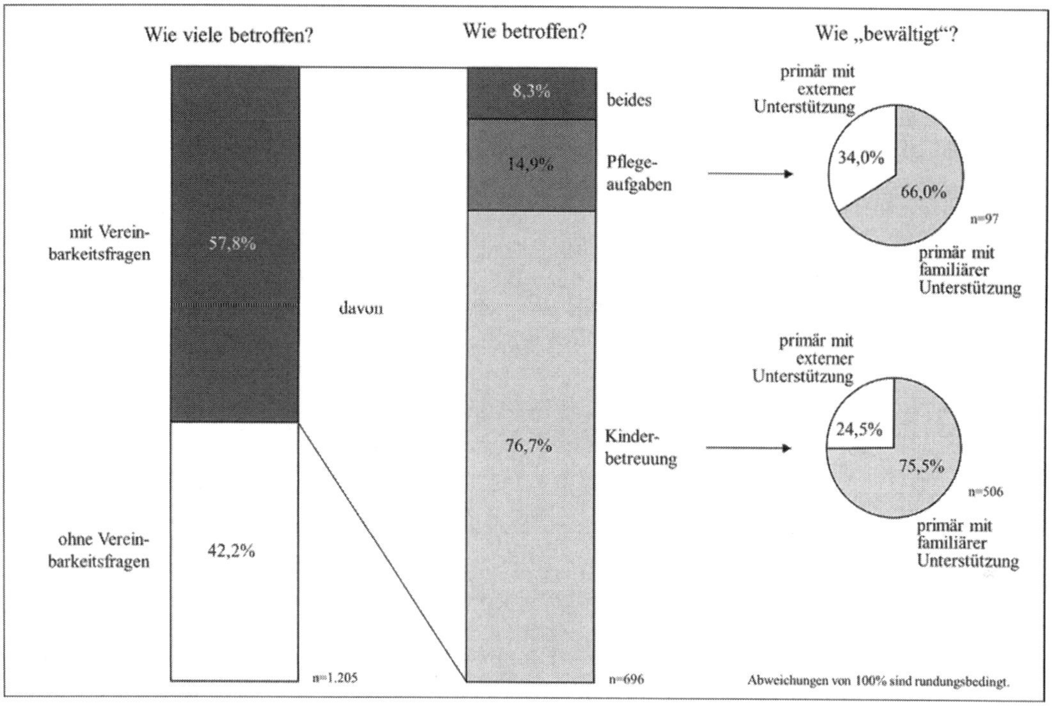

Quelle: Eigene Darstellung.

Hierbei zeigen sich zwischen männlichen und weiblichen Führungskräften interessante Unterschiede. Im Kontext der Kinderbetreuung greifen weibliche Führungskräfte (51,3 %) signifikant ($\chi 2$ = 36,114, p = 0,000) stärker auf externe Unterstützung zurück als ihre männlichen Kollegen (19,5 %). Männer lösen offenbar Vereinbarkeitsfragen in Bezug auf die Kinderbetreuung eher über Rückgriff auf familiäre Ressourcen als Frauen, die hierbei eher externe Unterstützung suchen. Bei Pflegeaufgaben zeigt sich ein genau anderes Bild: hier werden die Aufgaben bei weiblichen Führungskräften wesentlich über Rückgriff auf familiäre Ressourcen gelöst (81,5 %). Auch bei Männern dominieren familiäre Lösungen, gleichwohl ist der Anteil von Befragten, die Pflegeaufgaben familiär lösen (60 %), hier signifikant ($\chi 2$ = 4,006, p = 0,036) geringer als bei Frauen.

Führungskräfte sind nicht nur zu einem Großteil von Vereinbarkeitsfragen betroffen, für sie nimmt die Vereinbarkeit von Beruf und Familie auch einen hohen Stellenwert ein. Auf einer Skala von „1 = gar nicht wichtig" bis „7 = sehr wichtig" induziert ein Mittelwert von 6,34 (SA = 0,982) bei der Frage „Wie wichtig ist für Sie persönlich die Vereinbarkeit von Beruf und Familie?" eine insgesamt sehr hohe Bedeutung des Vereinbarkeitsthemas für betroffene Führungskräfte. Auch für Führungskräfte, die noch nicht oder nicht mehr von Vereinbarkeitsfragen betroffen sind (42,2 %), besitzt die Thematik angesichts eines Mittelwertes von 5,92 (SA = 1,246) offenbar einen hohen Stellenwert. Insgesamt erkennen die von Vereinbarkeitsfragen betroffenen Führungskräfte das Bemühen ihrer Arbeitgeber um eine bessere Vereinbarkeit von Beruf und Familie. So antworteten sie auf die Frage: „Wie schätzen Sie insgesamt das Familienbewusstsein Ihres Arbeitgebers aktuell ein?“ auf einer Skala von „1 = gar nicht familienbewusst“ bis „7 = sehr familienbewusst“ im Durchschnitt mit 5,05 (SA = 1,277). Hierbei zeigten sich keine geschlechtsspezifischen Unterschiede. Bemerkenswert erscheint, dass sowohl männliche als auch weibliche Führungskräfte ihren Arbeitgeber im Vergleich zum Vorjahr (MW = 4,72; SA = 1,289) als signifikant (T (684) = 12,675; p = 0,000) familienbewusster einschätzen. Im Hinblick auf die Möglichkeit der Vereinbarkeit von Beruf und Familie dokumentieren die Ergebnisse zunächst, dass Beruf und Familie auch für Führungskräfte nicht generell unvereinbar sind. So ergibt sich auf die Frage, inwieweit für die betroffenen Führungskräfte die Vereinbarkeit von Beruf und Familie möglich sei (1 = unmöglich, 7 = problemlos möglich), ein Mittelwert von 4,67 (SA = 1,337), der größer als der Skalenmittelpunkt (teilweise möglich = 4) ist, und somit im Durchschnitt die grundsätzliche Möglichkeit der Vereinbarkeit von Beruf und Familie für Führungskräfte signalisiert. Als mögliche Einflussgrößen für das Ausmaß einer Vereinbarkeitsproblematik wurden das Geschlecht, die Leistungsspanne sowie die Art der familialen Anforderung (Kinderbetreuung vs. Pflege Angehöriger) herangezogen. Darüber hinaus wurde getestet, ob sich zwischen Führungskräften, die im Profit- respektive Nonprofit-Sektor arbeiten, signifikante Unterschiede zeigen (vgl. Tabelle 2). Zunächst ist zu konstatieren, dass die Frage, ob Führungskräfte für sich die Vereinbarkeit von Beruf und Familie als möglich erachten, nicht vom Geschlecht abhängt. Im Hinblick auf die Leitungsspanne fällt darüber hinaus auf, dass mit wachsender Personalverantwortung den Befragten die Vereinbarkeit weniger möglich erscheint. Allerdings ist lediglich der Unterschied zwischen den kleinen und mittleren Leistungsspannen auf der einen und den sehr großen Leitungsspannen (mehr als 100 Mitarbeitende) auf der anderen Seite signifikant.

Tabelle 2: Die Möglichkeit zur Vereinbarkeit von Beruf und Familie für Führungskräfte – Gruppenvergleiche

	n	MW	SA		T (df)	p
	Geschlecht					
männlich	563	4,65	1,317		-0,593 (688)	0,553
weiblich	117	4,74	1,447			
	Leitungsspanne					
5-14 (1)	350	4,79	1,323	1 zu 2	1,306 (533)	0,192
				1 zu 3	1,237 (417)	0,217
				1 zu 4	3,088 (417)	0,002
15-49 (2)	205	4,64	1,195	2 zu 3	0,415 (272)	0,679
				2 zu 4	2,265 (272)	0,024
50-99 (3)	69	4,57	1,323	3 zu 4	1,286 (136)	0,201
100 und mehr (4)	69	4,23	1,545			
	Betreuung					
Kinder (1)	533	4,70	1,294	1 zu 2	0,273 (633)	0,785
				1 zu 3	1,659 (589)	0,098
Pflege (2)	102	4,66	1,499	2 zu 3	1,078 (158)	0,283
Kinder/Pflege (3)	58	4,40	1,413			
	Art des Arbeitgebers					
Profit	263	4,32	1,315		-5,560 (681)	0,000
Non-Profit	420	4,89	1,301			

Quelle: Eigene Berechnungen.

Ebenso wenig beeinflusst das Betreuungsobjekt maßgeblich die empfundene Vereinbarkeitslage der Befragten. Lediglich der Unterschied zwischen der Betreuung von Kindern sowie der gleichzeitigen Betreuung von Kindern und zu pflegenden Angehörigen ist schwach signifikant. Der deutlichste Unterschied offenbart sich im Hinblick auf die Art des Arbeitgebers. Führungskräften in gewinnorientierten Organisationen fällt die Vereinbarkeit von Beruf und Familie signifikant schwerer als Führungskräften aus dem Nonprofit-Sektor. Dies spricht dafür, dass entweder nicht-gewinnorientierte Arbeitgeber ihren Führungskräften die Vereinbarkeit besser ermöglichen als privatwirtschaftlich organisierte Arbeitgeber oder bei nicht gewinnorientierten Arbeitgebern Vereinbarkeitsprobleme sui generis weniger akzentuiert ausfallen als bei privatwirtschaftlichen Arbeitgebern, etwa aufgrund anderer Arbeitszeit- oder Flexibilitätsanforderungen, denen sich Führungskräfte ausgesetzt sehen. Zur Identifikation zentraler Barrieren einer besseren Vereinbarkeit von Beruf und Familie für betroffene Führungskräfte wird auf zwei Indikatoren zurückgegriffen. Erstens wurde den Befragten eine Liste mit sieben möglichen Hinderungsgründen mit der Bitte vorgelegt, diese auf einer 7er-Skala von „1 = stimme gar nicht zu“ bis „7 = stimme voll und ganz zu“ zu bewerten (vgl. Abbildung 2). Zur besseren Interpretation der Ergebnisse wurden die Befragten auf Basis des Mittelwertes der Frage, inwieweit für sie die Vereinbarkeit von Beruf und Familie möglich ist (4,67), in zwei Gruppen eingeteilt. Die erste Gruppe (n = 294), für die die Vereinbarkeit tendenziell schwierig ist (MW = 3,40, SA = 0,883) und die zweite Gruppe (n = 399), für die Vereinbarkeit grundsätzlich möglich erscheint (MW = 5,60; SA = 0,687). Der Unterschied zwischen den so gebildeten Gruppen ist signifikant (F (1, 691) = 1.361,245; p = 0,000). Abweichungen zwischen den Gruppen im Hinblick auf die abgefragten Hinderungsgründe können als zusätzlicher Indikator für eine besondere Relevanz einzelner Vereinbarkeitsbarrieren herangezogen werden.

Abbildung 2: Herausforderungen von Führungskräften im Kontext eigener Vereinbarkeitsfragen

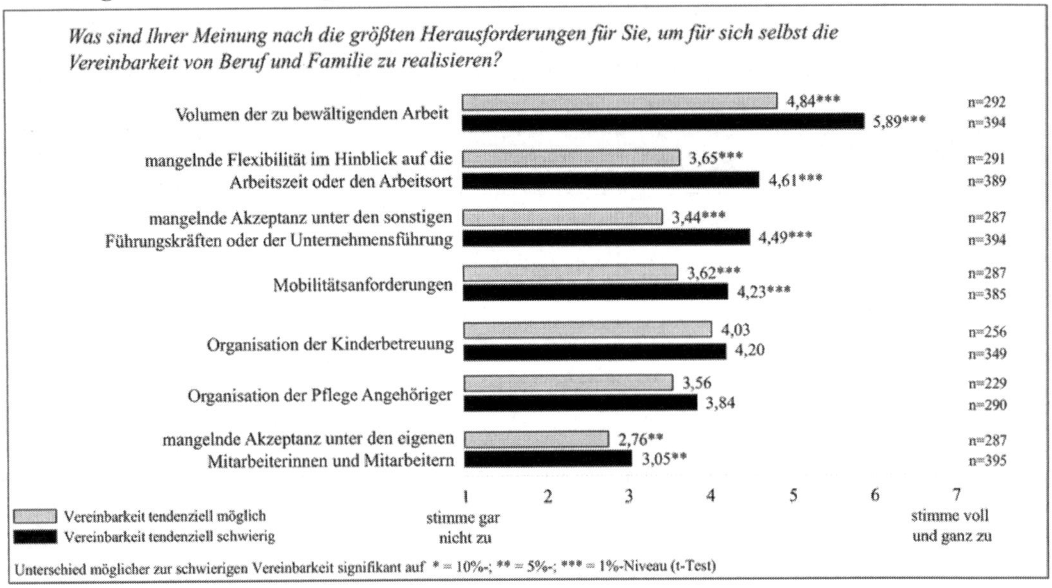

Quelle: Eigene Berechnungen.

Übereinstimmend ist für Führungskräfte das Volumen der zu bewältigenden Arbeit zentrale Herausforderung im Hinblick auf eine bessere Vereinbarkeit von Beruf und Familie. Dies gilt vor allem für diejenigen Führungskräfte, für die sich die Vereinbarkeit schwierig gestaltet. Ebenso zeigen sich deutliche Unterschiede bei der Flexibilität von Arbeitszeit und -ort. Führungskräfte, für die die Vereinbarkeit tendenziell schwierig ist, sehen dies als deutlich stärkeren Hinderungsgrund als die Vergleichsgruppe. Schließlich stellen auch Mobilitätsanforderungen sowie die mangelnde Akzeptanz unter den sonstigen Führungskräften wichtige Hinderungsgründe dar. Insgesamt sind somit Arbeitsvolumen sowie Arbeitsorganisation (Flexibilität von Ort und Zeit) sowie kulturelle Faktoren (andere Führungskräfte) offenbar wichtige Barrieren für eine bessere Vereinbarkeit von Beruf und Familie bei Führungskräften.

Als zweiter Indikator für mögliche Barrieren soll auf den Unterschied zwischen der Bedeutung einzelner Maßnahmen für eine bessere Vereinbarkeit von Beruf und Familie aus Sicht der

Führungskräfte und deren Nutzungsintensität eingegangen werden. Hierzu wurde den Befragten eine Liste mit sieben typischen Instrumenten für eine bessere Vereinbarkeit von Beruf und Familie mit der Bitte vorgelegt, zunächst deren Bedeutung zu beurteilen (1 = gar nicht wichtig; 7 = sehr wichtig). Anschließend wurden die gleichen Instrumente im Hinblick auf ihre faktische Nutzung abgefragt (1 = gar nicht intensiv genutzt bis 7 = sehr intensiv genutzt). Je größer die Lücke zwischen Bedeutung und faktischer Nutzung, desto eher ist dies ein Indiz für Nutzungsbarrieren (vgl. Abbildung 3). Dabei fällt zunächst auf, dass bei allen abgefragten Instrumenten für eine bessere Vereinbarkeit von Beruf und Familie eine mehr oder weniger große Lücke klafft. Prominent erscheint erneut die flexible Arbeitszeit, die zwar mit Abstand am intensivsten genutzt wird, aber von den Betroffenen auch mit deutlichem Abstand als wichtigstes Instrument für eine bessere Vereinbarkeit eingestuft wird. Die große Lücke bei der Elternzeit hängt vermutlich auch damit zusammen, dass Elternzeit kein kontinuierlich nutzbares Instrument ist und daher die Nutzungsintensität per se niedrig ausfällt. Ähnliches gilt für die temporäre Arbeitszeitreduktion. Größere Lücken zeigen sich noch bei der Flexibilität des Arbeitsortes sowie bei der Vermittlung von Betreuungsplätzen. Insgesamt fokussiert sich im Status quo das Management der Vereinbarkeit für Führungskräfte auf den Faktor Flexibilität der Arbeitszeit, wobei dieser aus Sicht der Betroffenen dennoch ausbaufähig erscheint. Darüber hinaus erscheint auch die Flexibilität von Arbeitsorten – als ein dauerhaft nutzbares Instrument zur Vereinbarkeit – Potenzial für eine Verbesserung der Vereinbarkeitssituation bei Führungskräften zu besitzen.

Abbildung 3: Wichtigkeit und Nutzungsintensität von Instrumenten zur Vereinbarkeit von Beruf und Familie aus Sicht betroffener Führungskräfte

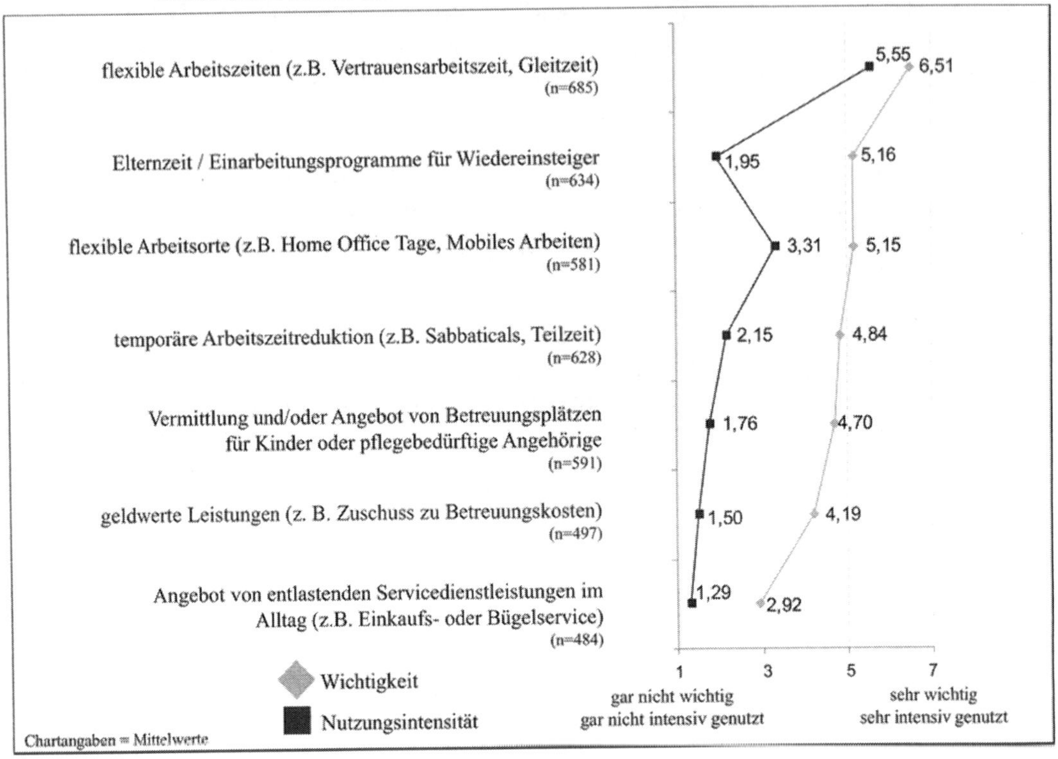

Quelle: Eigene Berechnungen.

2.3 Betriebliches Familienbewusstsein aus der Sicht von Führungskräften in der Rolle als Ermöglicher

Die Rolle von Führungskräften im Sinne eines Ermöglichers der Vereinbarkeit von Beruf und Familie für die unterstellten Beschäftigten wird nachfolgend anhand von vier Indikatoren beleuchtet. Erstens soll analysiert werden, wie bedeutsam nach Ansicht der Führungskräfte die Vereinbarkeit für ihre Beschäftigten ist. Zweitens wird das Familienbewusstsein im eigenen Verantwortungsbereich beleuchtet. Drittens wird der Frage nachgegangen, wie die befragten Führungskräfte die Möglichkeiten ihrer Beschäftigten hinsichtlich der Vereinbarkeit von Beruf und Familie einschätzen. Viertens schließlich sollen die zentralen Herausforderungen betrachtet werden, denen sich Führungskräfte nach eigenem Empfinden gegenüber sehen, wenn sie ihren Beschäftigten eine bessere Vereinbarkeit ermöglichen wollen.

Im Hinblick auf die Bedeutsamkeit der Vereinbarkeit für die unterstellten Beschäftigten zeigt sich ein sehr klares Bild. Nach Auffassung der befragten Führungskräfte (n = 1.210) ist die Vereinbarkeit von Beruf und Familie für die eigenen Mitarbeiter und Mitarbeiterinnen sehr bedeutsam. Auf einer 7er-Skala von 1 = gar nicht wichtig bis 7 = sehr wichtig ergibt sich ein Mittelwert von 6,29 (SA = 0,931). Diese Einschätzung gilt unabhängig davon, ob Führungskräfte selbst von Vereinbarkeitsfragen betroffen sind (MW = 6,26) oder nicht (MW = 6,32).

In Bezug auf die Einschätzung des Familienbewusstseins im eigenen Verantwortungsbereich stellen sich die Befragten angesichts eines Mittelwertes von 5,78 (1 = gar nicht familienbewusst; 7 = sehr familienbewusst) ein vergleichsweise positives Zeugnis aus (vgl. Tabelle 3).

Tabelle 3: Familienbewusstsein des eigenen Verantwortungsbereiches und der Gesamtorganisation im Vergleich

	heute		vor einem Jahr	
	n	MW (SA)	n	MW (SA)
eigener Verantwortungsbereich	1.200	5,78 (1,028)	1.182	5,60 (1,097)
Arbeitgeber insgesamt	1.200	5,17 (1,278)	1.194	4,86 (1,286)

Quelle: Eigene Berechnungen.

Dabei schätzen sie das Familienbewusstsein im eigenen Verantwortungsbereich sowohl aktuell (T (1.190) = -17,522; p = 0,000) als auch vor einem Jahr (T (1.180) = -20,282; p = 0,000) signifikant höher ein als für das Gesamtunternehmen. Ebenso sind sie der Ansicht, dass das Familienbewusstsein im eigenen Verantwortungsbereich im Vergleich zum Vorjahr signifikant (T (1.180) = 11,079; p = 0,000) gestiegen ist. Interessanterweise wird das Familienbewusstsein im eigenen Verantwortungsbereich von den Führungskräften, die selber nicht von Vereinbarkeitsfragen betroffen sind (MW = 5,85; SA = 0,996), schwach signifikant (F (1, 1.193) = 3,386; p = 0,066) höher eingeschätzt als von Befragten, die selber betroffen sind (MW = 5,73; SA = 1,051). Kein signifikanter Unterschied zeigt sich im Hinblick auf die Einschätzung von männlichen und weiblichen Führungskräften. Ebenso wenig wirkt sich die Art des Arbeitgebers (Profit- vs. Nonprofit-Organisation) auf die Bewertung des Familienbewusstseins im eigenen Verantwortungsbereich aus.

Analog zu dieser positiven Selbstsicht, nehmen Führungskräfte an, dass die Beschäftigten im eigenen Verantwortungsbereich Beruf und Familie insgesamt gut vereinbaren können. Auf die Frage, inwieweit die Vereinbarkeit von Beruf und Familie für die Mitarbeitenden im eigenen Verantwortungsbereich möglich sei (1 = unmöglich; 7 = problemlos möglich) ergibt sich ein Mittelwert von 5,27 (SA = 1,038). Auch hier zeigen sich zwischen Führungskräften aus Profit- und Nonprofit-Organisationen keine signifikanten Unterschiede. Anders als bei der Frage nach dem Familienbewusstsein im eigenen Verantwortungsbereich schätzen Frauen (MW = 5,47; SA = 0,965) die Möglichkeiten für ihre Beschäftigten Beruf und Familie zu vereinbaren, signifikant (F (1, 1.201) = 11,168; p = 0,001) positiver ein als männliche Führungskräfte (MW = 5,22; SA = 1,051). Die persönliche Betroffenheit mit Vereinbarkeitsfragen hat keinen signifikanten Einfluss auf die Einschätzung, inwieweit die eigenen Beschäftigten Beruf und Familie vereinbaren können.

Um Hindernisse zu identifizieren, die Führungskräfte im Hinblick auf eine bessere Vereinbarkeit von Beruf und Familie für ihre Beschäftigten wahrnehmen, wurde den Befragten eine Liste mit sieben möglichen Barrieren mit der Bitte vorgelegt, diese jeweils im Hinblick auf den Zustimmungsgrad zu bewerten (1 = stimme gar nicht zu; 7 = stimme voll und ganz zu). Das Ergebnis dieser Abfrage zeigt Abbildung 4. Es wird deutlich, dass es den für alle Befragten relevanten Hinderungsgrund nicht gibt. Die Mittelwerte bewegen sich beinahe durchgängig zwischen drei und vier. Zudem weisen alle Variablen eine hohe Streuung auf. Als wichtigster Hinderungsgrund wird ein höherer Aufwand in der Personalführung angesehen. Darüber hinaus werden eine ständige Erreichbarkeit sowie bürokratische Hindernisse als Barriere für eine bessere Vereinbarkeit der eigenen Mitarbeitenden empfunden.

Führungskräfte aus Nonprofit-Organisationen empfinden die mangelnde Akzeptanz bei Mitarbeitenden ohne Vereinbarkeitsprobleme (MW: 3,54 zu 3,01) sowie den höheren Aufwand in der Personalführung (MW: 4,49 zu 3,80) signifikant (F (1, 1.167) = 24,804; p = 0,000 respektive F ((1, 1.176) = 34,986; p = 0,000) stärker als Vereinbarkeitsbarriere als Führungskräfte aus dem Profit-Sektor. Die Leitungsspanne der Befragten hat auf keinen der sieben abgefragten Gründe einen signifikanten Einfluss.

Abbildung 4: Wahrgenommene Barrieren einer Vereinbarkeit von Beruf und Familie für die unterstellten Mitarbeitenden aus Sicht der Führungskräfte

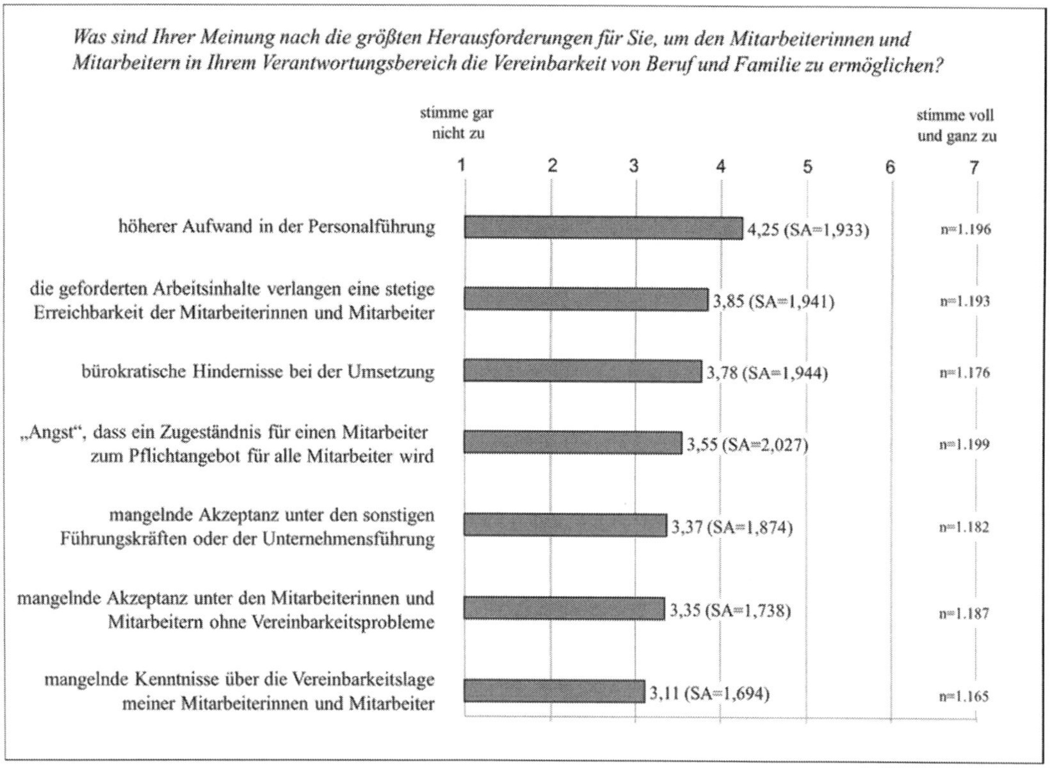

Quelle: Eigene Berechnungen.

Zusammenfassend gehen die befragten Führungskräfte davon aus, dass ihren Mitarbeitenden die Vereinbarkeit von Beruf und Familie bedeutsam ist. Sie attestieren sich für ihren eigenen Bereich ein relativ hohes Maß an Familienbewusstsein und gehen davon aus, dass die Beschäftigten in ihrem Verantwortungsbereich Beruf und Familie grundsätzlich vereinbaren können. Hinsichtlich der Barrieren für eine (noch) bessere Möglichkeit der Beschäftigten, den Anforderungen aus Beruf und Familie gerecht zu werden, offenbart sich kein dominanter Grund. Zentraler Ansatzpunkt sind offenbar Befürchtungen der Führungskräfte vor einem vereinbarkeitsinduzierten höheren Aufwand in der Personalführung.

2.4 Explorative Analysen zum Zusammenhang von Betroffenen- und Ermöglicherrolle

Zur Identifikation möglicher Zusammenhänge zwischen der Betroffenen- und Ermöglicherrolle von Führungskräften im Kontext der Vereinbarkeit von Beruf und Familie sollen nachfolgend die Korrelationen zwischen der Einschätzung des Familienbewusstseins (Arbeitgeber, eigener Verantwortungsbereich), der Wichtigkeit der Vereinbarkeit (persönlich, für die Mitarbeitenden) sowie die Möglichkeit der Vereinbarkeit (persönlich, für die Mitarbeitenden) herangezogen werden (vgl. Tabelle 4). Zu betonen ist der explorative Charakter der Analyse, d.h. es wird nach möglichen Zusammenhängen gesucht, ohne etwas über die Wirkungsrichtung des Zusammenhanges und damit seinen Ursachen sagen zu können. Gleichwohl erscheint ein derartiges Vorgehen gerechtfertigt, um zunächst einmal grundsätzliche Hinweise auf Beziehungen zwischen der persönlichen Ebene von Führungskräften und ihrer institutionellen Funktion im Kontext des Vereinbarkeitsmanagements zu erhalten.

Tabelle 4: Korrelationsanalysen zum Zusammenhang von Betroffenen- und Ermöglicherrolle

	Familienbewusstsein		Wichtigkeit Vereinbarkeit		Möglichkeit Vereinbarkeit	
	Arbeitgeber	eigener Verantwortungsbereich	persönlich	Mitarbeitende	persönlich	Mitarbeitende
Familienbewusstsein Arbeitgeber	1	-	-	-	-	-
Familienbewusstsein eigener Verantwortungsbereich	,477**	1	-	-	-	-
Wichtigkeit Vereinbarkeit persönlich	-,006	,241**	1	-	-	-
Wichtigkeit Vereinbarkeit Mitarbeitende	,035	,336**	,557**	1	-	-
Möglichkeit Vereinbarkeit persönlich	,346**	,245**	,058*	,050	1	-
Möglichkeit Vereinbarkeit Mitarbeitende	,325**	,353**	,080*	,104**	,389**	1
* signifikant auf 5 %-Niveau; ** signifikant auf 1 %-Niveau; 1.180<n<1.208						

Quelle: Eigene Berechnungen.

Mit Blick auf Tabelle 4 ist zunächst zu konstatieren, dass Betroffenen- und Ermöglicherrolle offenbar miteinander in Beziehung stehen. Von den 15 analysierten Zusammenhängen weisen 10 hoch signifikante Korrelationen auf, auch wenn diese bis auf einen Fall kleiner als 0,5 sind.

Von besonderem Interesse für die hier erörterte Fragestellung scheinen die Zusammenhänge zwischen dem Familienbewusstsein im eigenen Verantwortungsbereich sowie der wahrgenommenen Möglichkeit für die Mitarbeitenden zur Vereinbarkeit von Beruf und Familie einerseits sowie den übrigen Variablen andererseits. Das Familienbewusstsein im eigenen Verantwortungsbereich hängt mit allen in die Korrelationsanalyse integrierten Variablen zusammen. Den stärksten Zusammenhang weist es mit dem Familienbewusstsein der gesamten Organisation auf (r = 0,477). Der relativ hohe, aber deutlich unter eins liegende Wert verdeutlicht gleichzeitig, dass die Ermöglichung von Vereinbarkeit durch Führungskräfte zwar durch Anstrengungen auf der Ebene einer Gesamtorganisation positiv beeinflusst wird, aber auch durch eine Reihe anderer Variablen beeinflusst wird. Dies unterstreicht nochmals die Notwendigkeit einer Analyse des Familienbewusstseins in den nachgelagerten Einheiten einer Gesamtorganisation. Darüber hinaus hängt das Familienbewusstsein im Verantwortungsbereich mit der durch Führungskräfte wahrgenommenen Wichtigkeit der Vereinbarkeit der eigenen Mitarbeitenden zusammen (r = 0,336). Eine in etwa gleich hohe Korrelation (r = 0,353) zeigt sich zwischen dem Familienbewusstsein im Verantwortungsbereich und der wahrgenommenen Möglichkeit für die eigenen Mitarbeitenden zur Vereinbarkeit von Beruf und Familie. Dieser Wert kann als Indiz dafür betrachtet werden, dass Führungskräfte zwar eine Möglichkeit zur Verbesserung der Vereinbarkeitssituation ihrer Beschäftigten sehen, diese allerdings nach ihrem Empfinden nur eine mittlere Reichweite besitzt. Schließlich hängt das Familienbewusstsein im eigenen Verantwortungsbereich auch mit der persönlichen Situation der Führungskräfte zusammen. Je wichtiger für die Führungskräfte persönlich die Vereinbarkeit von Beruf und Familie ist, desto höher ist auch das Familienbewusstsein in ihrem Verantwortungsbereich (r = 0,241) und die persönliche Möglichkeit zur Vereinbarkeit (r = 0,245).

Hinsichtlich der Möglichkeit der Mitarbeitenden, Beruf und Familie zu vereinbaren, zeigen sich bei den befragten Führungskräften relativ starke Zusammenhänge zum Familienbewusstsein des Arbeitgebers (r = 0,325), zum Familienbewusstsein im eigenen Verantwortungsbereich (r = 0,353) sowie zur persönlichen Möglichkeit Beruf und Familie zu vereinbaren (r = 0,389). Auch dies unterstreicht nochmals den Zusammenhang zwischen Ermöglicher- und Betroffenenrolle von Führungskräften. Darauf deutet auch der hohe Zusammenhang zwischen der wahrgenommen eigenen Wichtigkeit der Vereinbarkeit sowie der Wichtigkeit von Vereinbarkeitsfragen der unterstellten Beschäftigten hin (r = 0,557).

Insgesamt induzieren diese Befunde, bei aller Zurückhaltung im Hinblick auf die Qualität der Stichprobe und offenen Kausalitätsfragen, dass eine weitergehende Beschäftigung mit dem Zusammenhang zwischen der Ermöglichung von Familienbewusstsein durch Führungskräfte und ihrer persönlichen Situation viel versprechend erscheint. Unbestritten sind Führungskräfte für die Diffusion und Funktionalität von Maßnahmen zur besseren Vereinbarkeit von Beruf und Familie von zentraler Bedeutung; Führungskräfte auf diese Rolle zu reduzieren und damit ihre eigenen Vereinbarkeitsfragestellungen zu übersehen, erscheint vor dem Hintergrund der Ergebnisse nicht zielführend.

Fazit

Im Fokus dieses Beitrages stand die Analyse betrieblichen Familienbewusstseins aus der Sicht von Führungskräften. Dabei wurden Führungskräfte zum einen in ihrer seit längerem adressierten Rolle als Ermöglicher einer besseren Vereinbarkeit von Beruf und Familie betrachtet. Zum anderen sollten aber auch Erkenntnisse über die Betroffenenperspektive von Führungskräften hinsichtlich ihrer Möglichkeiten zur Balancierung der Anforderungen aus Beruf und Familie gewonnen werden. Auf Grundlage einer Erhebung unter mehr als 1.200 Führungskräften konnte dabei zunächst festgestellt werden, dass ein hoher Anteil von Führungskräften selber von Vereinbarkeitsfragen betroffen ist. Im Hinblick auf die Möglichkeit der Vereinbarkeit von Beruf und Familie zeigt sich bei Führungskräften eine 2-Klassen-Gesellschaft. So ergibt sich auf die Frage, inwieweit für die betroffenen Führungskräfte die Vereinbarkeit von Beruf und Familie möglich sei, zwar ein Mittelwert von 4,67, der größer als der Skalenmittelpunkt (teilweise möglich = 4) ist, und somit im Durchschnitt die grundsätzliche Möglichkeit der Vereinbarkeit von Beruf und Familie für Führungskräfte signalisiert. Allerdings verbergen sich hinter diesem Mittelwert zwei Gruppen, für die die Vereinbarkeit einmal tendenziell möglich (57,5 %), einmal tendenziell schwierig erscheint (42,5 %). Zentraler Hinderungsgrund der Vereinbarkeit ist das Volumen der zu bewältigenden Arbeit. Der aus Sicht der Befragten zentrale Lösungsansatz ist die Flexibilisierung der Arbeitszeit. In ihrer Rolle als Ermöglicher stellen sich Führungskräfte ein eher positives Zeugnis hinsichtlich des Umgangs mit Vereinbarkeitsfragen der ihnen unterstellen Mitarbeitenden aus. In ihrem eigenen Verantwortungsbereich wird das betriebliche Familienbewusstsein signifikant positiver eingeschätzt als in der Gesamtorganisation. Im Hinblick auf die Hinderungsgründe mit Bezug auf die eigenen Mitarbeitenden ergab sich ein eher diffuses Bild aus einer Reihe möglicher Vereinbarkeitsbarrieren. Überraschend mag vielleicht der Befund anmuten, dass die mangelnde Kenntnis der Vereinbarkeitsanforderungen der unterstellten Beschäftigten als bedeutsamste Barriere empfunden wird. Neben der isolierten Analyse der beiden Rollen von Führungskräften wurden zum Abschluss einige explorative Analysen zum möglichen Zusammenhang zwischen Betroffenen- und Ermöglicherrolle durchgeführt. Die Ergebnisse deuten darauf hin, dass die beiden Rollen zusammenhängen. Dies impliziert, dass in Bemühungen zur Stärkung der Ermöglicherrolle, wie sie häufig in Projekten zur Implementierung von Vereinbarkeitsinstrumenten betont wird, die Betroffenenrolle integriert werden sollte. Abschließend sei noch einmal auf die Schwächen des Datenmaterials verwiesen, da die Untersuchung ausschließlich unter Führungskräften auditierter und damit im Vergleich zu allen bundesdeutschen Arbeitgebern unter familienbewussteren Arbeitgebern stattgefunden hat. Die Analyse von Führungskräften im Kontext der Vereinbarkeit scheint auch zukünftig, idealerweise unter Durchbrechung dieser Datenhomogenität, ein lohnendes Forschungsfeld.

Literatur

Thomas, C. T., Ganster, D. C. (1995): Impact of family supportive work variables on work-family conflict and strain: A control perspective, in: Journal of Applied Psychology, Vol. 80, No. 1, S. 6-15.

VI. Effekte betrieblicher Familienpolitik

Betriebswirtschaftliche Effekte einer familienbewussten Personalpolitik

Helmut Schneider, Irene Gerlach, David Juncke und John Krieger

Einleitung

In der familienpolitischen Diskussion um Familienförderung kommt der Verbesserung der Vereinbarkeit von Erwerbsarbeit und Familie eine immer stärkere Bedeutung zu. Dabei spielen Unternehmen eine zunehmend wichtige Rolle: Sie ergänzen, nicht zuletzt geleitet durch personalpolitische Erwägungen, den Staat als Akteur in der Familienpolitik und tragen mit familienbewusster Personalpolitik dazu bei, dass die Vereinbarkeitshindernisse dort behoben werden, wo sie besonders deutlich sind: im Spannungsfeld zwischen betrieblichen und familialen Zeitansprüchen (Schneider 2007: 238). Somit umfasst eine familienbewusste Personalpolitik alle freiwilligen Regelungen im Unternehmen, die formell oder informell getroffen werden, um die Kombination der Lebensbereiche Beruf und Familie zu ermöglichen oder zu fördern. Auf dieser mikroökonomischen Ebene stellt sich jedoch die Frage sowohl nach der Effektivität als auch nach der Effizienz familienbewusster Personalpolitik. Es herrscht – ungeachtet erster, überwiegend explorativer Untersuchungen (Bloom u.a. 2006; Gerlach u.a. 2007; BMFSFJ 2003; Konrad/Mangel 2000) – nach wie vor weitestgehend Unklarheit über Reichweite und Intensität der betriebswirtschaftlichen Effekte einer familienbewussten Personalpolitik.

Vor der konzeptionellen Folie eines Input-Output Modells wird in vorliegendem Beitrag zunächst gezeigt, dass es bisher an einer Systematik fehlt, welche die Output-Seite betrieblicher Familienpolitik konsistent erfasst. Diese Forschungslücke wird geschlossen, indem theoretische Ansätze und metaanalytische Befunde hinsichtlich der Ziele familienbewusster Personalpolitik in einem Zielsystem konzentriert werden. Aufbauend auf dieser Systematik wird im zweiten Teil dieses Beitrags ein empirisches Forschungsdesign entwickelt und auf Datenbasis einer Betriebsstättenbefragung in Deutschland (n=1.001) angewandt.

1 Theoretisch-konzeptionelle Herleitung eines betriebswirtschaftlichen Zielsystems familienbewusster Personalpolitik

Die Analyse betriebswirtschaftlicher Effekte einer familienbewussten Personalpolitik kann konzeptionell im Rahmen eines Modells erfolgen, das mit Input- und Output-Größen operiert. Diese Betrachtungsweise setzt *„eine genaue Definition der Input- und Output-Größen sowie der Wirkungszusammenhänge voraus"* (Schneider 2007: 236), da sich ohne Kenntnis der Wirkungszusammenhänge ökonomische Wirkungen von Entscheidungen, beispielsweise familienbewusste Personalmaßnahmen einzuführen, nicht quantifizieren lassen. Wird betriebliches Familienbewusstsein als Inputvariable interpretiert und mit den im Schrifttum postulierten einhergehenden betriebswirtschaftlichen Auswirkungen (zusammenfassend: Juncke 2005: 26) in Verbindung gesetzt, so kann es vor dem Hintergrund des soeben skizzierten analytischen Rahmens untersucht werden.

Aus methodischer Perspektive heraus stellt die Definition und Quantifizierung der Input-Größe „Betriebliches Familienbewusstsein"[58] eine besondere Herausforderung dar. Die Beschränkung auf familienbewusste Personalmaßnahmen, wie beispielsweise Arbeitszeitregelungen, Teleheimarbeitsplätze oder betriebliche Kinderbetreuung, verhindert eine sinnvolle Quantifizierung; komparative Analysen, die über das Niveau von Fallstudien hinausgehen, sind kaum möglich, da Einzelmaßnahmen den unternehmerischen Gegebenheiten entsprechend sehr differenziert ausgestaltet sind und nicht abstrakt-generell betrachtet werden können. Folglich wurde die Input-Seite in auf die Analyse betriebswirtschaftlicher Effekte gerichteten Untersuchungen hilfsweise über die Anzahl familienbewusster Maßnahmen, die Ausdifferenzierung des Maßnahmenangebots, die Teilnahme an Unternehmenswettbewerben, Selbsteinschätzungen hinsichtlich des Familienbewusstseins oder eine Kombination dieser Einzelindikatoren quantifiziert (zusammenfassend: Gerlach u.a. 2007: 40).

Einen Zugang zur Quantifizierung betrieblichen Familienbewusstseins, welcher die Limitationen (Eindimensionalität; fehlende Intersubjektivität) bisher zur Anwendung gebrachter Ansätze durchbricht, bietet der berufundfamilie-Index (vgl. den Beitrag „Konzeptionelle Herleitung betrieblichen Familienbewusstseins" im vorliegenden Band). Dieser bildet betriebliches Familienbewusstsein in dessen Gesamtheit ab und fokussiert dabei nicht nur auf die in der öffentlichen Wahrnehmung scheinbar zentralen familienbewussten Personalmaßnahmen (Leistungsdimension), sondern auch auf die Unternehmenskultur (Kulturdimension) sowie betriebliche Informations- und Kommunikationsprozesse hinsichtlich der Vereinbarkeitsfrage (Dialogdimension). Konzeptionell beruht der berufundfamilie-Index in seiner Funktion als Messinstrument auf 21 Items in Form von Einschätzungsfragen. Diese richten sich primär an Unternehmensangehörige mit Personalverantwortung, welche über intervall-skalierte Antworten die einzelnen Indikatoren des betrieblichen Familienbewusstseins beurteilen. Auf Basis der Ant-

[58] Im Folgenden werden die Begriffe „betriebliches Familienbewusstsein" und „familienbewusste Personalpolitik" synonym verwendet. Zur Semantik vgl. Schneider u. a. 2008: 7.

worten wird der berufundfamilie-Indexwert berechnet, welcher zwischen 0 (überhaupt nicht familienbewusst) und 100 (sehr familienbewusst) skaliert ist.[59]

2 Zielspektrum familienbewusster Personalpolitik – theoretische Ableitung und metaanalytische Befunde

Während mit dem berufundfamilie-Index die Inputgröße ,Betriebliches Familienbewusstsein' für die Analyse betriebswirtschaftlicher Effekte definiert ist, soll im Folgenden das Spektrum der Ziele einer familienbewussten Personalpolitik abgeleitet und in ein Zielsystem überführt werden.

Der zunehmende Fachkräftemangel (Institut der deutschen Wirtschaft consult GmbH 2009: 7) impliziert eine Verknappung qualifizierter Arbeitskräfte, so dass Bindung und Gewinnung knapper Arbeitskräfte zu bedeutsamen Aufgabenfeldern der betrieblichen Personalpolitik werden. Während die Ziele der Mitarbeitendenbindung und -gewinnung bisher beispielsweise über monetäre Vergütungssysteme verfolgt werden (Deller u.a. 2008: 43), gewinnen im so genannten ,War for Talents' ergänzend nicht-monetäre Instrumente an Bedeutung, welche die Beschäftigungsfähigkeit (zukünftiger) Mitarbeitender mit (potenziellen) Familienpflichten gewährleisten und/oder herstellen. Das bedeutet, dass Inkompatibilitäten zwischen Beruf und Familie einerseits bei aktuell Beschäftigten durch vereinbarkeitsfördernde Maßnahmen zu beheben sind, um deren Arbeitskraft trotz Familienpflichten dem Unternehmen zu erhalten; andererseits bedeutet dies, dass durch Betreiben vereinbarkeitsfördernder Personalpolitik potenzielle Mitarbeitende mit (konkreten oder sich abzeichnenden) Familienpflichten in die Lage versetzt werden, eine Erwerbstätigkeit im Unternehmen aufzunehmen. Familienbewusste Personalpolitik zielt somit auf oberster Ebene auf die Bindung aktueller und Gewinnung potenzieller Mitarbeitender – mit konkreten und/oder sich abzeichnenden Familienpflichten.

Aus dem Jahr 1999 stammt eine Literaturstudie von Lobel, in welcher für den hier interessierenden Kontext relevante Forschungsbeiträge seit 1973 aufgeführt werden. Lobel differenziert in ihrer Darstellung zwischen *Diversity Initiatives* und *Work-Life Initiatives in Organizations*. Bezüglich letztgenannter Initiativen stellt die Literaturstudie Effekte auf Einstellungen (*attitudes*) der Beschäftigten, auf Individual- und Gruppenperformance, auf das Personalmanagement sowie auf strategische Unternehmensziele dar (Lobel 1999: 461-463). Die Befunde von Lobel ergänzend und aktualisierend sind in Tabelle 1 einschlägige empirische Untersuchungen von Unternehmen und Non-Profit Organisationen seit dem Jahr 2000 dargestellt. Forschungsgegenstände waren Motive, Ziele und Auswirkungen einer familienbewussten Personalpolitik.

Einen weiteren Literaturüberblick von Studien *„on the business case for adopting work-life balance policies"* hat Yasbek erstellt (Yasbek 2004: 1): Im Fokus ihrer Arbeit stehen Untersuchungen, die primär Fragen nach den Kosten und Auswirkungen familienbewusster Personal-

[59] Zur Herleitung und Konzeption des berufundfamilie-Indexes vgl. den Beitrag von Schneider/Wieners/Heinze „Konzeptionelle Herleitung betrieblichen Familienbewusstseins" im vorliegenden Band.

politik nachgegangen sind. Auf Basis unterschiedlicher Quellen arbeitet Yasbek insgesamt 18 Auswirkungen familienbewusster Personalpolitik heraus und berücksichtigt dabei auch, dass zwischen den einzelnen Auswirkungen Wirkungsbeziehungen bestehen, z.B.: *„Lower recruitment and training costs, associated with reduced turnover“* (Yasbek 2004: 4). Ihre Befunde, ergänzt um die Postulate der in Tabelle 1[60] genannten Studien, erlauben eine Aggregation der identifizierten Einzelziele einer familienbewussten Personalpolitik in folgende Zielbereiche[61]:

Arbeitszufriedenheit
Motivation
Fehlzeiten
Mitarbeiterbindung
Humankapitalakkumulation
Kundenbindung
Such- und Einarbeitungskosten
Mitarbeitergewinnung
Bewerberqualität
Kosten vakanter Stellen
Mitarbeiterproduktivität

Tabelle 1: Studien zu Motiven, Zielen und Auswirkungen familienbewusster Personalpolitik

Autoren	Kurztitel	Methodik	Studiengegenstände (aggregierte Zielbereiche)
Konrad/ Mangel (2000)	The Impact of Work-Life-Programs on Firm Productivity.	quantitative Untersuchung (n=195)	Fokus auf Auswirkungen in Bezug auf: Mitarbeiterproduktivität
Perry-Smith/ Blum (2000)	Work-Family Human Resource Bundles and Perceived Organizational Performance.	quantitative Untersuchung (n=527)	Fokus auf Auswirkungen in Bezug auf: Mitarbeiterproduktivität
TNS EMNID (2002)	Kundenbefragung „Beruf & Familie" – bereits zertifizierte Unternehmen.	Befragung (n=36)	Fokus auf Auswirkungen in Bezug auf: Arbeitszufriedenheit, Motivation, Mitarbeitergewinnung, Mitarbeiterproduktivität
Gemeinnützige Hertie-Stiftung (Hrsg.) (2003)	Strategien einer familienbewussten Unternehmenspolitik. Berichtsband.	Befragung (n=433)	Fokus auf Auswirkungen in Bezug auf: Motivation, Fehlzeiten, Mitarbeiterbindung, Mitarbeitergewinnung, Mitarbeiterproduktivität
Backes-Gellner u.a. (2003)	Familienfreundlichkeit im Mittelstand.	quantitative (n=759) und qualitative (n=23) Untersuchung	Fokus auf Motive in Bezug auf: Arbeitszufriedenheit, Motivation, Fehlzeiten, Mitarbeiterbindung, Mitarbeitergewinnung, Kundenbindung

[60] Bei sämtlichen Tabellen und Abbildungen in diesem Beitrag handelt es sich – sofern nicht anders kenntlich gemacht – um eigene Darstellungen.
[61] Zur Aggregation der im Schrifttum genannten Einzelziele in Zielbereiche vgl. Schneider u.a. 2008: 14.

Autoren	Kurztitel	Methodik	Studiengegenstände (aggregierte Zielbereiche)
BMFSFJ (Hrsg.) (2003)	Betriebswirtschaftliche Effekte familienfreundlicher Maßnahmen. Kosten-Nutzen-Analyse.	Modellrechnungen auf Fallstudienbasis (n=10)	Fokus auf Auswirkungen in Bezug auf Arbeitszufriedenheit, Motivation, Fehlzeiten, Humankapitalakkumulation, Such- und Einarbeitungskosten, Mitarbeitergewinnung, Kosten vakanter Stellen
Bloom u.a. (2006)	Work Life Balance. Management Practices and Productivity	quantitative Untersuchung (n=732)	Fokus auf Auswirkungen in Bezug auf: Mitarbeiterproduktivität
Gerlach u.a. (2007)	Betriebliche Familienpolitik in auditierten Unternehmen und Institutionen.	Befragungen (n=147)	Fokus auf Ziele und Auswirkungen in Bezug auf: Arbeitszufriedenheit, Fehlzeiten, Mitarbeiterbindung, Mitarbeitergewinnung. Such- und Einarbeitungskosten, Mitarbeiterproduktivität
Managing Work/Life Balance (2007)	The Way Ahead Report on the Year 2007 Survey.	Befragung (n=284)	Fokus auf Auswirkungen in Bezug auf: Arbeitszufriedenheit, Motivation, Fehlzeiten, Mitarbeiterbindung, Kundenbindung, Bewerberqualität, Mitarbeiterproduktivität
BMFSFJ (2010)[62]	Unternehmensmonitor Familienfreundlichkeit 2010.	Befragung (n=1.319)	Fokus auf Motive in Bezug auf: Arbeitszufriedenheit, Fehlzeiten, Mitarbeiterbindung, Mitarbeitergewinnung, Such- und Einarbeitungskosten, Mitarbeiterproduktivität

Eine weitere Ordnung der Ziele familienbewusster Personalpolitik kann in einer Matrix von Wirkungsbereichen (aktuelle und potenzielle Mitarbeitende) und Wirkungsweisen verortet werden (vgl. Abbildung 1). Letztgenannte können – unter Rückgriff auf die Überlegungen hinsichtlich möglicher Wirkungsbeziehungen (Yasbek 2004: 4; Backes-Gellner u.a. 2003: 51) – vorgenommen werden, indem theoretisch abgeleitet wird, ob die intendierten Auswirkungen in einem (eher) unmittelbaren oder einem (eher) mittelbaren Zusammenhang mit dem betrieblichen Familienbewusstsein stehen.

[62] Bei der hier zitierten Studie handelt sich um die aktualisierte Wiederholungsbefragung des im Jahr 2003 erstmalig durchgeführten (n=878) und im Jahr 2006 wiederholten (n=1.128) ‚Unternehmensmonitor Familienfreundlichkeit'.

Abbildung 1: Wirkungsbereiche und Wirkungsweisen familienbewusster Personalpolitik

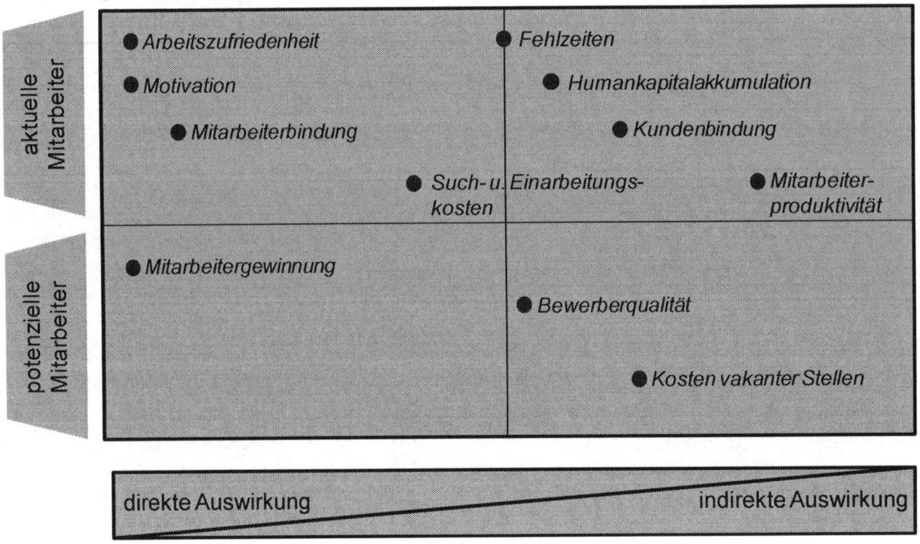

So steht zu vermuten, dass sich das betriebliche Familienbewusstsein unmittelbar auf die Arbeitszufriedenheit sowie die Motivation der aktuellen Mitarbeitenden auswirkt. Eine ebenfalls unmittelbare Konsequenz stellt die Mitarbeiterbindung dar; weniger unmittelbar wirkt sich das Familienbewusstsein auf die Such- und Einarbeitungskosten aus, da diese möglicherweise erst nach Eintreten anderer positiver Effekte sinken. Ambivalent verhält es sich mit dem Bereich Fehlzeiten: Zum einen können diese in solchen Fällen, in denen familienbewusste Personalpolitik ad hoc auftretende Vereinbarkeitsproblematiken löst, eine unmittelbare Wirkung entfalten, da die Beschäftigten nicht selbst – im Rahmen einer Krankmeldung oder Absentismus – Familienpflichten wahrnehmen müssen. Zum anderen entfaltet sich eine eher mittelbare Wirkung, wenn beispielsweise die durch Unvereinbarkeit verursachte Stressbelastung der Mitarbeitenden sinkt und es so zu einer Senkung des Krankenstandes kommt (Evans 2001: 24). Der Einfluss des betrieblichen Familienbewusstseins auf Humankapitalakkumulation und Kundenbindung ist eher mittelbarer Prägung, beide Ziele stellen eine Folge der verbesserten Mitarbeiterbindung dar. Letztlich kann auch die mitarbeiterbezogene Produktivitätssteigerung als mittelbares Ziel kategorisiert werden, da familienbewusster Personalpolitik kein direkter Einfluss auf den betrieblichen Output (beispielsweise in Form produzierter Einheiten) zuzuschreiben ist. In Bezug auf potenzielle Mitarbeitende sind drei aggregierte Ziele relevant: Einen unmittelbaren Einfluss übt familienbewusste Personalpolitik auf die Mitarbeitergewinnung aus, während eine verbesserte Bewerberqualität sowie sinkende Kosten vakanter Stellen mittelbare Auswirkungen darstellen.

3 Unmittelbare Auswirkungen familienbewusster Personalpolitik auf aktuelle Mitarbeitende

Wird auf die aktuellen Mitarbeitenden im Unternehmen fokussiert, kann zunächst von (eher) unmittelbaren Auswirkungen hinsichtlich der Arbeitszufriedenheit der Mitarbeitenden und deren Motivation, der Mitarbeitendenbindung sowie der Such- und Einarbeitungskosten ausgegangen werden.

Unter **Arbeitszufriedenheit** sind grundsätzlich die positiven Gefühle eines Beschäftigten gegenüber seiner Arbeit zu verstehen.[63] Die Erhöhung der Arbeitszufriedenheit der Mitarbeitenden wird in unterschiedlichen empirischen Untersuchungen als eines der bedeutendsten Ziele betrieblichen Familienbewusstseins genannt (Gerlach u.a. 2007: 22-23; BMFSFJ 2010: 21). In Anlehnung an die Herzbergsche Zweifaktorentheorie (Herzberg 1968) kann eine familienbewusste Personalpolitik als ‚Hygienefaktor' verstanden werden. Hygienefaktoren betreffen das Arbeitsumfeld, wohingegen die so genannten ‚Motivatoren' im Arbeitsinhalt selbst liegen. Nach Herzberg tragen die Hygienefaktoren schwerpunktmäßig zu einer Reduktion der Unzufriedenheit bei, wohingegen Motivatoren leistungsförderlich sind. Familienbewusste Personalpolitik tangiert über die Lösung der Vereinbarkeitsproblematik das Arbeitsumfeld und kann als Vorbedingung für das Wirksamwerden von Motivatoren relevant sein.

Die Erhöhung der Arbeitszufriedenheit ist im Zusammenhang mit dem Ziel der **Motivationssteigerung** zu sehen. Motivationstheorien (zusammenfassend: Weinert 2004: 242; Katzell/Thompson 1990) fokussieren u.a. auf intrinsische und extrinsische Faktoren, die Ursachen zur Motivation, die Erwartung des Menschen in der Berufswelt sowie auf kognitive Prozesse, mithilfe derer eine Person Verhalten interpretiert. Das Verhältnis von Arbeitszufriedenheit und Motivation ist wechselseitig, es lassen sich in der Forschung auf der einen Seite Hinweise darauf finden, dass hinsichtlich hoher Arbeitszufriedenheit angenommen werden kann, dass diese die Motivation für die Arbeit verstärkt (Rüssel zitiert nach Albers 1977: 81). Andererseits ist auch der umgekehrte Fall möglich und belegbar (Pool 1997: 278). Locke und Latham lösen die Frage nach der Wirkungsrichtung von Motivation und Arbeitszufriedenheit mit Hilfe eines Kreislaufmodells auf: Der von ihnen entwickelte ‚high performance cycle' geht von Arbeitsmotivation aus, welche – unter Einfluss von Mediatoren und Moderatoren – zur Leistung führt. Von der Leistung unabhängige (z.B. flexible Arbeitszeiten) oder abhängige (z.B. Beförderungen) Belohnungen führen zur Arbeitszufriedenheit, *„which in turn facilitates commitment to the organization and its goals"* (Locke/Latham 1990: 240); dies führt wiederum zu einer Beeinflussung der Motivation. Neben der Korrelation von Motivation und Arbeitszufriedenheit wird in diesem Kreislaufmodell auch die Verbindung zwischen Arbeitszufriedenheit und Mitarbeiterbindung herausgestellt.

Mitarbeiterbindung als Ziel einer familienbewussten Personalpolitik ist im Zusammenhang mit dem Qualifikationsniveau der Beschäftigten zu betrachten, da es im Unternehmensin-

---

[63] Diese Definition soll für die Zwecke der folgenden Ausführungen genügen. Tatsächlich stellt Arbeitszufriedenheit ein Konstrukt dar, welches Gegenstand zahlreicher Untersuchungen v.a. aus dem Bereichen Psychologie, Soziologie und Wirtschaftswissenschaft ist. Einen Überblick über Definitionen und Forschungsstand gibt Wirth 2008: 8-19.

teresse liegt, die Fluktuation (betriebsspezifisch) qualifizierter Mitarbeitender möglichst gering zu halten. Eaton beziffert die möglichen Kosten, die im Rahmen von Fluktuation entstehen können, auf bis zu 200 % des Jahresgehalts und stellt fest, dass familienbewusste Personalpolitik die Fluktuation senken kann (Eaton 2003: 6 mit weiteren Nachweisen). Dies ergibt sich einerseits daraus, dass die verbesserte Vereinbarkeit von Beruf und Familie dazu beiträgt, dass Beschäftigte mit (gegebenenfalls nicht planbar auftretenden) Familienpflichten nicht zwangsläufig aus dem Unternehmen ausscheiden und ersetzt werden müssen, sondern Berufstätigkeit und Familie kombinieren können. Andererseits können über das gesetzliche oder tarifvertragliche Niveau hinausgehende familienbewusste Leistungen im Rahmen des originär soziologischen und von Akerlof auf Arbeitsverhältnisse übertragenen Gift-exchange-Ansatzes (Akerlof 1982) als ‚Geschenk' des Arbeitgebers interpretiert werden, welches die Loyalität des Arbeitnehmers und damit einhergehend seine Betriebsbindung erhöht. Auch die Anreiz-Beitrags-Theorie befasst sich u.a. mit der Frage nach den Beweggründen einer Person, einem Unternehmen beizutreten und in einer bestimmten Rolle an dessen Aktivitäten teilzunehmen. March und Simon gehen von der Hypothese aus, *„dass der Mitarbeiter das Unternehmen verlassen wird, wenn seine eingebrachten Leistungen nicht durch entsprechende Gegenleistungen mindestens ausgeglichen werden"* (zitiert nach Bühner 2005: 262). Für Mitarbeitende mit Familienpflichten bedeutet dies, dass ihre Loyalität aus dem Erhalt familienbewusster Leistungen, welche sie als Gegenleistung für ihre Arbeitsleistung ansehen, resultiert.

Such- und Einarbeitungskosten entstehen im Kontext der Vereinbarkeit von Beruf und Familie dann in einem Unternehmen, wenn Stellen vakant werden und mit zu rekrutierendem Personal einer Neubesetzung bedürfen. Mit dem Eintreten eines Mitarbeitenden in die gesetzliche Elternzeit verlieren Unternehmen zumindest zeitweise wichtiges betriebsspezifisches Humankapital und müssen mitunter für 36 Monate eine Vertretung beschaffen und einarbeiten. Deren Rekrutierung, die mit Überbrückungskosten, zu denen u.a. Anwerbe-, Auswahl-, Einstellungs- und Einarbeitungskosen zählen (BMFSFJ 2003: 19), verbunden ist, gestaltet sich umso schwieriger und kostenintensiver, je spezialisierter und qualifizierter die Anforderungen an den Stellenbewerbenden sind. Einarbeitungskosten fallen sowohl bei der zeitlich befristet angestellten Vertretungsperson als auch bei dem Rückkehrenden aus der Elternzeit, welcher requalifiziert werden muss, an. Familienbewusste Personalpolitik zielt somit auf die Vermeidung und/oder Senkung von Such- und Einarbeitungskosten, in concreto auf eine Verkürzung der Elternzeit und eine hohe Rückkehrquote.

4 Mittelbare Auswirkungen familienbewusster Personalpolitik auf aktuelle Mitarbeitende

Krankenstand und Absentismus sind unter den Begriff der **Fehlzeiten** zu subsumieren. Diese sind definiert als Zeiten, in denen Arbeitnehmer vom Betrieb abwesend sind, obwohl sie Anwesenheitspflicht hätten (Schneck 1998: 230-231). Auslöser von Fehlzeiten können psychische oder physische Einschränkungen des Arbeitnehmers oder dessen Motivationslage sein. Die Abwesenheit und/oder Krankmeldung eines Mitarbeitenden kann darüber hinaus auch aus familiären Gründen, beispielsweise aus unplanbaren Schwierigkeiten bei der Kinder- oder Angehörigenbetreuung, resultieren (Comfort u.a. 2003: 46). Um den Betreuungsbedarf ad hoc befriedigen zu können, melden sich Arbeitnehmer selbst krank. Eine familienbewusste Personalpolitik, die im Rahmen unterschiedlicher Maßnahmen auch nicht planbare Zeitkonflikte zwischen Beruf und Familie entschärfen kann (Schneider 2007: 240), zielt somit darauf ab, Fehlzeiten zu reduzieren, die ihren Ursprung in einer unzureichenden Vereinbarkeit von Beruf und Familie haben.

In Abhängigkeit von Branche und Größe investieren Unternehmen in unterschiedlich hohem Maße in das **Humankapital**[64] ihrer Mitarbeitenden. Werden die direkten (bspw. Teilnahmebeitrag für Weiterbildungsseminar) und indirekten (bspw. Lernen in der Arbeitssituation) Kosten betrieblicher Weiterbildung zusammengefasst, ergeben sich für das Jahr 2004 durchschnittliche Weiterbildungskosten je Mitarbeitendem in Höhe von 1.072 Euro (Werner 2006: 10). Der zunehmende Fachkräftemangel wird dazu führen, dass Weiterbildungsbedarf und -kosten steigen werden, da benötigte Qualifikationen im Erwerbspersonenpotenzial weniger vertreten sind und von potenziellen Arbeitgebern zunehmend stark umworben werden. Verlässt ein Mitarbeitender, in dessen Humankapital seitens des Betriebes investiert wurde, zur Wahrnehmung von Familienpflichten dauerhaft das Unternehmen, müssen diese Investitionen vollständig abgeschrieben werden. Eine auch nur kurze Elternzeit kann bereits zur Humankapitalentwertung führen. Unternehmen geben an, dass Abwesenheitszeiträume von mehr als einem Jahr zu einem Nachholbedarf im Hinblick auf die Qualifikation führen (Sozialministerium Baden-Württemberg, 2001: 374). Das betriebsspezifische Humankapital stellt eine zentrale Ressource dar, es kann nicht im Rahmen externer Qualifizierungen erworben werden und wächst im Zeitablauf an. Gleichzeitig verliert es mit einem längerfristigen oder endgültigen Ausscheiden aus dem Unternehmen seinen Wert.

Personenbezogene Einflussgrößen sind für die **Kundenbindung** in Unternehmen, in denen die Beziehung zwischen einem bestimmten Unternehmensvertreter und dem Kunden von besonderer Bedeutung ist, relevant (Homburg/Stock 2005: 310). Aus Fallstudien ist bekannt, dass starke Beziehungen zwischen Kunden und bestimmten Mitarbeitenden existieren können und dass diese Beziehungen seitens des Kunden eine hohe Wertschätzung erleben (Backes-Gellner u.a. 2003: 89). Eine hohe familienbedingte Personalfluktuation kann Kundenbeschwerden und Kundenverluste verursachen. Soweit familienbewusste Personalpolitik das Verbleiben eines Mitarbeitenden mit Kundenkontakt im Unternehmen trotz Familienpflichten ermöglicht, zielt sie auf Kundebindung ab.

Der im Rahmen der Mitarbeitendenbindung angeführte Gift-exchange-Ansatz von Akerlof kann auch zur Konstruktion eines Zusammenhangs zwischen familienbewusster Personalpolitik und **Mitarbeiterproduktivität** bemüht werden: Konrad/Mangel argumentieren, dass *„work-life programs can function as a gift given by the firm in exchange for extra productivity"* (Konrad/Mangel 2000: 1227; ähnlich: Althammer 2007: 54). Die Argumentationskette eines von

[64] Hinsichtlich dieses betriebswirtschaftlichen Fachbegriffs ist zu ergänzen, dass er im Fünften Familienbericht mit dem Terminus des ‚Humanvermögens' dahingehend erweitert wurde, dass auch der Qualifikationserwerb durch Familienarbeit sowie die in Familien entwickelten, aber nicht notwendigerweise automatisch kapitalisierten Fähigkeiten Berücksichtigung finden (BT-Drucksache 12/7560: 241 mit weiteren Nachweisen). Für Personalverantwortliche scheinen diese Qualifikationen gegenüber berufsbezogenen jedoch eine eher nachrangige Bedeutung aufzuweisen.

Bloom u.a. (2006) verwandten Theorieansatzes zur Work-Life Balance besagt, dass eine erhöhte Produktivität Folge besonders qualifizierter Mitarbeitender ist, welche durch betriebliche Familienpolitik attrahiert oder im Betrieb gehalten werden. Dex/Scheibl führen unter Rückgriff auf Fallstudien aus, dass familienbewusste Personalpolitik zu einer Erhöhung der Motivation führt, *„which in the long term, enhances productivity“* (Dex/Scheibl 1999: 30) Es zeigt sich, dass – über verschiedene Wirkungsstufen – die Erhöhung der Mitarbeitendenproduktivität ein Ziel familienbewusster Personalpolitik darstellt.

5 Unmittelbare Auswirkungen familienbewusster Personalpolitik auf potenzielle Mitarbeitende

Unternehmen, die ihr Familienbewusstsein nach außen kommunizieren, sprechen damit vor allem potenzielle Mitarbeitende an, so dass eine familienbewusste Personalpolitik auch auf die **Mitarbeitergewinnung** abzielt. Images bestimmen das Verhalten und dienen der Orientierung einer Person in ihrer komplexen Umwelt (Kroeber-Riel/Weinberg/Gröppel-Klein 2008: 197). Der Einfluss sozialen Handelns – in Gestalt betrieblichen Familienbewusstseins – auf das Image kann sich in der Form äußern, dass der entsprechende Betrieb in der öffentlichen Wahrnehmung als besonders familienbewusst gilt. *„For instance, firms adopting socially responsible actions may develop more positive images that can attract a higher quality and quantity of human resources“* (Jones/Murrell 2001: 62; mit weiteren Nachweisen). Die Schaffung eines familienbewussten Images ist für Unternehmen jedoch per se kein Ziel familienbewusster Personalpolitik, da ein familienbewusstes Image keinen Selbstzweck darstellt und es – im Gegensatz zu den anderen identifizierten Zielen – ausschließlich als Vehikel zur Erreichung anderer Ziele dient. Schließlich werden durch die Signalwirkung eines (familienbewussten) Unternehmensimages potenzielle Bewerbende mit Familienpflichten in die Lage versetzt, sich für oder gegen mögliche Arbeitgeber zu entscheiden: *„Thus, to individuals evaluating the firm, the family-friendly label is an uncomplicated decision tool that one can use to evaluate the firm by focusing on its positive treatment of its employees“* (Jones/Murrell 2001: 61). Somit beeinflusst familienbewusste Personalpolitik mittelbar die Personalrekrutierung. Sie kann demnach mit dem Ziel verfolgt werden, den Bewerberpool um solche qualifizierte Personen zu erweitern, welche aufgrund bestehender Familienpflichten ihre Arbeitskraft nicht oder nur eingeschränkt dem Arbeitsmarkt zur Verfügung stellen (Center for Ethical Business Cultures 1997).

6 Mittelbare Auswirkungen familienbewusster Personalpolitik auf potenzielle Mitarbeitende

Eng in Verbindung zu dem Ziel, den Bewerberpool durch eine familienbewusste Personalpolitik zu vergrößern, steht das Ziel einer Verbesserung der **Bewerberqualität**. Im Wettbewerb um qualifizierte Beschäftigte werden neben finanziellen auch andere Leistungen von den Arbeitgebern angeboten, um die benötigten Mitarbeitenden zu gewinnen. Der Wert eines Bewerbenden auf dem Personalmarkt hängt ab von seinen angebotenen Qualifikationen und der arbeitgeberseitigen Nachfrage. Hoch qualifizierte Personen haben in der Regel einen vergleichsweise hohen Marktwert, welcher eine Entsprechung im Arbeitsentgelt sowie in sonstigen betrieblichen Leistungen findet. Ausgehend von einem Nutzen maximierenden, hoch qualifizierten Bewerbenden mit Familie oder Familienwunsch[65] wird dieser sich in einer Alternativsituation bei sonst gleichen Voraussetzungen für den Arbeitgeber entscheiden, bei welchem er Leistungen einer familienbewussten Personalpolitik in Anspruch nehmen kann. Mit der durch Familienbewusstsein induzierten Vergrößerung des Bewerberpools vergrößert sich im Rahmen der Mitarbeitendengewinnung die Auswahl potenzieller Mitarbeitender. In der Menge aller Bewerbenden sind mehr qualifizierte Personen zu finden. Betriebliches Familienbewusstsein kann somit die Bewerberqualität erhöhen (Dex/Scheibl 1999: 24). Tangible Kosten können insbesondere humankapitalintensiven Unternehmen dadurch entstehen, dass sie für die Besetzung offener Stellen benötigte Mitarbeitende nicht rekrutieren können. In diesem Sinne lassen sich **Kosten vakanter Stellen** als Opportunitätskosten verstehen, die auftreten, weil dem Unternehmen die Produktivität nicht vorhandener Mitarbeitender entgeht.

7 Zwischenfazit: Zielsystem familienbewusster Personalpolitik

Werden die Auswirkungen familienbewusster Personalpolitik auf aktuelle und potenzielle Mitarbeitende nach ihren möglichen Wirkungsbeziehungen geordnet, ergibt sich folgendes Zielsystem:

[65] Anzumerken ist, dass Familienpflichten, die aus Kinderbetreuungs- und erziehungsaufgaben resultieren, individuell planbar sind und die Entscheidung für oder gegen Kinder umgesetzt werden kann. Anders verhält sich dies hinsichtlich der Pflege und Betreuungsnotwendigkeit Angehöriger. Ihr Eintreten ist in der Regel nicht kalkulierbar.

Abbildung 2: Zielsystem familienbewusster Personalpolitik

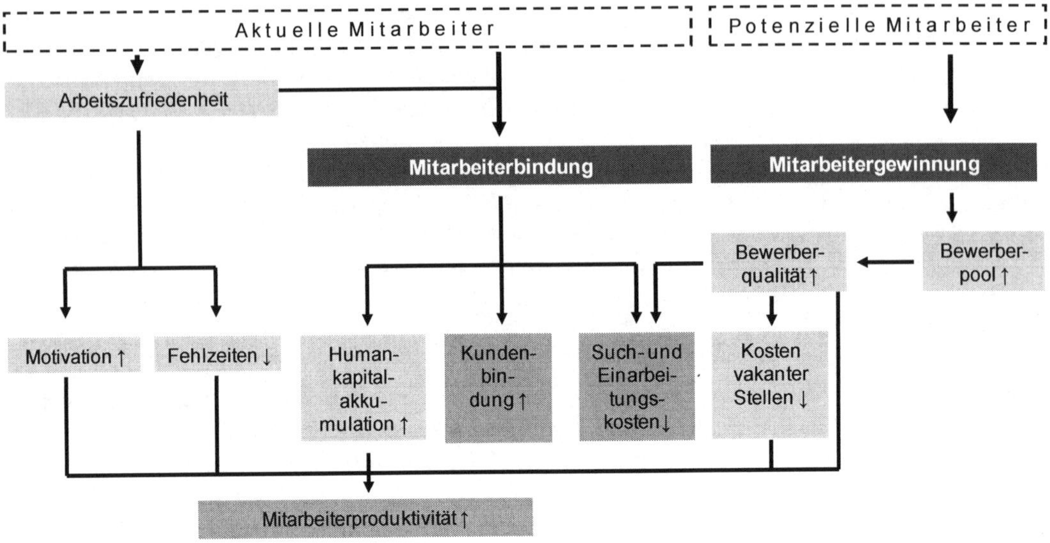

Familienbewusste Personalpolitik wirkt auf aktuelle und potenzielle Mitarbeitende, so dass auf oberster Ebene des Zielsystems die beiden personalpolitischen Ziele ‚Mitarbeiterbindung' und ‚Mitarbeitergewinnung' liegen. Nicht unmittelbar auf die Bindung oder Rekrutierung von Beschäftigten ausgerichtet ist das ebenfalls zentrale, jedoch eher intrinsisch motivierte Ziel ‚Erhöhung der Arbeitszufriedenheit'. Eine durch familienbewusste Personalpolitik erhöhte Arbeitszufriedenheit trägt zur Steigerung der Motivation sowie zur Senkung von Fehlzeiten bei. Darüber hinaus existiert eine Wirkungsbeziehung zum Ziel ‚Mitarbeiterbindung', da Beschäftigte mit einer hohen Arbeitszufriedenheit eher selten aus eigenem Antrieb heraus ihren Arbeitgeber verlassen. Aus der Mitarbeitendenbindung lassen sich wiederum weitere Ziele ableiten: Einerseits kann bei stabilem Personalbestand Humankapital nachhaltig akkumuliert werden, da bei niedriger Fluktuation Mitarbeitende selten mit ihrem Wissen das Unternehmen verlassen. Andererseits trägt Mitarbeiterbindung insbesondere im Dienstleistungsbereich zur Kundenbindung bei (Homburg/Stock 2005: 321). Schließlich können, soweit kein Personalabbau betrieben wird, Such- und Einarbeitungskosten gesenkt werden, wenn Mitarbeitende langfristig an den Arbeitgeber gebunden sind. ‚Motivationssteigerung', ‚Fehlzeitensenkung' und ‚Humankapitalakkumulation' wirken auf das finale Ziel ‚Steigerung der Mitarbeitendenproduktivität'.

Im Bereich potenzieller Mitarbeitender fokussiert eine familienbewusste Personalpolitik unmittelbar auf Mitarbeitergewinnung. Ein vergrößerter Bewerberpool wirkt sich auf die Bewerberqualität aus. Deren Verbesserung kann sowohl zur Senkung von Such- und Einarbeitungskosten beitragen als auch zur Kostenreduktion vakanter Stellen und zur Steigerung der Mitarbeitendenproduktivität. Das Ziel ‚Reduktion von Kosten vakanter Stellen' wirkt auf die

Mitarbeiterproduktivität, da angenommen werden kann, dass die Wertschöpfung eines Beschäftigten höher ist als die von ihm induzierten Kosten.

8 Operationalisierung der Ziele einer familienbewussten Personalpolitik zur Entwicklung eines empirischen Forschungsdesigns

Um im Rahmen komparativer Analysen Aussagen darüber treffen zu können, ob unterschiedlich familienbewusste Unternehmen bei der Realisierung spezifischer Ziele verschieden erfolgreich sind, wurde zunächst eine Ordnung erarbeitet, welche die Zielgrößen einer familienbewussten Personalpolitik systematisch erfasst. Im Folgenden wird das entwickelte Zielsystem familienbewusster Personalpolitik zur Überprüfung in einen empirischen Designvorschlag überführt.

Der Suchraum für die Operationalisierung der Ziele einer familienbewussten Personalpolitik besteht aus (Personal-)Kennziffern in Form metrischer Daten und quasi-metrisch skalierter Daten über die Zielerreichungsgrade. An die erhobenen Daten werden zwei Voraussetzungen gestellt. Zum einen sollen sie möglichst aussagekräftig und zum anderen im Rahmen einer telefonischen Befragung (CATI) erhebbar sein. Daher können unternehmensspezifische Daten des Personal-Controllings a priori ausgeschlossen werden. Quasi-metrisch skalierte Daten sind für telefonische Befragungen besonders gut geeignet, da sie sich zu metrischen Daten subsidiär verhalten. Deswegen kann davon ausgegangen werden, dass trotz fehlender Kennzahlen eine Selbsteinschätzung bezüglich eines bestimmten Zielbereichs formuliert werden kann.

9 Identifikation metrischer und quasi-metrischer Messansätze

Die Erhebung der Ziele einer familienbewussten Personalpolitik soll über die Verwendung möglichst metrischer (Personal-)Kennzahlen erfolgen, die mittels der Analyse relevanter Literatur identifiziert und im Hinblick auf eine interviewgestützte Umsetzbarkeit überprüft wurden. Mittels eines Pre-Tests, dessen Sample 39 Personalverantwortliche und/oder Geschäftsführer von Unternehmen unterschiedlicher Größenklassen und Branchenzugehörigkeit der Industrie- und Handelskammer aus der Region Nord-Westfalen umfasste, wurde die Anwendbarkeit der Items überprüft.

Tabelle 2: Metrisch skalierte Messansätze: Indikatoren, empirische Überprüfung

Zielbereich	Indikator	Item im Pre-Test	Realisierbarkeit
Arbeitszufriedenheit	Fluktuationsrate (Holtbrügge 2005: 211); BDA-Formel (Schulte 2002: 182)	*Können Sie uns die Fluktuationsrate Ihres Unternehmens im letzten Jahr nennen? (BDA-Formel)*	ja
Motivation	Leistungsmotivationsinventar (Schuler/Prochaska 2001)	keine Verwendung im Pre-Test, da Konstrukt nur Motivation einer Person misst und zu umfangreich für eine telefonische Befragung ist	
Fehlzeiten	Krankheitsquote (Schulte 2002: 184)	*Wie hoch war die Krankheitsquote in Ihrem Unternehmen im vergangenen Jahr?*	ja
	Fehlzeitenquote	*Können Sie uns auch die Fehlzeitenquote vergangenen Jahres nennen? Sie beinhaltet nicht den Krankenstand, sondern die Fehlzeiten, die auf unerlaubtes Fehlen zurückzuführen sind.*	ja
Mitarbeiterbindung	Durchschnittsdauer der Betriebszugehörigkeit (Schulte 2002: 163)	*Wie lange gehören die Mitarbeiter Ihrem Unternehmen durchschnittlich an?*	ja
Humankapitalakkumulation	Saarbrücker-Formel (Scholz u.a. 2004)	keine Verwendung im Pre-Test, da Formel zu komplex für eine telefonische Befragung ist	
Kundenbindung	Stammkundenanteil	*Können Sie abschätzen, wie viel Prozent Ihrer Kunden Stammkunden sind? Unter Stammkunden verstehen wir alle Kunden, die regelmäßig ihren Bedarf in Ihrem Unternehmen decken.*	nein
Such- und Einarbeitungskosten	Kosten für die Personalwiederbesetzung	*Schätzen Sie bitte ab, wie hoch im letzten Jahr die Kosten für die Wiederbesetzung solcher Stellen waren, die Mitarbeiter freiwillig verlassen haben.*	nein
	Wiederbesetzungsdauer	*Schätzen Sie bitte ab, wie viele Monate es im letzten Jahr dauerte, bis wieder zu besetzende Stellen besetzt waren.*	ja
	Rückkehrquote aus der Elternzeit	*Wie viel Prozent der Elternzeitnehmer kehren im Anschluss an die Elternzeit oder eher an ihren Arbeitsplatz zurück?*	ja
	Dauer der Elternzeit	*Wie lange war die durchschnittliche Elternzeitdauer Ihrer Mitarbeiter im vergangenen Jahr?*	ja
	Wiedereinarbeitungsdauer	*Bitte schätzen Sie, wie viele Monate vergehen, bis ein Mitarbeiter, der die durchschnittliche Elternzeitdauer in Anspruch genommen hat, wieder voll in seine Tätigkeit eingearbeitet ist.*	ja
	Quantifizierung über drei Einkommensklassen (BMFSFJ 2003)	keine Verwendung im Pre-Test, da Angaben der Befragten in einem erheblichen Maße auf Schätzungen beruhen	
Bewerberpool	Bewerbungen pro ausgeschriebener Stelle	*Bitte teilen Sie uns mit, wie viele Bewerbungen Sie durchschnittlich pro ausgeschriebener Stelle erhalten.*	ja
Bewerberqualität	Grad der Personaldeckung (Schulte 2002: 13)	*Bitte treffen Sie eine Aussage zum Grad der Personaldeckung in Ihrem Unternehmen.*	ja
Kosten vakanter Stellen	entgangener Umsatz	*Können Sie abschätzen, wie viel Umsatz Ihnen im letzten Jahr entgangen ist, weil Sie nicht alle offenen Stellen besetzen konnten?*	nein
Mitarbeiterproduktivität	betriebliche Wertschöpfung (Schulte 2002: 174)	*Wie hoch war die betriebliche Wertschöpfung Ihres Unternehmens im vergangenen Jahr?*	nein

Tabelle 2 stellt potenzielle Indikatoren und (Personal-)Kennziffern für die jeweiligen Zielbereiche einer familienbewussten Personalpolitik dar. Die Überprüfung der postulierten Indikatoren in den Zielbereichen Motivation, Humankapitalakkumulation sowie Einarbeitungskosten erwies sich für den Pre-Test aufgrund der in der Tabelle dargestellten Gründe als nicht realisierbar. Für die übrigen Zielbereiche konnten Items gebildet werden, die jedoch in den Bereichen Stammkundenanteil, Kosten für Personalwiederbesetzung, entgangener Umsatz und betriebliche Wertschöpfung im Pre-Test eine hohe Anzahl fehlender Werte verursachten. Hieraus wurde deutlich, dass die befragten Zielpersonen nur bedingt in der Lage waren, vergangenheitsbezogene betriebliche Kennzahlen mitzuteilen. Aufgrund dessen wurden alle Items so umformuliert, dass nur Status-quo-Werte erfragt wurden. Durch die Vereinheitlichung des Bezugszeitpunkts konnte gleichzeitig eine Vereinfachung des Fragebogens erzielt werden.

Für die Fälle, dass kein metrisch skaliertes Item formuliert werden konnte oder metrisch skalierte Items während des Pre-Tests hohe Missing-Value-Quoten aufwiesen, wurden im Fragebogen quasi-metrisch skalierte Items auf einer siebenstufigen Intervallskala als Einschätzungsfragen verwendet. Darüber hinaus wurde für jeden metrisch erfassten Zielbereich ein zusätzliches quasi-metrisches Item erhoben, um die Vollständigkeit der Daten für weitere Analysen zu gewährleisten. Zur Vermeidung von Monotonieeffekten, wurden einige Items negativ formuliert.

Die empirische Überprüfung der Items erfolgte im o.g. Pre-Test in Bezug auf die Verständlichkeit der Fragen und die Skalenausnutzung. Zusätzlich wurden zur Überprüfung des Zielsystems und der Items mehrere Expertengespräche geführt. Als Experten fungierten fünf Wissenschaftler mit einer Spezialisierung auf personalpolitische oder familienwissenschaftliche Fragestellungen oder auf methodische Aspekte sowie drei Manager mit Personalverantwortung; instrumentell wurden die Expertengespräche durch teilstandardisierte Leitfäden unterstützt. Insbesondere die Auslegung des Begriffs „Mitarbeiter“ fand im Rahmen der Expertengespräche eine verstärkte Thematisierung: *„Eine familienbewusste Personalpolitik ist nicht auf Mitarbeiterbindung und -gewinnung generell ausgerichtet, sondern zielt in deren Kontext insbesondere auf qualifizierte Beschäftigte“* (Schneider u.a. 2008: 32). In diesem Zusammenhang wurde berücksichtigt, dass das Vorgehen, qualifizierte Beschäftigte über den Akademikeranteil im Unternehmen zu erfragen, insofern unzureichend ist, als dass auch Mitarbeitende ohne akademischen Abschluss, aber aufgrund ihres speziellen Fachwissens, nur schwer ersetzbar sind. Vor diesem Hintergrund wurde der Begriff des „wichtigen Mitarbeiters“ eingeführt, der sich auf Mitarbeitende bezieht, die wegen ihrer speziellen Qualifikation nicht leicht ersetzt werden können.

10 Finale Items für die empirische Analyse der Ziele einer familienbewussten Personalpolitik

Für die empirische Analyse des Zielsystems wurden unter Verwendung einschlägiger Literatur und unter Berücksichtigung der Ergebnisse des Pre-Tests sowie der Expertengespräche Items formuliert, die die einzelnen Zielbereiche des Zielsystems messen. Die Erhebung des Zielsystems erfolgt über 25 Items, die sich in 10 metrisch skalierte Items und 15 quasi-metrisch skalierte Items – gemessen auf einer 7er-Likert-Skala - aufteilen. Tabelle 3 stellt einen Überblick über die jeweiligen Zielbereiche mit den dazugehörigen final verwendeten Items sowie das Skalenniveau, auf dem diese gemessen werden, dar.

Tabelle 3: Operationalisierung von Zielen einer familienbewussten Personalpolitik

Zielbereich	Item	Skala	Nr.
Arbeits-zufriedenheit	*Mitarbeiter unseres Unternehmens kündigen selten selbst.*	quasi-m.	1
	Mitarbeiterbeschwerden über eine mangelnde Vereinbarkeit von Beruf und Familie treten in unserem Unternehmen sehr selten auf.	quasi-m.	2
	Können Sie uns die Fluktuationsrate Ihres Unternehmens nennen?	metrisch	3
Motivation	*Mitarbeiter vergleichbarer Unternehmen sind motivierter als unsere Mitarbeiter.*	quasi-m.	4
Fehlzeiten	*In Relation zu vergleichbaren Unternehmen ist der Krankenstand in unserem Unternehmen gering.*	quasi-m.	5
	Wie hoch ist die Krankheitsquote in Ihrem Unternehmen?	metrisch	6
	Können Sie mir sagen, wie hoch die Fehlzeitenquote ist?	metrisch	7
Mitarbeiter-bindung	*Unsere Mitarbeiter fühlen sich dem Unternehmen sehr verbunden.*	quasi-m.	8
	Wie lange gehören Ihrem Unternehmen die Mitarbeiter im Durchschnitt an?	metrisch	9
Humankapital-akkumulation	*Es gelingt und nachhaltig, das Humankapital in unserem Unternehmen aufzubauen.*	quasi-m.	10
	Wichtige Mitarbeiter können wir im Unternehmen halten.	quasi-m.	11
Kundenbindung	*Wir verlieren häufig wichtige Kunden, weil ihre Ansprechpartner unser Unternehmen verlassen haben.*	quasi-m.	12
Such- und Ein-arbeitungs-kosten	*Unsere Kosten für die Personalbeschaffung wichtiger Mitarbeiter sind in Relation zu vergleichbaren Unternehmen hoch.*	quasi-m.	13
	Schätzen Sie bitte ab, wie viele Monate es durchschnittlich dauert, bis die Position eines wichtigen Mitarbeiters besetzt ist.	metrisch	14
	Wie viel Prozent der Elternzeitnehmer kehren im Anschluss an die gesetzliche Elternzeit oder eher an ihren Arbeitsplatz zurück?	metrisch	15
	Wie lange ist die durchschnittliche Elternzeitdauer Ihrer Mitarbeiter?	metrisch	16
	Bitte schätzen Sie ab, wie lange es im Durchschnitt dauert, bis ein durchschnittlich lange in Elternzeit gebliebener wieder voll eingearbeitet ist.	metrisch	17
	Die Einarbeitungskosten wichtiger Mitarbeiter für vakant gewordene Stellen sind in unserem Unternehmen beträchtlich.	quasi-m.	18
Mitarbeiter-gewinnung/ Bewerberpool	*Unser Unternehmen hat ein familienbewusstes Image.*	quasi-m.	19
	Bei Stellenbesetzungen können wir auf viele externe Bewerber zurückgreifen.	quasi-m.	20
	Bitte teilen Sie uns mit, wie viele Bewerbungen Sie durchschnittlich pro ausgeschriebener Stelle für wichtige Mitarbeiter erhalten.	metrisch	21
Bewerber-qualität	*Wir müssen auch Bewerber unterhalb des geforderten Stellenprofils einstellen.*	quasi-m.	22
	Können Sie uns den Grad der Personaldeckung Ihres Unternehmens nennen?	metrisch	23
Kosten vakanter Stellen	*Wir würden höhere Gewinne erzielen, wenn wir mehr wichtige Mitarbeiter für unser Unternehmen gewinnen könnten.*	quasi-m.	24
Mitarbeiter-produktivität	*Unsere Mitarbeiter sind produktiver als die Mitarbeiter vergleichbarer Unternehmen.*	quasi-m.	25

11 Empirische Analyse der betriebswirtschaftlichen Effekte einer familienbewussten Personalpolitik

Auf die Herleitung und Operationalisierung eines Zielsystems familienbewusster Personalpolitik folgt die datenbasierte Zusammenhangsanalyse dem betrieblichen Familienbewusstsein und den 25 betriebswirtschaftlichen Output-Items.[66]

Grundlage der Analysen ist die Annahme, dass eine kausale Beziehung zwischen dem Familienbewusstsein als unabhängiger Variable und den betriebswirtschaftlichen Zielen als abhängige Variablen besteht. Das Familienbewusstsein wird über den berufundfamilie-Index abgebildet. Durch Verwendung metrischer sowie quasi-metrischer Skalenniveaus ist die Anwendung linearer Regressionen möglich und es können signifikante Zusammenhänge zwischen dem berufundfamilie-Index und den Output-Variablen aufgedeckt werden. Tabelle 4 bildet die Signifikanzniveaus der Zusammenhänge zwischen dem betrieblichen Familienbewusstsein und den 25 Output-Items ab. Von den betrachteten Items sind zwölf auf einem Niveau von 1 % und vier auf einem Niveau von 5 % signifikant.

Tabelle 4: Ergebnisse der linearen Regressionsanalysen

Nr.	Output-Item	Signifikanz	Beurteilung
1	*Mitarbeiter unseres Unternehmens kündigen selten selbst.*	0,000	1 %-Niveau
2	*Mitarbeiterbeschwerden über eine mangelnde Vereinbarkeit von Beruf und Familie treten in unserem Unternehmen sehr selten auf.*	0,000	1 %-Niveau
3	*Können Sie uns den Grad der Fluktuationsrate Ihres Unternehmens nennen?*	0,036	5 %-Niveau
4	*Mitarbeiter vergleichbarer Unternehmen sind motivierter als unsere Mitarbeiter.*	0,000	1 %-Niveau
5	*In Relation zu vergleichbaren Unternehmen ist der Krankenstand in unserem Unternehmen gering.*	0,000	1 %-Niveau
6	*Wie hoch ist die Krankheitsquote in Ihrem Unternehmen?*	0,059	nicht signifikant
7	*Können Sie mir sagen, wie hoch die Fehlzeitenquote ist?*	0,470	nicht signifikant
8	*Unsere Mitarbeiter fühlen sich dem Unternehmen sehr verbunden.*	0,000	1 %-Niveau
9	*Wie lange gehören Ihrem Unternehmen die Mitarbeiter im Durchschnitt an?*	0,598	nicht signifikant
10	*Es gelingt uns, nachhaltig Humankapital in unserem Unternehmen aufzubauen.*	0,000	1 %-Niveau

[66] Auf die Entwicklung des Stichprobenplans und die anschließende Bereinigung wird an dieser Stelle verzichtet. Diesbezüglich sei auf den Beitrag von Schneider/Wieners/Heinze „Konzeptionelle Herleitung betrieblichen Familienbewusstseins“ im vorliegenden Band verwiesen.

Nr.	Output-Item	Signifikanz	Beurteilung
11	*Wichtige Mitarbeiter können wir im Unternehmen halten.*	0,000	1 %-Niveau
12	*Wir verlieren häufig wichtige Kunden, weil ihre Ansprechpartner unser Unternehmen verlassen haben.*	0,000	1 %-Niveau
13	*Unsere Kosten für die Personalbeschaffung wichtiger Mitarbeiter sind in Relation zu vergleichbaren Unternehmen hoch.*	0,673	nicht signifikant
14	*Schätzen Sie bitte ab, wie viele Monate es durchschnittlich dauert, bis die Position eines wichtigen Mitarbeiters besetzt ist.*	0,552	nicht signifikant
15	*Wie viel Prozent der Elternzeitnehmer kehren im Anschluss an die gesetzliche Elternzeit oder eher an ihren Arbeitsplatz zurück?*	0,000	1 %-Niveau
16	*Wie lange ist die durchschnittliche Elternzeitdauer Ihrer Mitarbeiter?*	0,053	nicht signifikant
17	*Bitte schätzen Sie ab, wie lange es im Durchschnitt dauert, bis ein durchschnittlich lange in Elternzeit gebliebener Rückkehrer wieder voll eingearbeitet ist.*	0,206	nicht signifikant
18	*Die Einarbeitungskosten wichtiger Mitarbeiter für vakant gewordene Stellen sind in unserem Unternehmen beträchtlich.*	0,429	nicht signifikant
19	*Unser Unternehmen hat ein familienbewusstes Image.*	0,000	1 %-Niveau
20	*Bei Stellenbesetzungen können wir auf viele externe Bewerber zurückgreifen.*	0,000	1 %-Niveau
21	*Bitte teilen Sie uns mit, wie viele Bewerbungen Sie durchschnittlich pro ausgeschriebener Stelle für wichtige Mitarbeiter erhalten.*	0,036	5 %-Niveau
22	*Wir müssen auch Bewerber mit Qualifikationen unterhalb des geforderten Stellenprofils einstellen.*	0,037	5 %-Niveau
23	*Können Sie uns den Grad der Personaldeckung Ihres Unternehmens nennen?*	0,205	nicht signifikant
24	*Wir würden höhere Gewinne erzielen, wenn wir mehr wichtige Mitarbeiter für unser Unternehmen gewinnen könnten.*	0,011	5 %-Niveau
25	*Unsere Mitarbeiter sind produktiver als die Mitarbeiter vergleichbarer Unternehmen*	0,000	1 %-Niveau

Die neun nicht-signifikanten Zusammenhänge wurden mittels logistischer Regression einer tiefergehenden Analyse unterzogen. Hierzu wurde die jeweilige Output-Variable am Gesamtmittelwert über alle Unternehmen dichotomisiert und in zwei Gruppen aufgeteilt. Als einzige Ausnahme wurde für das Item „Personaldeckung" nicht der Mittelwert verwendet, da diesbezüglich der Unterschied zwischen einer vollkommenen Personaldeckung (100 %) und einer Personalunterdeckung (<100 %) von Interesse ist. Die Mittelwerte können als Benchmark über alle Unternehmen betrachtet werden, sodass es möglich ist, Unternehmen in solche aufzuteilen, die über dem Mittelwert liegen und in solche, die unter dem Mittelwert liegen. Damit ist eine binäre Umcodierung der betroffenen Items für die logistische Regression möglich mit deren Hilfe nicht signifikante Zusammenhänge zwischen betrieblichem Familienbewusstsein und Output-Items überprüft werden können.

Die jeweiligen Mittelwerte für die Dichotomisierung der Output-Items und die dazugehörigen Signifikanzen sowie das Niveau auf dem sie beurteilt wurden, sind in Tabelle 5 wiedergegeben. Durch den Einsatz der logistischen Regression konnten weitere statistisch signifikante Zusammenhänge identifiziert werden. Auf einem 1 %-Niveau besteht ein Zusammenhang zwischen dem Familienbewusstsein und der betrieblichen Zielvariable „Krankenstand“ (Nr. 6) „Wie hoch ist die Krankheitsquote in Ihrem Unternehmen?“. Drei weitere signifikante Zusammenhänge wurden zwischen dem Familienbewusstsein und den Zielvariablen „Fehlzeitenquote“ (Nr. 7), „Elternzeitdauer“ (Nr. 16) und „Personaldeckung“ (Nr. 23) auf einem 5 %-Niveau identifiziert. Zwischen fünf betriebswirtschaftlichen Variablen und dem Familienbewusstsein konnte kein statistischer Zusammenhang nachgewiesen werden, sodass diese bei der folgenden Analyse nicht weiter berücksichtigt werden. Daraus darf jedoch nicht der Rückschluss gezogen werden, dass diese Items in keiner Beziehung zum Familienbewusstsein stehen. Die mangelnde statistische Signifikanz zeigt lediglich auf, dass die Varianz der fünf Items offenbar stärker durch andere Variablen als durch das Familienbewusstsein beeinflusst wird. So könnten sich hinter den Variablen Subgruppen verbergen, die dennoch im Zusammenhang mit dem Familienbewusstsein stehen. Weitere Forschungsbemühungen könnten diesbezüglich Aufschluss geben.

Zusammenfassend kann festgestellt werden, dass das betriebliche Familienbewusstsein einen statistisch signifikanten Einfluss auf 20 der 25 untersuchten Zielvariablen ausübt, was einem prozentualen Anteil von 80 % entspricht. Einerseits können auf Basis dieses Befundes Zusammenhänge zwischen dem betrieblichen Familienbewusstsein und den betriebswirtschaftlichen Zielen postuliert werden. Andererseits können keine Aussagen über die Intensität einer familienbewussten Personalpolitik auf einzelne betriebswirtschaftliche Ziele getroffen werden. Die Stärke der Zusammenhänge soll im Folgenden analysiert werden.

Tabelle 5: Mittelwerte und Ergebnisse der logistischen Regressionsanalysen

Nr.	Output-Variable	Mittel-wert	Signi-fikanz	Beurteilung
6	*Wie hoch ist die Krankheitsquote in Ihrem Unternehmen?*	4,94	0,005	1 %-Niveau
7	*Können Sie mir sagen, wie hoch die Fehlzeitenquote ist?*	1,12	0,011	5 %-Niveau
9	*Wie lange gehören Ihrem Unternehmen die Mitarbeiter im Durchschnitt an?*	13,79	0,937	nicht signifikant
13	*Unsere Kosten für die Personalbeschaffung wichtiger Mitarbeiter sind in Relation zu vergleichbaren Unternehmen hoch.*	4,68	0,308	nicht signifikant
14	*Schätzen Sie bitte ab, wie viele Monate es durchschnittlich dauert, bis die Position eines wichtigen Mitarbeiters besetzt ist.*	3,65	0,074	nicht signifikant
16	*Wie lange ist die durchschnittliche Elternzeitdauer Ihrer Mitarbeiter?*	21,95	0,043	5 %-Niveau
17	*Bitte schätzen Sie ab, wie lange es im Durchschnitt dauert, bis ein durchschnittlich lange in Elternzeit gebliebener Rückkehrer wieder voll eingearbeitet ist.*	1,99	0,251	nicht signifikant
18	*Die Einarbeitungskosten wichtiger Mitarbeiter für vakant gewordene Stellen sind in unserem Unternehmen beträchtlich.*	4,1	0,787	nicht signifikant
23	*Können Sie uns den Grad der Personaldeckung Ihres Unternehmens nennen?*	100	0,043	5 %-Niveau

12 Analyse der Zusammenhangsstärke zwischen betrieblichem Familienbewusstsein und betriebswirtschaftlichen Zielen

Die im vorherigen Abschnitt identifizierten signifikanten Zusammenhänge bei 20 der insgesamt 25 Output-Items sind Grundlage der weiteren Untersuchung über die Zusammenhangsstärke von Familienbewusstsein und betrieblichen Zielen. Zur Analyse der Intensität des Zusammenhangs werden Extremgruppenvergleiche durchgeführt.

Dazu werden zunächst die Mittelwerte der Output-Items sehr familienbewusster Unternehmen (Top) denen nicht familienbewusster Unternehmen (Low) gegenüber gestellt. Die Werte des berufundfamilie-Index werden hierzu über eine Häufigkeitsverteilung in Quartil aufgeteilt, wobei für den angestrebten Extremgruppenvergleich das untere sowie das obere Quartil relevant sind (vgl. Abbildung 3). Die Mittelwertunterschiede des berufundfamilie-Index sind hinsichtlich der beiden Quartile (Top: 81,71; Low: 43,27) auf einem 1 %-Niveau signifikant.

Daraufhin werden die identifizierten Mittelwertunterschiede der Output-Variablen auf statistische Signifikanz überprüft (vgl. Abbildung 4). Bei diesem Verfahren werden zwei unterschiedliche Vorgehensweisen angewandt. Zum einen werden die Mittelwerte beider Extremgruppen in Relation gesetzt. Für die sich daraus ergebende prozentuale Abweichung wird für die Berechnung bei metrischen Daten die Relativierung der Top und Low Gruppen am Mittelwert der Low Gruppe durchgeführt.[67] Am Beispiel der metrischen Variable „Bewerbungen pro ausgeschriebener Stelle für wichtige Mitarbeiter“ (Nr. 21) kann das Vorgehen dargestellt werden: Sehr familienbewusste Unternehmen erzielen mit einem Mittelwert von 36,87 eine um 31 % höhere Anzahl von Bewerbungen als nicht familienbewusste Unternehmen mit einem Mittelwert von 28,15. Zudem ist dieser Mittelwertunterschied auf einem 1 %-Niveau signifikant.

Abbildung 3: Quartile der berufundfamilie-Index Häufigkeitsverteilung

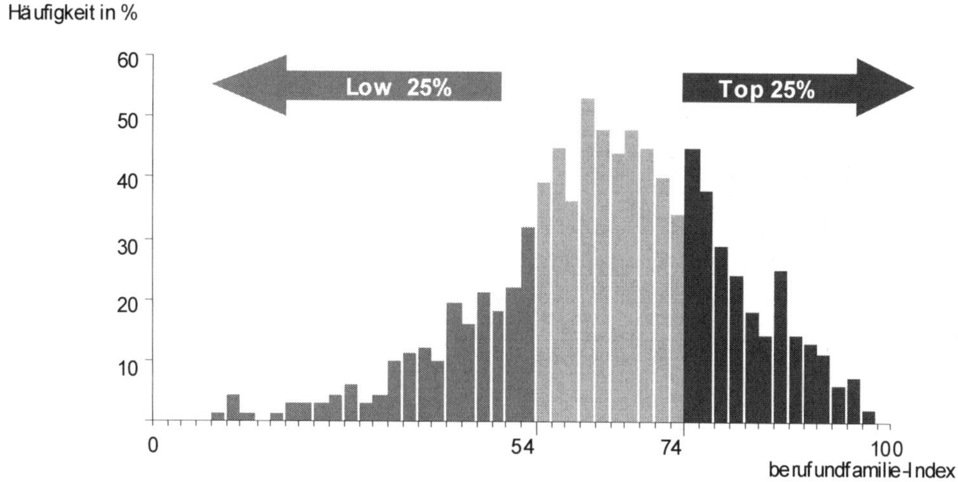

Die Berechnung der prozentualen Abweichung bei quasi-metrisch skalierten Daten erfolgt auf Basis der Skalenlänge.[68] Die Logik der Berechnung wird exemplarisch anhand der Variable „Nachhaltiger Humankapitalaufbau“ (Nr. 10) erläutert: Auf einer 7er Skala erreichen sehr familienbewusste Unternehmen einen Durchschnittswert von 6,00, während nicht familienbewusste Unternehmen lediglich einen Wert von 4,64 erreichen; sie realisieren somit im Vergleich zur Top-Gruppe das Ziel um 23 % weniger. Der Mittelwertunterschied ist zudem auf einem 1 %-Niveau signifikant.

[67] Zur Berechnung der prozentualen Abweichungen bei metrischen Variablen wurde die Differenz der Mittelwerte zwischen Top- und Low-Gruppe gebildet und durch den Mittelwert der Low-Gruppe dividiert: (36,87-28,15)/28,15 = 0,3097 ~ 31 %.

[68] Zur Berechnung der prozentualen Abweichungen bei quasi-metrischen Variablen wurde die Differenz der Mittelwerte zwischen Top- und Low-Gruppe gebildet und durch die Skalenlänge dividiert: (6,00-4,64)/6 = 0,2267 ~ 23 %.

Abbildung 4: Ergebnisse des direkten Mittelwertvergleichs

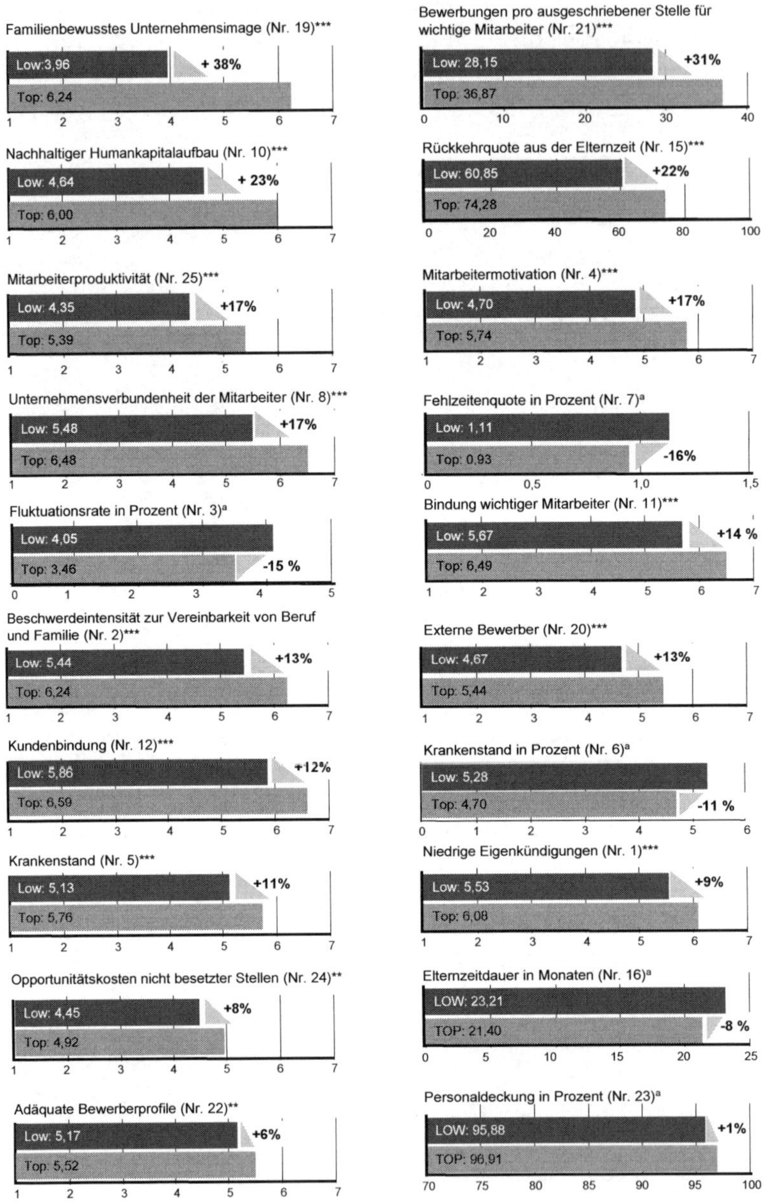

350 < n < 503
***: Mittelwertunterschied signifikant auf 1%-Niveau
**: Mittelwertunterschied signifikant auf 5%-Niveau
[a]: kein signifikanter Mittelwertunterschied, Signifikanz des Zusammenhangs über Regression getestet

Zum anderen werden die Extremgruppenmittelwerte der jeweiligen Output-Items in Beziehung zum Gesamtmittelwert der Variable gesetzt, welcher als Benchmark interpretiert werden kann (vgl. Abbildung 5). Die prozentualen Abweichungen vom Gesamtmittelwert liefern Hinweise auf die relative Zielerreichung in den betrachteten Top- und Low-Gruppen. Positive Abweichungen bedeuten hierbei, dass die betreffende Gruppe betriebswirtschaftliche Ziele besser erreicht als der Unternehmensdurchschnitt.

Abbildung 5: Prozentuale Abweichungen vom Gesamtmittelwert

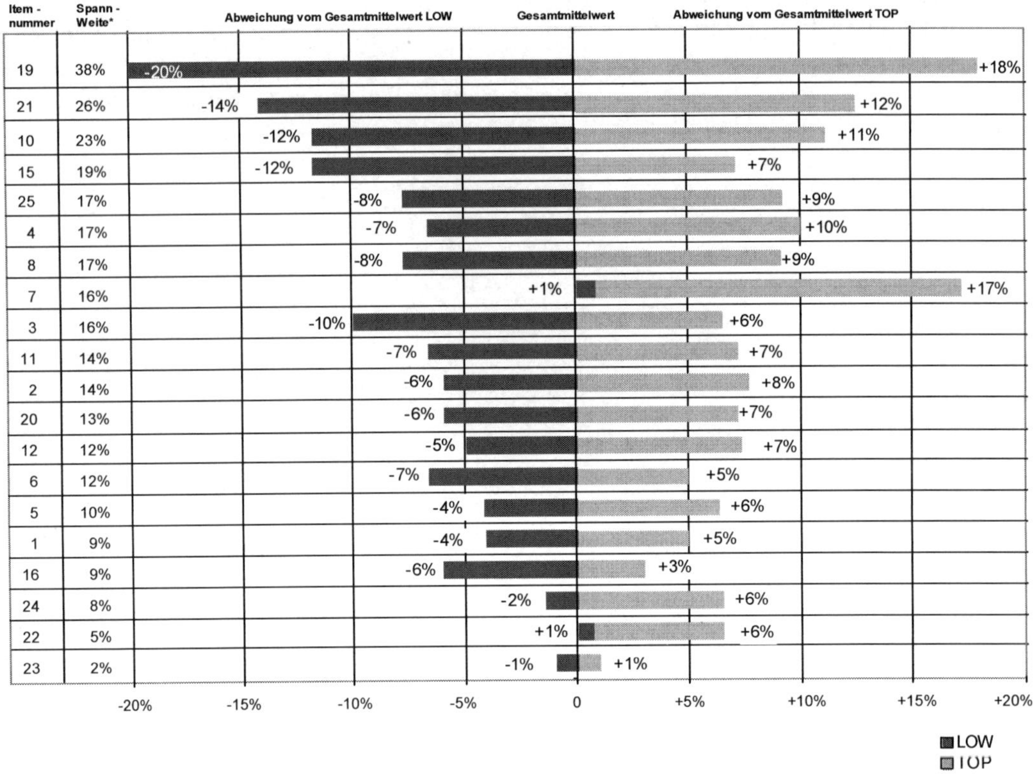

Nr.	Item	Nr.	Item
1	Niedrige Eigenkündigungen	12	Kundenbindung
2	Beschwerdeintensität zur Vereinbarkeit von Beruf und Familie	15	Rückkehrquote aus der Elternzeit
3	Fluktuationsrate in Prozent	16	Elternzeitdauer in Monaten
4	Mitarbeitermotivation	19	Familienbewusstes Image
5	Krankenstand	20	Externe Bewerber
6	Krankenstand in Prozent	21	Bewerbungen pro ausgeschriebener Stelle für wichtige Mitarbeiter
7	Fehlzeitenquote in Prozent	22	Adäquate Bewerberprofile
8	Unternehmensverbundenheit der Mitarbeiter	23	Personaldeckung in Prozent
10	Nachhaltiger Humankapitalaufbau	24	Opportunitätskosten nicht besetzter Stellen
11	Bindung wichtiger Mitarbeiter	25	Mitarbeiterproduktivität

* Die dargestellten Spannweiten stellen Prozentpunkte dar.

Demgegenüber deuten negative Abweichungen auf eine schlechtere Zielerreichung als der Durchschnitt hin. Exemplarisch werden die Ergebnisse anhand des Items „Bewerbungen pro ausgeschriebener Stelle für wichtige Mitarbeiter“ (Nr. 21) interpretiert. Sehr familienbewusste Unternehmen übertreffen den Durchschnitt um 12%. Dagegen liegen nicht familienbewusste Unternehmen 14% unter dem Durchschnitt.

Durch die Addition der prozentualen Abweichungen beider Extremgruppen kann die Spannweite zwischen den Gruppen in Prozentpunkten ausgedrückt werden und verdeutlicht damit die Zielerreichungsdistanz zwischen sehr familienbewussten (Top) und nicht familienbewussten Unternehmen (Low). Im Hinblick auf die zuvor betrachtete Variable ergibt sich hier eine Spannweite von 26%. Die Werte der anderen Items sind analog zu interpretieren.

In einem weiteren Analyseschritt wird eine Aggregation der einzelnen Output-Items auf ein höheres Abstraktionsniveau vorgenommen, um über die Einzelergebnisse Werte für die einzelnen Bereiche des Zielsystems ermitteln zu können. Dazu wird auf die Spannweite zwischen sehr familienbewussten Unternehmen gegenüber nicht familienbewussten Unternehmen zurückgegriffen. Die Verwendung einheitlicher Berechnungen bei den metrisch und quasi-metrisch skalierten Items besitzt den Vorteil, dass auf diese Weise Verzerrungen in der Berechnung vermieden werden. Die aggregierten Zielsystemwerte werden durch die Berechnung eines neuen Gesamtmittelwertes auf Basis der Spannweitenwerte aller signifikanten Output-Items generiert. In diesem Zusammenhang ist zu berücksichtigen, dass die Zielwertsysteme „Kundenbindung“, „Mitarbeiterbindung“, „Mitarbeiterproduktivität“ und „Mitarbeitermotivation“ jeweils nur über ein Item gemessen wurden. Die ermittelten Spannweitenwerte dieser Items repräsentieren automatisch die Zielsystemwerte. In Tabelle 6 sind die Ergebnisse der jeweiligen Zielsystemwerte mit den dazugehörigen signifikanten Output-Items sowie deren Einzelspannweitenwerte, aufgelistet. Durch das Fehlen von vier nicht signifikanten Items bei den Zielbereichen „Such- und Einarbeitungskosten“, das durch ursprünglich sechs Items repräsentiert wurde, ist zu berücksichtigen, dass in Folge dessen der Zielbereich möglicherweise nicht mehr vollständig abgebildet wird. Vor dem Hintergrund der zwei verbleibenden Items „Wie viel Prozent der Elternzeitnehmer kehren im Anschluss an die gesetzliche Elternzeit oder eher an ihren Arbeitsplatz zurück.“ (Nr. 15) und „Wie lange ist die durchschnittliche Elternzeitdauer Ihrer Mitarbeiter“ (Nr. 16) wird daher nicht mehr von „Such- und Einarbeitungskosten“ gesprochen, sondern von „Wiedereingliederungskosten“. Im Hinblick auf die „Mitarbeiterbindung“ (Nr. 8) ist davon auszugehen, dass das Zielsystem auch durch das verbleibende Item „Unsere Mitarbeiter fühlen sich dem Unternehmen sehr verbunden“ (Nr. 8) ausreichend abgebildet wird.

Tabelle 6: Aggregation der Zielsystemwerte

Zielsystemwert	Einzelitems	Spannweite*
Arbeitszufriedenheit	Mitarbeiter unseres Unternehmens kündigen selten selbst. (Nr. 1)	0,09
	Mitarbeiterbeschwerden über eine mangelnde Vereinbarkeit von Beruf und Familie treten in unserem Unternehmen sehr selten auf. (Nr. 2)	0,14
	Können Sie uns die Fluktuationsrate Ihres Unternehmens nennen? (Nr. 3)	0,16
	Mittelwert	**0,13**
Motivation	Mitarbeiter vergleichbarer Unternehmen sind motivierter als unsere Mitarbeiter. (Nr. 4)	**0,17**
Fehlzeiten	In Relation zu vergleichbaren Unternehmen ist der Krankenstand in unserem Unternehmen gering. (Nr. 5)	0,10
	Wie hoch ist die Krankheitsquote in Ihrem Unternehmen? (Nr. 6)	0,12
	Können Sie mir sagen, wie hoch die Fehlzeitenquote ist? (Nr. 7)	0,16
	Mittelwert	**0,13**
Mitarbeiterbindung	Unsere Mitarbeiter fühlen sich dem Unternehmen sehr verbunden. (Nr. 8)	**0,17**
Humankapitalakkumulation	Es gelingt uns nachhaltig, Humankapital in unserem Unternehmen aufzubauen. (Nr. 10)	0,23
	Wichtige Mitarbeiter können wir im Unternehmen halten. (Nr. 11)	0,14
	Mittelwert	**0,18**
Kundenbindung	Wir verlieren häufig wichtige Kunden, weil ihre Ansprechpartner unser Unternehmen verlassen haben. (Nr. 12)	**0,12**
Wiedereingliederungskosten	Wie viel Prozent der Elternzeitnehmer kehren im Anschluss an die gesetzliche Elternzeit oder eher an ihren Arbeitsplatz zurück? (Nr. 15)	0,19
	Wie lange ist die durchschnittliche Elternzeitdauer Ihrer Mitarbeiter? (Nr. 16)	0,09
	Mittelwert	**0,14**
Bewerberpool	Unser Unternehmen hat ein familienbewusstes Image. (Nr. 19)	0,38
	Bei Stellenbesetzungen können wir auf viele externe Bewerber zurückgreifen. (Nr. 20)	0,13
	Bitte teilen Sie uns mit, wie viele Bewerbungen Sie durchschnittlich pro ausgeschriebener Stelle für wichtige Mitarbeiter erhalten. (Nr. 21)	0,26
	Mittelwert	**0,26**
Bewerberqualität	Wir müssen auch Bewerber unterhalb des geforderten Stellenprofils einstellen. (Nr. 22)	0,05
	Können Sie uns den Grad der Personaldeckung Ihres Unternehmens nennen? (Nr. 23)	0,02
	Mittelwert	**0,04**
Kosten vakanter Stellen	Wir würden höhere Gewinne erzielen, wenn wir mehr wichtige Mitarbeiter für unser Unternehmen gewinnen könnten. (Nr. 24)	**0,08**
Mitarbeiterproduktivität	Unsere Mitarbeiter sind produktiver als die Mitarbeiter vergleichbarer Unternehmen. (Nr. 25)	**0,17**

*Abweichungen bei der Aggregation der Zielsystemwerte sind rundungsbedingt.

Zusammenfassend ist festzustellen, dass sehr familienbewusste Unternehmen die abgefragte Batterie betriebswirtschaftlicher Ziele besser erreichen als nicht familienbewusste. Im direkten Mittelwertvergleich liegen familienbewusste Unternehmen bei 20 betriebswirtschaftlichen Zielen deutlich vor den nicht familienbewussten Unternehmen. Die deutlichste Abweichung zwischen beiden Extremgruppen tritt beim Image des Unternehmens mit einem prozentualen Mittelwertunterschied von 38% auf. Am geringsten fällt der Unterschied bei der Personaldeckung aus. Zwischen sehr familienbewussten Unternehmen und nicht familienbewussten Unternehmen besteht ein Unterschied von einem Prozentpunkt.

Im Vergleich zum Gesamtdurchschnitt erreichen sehr familienbewusste Unternehmen – wie auch beim Mittelwertvergleich zwischen den Extremgruppen – alle betriebswirtschaftlichen Ziele deutlich besser als der Durchschnitt der deutschen Unternehmen.

Fazit

Der Beitrag fokussierte auf die Untersuchung betriebswirtschaftlicher Effekte einer familienbewussten Personalpolitik. Konzeptionell wurde die Annahme getroffen, dass das betriebliche Familienbewusstsein als unabhängige Input-Variable auf betriebswirtschaftliche Ziele (abhängige Output-Variablen) wirkt.

Die Analyse dieses Wirkungszusammenhangs erfolgte auf der Inputseite über den berufundfamilie-Index.[69] Mit der Entwicklung eines Zielsystems familienbewusster Personalpolitik für die Output-Seite erfolgte eine erste Konzeptualisierung zur Identifikation der Wirkungen des Familienbewusstseins auf betriebswirtschaftliche Ziele. Auf Basis einer umfassenden Literaturanalyse konnten 25 heterogene Einzelziele einer familienbewussten Personalpolitik identifiziert werden, die mit Hilfe theoretischer Überlegungen zu elf Zielbereichen aggregiert und durch die Unterscheidung in Wirkungsbereich und Wirkungsweise weiter systematisiert wurden. Diese Systematisierung schlägt sich im Zielsystem familienbewusster Personalpolitik nieder.

Die Operationalisierung des Zielsystems wurde über 10 metrisch und 15 quasi-metrisch skalierte Items realisiert; ein Pre-Test und Expertengespräche trugen zur Validierung des gewählten Operationalisierungsansatzes bei. Die empirische Analyse der betriebswirtschaftlichen Effekte familienbewusster Personalpolitik basiert auf einer repräsentativen Betriebsstättenbefragung in Deutschland, die nach Betriebsgröße und Branchenzugehörigkeit stratifiziert wurde.

In einem ersten Analyseschritt wurde getestet, ob das betriebliche Familienbewusstsein einen signifikanten Einfluss auf die betriebswirtschaftlichen Ziele ausübt. Zu diesem Zweck wurden lineare und logistische Regressionsanalysen berechnet. Zwischen dem Familienbewusstsein und 20 der 25 Zielvariablen konnten signifikante Zusammenhänge identifiziert werden, welche in die weiteren Analysen einbezogen wurden.

Im nächsten Schritt wurde die Stärke des Einflusses auf die betriebswirtschaftlichen Ziele untersucht. Diesbezüglich wurden die Mittelwerte sehr familienbewusster Unternehmen den Mittelwerten nicht familienbewusster Unternehmen gegenübergestellt. Im Ergebnis konnte aufgezeigt werden, dass sehr familienbewusste Unternehmen alle Ziele besser erreichen, als nicht familienbewusste Unternehmen.

In der abschließenden Aggregation der einzelnen Items zu Zielsystemwerten wurden die in Abbildung 6 angegebenen Prozentwerte ermittelt. Wie ersichtlich, realisieren sehr familienbe-

[69] Für die genaue Entwicklung des berufundfamilie-Index sei auf den Beitrag von Schneider/Wieners/Heinze „Konzeptionelle Herleitung betrieblichen Familienbewusstseins“ im vorliegenden Band verwiesen.

wusste Unternehmen das Ziel „Verbreiterung des Bewerberpools" um 26% besser als nicht familienbewusste Unternehmen. Der geringste Unterschied mit 4% zwischen beiden Gruppen zeichnet sich bei der Bewerberqualität ab.

Abbildung 6: Ergebnisse betriebswirtschaftliche Effekte einer familienbewussten Personalpolitik

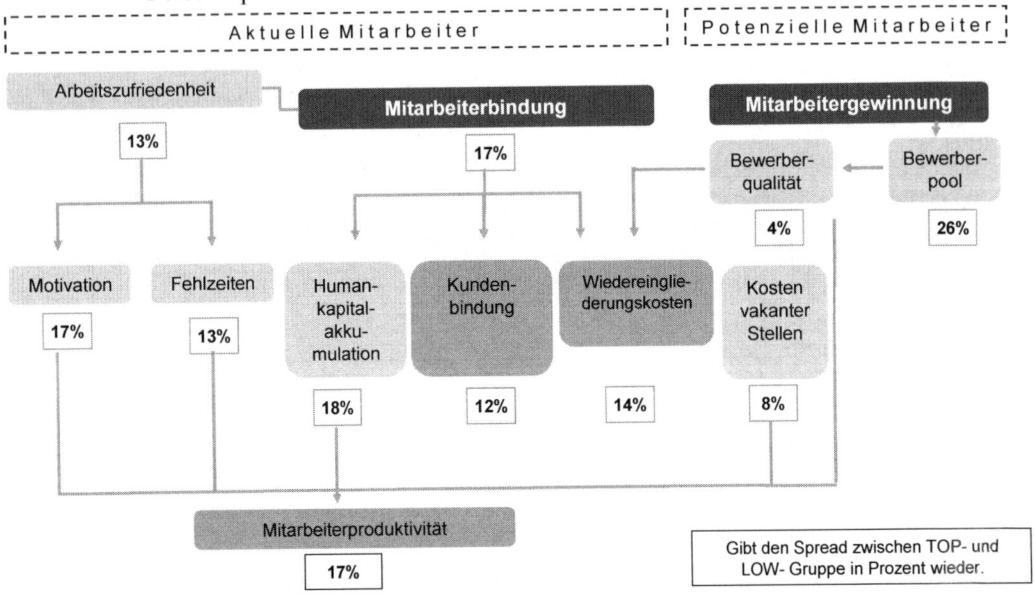

Zusammenfassend kann konstatiert werden, dass sehr familienbewusste Unternehmen betriebswirtschaftliche Ziele deutlich besser erreichen als nicht familienbewusste Unternehmen.

Eine familienbewusste Personalpolitik stellt somit einen wichtigen Entscheidungsparameter dar, der den unternehmerischen Erfolg nachhaltig beeinflussen kann. Unabhängig von diesen Erkenntnissen bestehen noch weitere Forschungslücken. Zum einen kann davon ausgegangen werden, dass das Familienbewusstsein von unterschiedlichen Faktoren moderiert wird. Diese Faktoren können unternehmensbezogener (z.B. wirtschaftliche Lage), mitarbeiterbezogener (z.B. Spezialisierungsgrad der Beschäftigten) oder umweltbezogener (z.B. kommunales Kinderbetreuungsangebot) Prägung sein. Zum anderen besteht ein zusätzliches Erkenntnispotenzial durch die Einbeziehung indirekter Effekte. Dieses gilt insbesondere für die nicht signifikanten Beziehungen sowie möglichen Wirkungsbeziehungen zwischen den Variablen. Schließlich ist aus vergangenen explorativen Untersuchungen bekannt, dass Erfolge betrieblicher Familienpolitik unter Umständen erst im Zeitablauf eintreten, sodass eine Weiterführung der Analyse betriebswirtschaftlicher Effekte einer familienbewussten Personalpolitik mit Hilfe von Zeitreihenanalysen und unter Berücksichtigung des verwendeten Instrumentariums empfehlenswert ist.

Literatur

Akerlof, G. A. (1982): Labor Contracts as Partial Gift Exchange. In: Quarterly Journal of Economics. 97. Jahrgang. Heft 4. S. 543-569.

Albers, H.-J. (1977): Zufriedenheit in Arbeit und Ausbildung. Trier.

Althammer, J. (2007): Gesamtwirtschaftliche Effekte betrieblicher Familienpolitik. In: Dilger, A., Gerlach, I., Schneider, H. (Hrsg.): Betriebliche Familienpolitik. Potenziale und Instrumente aus multidisziplinärer Sicht. Wiesbaden. S. 45-63.

Backes-Gellner, U., Kranzusch, P., Schröer, S. (2003): Familienfreundlichkeit im Mittelstand. Betriebliche Strategien zur besseren Vereinbarkeit von Beruf und Familie. Bonn.

Bloom, N., Kretschmer, T., van Reenen, J. (2006): Work Life Balance. Management Practices and Productivity. [download unter: http://www.niesr.ac.uk/pdf/wef210406.pdf (Zugriff am 12. April 2011)].

Bühner, R. (2005): Personalmanagement. München.

Bundesministerium für Familie, Senioren, Frauen und Jugend (Hrsg.) (2003): Betriebswirtschaftliche Effekte familienfreundlicher Maßnahmen. Kosten-Nutzen-Analyse. Berlin.

Bundesministerium für Familie, Senioren, Frauen und Jugend (Hrsg.) (2010): Unternehmensmonitor Familienfreundlichkeit 2010. Berlin.

Bundestags-Drucksache 12/7560 aus dem Jahr 1994: Fünfter Familienbericht: Familie und Familienpolitik im geeinten Deutschland – Zukunft des Humanvermögens.

Center for Ethical Business Cultures (1997): Creating High Performance Organizations: The Bottom Line Value of Work/Life Strategies. [download unter: http://www.cebcglobal.org/uploaded_files/Creating_High_Performance_Organizations.pdf (Zugriff am 12. April 2011)].

Comfort, D., Johnson, K., Wallace, D. (2003): Part-time work and family friendly practices in canadian workplaces. [download unter: http://www.statcan.ca/english/freepub/71-584-MIE/71-584-MIE2003006.pdf (Zugriff am 12. April 2011)].

Deller, J., Kern, S., Hausmann, E., Diederichs, Y. (2008): Personalmanagement im demografischen Wandel. Ein Handbuch für den Veränderungsprozess. Heidelberg.

Dex, S., Scheibl, F. (1999): Business Performance and Family-Friendly Policies. In: Journal of General Management. Vol. 24 No. 4. S. 22-37.

Eaton, S. C. (2003): If You Can Use Them: Flexibility Policies, Organizational Commitment, and Perceived Productivity. In: Industrial Relations. Vol. 42 Issue 2. S. 145-167.

Evans, J. M. (2001): Firms′ contribution to the reconciliation between work and family life. OECD, Labour Market and Social Policy occasional Papers No. 48. (download unter: http://www.oecd-ilibrary.org/docserver/download/fulltext/5lgsjhvj7rlr.pdf?expires=1302605593&id=0000&accname=guest&checksum=4C47447DD32561A8FE8899C4A220DB9E [Zugriff am 12. April 2011]).

Institut der deutschen Wirtschaft Consult GmbH (2009): Momentane Situation und zukünftige Einschätzung der deutschen Unternehmen im Hinblick auf die Ausbildungssituation und die Auswirkungen der Krise auf den Fachkräftebedarf. (download unter: http://www.bmwi.de/BMWi/Redaktion/PDF/A/ad-hoc-umfrage-fachkraeftebedarf-einschaetzung,property=pdf,bereich=bmwi,sprache=de,rwb=true.pdf [Zugriff am 12. April 2011]).

Gemeinnützige Hertie-Stiftung (2003): Strategien einer familienbewussten Personalpolitik. Berichtsband. Bonn.

Gerlach, I., Schneider, H., Juncke, D. (2007): Betriebliche Familienpolitik in auditierten Unternehmen und Institutionen. Forschungszentrum Familienbewusste Personalpolitik – Arbeitspapier Nr. 3. Münster.

Holtbrügge, D. (2005): Personalmanagement. 2. Auflage. Berlin u.a.

Homburg, C., Stock, R. (2005): Kundenzufriedenheit und Kundenbindung bei Dienstleistungen. Eine theoretische und empirische Analyse. In: Corsten, H., Gössinger, R.: Dienstleistungsökonomie. Beiträge zu einer theoretischen Fundierung. Berlin. S. 301-327.

Herzberg, F. (1968): One more time: How do you motivate employees? In: Harvard Business Review. Vol. 46 Issue 1. S. 53-62.

Jones, R., Murrell, A. J. (2001): Signaling Positive Corporate Social Performance. In: Business and Society. 40. Jahrgang. Heft 1. S. 59-78.

Juncke, D. (2005): Betriebswirtschaftliche Effekte familienbewusster Personalpolitik. Forschungsstand. Forschungszentrum Familienbewusste Personalpolitik – Arbeitspapier Nr. 1. Münster.

Katzell, R. A., Thompson D. E. (1990): Work Motivation. Theory and Practice. In: American Psychologist. Ausgabe 45. Heft 2. S. 144-153.

Konrad, A. M., Mangel, R. (2000): The Impact of Work-Life Programs on Firm Productivity. In: Strategic Management Journal. Vol. 21 Issue 12. S. 1225-1237.

Kroeber-Riel, W., Weinberg, P., Gröppel-Klein, A. (2008): Konsumentenverhalten. 9. Auflage. München.

Lobel, S. A. (1999): Impacts of Diversity and Work-Live Initiatives in Organizations. In: Powell, G. N. (Hrsg.): Handbook of gender and work. Thousend Oaks. S. 453-474.

Locke, E. A., Latham G. P. (1990): Work Motivation and Satisfaction. Light at the End of the Tunnel. In: Psychological Science, Vol. 1 Issue 4, S. 240-246.

Managing Work/Life Balance (2007): Work/Life Initiatives: The Way Ahead Report on the Year 2007 Survey. Executive Summary [download unter: http://www.worklifeassociation.org/uploads/File/mwlb2007execsum.pdf (Zugriff am 12. April 2011)].

Perry-Smith, J. E., Blum T. C. (2000): Work-Family Human Resource Bundles and Perceived Organizational Performance. In: Academy of Management Journal. Vol. 43 No. 6. S. 1107-1117.

Pool, S. W. (1997): The Relationship of Job Satisfaction with Substitutes of Leadership, Leadership Behavior, and Work Motivation. In: The Journal of Psychology. Ausgabe 131. Heft 3. S. 271-283.

Schneck, O. (Hrsg.) (1998): Lexikon der Betriebswirtschaft. 3. Auflage. München.

Schneider, H., Gerlach, I., Juncke, D., Krieger, J. (2008): Betriebswirtschaftliche Ziele und Effekte einer familienbewussten Personalpolitik. Forschungszentrum Familienbewusste Personalpolitik – Arbeitspapier Nr. 5.

Schneider, H. (2007): Einführung in konzeptionelle Grundlagen der Analyse betriebswirtschaftlicher Effekte einer familienbewussten Personalpolitik. In: Dilger, A., Gerlach, I., Schneider, H. (Hrsg.): Betriebliche Familienpolitik. Potenziale und Instrumente aus multidisziplinärer Sicht. Wiesbaden. S. 235-243.

Scholz, C., Stein, V., Bechtel, R. (2004): Human Capital Management. Wege aus der Unverbindlichkeit. Luchterhand, 1. Auflage.

Schuler, H., Prochaska, M. (2001): LMI - Leistungsmotivationsinventar [HLMT - Hohenheimer Leistungsmotivationstest]. Göttingen.

Schulte, C. (2002): Personal-Controlling mit Kennzahlen. 2. Auflage. München.

Sozialministerium Baden-Württemberg (2001) (Hrsg.): Erziehungsurlaub – Regelungen, Inanspruchnahme und Evaluationen. Brosch. Stuttgart.

TNS EMNID (2002): Kundenbefragung Audit „Beruf & Familie" – bereits zertifizierte Unternehmen. Unveröffentlichter Projektbericht.

Weinert, A. B. (2004): Organisations- und Personalpsychologie. Basel.

Werner, D. (2006): Trends und Kosten der betrieblichen Weiterbildung – Ergebnisse der IW-Weiterbildungserhebung 2005. [download unter http://www.iwkoeln.de/Portals/0/pdf/trends01_06_2.pdf (Zugriff am 12. April 2011)].

Wirth, M. (2008): Zum Einfluss von Persönlichkeit und Intelligenz auf die Ausbildungszufriedenheit. Eine Quer- und längsschnittliche Untersuchung. Diss. FU-Berlin.

Yasbek, P. (2004): The business case for firm-level work-life balance policies: a review of the literature. Wellington. [download unter: http://www.dol.govt.nz/PDFs/FirmLevelWLB.pdf (Zugriff am 12. April 2011)].

Gesamtgesellschaftliche Effekte betrieblicher Familienpolitik

Irene Gerlach und Inga Laß

Einleitung

Während die betriebswirtschaftlichen Effekte betrieblicher Familienpolitik als grundlegend erforscht gelten können und zudem in mehreren Studien bereits eine Quantifizierung erfahren haben, gestaltet sich die Analyse und Quantifizierung der gesamtgesellschaftlichen Effekte betrieblicher Familienpolitik äußerst komplex. Hierbei treten insbesondere zwei Schwierigkeiten auf: Zum einen wirkt betriebliches familienpolitisches Handeln nicht isoliert, sondern immer innerhalb der Rahmenbedingungen, die die staatliche Familienpolitik durch die Verabschiedung von Gesetzen und die Bereitstellung von Leistungen und Infrastruktur setzt. Staatliche wie betriebliche Familienpolitik haben es sich zur Aufgabe gemacht, die Vereinbarkeit von Beruf und Familie zu fördern und erzielen somit viele Effekte gerade in ihrem Zusammenspiel. Dementsprechend können im vorliegenden Aufsatz stellenweise nur allgemein die Auswirkungen einer (aus der Kombination staatlicher und betrieblicher Familienpolitik resultierenden) verbesserten Vereinbarkeit von Beruf und Familie untersucht werden.

Zum anderen sind die gesamtgesellschaftlichen Effekte von Familienpolitik vielfältig, so dass für den vorliegenden Beitrag eine Auswahl vorgenommen werden musste. Es wurden vier Bereiche ausgewählt, die bedingt durch die demografischen und familialen Veränderungen in Deutschland[70] derzeit und/oder zukünftig spezifische Problemlagen aufweisen: Mit Blick auf die **Volkswirtschaft** wird vor dem Hintergrund des Geburtenrückgangs und des Fachkräftemangels die Sicherung von Humankapital künftig zu einer zentralen Herausforderung. Der erste Abschnitt dieses Beitrags skizziert folglich die Effekte einer besseren Vereinbarkeit von Beruf und Familie auf die Sicherung des Humankapitals und des Wirtschaftswachstums. Im zweiten Abschnitt geht es um die Frage, welchen Effekt die Vereinbarkeit von Beruf und Familie auf die **Förderung der Geschlechtergerechtigkeit** haben kann. Im Zuge sich wandelnder Rollenvorstellungen und brüchiger werdender Paarbeziehungen erscheint das Erreichen einer gleichberechtigten Teilhabe von Männern und Frauen an Erwerbs- und Familienarbeit sowie sozialer Sicherung als wichtige gesellschaftliche Aufgabe. Die Instabilität von Paarbeziehungen war zudem einer der Hauptgründe für die Ausbreitung der Familienarmut in Deutschland in den letzten Jahrzehnten. Der dritte Abschnitt analysiert, inwiefern die Vereinbarkeit von Beruf und Familie zu einer Verringerung von Armut unter Familien beitragen kann. Vor dem Hintergrund einer alternden Gesellschaft sowie einer sinkenden Zahl von Personen im Erwerbsalter wird zudem zukünftig die Frage zentral werden, wie eine menschenwürdige Betreuung und Unter-

[70] Vergleiche den Beitrag von Gerlach/Laß „Gesellschaftliche Rahmenbedingungen betrieblicher Familienpolitik“ in diesem Band.

stützung pflegebedürftiger Personen sichergestellt werden kann. Der vierte und letzte Abschnitt untersucht in diesem Zusammenhang die Effekte einer verbesserten Vereinbarkeit von Beruf und Familie auf den Umfang des **(familialen) Pflegepotenzials** in Deutschland.

1 Positive volkswirtschaftliche Effekte

Die demografisch bedingten Veränderungen der Bevölkerungsstruktur stellen in den kommenden Jahrzehnten zwei zentrale Herausforderungen an Volkswirtschaft und Wohlstand: Erstens wird es zu einem merklichen **Rückgang des Erwerbspersonenpotenzials** in Deutschland kommen. Während sich derzeit 50 Mio. Menschen im erwerbsfähigen Alter befinden, werden es laut der neuesten Bevölkerungsvorausberechung des Statistischen Bundesamtes im Jahr 2060 vermutlich nur noch 33 bis 36 Mio. sein (StBA 2009: 18). Hierdurch reduziert sich der Umfang des in der Bevölkerung vorhandenen und wirtschaftlich nutzbaren Humanvermögens. Der Rückgang der Personen im erwerbsfähigen Alter geht zweitens einher mit einer Verschiebung der Anteile der einzelnen Altersgruppen an der Gesamtbevölkerung zugunsten der Bevölkerung im höheren Alter. Dies gilt sowohl innerhalb der Gruppe der Erwerbspersonen, die im Durchschnitt zukünftig deutlich älter sein wird, als auch bezüglich des Verhältnisses der Erwerbspersonen zu anderen Altersgruppen. Derzeit kommen auf 100 Personen im erwerbsfähigen Alter 31 Kinder und Jugendliche **(Jugendquotient)** sowie 34 Personen über 65 Jahren **(Altenquotient)**. Während der Jugendquotient in den kommenden Jahrzehnten verhältnismäßig stabil bleiben wird, wird sich der Altenquotient bis 2060 vermutlich auf 63 bis 67 erhöhen (StBA 2009: 20). Somit wird eine sinkende Zahl Erwerbspersonen die ökonomische Absicherung einer steigenden Anzahl Nichterwerbstätiger miterwirtschaften müssen. Studien erwarten als Konsequenz dieser demografischen Veränderung eine deutliche Beeinträchtigung des Wirtschaftswachstums (z.B. Klös/Seyda 2007; Gräf 2003; Rürup/Gruescu 2003; Turner et al. 1998).

Eine durch betriebliche Familienpolitik mitbedingte verbesserte Vereinbarkeit von Beruf und Familie kann die demografisch bedingten Probleme in zweierlei Hinsicht abschwächen: Zum einen führt sie dazu, dass Frauen nach der Geburt eines Kindes schneller an den Arbeitsplatz zurückkehren bzw. ihr Arbeitspensum erhöhen können. Da viele Mütter sich derzeit eine Aufnahme bzw. Ausweitung der Erwerbstätigkeit wünschen[71], kommt es hierdurch zu einem Anstieg der **Frauenerwerbsquote** sowie des geleisteten Arbeitsvolumens. Die stärkere Erwerbsbeteiligung von Frauen mildert den Rückgang der Erwerbspersonen und des damit verbundenen Humanvermögens. Hierdurch wird zudem das Verhältnis von Beitragszahlern und Empfängern von Leistungen der Gesetzlichen Rentenversicherung ebenso wie der Gesetzlichen Krankenversicherung verbessert sowie ein höheres Aufkommen an Steuern und Abgaben erzielt. Letztgenannter Effekt ist bei hochqualifizierten Frauen besonders ausgeprägt, da diese ein überdurchschnittliches Einkommen erzielen.

[71] Vergleiche den Beitrag von Gerlach/Laß „Gesellschaftliche Rahmenbedingungen betrieblicher Familienpolitik" in diesem Band.

Positive Effekte auf das Humanvermögen entfalten sich zum anderen, wenn sich durch eine verbesserte Vereinbarkeit von Beruf und Familie mehr Menschen zu einem (weiteren) Kind entscheiden. Eine **Erhöhung der Geburtenrate** entfaltet ihre positiven volkswirtschaftlichen Effekte zwar erst in einigen Jahrzehnten, wenn die „zusätzlich" geborenen Kinder in den Arbeitsmarkt eintreten. Hierdurch kann jedoch langfristig gesehen der Rückgang des Erwerbspersonenpotenzials abgemildert und das Verhältnis von Erwerbstätigen zu Nichterwerbstätigen zugunsten der Erwerbstätigen verschoben werden. Insbesondere, wenn hochqualifizierte Frauen – welche derzeit vermehrt kinderlos bleiben – sich für zusätzliche Kinder entscheiden, ergibt sich ein positiver Effekt auf das Humanvermögen: Nicht zuletzt die PISA-Studie hat gezeigt, dass in Deutschland ein besonders starker Zusammenhang zwischen dem Bildungsniveau der Mutter und dem der Kinder existiert (z.B. BMFSFJ 2004: 18). Entschließen sich mehr gut ausgebildete Frauen zur Mutterschaft, erhöht sich somit der Anteil an Kindern mit guten Startchancen. Jedoch ist es zur Sicherung des zukünftigen Humanvermögens essenziell, die Potenziale aller Kinder auszuschöpfen. Folglich werden eine flächendeckende **frühkindliche Förderung** sowie ein qualitativ hochwertiges **(Aus-) Bildungssystem** benötigt. Frühkindliche Förderung erhöht nachweislich den Bildungsstand insbesondere sozial benachteiligter Kleinkinder und beeinflusst zudem langfristig die schulischen Kompetenzen und den späteren Bildungsabschluss der Kinder positiv (Koppel/Plünnecke 2009: 67f). Auch eine ganztagsschulische Ausbildung wäre hier förderlich, da diese eine längere Zeit zum gemeinsamen Lernen bietet und dadurch zu einer stärkeren Strukturierung des Lernalltags der Kinder und einer größeren sozialen Kontrolle führt (Koppel/Plünnecke 2009: 73). Insgesamt könnte durch eine verbesserte Ausbildung vom Kleinkindalter an somit das Qualifikationsniveau und damit das Humanvermögen der nächsten Generation bedeutend gesteigert werden. Werden durch eine höhere Qualifikation in der nächsten Generation durchschnittlich höhere Einkommen erzielt, hat dies zudem positive Effekte auf das künftige Aufkommen an Steuern und Abgaben.

Mit Blick auf das Humanvermögen in der Gesellschaft hat sich derzeit ein zentraler Bereich als besonders knapp herausgestellt: Die **Fachkräfte** im naturwissenschaftlich-technischen Bereich. Bereits heute fehlen in den MINT-Berufen[72] in Deutschland fast 150.000 Erwerbstätige (Koppel/Plünnecke 2009: 24) und die demografisch bedingte Abnahme der Personen im erwerbsfähigen Alter wird diesen Mangel zudem zukünftig deutlich verstärken (Koppel/Plünnecke 2009: 37f). Ein ausreichendes Angebot an Fachkräften erweist sich jedoch als essenziell für die wirtschaftliche Leistungsfähigkeit Deutschlands: Bereits jetzt entstehen der Wirtschaft aufgrund von Stellenvakanzen und langen Besetzungszeiten im MINT-Bereich jährliche Wertschöpfungsverluste im zweistelligen Milliardenbereich (Koppel/Plünnecke 2009: 27ff). Zudem wirkt sich ein Mangel an Fachkräften negativ auf andere Beschäftigungsbereiche aus: Insbesondere, wenn eine Hochqualifiziertenstelle neu geschaffen wird, ist diese oft auch mit der Schaffung zusätzlicher Arbeitsplätze in anderen Qualifikationsstufen im gleichen Unternehmen oder in anderen Unternehmen in der Wertschöpfungskette verbunden. So ist ein Ingenieur oder Techniker oft auf die Zusammenarbeit z.B. mit Elektrikern, Schweißern oder Schlossern angewiesen. Ein Mangel an Fachkräften senkt somit auch den Bedarf an Personen

[72] Die Abkürzung MINT steht für Mathematik, Informatik, Naturwissenschaften und Technik.

anderer Berufsgruppen (Koppel/Plünnecke 2009: 28). Weiterhin erweist sich der Anteil an Naturwissenschaftlern und Ingenieuren einer Region als ein relevanter Einflussfaktor auf den Gesamtumfang hochqualifizierter Beschäftigter mit wissenschaftlicher oder technischer Ausrichtung und hierüber auf die Wachstumsrate des Bruttoinlandsprodukts pro Kopf (Dreger/Erber 2008: 407).

Betriebliche Familienpolitik kann – in Kombination mit staatlicher Familienpolitik – dem Fachkräftemangel in zweifacher Hinsicht entgegenwirken und damit die wirtschaftliche Leistungsfähigkeit Deutschlands erhöhen: Mittelfristig führt eine bessere Vereinbarkeit von Beruf und Familie dazu, dass hochqualifizierte Mütter stärker am Arbeitsmarkt partizipieren und so vakante Stellen im Fachkräfte-Bereich ausfüllen können. Geht eine höhere Erwerbsbeteiligung von Müttern mit einer Betreuung der Kleinkinder in qualitativ hochwertigen Einrichtungen und einer stärkeren Nutzung von Ganztagsschulen einher, so zeigt sich langfristig ein weiterer positiver Effekt auf das Angebot an Fachkräften: Durch einen Ausbau der (hochwertigen) Betreuung von Kindern im Kleinkind- und Schulalter erwirbt eine größere Zahl an jungen Menschen die notwendigen Kompetenzen, um einen Beruf im Bereich des MINT-Segments zu erlernen und damit den Fachkräftemangel abzumildern.

Verbesserte Möglichkeiten der Vereinbarkeit von Beruf und Familie beeinflussen zudem die Situation am **Arbeitsmarkt** kurzfristig und langfristig positiv: Gelingt es, Menschen mit Familienpflichten stärker in den Arbeitsmarkt einzubinden, so sinkt das Zeitbudget für Hausarbeit, während gleichzeitig das Haushaltseinkommen steigt. Hierdurch können viele Hausarbeiten, die früher unbezahlt erledigt wurden, über den Markt erbracht werden, so dass die Nachfrage nach haushaltsnahen Dienstleistungen steigt und es in diesem Sektor zu Beschäftigungszuwächsen kommt (Prognos 2005: 29f). Zudem ist zu erwarten, dass eine verbesserte formale Ausbildung der Kinder langfristig die Arbeitslosenquote senkt, da Personen mit einem niedrigen Bildungsniveau in Deutschland deutlich stärker von Arbeitslosigkeit betroffen sind als Personen mit mittlerer oder hoher Ausbildung (Plünnecke/Seyda 2007: 62f). Hierdurch erhöhen sich die staatlichen Einnahmen durch ein höheres Aufkommen an Steuern und Abgaben, während gleichzeitig die Ausgaben für Arbeitslosengeld I und II reduziert werden. Da Arbeitslosigkeit eines der Hauptarmutsrisiken ist, sinkt hierdurch zudem die Armutsquote, was sich zum Beispiel positiv auf die psychische und körperliche Gesundheit der Bevölkerung auswirkt[73].

Erhöhen sich die Familieneinkommen durch eine stärkere Frauenerwerbstätigkeit, so hat dies auch positive Auswirkungen auf den **privaten Konsum**. Dies ist ebenfalls der Fall, wenn durch eine bessere Vereinbarkeit von Beruf und Familie eine Steigerung der Geburtenrate bewirkt wird. Ein erhöhter Konsum der privaten Haushalte hat seinerseits einen positiven Effekt auf die Binnennachfrage (Prognos 2005: 37) und damit auf das Wirtschaftswachstum.

Auf Basis der dargestellten Einzelaspekte lässt sich schlussfolgern, dass eine auf die Vereinbarkeit von Beruf und Familie sowie die Förderung der nächsten Generation zugeschnittene Familienpolitik das **Wirtschaftswachstum** der kommenden Jahrzehnte positiv beeinflussen kann. In diese Richtung weisen ebenfalls verschiedene Modellrechnungen: So errechnete Prognos einen deutlich verbesserten wirtschaftlichen Wachstumspfad im Falle einer großflächigen

[73] Vergleiche hierzu Abschnitt 3 „Verringerung der Familienarmut".

Einführung von Work-Life-Balance-Maßnahmen in Unternehmen (Prognos 2005: 37). Demgegenüber wiesen Plünnecke/Seyda positive Effekte auf das Wirtschaftswachstum nach, falls zukünftig eine Familienpolitik verfolgt wird, die eine Erhöhung der Geburtenrate mit einer Steigerung der Frauenerwerbstätigkeit und besseren Bildungschancen für Kinder verknüpft (Plünnecke/Seyda 2007: 67).

2 Förderung der Geschlechtergerechtigkeit

Während sich die Differenz zwischen Frauen und Männern bezüglich des Erfolges im Bildungssystem weitgehend geschlossen hat, bestehen die Unterschiede am Arbeitsmarkt im Hinblick auf Entlohnung, Art der Beschäftigung sowie Karrierechancen zum Nachteil der Frauen weiter. Ferner verrichten immer noch die Frauen – ob berufstätig oder nicht – den größten Teil der Hausarbeit; insbesondere nach der Geburt des ersten Kindes wird ihnen die Hauptverantwortung für diesen Bereich übertragen[74]. Diese Retraditionalisierung führt jedoch zu Unzufriedenheit der Frauen mit der praktizierten Aufgabenteilung (LBS-Familien-Studie 2002: 2). Zudem sind viele Frauen, die ihre Berufstätigkeit zugunsten der Kindererziehung reduziert oder aufgegeben haben, mit der eigenen beruflichen Situation unzufrieden (LBS-Familien-Studie 2002: 2). Kehren die Mütter jedoch in ihren Beruf zurück, bleibt die Zuweisung der Hauptverantwortung für die Haus- und Familienarbeit an sie bestehen. Hierdurch bleibt auch die praktische Vereinbarkeit der beiden Lebensbereiche oft ausschließlich Aufgabe und Problem der Frauen, sie erbringen die „Vereinbarkeitsleistung“ (Cramm et al. 1998: 6). Oft sind berufstätige Mütter hierdurch einer Doppelbelastung ausgesetzt, welche nicht nur ihre Lebenszufriedenheit schmälert, sondern auch ihre Gesundheit negativ beeinflusst. So hat Erwerbstätigkeit prinzipiell einen positiven Effekt auf die Gesundheit von Frauen; ebenso wie die Zahl der Kinder im Haushalt. Besteht allerdings eine Doppelbelastung – d.h. eine erwerbstätige Frau lebt gleichzeitig mit einem kleinen Kind zusammen –, so erhöht sich ihr Krankheitsrisiko deutlich (Cramm et al. 1998: 19f). Dies weist darauf hin, dass Vereinbarkeitsprobleme existieren, die die betroffenen Frauen Stress- und Überlastungssituationen aussetzen, welche langfristig in einer ernsthaften Erkrankung resultieren können.

Versuchen Paare jedoch eine gleichmäßigere Aufteilung von Familien-, Haus- und Erwerbsarbeit auf beide Partner zu realisieren, sind sie mit bedeutenden **Hindernissen** konfrontiert. So ist die staatliche Familienpolitik in Deutschland (noch) in Teilen (z.B. im Steuerrecht bzgl. des Ehegattensplittings) derart gestaltet, dass sie das Alleinernährermodell fördert. Paare, die eine alternative Rollenaufteilung wünschen, müssen hierdurch finanzielle Einbußen hinnehmen (Kupferschmidt 2007: 121f). Zudem sind Väter, die ihre Erwerbsarbeit zugunsten der Familienarbeit unterbrechen möchten, häufig mit beruflichen Nachteilen oder Ablehnung und Unverständnis ihres beruflichen und/oder privaten Umfeldes konfrontiert[75]. Die Einführung des

[74] Vergleiche den Beitrag von Gerlach/Laß „Gesellschaftliche Rahmenbedingungen betrieblicher Familienpolitik“ in diesem Band.
[75] Vergleiche den Beitrag von Gerlach/Laß „Gesellschaftliche Rahmenbedingungen betrieblicher Familienpolitik“ in diesem Band.

Bundeselterngeld- und Elternzeitgesetzes hat zwar ein Signal der Veränderung in diesem Bereich gesetzt, jedoch zeigt die geringe väterliche Nutzung der Elternzeit über die zwei Partnermonate hinaus[76], dass die Hindernisse in Bezug auf eine egalitäre Aufteilung der Erwerbs- und Familienarbeit weiter bestehen. Hierdurch kommt es bei vielen Paaren zur Praktizierung eines unbefriedigenden Aufgabenteilungsmodells, welches nicht als Resultat eines Aushandlungs- und Entscheidungsprozesses gelten kann, sondern sich aus den Kontextfaktoren ergeben hat:

„Insbesondere Mütter, aber auch Väter, finden sich einige Jahre nach der Familiengründung nicht selten in einer Lebenssituation wieder, die sie so nicht gewollt und für die sie sich nicht bewusst entschieden haben. Strukturelle Faktoren wie die mangelnde Vereinbarkeit von Familie und Beruf für Frauen und Männer, aber auch tradierte Rollenmodelle belasten also die Entwicklung stabiler und glücklicher Familienbeziehungen." (BMFSFJ 2006: 111)

In diesem Zusammenhang kann betriebliche Familienpolitik entscheidend dazu beitragen, Paaren echte Wahlfreiheit bezüglich des gewählten Arbeitsteilungsmodells zu ermöglichen. Durch eine Aufgabenteilung, die stärker den Wünschen der Mütter und Väter entspricht, werden derzeit bestehende Arbeitsüberlastungen der Frauen abgebaut – und damit die Gesundheit berufstätiger Mütter verbessert –, Männern mehr Teilhabe an der Familienarbeit und Frauen mehr Teilhabe an der Erwerbsarbeit ermöglicht. Männer wie Frauen können **Kompetenzen** im beruflichen wie familialen Bereich erwerben und einsetzen und stärker ihren Interessen nachgehen. Auf gesellschaftlicher Ebene würde sich die bessere Ausschöpfung und Allokation der Ressourcen und Kompetenzen von Männern und Frauen in einem größeren Humanvermögen der Bevölkerung widerspiegeln. Eine Stärkung des Humanvermögens zeitigt ihrerseits positive Effekte auf die Produktivität der Erwerbstätigen (Schneider et al. 2008: 27) und trägt dadurch zur Stärkung des Wirtschaftsstandorts Deutschland bei.

Durch eine bessere Vereinbarkeit von Beruf und Familie und damit einhergehend eine größere Freiheit bei der Wahl des gelebten Arbeitsteilungsmodells wird zudem die **Lebenszufriedenheit** beider Partner gefördert. So sind laut einer Studie auf Basis des Generation and Gender Surveys Paare, die eine egalitäre bzw. nicht-traditionelle Aufgabenteilung praktizieren, nicht nur bezüglich der Aufteilung der häuslichen Arbeit und der Verteilung der Elternaufgaben zufriedener als Paare, die ein traditionelles Aufgabenmodell pflegen, sondern sie zeigen auch eine höhere Zufriedenheit mit der Paarbeziehung insgesamt (Wengler et al. 2008: 41). Besonders zufrieden zeigen sich laut einer Studie der Universität Bamberg Paare, bei denen beide Partner zur gleichen Zeit sowohl einen wesentlichen Anteil an der Kinderbetreuung übernehmen als auch einer Erwerbsarbeit nachgehen (Oberndorfer/Rost 2004: 497). Hierbei kommt es jedoch insbesondere darauf an, dass die individuelle Orientierung und Befähigung mit dem gelebten Rollenmodell übereinstimmen. So sind Männer mit einer traditionellen Rollenauffassung glücklicher, je weniger sie in die Hausarbeit einbezogen werden, während (die zunehmend zahlreicher werdenden) Männer mit einer egalitären Rollenauffassung umso zufriedener sind, je mehr sie sich im Haushalt einbringen können (LBS-Familien-Studie 2002: 4f). Dieses Ergebnis betont die große Bedeutung, die der Ermöglichung von Wahlfreiheit in Bezug auf das gewählte Rollenmodell zukommt.

[76] ebenda

Eine egalitäre Arbeitsteilung beeinflusst nicht nur die Zufriedenheit vieler Paare positiv, sondern wirkt darüber hinaus oft konfliktreduzierend und erhöht dadurch langfristig die **Stabilität der Beziehung.** Wird ein zuvor bestehendes egalitäres Rollenmodell nach der Familiengründung nicht beibehalten oder zeitnah wieder aufgenommen, sondern dauerhaft von einer traditionellen Arbeitsteilung abgelöst, so führt dies oft zu Unzufriedenheit und Enttäuschung seitens der Frau – insbesondere, wenn diese eine ausgeprägte Berufsorientierung aufweist. Dieser Konflikt resultiert häufig in der Auflösung der Ehe, sobald die Kinder aus dem betreuungsintensiven Alter heraus sind. Dementsprechend weisen Paare mit Kindern über 15 Jahren mit einer traditionellen Arbeitsteilung ein deutlich höheres Scheidungsrisiko auf als vergleichbare Paare mit einer egalitären Arbeitsteilung (Stauder 2005: 212ff). Eine gerechtere und den Wünschen der Partner eher entsprechende Arbeitsteilung könnte somit dazu beitragen, dem Trend zu stetig steigenden Scheidungsraten entgegenzuwirken. Da familiale Umbrüche wie Trennung und Scheidung ein großes Armutsrisiko bergen[77], reduzieren geringere Scheidungsraten ihrerseits das Armutsrisiko von Familien und damit auch die finanzielle Belastung, die dem Staat durch die Bereitstellung von Sozialleistungen entsteht.

Neben einer größeren Stabilität von Paarbeziehungen führt eine egalitärere Verteilung von Erwerbs- und Hausarbeit auf beide Partner auch zu größerer **Einkommensgleichheit.** Derzeit besteht bezüglich der Lohnhöhe ein deutlicher **Gender Gap** zu Lasten der Frauen: Im Jahr 2009 lag der durchschnittliche Stundenlohn von Frauen um 23 % niedriger als derjenige von Männern (StBA 2010). Dieses Einkommensdifferenzial fußt zu weiten Teilen in der überwiegend von Frauen vorgenommenen Kombination der Erwerbsarbeit mit der Familienarbeit: Erstens unterscheiden sich Frauen und Männer hinsichtlich der Wahl bestimmter Berufe und Branchen (Anger/Schmidt 2008: 3). Frauen arbeiten tendenziell eher in Bereichen und beruflichen Positionen, in denen sich Beruf und Familie leichter vereinbaren lassen, welche jedoch teilweise schlechter entlohnt werden. So sind Frauen in schlechtbezahlten Berufen des Dienstleistungssektors überrepräsentiert, während sie in den besser bezahlten naturwissenschaftlich-technischen Berufen eine Minderheit darstellen. Zudem bekleiden Frauen seltener leitende Positionen in Unternehmen und Organisationen (BMFSFJ 2009: 13ff). Zweitens arbeiten Frauen familienbedingt eher in Teilzeit und in geringfügigen Beschäftigungsverhältnissen, was sich negativ auf die Lohnhöhe auswirkt, da weniger betriebsspezifisches Erfahrungswissen akkumuliert werden kann und die Karrieremöglichkeiten eingeschränkt sind (Anger/Schmidt 2008: 6). Drittens beruht das Einkommensdifferenzial darauf, dass Frauen häufiger familienbedingte Erwerbsunterbrechungen vornehmen, welche – insbesondere mit steigender Dauer – mit Humanvermögensverlusten einhergehen (Althammer 2007: 58; Anger/Schmidt 2008: 4). Jedoch existiert viertens auch bei kinderlosen Frauen eine Einkommenslücke gegenüber Männern in vergleichbaren Positionen (Anger/Schmidt 2008: 8), welche auf eine „statistische Diskriminierung von Frauen am Arbeitsmarkt“ (Althammer 2007: 51) hinweist. Diese beruht auf der Tatsache, dass Arbeitgebende die Möglichkeit der Erwerbsunterbrechung bei Frauen bereits bei der Einstellung antizipieren und bei der Ermöglichung von Fortbildungen sowie bei Karriereentscheidungen berücksichtigen. Hierdurch sind Frauen unabhängig davon, ob sie tatsächlich eine

[77] Vergleiche hierzu Abschnitt 3 „Verringerung der Familienarmut“.

Familiengründung planen oder nicht, aufgrund ihres Geschlechts mit schlechteren Arbeitsmarktchancen konfrontiert (Althammer 2007: 57f).

Betriebliche Familienpolitik kann dazu beitragen, den Gender Gap zu verringern. Hierbei kommt es darauf an, zum einen die erziehungsbedingten Erwerbsunterbrechungen von Müttern zu verkürzen und zum anderen den Wiedereinsteigenden ein möglichst hohes Pensum zu ermöglichen. Durch betriebliche Familienpolitik können Branchen und Berufsfelder, die bisher als familienunfreundlich gelten müssen, für Frauen interessanter werden. Da viele der derzeit männerdominierten Branchen und Berufsfelder eine höhere Entlohnung bieten, schließt sich durch ein Vordringen von Frauen in diese Bereiche das Einkommensdifferenzial. Als Vorbild für eine familienfreundliche Branche könnte hierbei der öffentliche Dienst fungieren, der aufgrund seiner guten Vereinbarkeit von Beruf und Familie eine besondere Attraktivität auf Frauen ausübt (Althammer 2007: 57f). Entschließen sich durch eine bessere Vereinbarkeit von Beruf und Familie zudem mehr Väter zu einer aktiven Vaterrolle, trägt dies zur Reduktion der statistischen Diskriminierung von Frauen am Arbeitsmarkt bei, da das Risiko einer Erwerbsunterbrechung dann nicht mehr ausschließlich dem weiblichen Geschlecht zugeschrieben werden kann. Eine gleichmäßige und möglichst kontinuierliche Partizipation von Frauen und Männern am Arbeitsmarkt bei gleicher Entlohnung ist eine Grundbedingung, um Frauen ein unabhängiges Auskommen zu ermöglichen und sie für den Fall der Arbeitslosigkeit des Partners oder einer Trennung bzw. Scheidung in die Lage zu versetzen, den eigenen Unterhalt und den ihrer Familie bestreiten zu können. Es trägt hierdurch dazu bei, das überdurchschnittliche Armutsrisiko von Getrenntlebenden, Geschiedenen und Alleinerziehenden[78] zu verringern.

Eine Angleichung des Erwerbsverhaltens von Frauen und Männern erweist sich zudem als geeignetes Mittel, die **Rentenlücke** zu schließen. Erwerbsunterbrechungen, Teilzeitarbeit, geringfügige Beschäftigung und Nichterwerbstätigkeit aufgrund der Übernahme der Familienarbeit verursachen bei Frauen deutliche Einbußen bei der Rentenhöhe im Vergleich zu Männern. Eine Studie über verschiedene Reformmodelle weist nach, dass weitere Gesetzesreformen kaum mehr zur Reduktion der Rentenlücke beitragen können: „Das Problem der geringen eigenständigen Alterssicherung von Frauen liegt vielmehr daran, dass sie deutlich weniger in die Rentenkasse einzahlen als Männer – die Erwerbstätigkeit von Frauen zu fördern wäre der wirkungsvollste Weg, um die niedrigen Renten der Frauen nachhaltig zu erhöhen.“ (Rasner 2007: 3) Eine Ausweitung der Erwerbstätigkeit von Frauen führt nicht nur bezüglich der gesetzlichen Rentenversicherung zu einer höheren Anwartschaft, sondern ermöglicht es Frauen zudem, stärker von Angeboten der betrieblichen Altersvorsorge zu profitieren. Ein eigenes Einkommen aus Erwerbstätigkeit erweitert außerdem die Möglichkeiten der Frauen, für ihr Rentenalter privat vorzusorgen.

[78] Vergleiche hierzu Abschnitt 3 „Verringerung der Familienarmut“.

3 Verringerung der Familienarmut[79]

Die große Mehrzahl der Familien in Deutschland kann ihr Leben eigenständig bewältigen und lebt in sicheren materiellen Verhältnissen (Bundesregierung 2008: 88). Jedoch hat sich vor dem Hintergrund der gewandelten bzw. sich immer noch wandelnden Lebens- und Familienformen[80] in Verbindung mit einer mangelnden Vereinbarkeit von Beruf und Familie ein erhöhtes Armutsrisiko für bestimmte Familienformen entwickelt.

Durch die gestiegene Instabilität von Paarbeziehungen sind Familien häufiger als früher mit Umbrüchen (Trennung, Scheidung) konfrontiert, die ihnen (zeitweise) eine autonome finanzielle Versorgung erschweren und eine Umorientierung erfordern. Bei einer Trennung entfällt abrupt ein Einkommen, während die Lebenshaltungskosten durch die Gründung eines separaten Haushaltes steigen. Dementsprechend sind getrenntlebende sowie geschiedene Personen in West- wie in Ostdeutschland überproportional häufig von Armut betroffen (StBA 2008: 168). Sind Kinder im Haushalt vorhanden, sieht sich der nach der Trennung nun **allein erziehende** Elternteil mit dem Anspruch an sich konfrontiert, allein (oder in Kombination mit Unterhaltszahlungen) die finanzielle Absicherung sowie die Betreuung der Kinder sicherzustellen. Insbesondere, wenn die Kinder sich im betreuungsintensiven Kleinkindalter befinden, sind jedoch viele Alleinerziehende gezwungen, aufgrund mangelnder Möglichkeiten der Vereinbarkeit von Erwerbs- und Familienarbeit auf eine Erwerbsarbeit zu verzichten. Ist der ehemalige Partner zudem nicht imstande, Unterhaltszahlungen zu leisten, sind Alleinerziehende zumeist auf soziale Unterstützungsleistungen angewiesen. Hierdurch erklärt sich, dass die Armutsquote von Alleinerziehenden-Haushalten deutlich über dem gesamtdeutschen Durchschnitt aller Haushalte liegt. Gelten in Westdeutschland 13,9 % und in Ostdeutschland 22,7 % der Haushalte als einkommensarm, so sind es unter den Alleinerziehenden-Haushalten 35,4 % im Westen und sogar 54,8 % im Osten. Damit haben Einelternfamilien von allen Haushaltstypen das größte Armutsrisiko (StBA 2008: 169). Mit dem derzeit steigenden Anteil an Alleinerziehenden-Haushalten steigt somit gleichzeitig der Anteil der armen Familien.

Das Armutsrisiko von **Paarhaushalten mit Kindern** ist demgegenüber nicht überdurchschnittlich – hier ist zumeist mindestens ein Elternteil in der Lage, durch Erwerbstätigkeit den Familienunterhalt zu bestreiten. Jedoch ist zu konstatieren, dass deren Armutsrisiko im Zeitverlauf insbesondere in den neuen Bundesländern deutlich gestiegen ist. Waren 2001 in Westdeutschland 10,7 % und in Ostdeutschland 14 % der Paarhaushalte mit minderjährigen Kindern von Armut betroffen, so waren es 2006 bereits 13,3 % bzw. 24,9 % (StBA 2008: 169). Hauptarmutsrisiko ist hierbei die Arbeitslosigkeit – von allen Arbeitslosen sind in Westdeutschland 57 % und in Ostdeutschland 67,8 % als arm einzustufen. In Ostdeutschland sind zudem diejenigen gefährdet, die teilzeitbeschäftigt sind. Hingegen ist das Risiko eines Vollzeiterwerbstätigen,

---

[79] Der vorliegende Aufsatz befasst sich mit Familienarmut in der Form von Einkommensarmut. Der hierbei verwendete Armutsbegriff orientiert sich an den vom Statistischen Amt der EU empfohlenen und vom Statistischen Bundesamt übernommenen Schwellenwerten und definiert folglich diejenigen Haushalte als arm, deren Äquivalenzeinkommen weniger als 60 % des Medians der Einkommen aller Haushalte beträgt (StBA 2008: 165).

[80] Vergleiche den Beitrag von Gerlach/Laß „Gesellschaftliche Rahmenbedingungen betrieblicher Familienpolitik“ in diesem Band.

in Armut zu geraten, sowohl in West- als auch in Ostdeutschland weit unterdurchschnittlich (StBA 2008: 168). Vor diesem Hintergrund ist als problematisch einzustufen, dass der Anteil an Kindern unter 18 Jahren, die in einem Haushalt ohne Vollzeitbeschäftigten leben, innerhalb von zehn Jahren von 17 % (1995) auf 30 % (2005) angestiegen ist (Bundesregierung 2008: 94). Dies ist nicht nur eine sozial-, sondern unter Umständen auch eine bildungspolitische Herausforderung.

Weiterhin gilt sowohl bei Paarhaushalten in Ostdeutschland als auch bei Alleinerziehenden-Haushalten in Ost und West, dass das Risiko, in Armut zu geraten, mit der **Zahl der Kinder** ansteigt (StBA 2008: 169). Dies ist einerseits darauf zurückzuführen, dass jedes weitere Kind mit zusätzlichen Kosten verbunden ist. Jedoch wird es andererseits auch dadurch bedingt, dass eine Erwerbstätigkeit derzeit umso schwieriger ist, je mehr Kinder im Haushalt vorhanden sind. Insbesondere die Geburt des dritten Kindes bedeutet häufig einen vollständigen Ausstieg aus der Erwerbsarbeit für einen Elternteil und damit den Verlust eines Einkommens für die Familie (Geißler 2006: 208). Hier stellt sich eine doppelte Problematik: Während der Bedarf an Einkommen durch ein zusätzliches Kind ansteigt, senkt eine Unterbrechung der Erwerbsarbeit das Einkommen zum selben Zeitpunkt ab.

Auch das **Alter des jüngsten Kindes** erweist sich für das Armutsrisiko als entscheidend: Lebt ein Kind unter drei Jahren im Haushalt, so ist die Einkommenssituation des Haushalts am schlechtesten (Peuckert 2008: 356). Da der Betreuungsaufwand bei Kindern dieser Altersgruppe am höchsten ist, gehen dort besonders wenige Betreuungspersonen – also zumeist Mütter – einer Erwerbsarbeit nach. Bei einem höheren Alter der Kinder kehren viele Mütter auf den Arbeitsmarkt zurück[81]. Insgesamt sind somit Familien in ihrer Aufbauphase besonders stark von Armut gefährdet. Junge Familien erfahren eine „ökonomische Achterbahn" (BMFSFJ 2006: 26), welche das Armutsrisiko episodenweise stark erhöht. Die Auswirkungen der Einkommensschwankungen werden jedoch seit 2007 durch die Zahlung des einkommensabhängigen Elterngeldes gemildert.

Die hohen Armutsquoten von Alleinerziehenden-Familien sowie Mehrkinderfamilien zeigen auf, dass in Deutschland insbesondere **Kinder und Jugendliche** ein hohes Armutsrisiko haben. Kinder bis zu einem Alter von 10 Jahren sind in Westdeutschland zu 16,3 % und in Ostdeutschland sogar zu 30,2 % als arm einzustufen; bei den 11-20-Jährigen sind es 18,7 % im Westen und 33,6 % im Osten. Insbesondere in Ostdeutschland ist die Armutsquote zudem von 2001 auf 2006 merklich gestiegen (StBA 2008: 167). Es lässt sich somit eine „Infantilisierung der Armut" (Geißler 2006: 208) konstatieren. Erschwerend kommt hinzu, dass ein hoher Anteil an Kindern dauerhaft unter der Armutsgrenze leben muss (StBA 2008: 171) und Kinder damit durchschnittlich länger als der Rest der Bevölkerung in Armut verbleiben (Peuckert 2008: 357). Ursächlich für diese hohen Armutsquoten von Kindern ist in der Regel, dass deren Eltern nicht in einem den Familienunterhalt sichernden Ausmaß erwerbstätig sind.

Die Betroffenheit von Armut hat tiefgreifende negative **Auswirkungen** auf Familien. Am direktesten wirkt sich die Knappheit der finanziellen Mittel auf die Eltern aus, denn diese spa-

---

[81] Vergleiche den Beitrag von Gerlach/Laß „Gesellschaftliche Rahmenbedingungen betrieblicher Familienpolitik" in diesem Band.

ren zunächst an ihren eigenen Bedürfnissen und versuchen, den Lebensstandard der Kinder zu halten (Bundesregierung 2008: 99; Peuckert 2008: 355). Verbleiben die Familien länger in Armut, so erfahren viele Eltern neben den finanziellen Entbehrungen auch Desillusionierung, soziale Isolation und Stigmatisierung. Zudem treten oft gesundheitliche Einschränkungen, insbesondere psychische Erkrankungen in Form von Depressionen, sowie ein Verlust des Selbstwertgefühls auf (BMFSFJ 2006: 168). Bei Kindern macht sich Familienarmut in Form von materieller Unterversorgung zumeist erst am Ende einer längeren Phase der Einkommensarmut bemerkbar (Bundesregierung 2008: 99). Armut verursacht bei Kindern neben sozialen Benachteiligungen und gesundheitlichen Folgen für Körper und Seele auch Entwicklungsdefizite im kognitiven und sprachlichen Bereich, eine Beeinträchtigung der schulischen Leistung sowie emotionale Instabilität und Verhaltensauffälligkeiten (Bundesregierung 2008: 89). Da Kinder, wie erwähnt, vergleichsweise oft dauerhaft in Armut leben, sind sie den negativen Folgen von Armut langfristig ausgesetzt und werden in ihrer Entwicklung nachhaltig gefährdet. Durch ein Aufwachsen in Armut zeigt sich bei den betroffenen Kindern „die Tendenz einer Kumulation von Benachteiligungen entlang des weiteren Lebenslaufs" (BMFSFJ 2006: 168). Hierdurch steigen die Risiken eines niedrigen Bildungsabschlusses, einer Teenagerschwangerschaft, von Drogenmissbrauch, kriminellem und dissozialem Verhalten sowie sozialer Isolation, und auch das spätere Erwerbsverhalten kann negativ beeinflusst werden (zum Beispiel in Form von Niedrigentlohnung, Arbeitslosigkeit oder Langzeitsozialhilfeabhängigkeit) (Peuckert 2008: 358).

Doch nicht nur für das Individuum, sondern auch für die gesamte Gesellschaft hat Familienarmut negative Folgen. Augenfällig ist die erhöhte Belastung der Systeme der sozialen Sicherung, die aus einem erhöhten finanziellen Unterstützungsbedarf sowie der stärkeren gesundheitlichen Belastung armer Familien resultiert. Hinzu kommt die Tatsache, dass finanziell benachteiligte Familien ihre gesellschaftlich relevanten Aufgaben schlechter bewältigen können als andere Familien. Hierzu gehört die Beteiligung an der Herstellung des Humanvermögens in Form von Bildung und Erziehung der Kinder, die Pflege der Gesundheit der Familienmitglieder und die Schaffung von Sozialkapital, z.B. in Form ehrenamtlichen Engagements (BMFSFJ 2006: 162ff).

Die eigene Erwerbstätigkeit stellt generell den wirksamsten Schutz vor Armut dar, denn die Höhe des Erwerbseinkommens bestimmt maßgeblich die wirtschaftliche und materielle Situation von Familien (Bundesregierung 2008: 94). Somit führt der effizienteste **Weg aus der Armut** über die Aufnahme einer Erwerbstätigkeit: Gibt es in einem Haushalt keinen Vollzeiterwerbstätigen, so liegt das Armutsrisiko von Familien mit Kindern bei 48 %. Durch die Aufnahme einer Vollzeitbeschäftigung durch ein oder mehrere erwerbsfähige Haushaltsmitglieder wird dieses Risiko auf 4 bis 8 % gesenkt (Bundesregierung 2008: 95)[82]. Um eine Vollzeitbeschäftigung in jedem Familienhaushalt realisieren zu können, ist eine stärkere Einbindung von Müttern in das Erwerbsleben notwendig. Hierbei erweisen sich jedoch zwei Faktoren als besonders hinderlich (Träger 2009: 35): Zum einen fördert die derzeit immer noch bestehende

[82] Zu berücksichtigen ist hierbei die kleine Gruppe von Personen, die trotz einer Vollzeiterwerbstätigkeit kein ausreichendes Einkommen erzielen und auf ergänzende Sozialleistungen angewiesen sind (die so genannten Aufstocker). Im Jahr 2005 befanden sich 127.000 Vollzeiterwerbstätige dauerhaft (d.h. mind. über einen Zeitraum von neun Monaten) in dieser Situation, von denen 51 % in einem Paarhaushalt mit Kindern lebten (vgl. IAB 2007: 6).

Lohndifferenz zwischen Männern und Frauen[83] das männliche Alleinernährer-Modell und erschwert es Frauen, die Aufgabe der Familienernährerin zu übernehmen. Zum anderen erschweren mangelnde Möglichkeiten der Vereinbarkeit von Beruf und Familie eine stärkere Beteiligung von Menschen mit Familienpflichten – somit insbesondere Müttern – am Erwerbsleben. Betriebliche Familienpolitik kann somit – flankiert von staatlichen Leistungen wie dem Elterngeld und dem Ausbau der Kindertagesbetreuung – in zweifacher Weise zur Reduktion von Familienarmut beitragen: Einerseits können flexible Arbeitszeiten und -orte sowie die Unterstützung von Kinderbetreuungsangeboten dazu beitragen, dass Personen mit Familienpflichten, insbesondere Alleinerziehende, eine Erwerbsarbeit aufnehmen und Einkommen erwirtschaften können. Andererseits kann betriebliche Familienpolitik dazu beitragen, das Lohndifferenzial zwischen Männern und Frauen zu verringern[84]. Wichtig ist hierbei insbesondere, dass die „Entwertung" von Kompetenzen verhindert wird, welche oft mit dem Ausscheiden aus dem Erwerbsleben für Familienaufgaben verbunden ist. Aufgrund einer höheren Entlohnung könnten Frauen dann zukünftig einen größeren Beitrag zum Haushaltseinkommen leisten. Dieser sollte – wenn notwendig – allein ausreichen, um den Lebensunterhalt der Familien zu sichern und Armut sowie deren negative Folgen für Betroffene und Gesellschaft zu vermeiden.

4 Erhöhung des Pflegepotenzials in den Familien

Die Möglichkeit der Vereinbarkeit von Erwerbsarbeit und Pflegeaufgaben ist schon heute für einen bedeutenden Anteil der Menschen in Deutschland von Relevanz. So gab es Ende 2009 gut 2,2 Mio. **pflegebedürftige Personen** in Deutschland, die Leistungen der Sozialen Pflegeversicherung (SPV) bezogen. Weitere 130.000 Personen erhielten (Ende 2008) Leistungen einer privaten Pflegeversicherung (eigene Berechnung auf Basis von BMG 2010: 1ff). Die Zahl der pflegebedürftigen Personen ist damit jedoch nur unzureichend erfasst, denn hinzu kommt eine erhebliche Anzahl an Menschen, die zwar einen Grundpflegebedarf haben, welcher jedoch nicht ausreicht, um Pflegestufe I zugeordnet zu werden (die so genannte Pflegestufe 0). Diese Personengruppe erhält nur in beschränktem Umfang Leistungen der SPV (Gerlinger/Röber: 2009). Zudem existiert eine Dunkelziffer von Personen, die zwar leistungsberechtigt wären, jedoch keine Leistungen der SPV in Anspruch nehmen.

Viele Pflegebedürftige können in dieser Situation auf die **Unterstützung ihrer Verwandten** setzen – so wurden im Jahr 2003 beinahe eine Million pflegebedürftiger Menschen (987.000) ausschließlich von Familienmitgliedern versorgt (Delta Lloyd 2006: 4). Jedoch beeinflusst das Ausmaß der Pflegebedürftigkeit den Umfang, in dem Pflegepersonen[85], d.h. überwiegend unausgebildete Personen wie Familienmitglieder und Ehrenamtliche, Pflegeaufgaben leisten (können). Einen Anhaltspunkt bietet hierbei die Einteilung nach Pflegestufen: Von den gesetzlich Versicherten waren gut die Hälfte (55 %) der Personen in Pflegestufe I eingeordnet

83 Vergleiche hierzu Abschnitt 2 „Förderung der Geschlechtergerechtigkeit".
84 Vergleiche hierzu Abschnitt 2 „Förderung der Geschlechtergerechtigkeit".
85 Pflegepersonen sind laut Gesetz definiert als „Personen, die nicht erwerbsmäßig einen Pflegebedürftigen im Sinne des §14 in seiner häuslichen Umgebung pflegen" (MDK Bayern 2008: 43).

und bedurften folglich einer zeitlich wenig umfangreichen, jedoch täglichen Unterstützung. 33 % der Leistungsbezieher waren in Pflegestufe II und 12 % in Pflegestufe III eingestuft und bedurften demnach stärkerer Unterstützung. Dabei steigt mit der Pflegestufe deutlich der Anteil derjenigen, die stationär – und damit gänzlich außerfamilial – betreut werden. Insgesamt wird jedoch nur eine Minderheit von 31 % stationär gepflegt, während die große Mehrheit (69 %) ambulante – und damit oft auch familiale – Hilfe in Anspruch nimmt (eigene Berechnungen auf Basis von BMG 2010: 1ff).

Die Pflege durch Angehörige stellt in Deutschland derzeit die **gesellschaftliche Norm** dar – so sieht die Bevölkerung zunächst die nahen Angehörigen bei der Pflege in der Pflicht, und erst an zweiter Stelle die SPV (Delta Lloyd 2006: 4). Der Gesetzgeber fasst Pflege zwar als gesamtgesellschaftliche Aufgabe auf, sieht aber ebenfalls zuallererst den Pflegebedürftigen und seine Angehörigen in der Verantwortung (Gerlinger/Röber 2009: 21). Für den Fall der Pflegebedürftigkeit wünscht sich die überwiegende Mehrheit der Deutschen, in der eigenen Wohnung bleiben zu können (Delta Lloyd 2006: 6). Um diesem Wunsch zu entsprechen, ist es oft notwendig, dass der Partner/die Partnerin oder nahe Angehörige die Möglichkeit haben, Pflegeaufgaben zu übernehmen und die pflegebedürftige Person in ihrem Alltag zu unterstützen. Ein Viertel der Menschen würde es bei Pflegebedürftigkeit zudem sogar in Erwägung ziehen, bei den eigenen Kindern einzuziehen (Delta Lloyd 2006: 6), wodurch den Kindern bzw. deren Ehe- oder Lebenspartnern Pflegeaufgaben zufielen. Im Gegensatz hierzu wird eine Unterbringung im Pflegeheim oft abgelehnt, denn die überwiegende Mehrheit der Deutschen bewertet die Qualität von Pflege- und Altenheimen als schlecht bzw. sehr schlecht (Delta Lloyd 2006: 5).

Es besteht nicht nur von Seiten der Pflegebedürftigen selbst und der Gesellschaft die Erwartung an Angehörige, die Pflege von Familienmitgliedern zu übernehmen; viele Bürger fühlen sich für die etwaige Pflege eines Angehörigen auch selbst verantwortlich. Dementsprechend existiert oft die Bereitschaft, Familienmitglieder in der eigenen Wohnung aufzunehmen, diese rund um die Uhr zu pflegen oder zumindest eine Basispflege zu garantieren (Delta Lloyd 2006: 4). Die genaue Anzahl der Pflegepersonen gestaltet sich je nach Erhebungskonzept unterschiedlich. So waren im Jahr 2007 rund 430.000 Menschen als **Pflegepersonen** in der gesetzlichen Rentenversicherung pflichtversichert (BMG 2010: 9). Diese Maßzahl umfasst jedoch nur die Gruppe der Pflegepersonen, die noch nicht das Rentenalter erreicht hat und zudem Pflege in einem Umfang von mindestens 14 Stunden pro Woche leistet. Die Zahl der tatsächlich mit Pflegeaufgaben betrauten Personen liegt deutlich höher: Im Jahr 2007 erhielten 1,3 Mio. Pflegebedürftige Pflegegeld, da sie von mindestens einer, in vielen Fällen auch mehreren Pflegepersonen betreut wurden (Rothgang et al. 2009: 82). Dem SOEP zufolge betrachteten sich im Jahr 2006 sogar 3,7 Mio. Menschen als Pflegepersonen (Rothgang et al 2009: 85).

Pflegeaufgaben werden überwiegend von Frauen ausgefüllt – so waren unter den Pflegepersonen des SOEP knapp zwei Drittel und unter denjenigen in der Rentenversicherung sogar mehr als 90 % weiblichen Geschlechts (Rothgang et al. 2009: 85; BMG 2010: 9). Zudem sind die höheren Altersgruppen unter den Pflegepersonen überrepräsentiert: Rund 60 % der pflegenden Angehörigen sind 55 Jahre und älter. In diesem Alter steigt das Risiko der Pflegepersonen, selbst pflegebedürftig zu werden, stetig an. Hierbei erweist es sich als problematisch, dass sich familiale Pflege stark belastend auf die Pflegepersonen auswirken und deren Gesundheit gefährden kann (Delta Lloyd 2006: 4).

Zeitlich und/oder körperlich besonders belastet sind diejenigen Pflegepersonen, die neben ihren Pflegeaufgaben zusätzlich einer Erwerbsarbeit nachgehen. In dieser Situation befinden sich 40 % aller Pflegepersonen im erwerbsfähigen Alter, wobei die Hälfte einer Vollzeit- und die andere Hälfte einer Teilzeitbeschäftigung nachgeht (MDK Bayern 2008: 18). Bei dieser Gruppe von Erwerbstätigen treten oft Zeitkonflikte[86] auf, da der familiale und der betriebliche Bereich unterschiedliche, zeitlich nicht aufeinander abgestimmte Ansprüche an sie stellen. Dies erschwert oder verhindert es häufig, sowohl den beruflichen als auch den Pflegeaufgaben in gewünschtem Umfang gerecht zu werden.

Um den Zeitkonflikt erwerbstätiger Pflegepersonen zu entschärfen und die Vereinbarkeit von Beruf und Pflege zu verbessern, hat der Gesetzgeber kürzlich neue Rahmenbedingungen gesteckt: Mit dem **Gesetz über die Pflegezeit** erhielt 2008 jeder Beschäftigte das Recht, in einer akut auftretenden Pflegesituation eines nahen Angehörigen[87] bis zu zehn Arbeitstage der Arbeit fernzubleiben, um eine bedarfsgerechte Pflege zu organisieren oder selbst in dieser Zeit die Pflege zu übernehmen (kurzzeitige Arbeitsverhinderung). Zudem wurde die Pflegezeit geschaffen, welche Mitarbeitenden zur Pflege naher Angehöriger ein Recht auf eine längere vollständige oder teilweise Freistellung von der Arbeitsleistung einräumt. Die Pflegezeit zeigt jedoch Limitationen mit Blick auf den Kreis der Berechtigten sowie auf die Dauer der Anwendbarkeit: So besteht ein derartiger Rechtsanspruch nur in Unternehmen mit mindestens 16 Mitarbeitenden und ist zudem auf eine Höchstdauer der Freistellung von sechs Monaten begrenzt (MDK Bayern 2008: 47f). Für eine große Gruppe der Erwerbstätigen ist die Pflegezeit somit nicht einforderbar oder greift in ihrer Dauer zu kurz. Zudem besteht kein Anspruch auf Vergütung, so dass Erwerbstätige in Pflegezeit mit Einkommenseinbußen rechnen müssen.

Betriebliche Familienpolitik kann an dieser Stelle ansetzen und diejenigen Pflegepersonen unterstützen, welche die Pflegezeit nicht in Anspruch nehmen können bzw. wollen oder die Höchstdauer der Pflegezeit überschritten haben. Mögliche betriebliche Maßnahmen sind hierbei z.B. eine Freistellung über den gesetzlichen Rahmen hinaus, eine Reduktion des Arbeitspensums, Telearbeit oder die Bereitstellung von Kurzzeitpflegeplätzen. Doch auch diejenigen Mitarbeitenden, die Pflegezeit in Anspruch nehmen oder anderweitig eine Erwerbsunterbrechung vornehmen, kann das Unternehmen durch betriebliche Familienpolitik unterstützen, indem es auch während der Freistellung Kontakt zu dem Arbeitnehmenden hält, Fortbildungen ermöglicht und im Anschluss an die Freistellungsphase eine schnelle Wiedereinarbeitung sicherstellt.

Indem betriebliche Familienpolitik den Zeitkonflikt von Erwerbsarbeit und Pflegeaufgaben entschärft, können nicht nur Belastungen auf Seiten der Pflegepersonen abgebaut und damit deren Gesundheit und Lebensqualität erhalten sowie Einkommensreduktionen vermieden werden. Wenn es durch betriebliche Familienpolitik zudem gelingt, mehr Beschäftigten die Pflege

[86] Für eine systematische Darstellung der möglichen Zeitkonflikte im Feld von Erwerbs- und Familienarbeit sowie deren Lösungsmöglichkeiten siehe Schneider/Wieners 2006: 20ff.

[87] Nahe Angehörige sind hierbei definiert als Großeltern, Eltern, Schwiegereltern, Ehegatten, Lebenspartner, Partner einer eheähnlichen Gemeinschaft, Geschwister, Kinder, Adoptiv- oder Pflegekinder sowie deren Kinder (Gerlinger/Röber 2009: 46).

ihrer Angehörigen zu ermöglichen, trägt dies außerdem dazu bei, den gewünschten Lebensentwurf pflegebedürftiger Mitbürger zu realisieren und damit deren Lebenszufriedenheit zu erhalten.

Problematisch ist mit Blick auf die innerfamiliale Pflege, dass der **Anteil der durch Angehörige betreuten Pflegebedürftigen** rückläufig ist; bereits leichte Pflegefälle müssen immer häufiger stationär versorgt werden (Delta Lloyd 2006: 3f). Parallel hierzu hat die Zahl der in der Rentenversicherung pflichtversicherten Pflegepersonen im Zeitverlauf deutlich abgenommen. Sie fiel von ihrem Höchststand von rund 575.000 im Jahr 1997 kontinuierlich bis auf besagte 430.000 Personen im Jahr 2007 (BMG 2010: 9). Diese Entwicklung ist zum einen darauf zurückzuführen, dass immer weniger Menschen eigene Kinder haben, welche die Pflegeaufgaben übernehmen könnten[88]. Zum anderen hat die steigende Frauenerwerbstätigkeit zu einer Reduktion des familialen Pflegepotenzials geführt, da die meisten Pflegeaufgaben wie erwähnt von weiblichen Angehörigen erbracht werden und eine vollständige Vereinbarkeit von Beruf und Pflegeaufgaben häufig (noch) nicht möglich ist. Zudem schränkt die gestiegene (berufliche) Mobilität die Möglichkeit der Wahrnehmung von Pflegeaufgaben ein, da nun weniger Verwandte in räumlicher Nähe zueinander leben (Delta Lloyd 2006: 3; Rothgang et al 2009: 81).

Dieser Trend weg von ambulanter, familialer Pflege hin zu stationärer Pflege führt zu großen Kostenzuwächsen bei der SPV, denn viele Pflegeaufgaben, die einst unentgeltlich oder zumindest kostengünstig von Angehörigen erbracht wurden, müssen nun als Dienstleistung eingekauft und durch die SPV finanziert werden. So beziehen Pflegebedürftige, die von ihren Angehörigen betreut werden und einer Pflegestufe zugeordnet wurden, zwar ein Pflegegeld; dies beträgt jedoch nur einen Bruchteil der Leistung, die die SPV bei stationärer Pflege aufbringt. Beispielsweise beträgt das Pflegegeld bei einem Pflegebedürftigen in Pflegestufe I derzeit 225 €, während eine vollstationäre Pflege der gleichen Stufe von der SPV mit 1.023 € bezuschusst wird. Hierdurch erklärt sich die Steigerung der Ausgaben der SPV in den letzten Jahren: Betrugen die Leistungsausgaben der SPV 1999 umgerechnet rund 15,6 Mrd. €, so waren es 2009 rund 19,3 Mrd. €. Während damals 46 % der Kosten durch stationäre Pflege entstanden, so sind es heute 51 % (BMG 2010: 3).

Der Kostenzuwachs durch die Abnahme des familialen Pflegepotenzials ist insbesondere deswegen problematisch, da die SPV bereits heute an einer „strukturellen Unterfinanzierung" (Delta Lloyd 2006: 2) leidet. Zwar konnten kürzliche Beitragssatzerhöhungen einen positiven Finanzierungssaldo für die Jahre 2008 und 2009 hervorrufen (BMG 2010: 4), jedoch kann auch mit dem neuen Beitragssatz die Finanzierung voraussichtlich nur für wenige weitere Jahre gesichert werden (Raddatz 2008: 6). Damit werden langfristig weitere Beitragserhöhungen und/oder eine Kürzung der Leistungen, eine größere finanzielle Eigenbeteiligung oder private Zusatzversicherungen notwendig. Zudem könnten die Angehörigen zur Finanzierung der Pflegeleistungen herangezogen werden. Kritisch zu sehen ist hierbei, dass viele Menschen die Problematik der Finanzierung bisher noch unterschätzen – so nimmt die Nachfrage nach privaten Pflegeversicherungen derzeit zwar zu, befindet sich aber auf vergleichsweise niedrigem Niveau (Delta

[88] Vergleiche den Beitrag von Gerlach/Laß „Gesellschaftliche Rahmenbedingungen betrieblicher Familienpolitik" in diesem Band.

Lloyd 2006: 6). Hieraus lässt sich schließen, dass ein wesentlicher Teil der Bevölkerung im Pflegefall zukünftig nicht ausreichend abgesichert und damit auf eigenes Vermögen, Sozialgeld und/oder die Unterstützung durch Angehörige angewiesen sein wird.

Der Blick auf die demografische Entwicklung zeigt, dass dem Thema Pflege derzeit und zukünftig ein **wachsender Stellenwert** zukommt: In den letzten Jahren hat die Zahl der Pflegebedürftigen deutlich zugenommen. Bezogen im Jahr nach der Einführung der SPV (1996) 1,8 Mio. Menschen Leistungen der SPV (Rothgang et al. 2009), so waren es 2009, wie erwähnt, 2,2 Mio. Ursächlich hierfür ist eine veränderte Altersstruktur der Bevölkerung dahingehend, dass der Anteil älterer Menschen in der Bevölkerung zugenommen hat[89]: Mit jedem zusätzlichen Lebensjahr steigt die Wahrscheinlichkeit, pflegebedürftig zu werden – im Durchschnitt um 14,3 % (Männer) bzw. 15,3 % (Frauen) (Rothgang et al. 2009: 17). Insgesamt waren von denjenigen, die derzeit im Alter zwischen 60 und 64 versterben, 30 % der Männer und 44 % der Frauen pflegebedürftig. Dieser Wert steigt für die höheren Altersgruppen kontinuierlich an und liegt schließlich bei denjenigen, die mit über 95 Jahren versterben, bei 86 % (Männer) und 89 % (Frauen) (Rothgang et al. 2009: 141).

Der demografische Wandel wird in den kommenden Jahrzehnten dazu führen, dass sowohl die absoluten Zahlen als auch die Anteile der relevanten Altersgruppen zunehmen: Derzeit leben in Deutschland 12,7 Mio. Menschen im Alter zwischen 65 und 79 Jahren. Im Jahr 2060 werden es der Prognose des Statistischen Bundesamtes zufolge 12,9 bis 13,7 Mio. sein. Ihr Anteil an der Gesamtbevölkerung erhöht sich dabei – verstärkt durch die insgesamt sinkende Bevölkerungszahl – von 15 % auf 19 bis 20 %. Auch die Zahl der Menschen ab 80 Jahren wird zunehmen: Gibt es derzeit 4,1 Mio. Hochbetagte in Deutschland, so werden es in 50 Jahren voraussichtlich zwischen 9,0 und 9,2 Mio. sein. Ihr Anteil wird sich dadurch von 5 % auf 13 bis 14 % erhöhen (StBA 2009: 17). Durch diese Entwicklung wird auch die Zahl der Pflegebedürftigen merklich steigen.

Während die Zahl der potenziell Pflegebedürftigen folglich zunimmt, geht die Zahl derjenigen, die Pflegeaufgaben übernehmen bzw. das Einkommen für deren Finanzierung erwirtschaften können, zurück. Im Erwerbsalter zwischen 20 und 65 Jahren befinden sich derzeit knapp 50 Mio. Menschen; 2060 werden es voraussichtlich noch 33 bis 36 Mio. sein. Ihr Anteil wird hierdurch von 60 % auf 50 bis 52 % sinken (StBA 2009: 17). Da der Anteil derjenigen, die kinderlos bleiben, wächst und die Paarbeziehungen tendenziell instabiler werden[90], wird ein nicht geringer Anteil der Menschen in Zukunft keine Angehörigen haben, die sie pflegen können. Durch die verstärkte Notwendigkeit außerfamilialer Pflege kommt es zu Einschränkungen in der Lebensqualität der Betroffenen sowie zu Mehrkosten für die SPV und private Versicherungen. Parallel dazu wird die Unterstützung der wenigen Angehörigen, die vorhanden sind, umso dringender benötigt. Die Pflege von Eltern, Schwiegereltern, Großeltern, Onkeln und

[89] Hieran zeigt sich jedoch auch ein positiver Aspekt: Während sich zwar die Zahl der Pflegebedürftigen durch die Verschiebung der Altersstruktur erhöht hat, war dies nicht mit einem erhöhten individuellen Risiko verbunden, pflegebedürftig zu werden. Die Anteile der mindestens 60-Jährigen pflegebedürftigen Männer und Frauen an allen Männern und Frauen dieser Altersgruppe sind zwischen 1999 und 2007 annähernd konstant geblieben (Rothgang et al. 2009: 13).

[90] Vergleiche den Beitrag von Gerlach/Laß „Gesellschaftliche Rahmenbedingungen betrieblicher Familienpolitik“ in diesem Band.

Tanten muss auf weniger Schultern verteilt werden. Familiale Pflege wird auch dadurch wichtiger werden, dass aufgrund des sinkenden Erwerbspersonenpotenzials weniger Menschen für eine Beschäftigung im Pflegesektor zur Verfügung stehen. Bereits heute sind insgesamt gut 800.000 Personen in Pflegeheimen oder in ambulanten Pflegediensten beschäftigt (Rothgang et al. 2009: 15f), und mit der Zahl der Pflegebedürftigen wird die Nachfrage weiter steigen. Hierdurch sind Engpässe in der Versorgung mit qualifiziertem Personal zu erwarten.

Betriebliche Familienpolitik kann in Hinblick auf die demografisch bedingte Problematik eines erhöhten Pflegebedarfs bei gleichzeitig sinkendem familialen und außerfamilialen Pflegepotenzials zweierlei Schlüsselfunktionen erfüllen: Sie kann durch die bereits beschriebenen Maßnahmen a) erwerbstätigen Menschen die Wahrnehmung der Pflege ihrer Angehörigen ermöglichen und damit die Gesellschaft von dieser wachsenden Aufgabe entlasten und b) den Menschen mit Erziehungspflichten oder Pflegeaufgaben eine Erwerbstätigkeit ermöglichen, so dass sie z.B. im Pflegesektor einer Beschäftigung nachgehen können.

Fazit

Insgesamt hat dieses Kapitel gezeigt, dass betriebliche Familienpolitik nicht nur Vorteile für die durchführenden Unternehmen generiert, sondern auch weitgehende positive externe Effekte für die Gesamtgesellschaft zeitigt. Um diese Effekte auf der Aggregatebene zu erzeugen, ist es jedoch notwendig, dass betriebliche Familienpolitik nicht nur in einer möglichst hohen Zahl an Unternehmen angewandt wird, sondern auch von diesen Unternehmen konsequent und verlässlich verfolgt wird. Nur wenn das familienbewusste Handeln der Unternehmen von den Mitarbeitenden als verlässliche, stabile Rahmenbedingung angesehen wird, kann es seine positive Wirkung auf die Lebensgestaltung der Betroffenen und damit auf die Gesamtgesellschaft entfalten.

Die Skizzierung der gesamtgesellschaftlichen Effekte basierte in diesem Aufsatz weitgehend auf Plausibilitätsüberlegungen, da empirische Evidenz nur in begrenztem Maße vorliegt. Der nächste Forschungsschritt bestünde folglich in der empirischen Überprüfung und Quantifizierung der gesamtgesellschaftlichen Effekte. Diese gestaltet sich jedoch schwierig. Als Maß für die Ausbreitung des Familienbewusstseins in Deutschland ließe sich der berufundfamilie-Index[91] nutzen. Anhand dieses Instruments kann die zukünftige Entwicklung des betrieblichen Familienbewusstseins in Deutschland nachvollzogen und quantifiziert werden. Hat man hierdurch zwar die unabhängige Variable identifiziert, stellt sich jedoch eine Herausforderung im Hinblick auf die Erfassung und Operationalisierung der abhängigen Variablen „Gesamtgesellschaft“: Wie bereits angesprochen, sind die Effekte betrieblicher Familienpolitik vielfältig; betriebliche Familienpolitik wirkt in zahlreiche gesellschaftliche Teilbereiche hinein. Eine Überprüfung der Effekte kann somit nicht ganzheitlich erfolgen, sondern müsste ähnlich wie in diesem Aufsatz kleinteilig anhand einzelner (Teil-) Aspekte stattfinden. Dabei ist jedoch prob-

[91] Vergleiche den Beitrag von Gerlach/Schneider/Wieners/Juncke/Heinze „Status quo des betrieblichen Familienbewusstseins deutscher Unternehmen – Ergebnisse einer empirischen Erhebung“ sowie die sich anschließenden Beiträge.

lematisch, dass die Entwicklung der ausgewählten Teilaspekte nicht ausschließlich von dem betrieblichen Familienbewusstsein, sondern jeweils von einer Reihe weiterer Faktoren abhängt. Beispielsweise wird sich eine Ausweitung betrieblicher Familienpolitik nicht unmittelbar in einer proportionalen Verringerung des Gender Gaps niederschlagen; diverse andere Faktoren, wie staatliche Familienpolitik, die Ausgestaltung des Bildungssystems, die wirtschaftliche Entwicklung sowie innerfamiliale Prozesse wirken ebenfalls auf das Erwerbsverhalten und damit auf die Lohnhöhe von Frauen und Männern.

Es bleibt somit die Herausforderung bestehen, den Effekt betrieblicher Familienpolitik auf die Gesamtgesellschaft von den Wirkungen anderer Einflussgrößen zu isolieren.

Literatur

Althammer, J. (2007): Gesamtwirtschaftliche Effekte betrieblicher Familienpolitik. In: Dilger, A., Gerlach, I., Schneider, H., (Hrsg.): Betriebliche Familienpolitik. Wiesbaden. S. 45-63.

Anger, C., Schmidt, J. (2008): Gender Wage Gap und Familienpolitik, IW Trends 2/2008. [online abrufbar unter: http://www.iwkoeln.de/data/pdf/content/trends 02_08_4.pdf (letzter Zugriff am 30.06.2010)].

Bundesministerium für Gesundheit (Hrsg.) (2010): Zahlen und Fakten zur Pflegeversicherung (05/10). [online abrufbar unter: http://www.bmg.bund.de/cln_160/nn_1193090/SharedDocs/Downloads/DE/Statistiken/Statistiken_20Pflege/Zahlen-und-Fakten-Pflegereform-Mai-2010,templateId=raw, property= publicationFile.pdf/Zahlen-und-Fakten-Pflegereform-Mai-2010.pdf (letzter Zugriff am 30.06.2010)].

Bundesministerium für Familie, Senioren, Frauen und Jugend (Hrsg.) (2004): Bevölkerungsorientierte Familienpolitik – ein Wachstumsfaktor. Berlin.

Bundesministerium für Familie, Senioren, Frauen und Jugend (Hrsg.) (2006): Familie zwischen Flexibilität und Verlässlichkeit. Perspektiven für eine lebenslaufbezogene Familienpolitik. Siebter Familienbericht. Berlin.

Bundesministerium für Familie, Senioren, Frauen und Jugend (Hrsg.) (2009): Entgeltungleichheiten zwischen Frauen und Männern in Deutschland. Berlin.

Bundesregierung (2008): Lebenslagen in Deutschland. Der 3. Armuts- und Reichtumsbericht der Bundesregierung. [online abrufbar unter: http://www.bmas.de/portal/26742/property=pdf/dritter__armuts__und__reichtumsbericht.pdf (letzter Zugriff am 30.06.2010)].

Cramm, C., Blossfeld, H.-P., Drobnič, S. (1998): Die Auswirkungen der Doppelbelastung von Familie und Beruf auf das Krankheitsrisiko von Frauen. Bremen.

Delta Lloyd (2006): Kundenkompass Pflege. Aktuelle Bürgerbefragung: Anspruch, Wirklichkeit, Herausforderung. Wiesbaden.

Dreger, C., Erber, G. (2008): Humankapital und Wirtschaftswachstum in den Regionen der EU. Wochenbericht des DIW Berlin 29/2008. S. 402-408. [online abrufbar unter: http://www.diw.de/documents/publikationen/73/87463/08-29-1.pdf (letzter Zugriff am 30.06.2010)].

Geißler, R. (2006): Die Sozialstruktur Deutschlands. Zur gesellschaftlichen Entwicklung mit einer Bilanz zur Vereinigung. 4. Auflage. Wiesbaden.

Gerlinger, T., Röber, M. (2009): Die Pflegeversicherung. Bern.

Gräf, B. (2003): Deutsches Wachstumspotenzial: Vor der demografischen Herausforderung, Deutsche Bank Research. [online abrufbar unter: http://www.dbresearch.de/PROD/DBR_INTERNET_DE-PROD/PROD0000000000056496.pdf (letzter Zugriff am 30.06. 2010)].

Institut für Arbeitsmarkt- und Berufsforschung (Hrsg.) (2007): Aufstocker – bedürftig trotz Arbeit, IAB-Kurzbericht, Ausgabe Nr. 22. [online abrufbar unter: http://doku.iab.de/kurzber/2007/kb2207.pdf (letzter Zugriff am 30.06.2010)].

Klös, H.-P., Seyda, S. (2007): Die Auswirkungen des demographischen Wandels auf das Beschäftigungs- und Bildungssystem. In: Dilger, A., Gerlach, I., Schneider, H. (Hrsg.): Betriebliche Familienpolitik. Potenziale und Instrumente aus multidisziplinärer Sicht. Wiesbaden. S. 29-44.

Koppel, O., Plünnecke, A. (2009): Fachkräftemangel in Deutschland. Bildungsökonomische Analyse, politische Handlungsempfehlungen, Wachstums- und Fiskaleffekte, IW-Analysen. Köln.

Kupferschmidt, F. (2007): Umverteilung und Familienpolitik. Eine empirische Analyse der Verteilungs- und Umverteilungswirkungen familienpolitischer Leistungen in Deutschland. Frankfurt am Main et al.

LBS (2002): Partnerschaftsentwicklung im Übergang zur Elternschaft, LBS-Familien-Studie Übergang zur Elternschaft Report 1/2002. [online abrufbar unter: www.lbs.de/west/lbs/pics/upload/tfmedia1/HBQAAPia40k.pdf (letzter Zugriff am 30.06.2010)].

MDK Bayern (Hrsg.) (2008): Die Soziale Pflegeversicherung. Leistungen, Begutachtung, Qualitätssicherung, gesellschaftspolitische Aspekte. Landsberg.

Oberndorfer, R., Rost, H. (2004): Auf der Suche nach den neuen Vätern. In: Gewerkschaftliche Monatshefte. 55. Jahrgang. Heft 7-8/2004. S. 490-499.

Peuckert, R. (2008): Familienformen im sozialen Wandel. 7. Auflage. Wiesbaden.

Plünnecke, A., Seyda, S. (2007): Wachstumseffekte einer bevölkerungsorientierten Familienpolitik, IW-Analysen. Köln.

Prognos (Hrsg.) (2005): Work-Life-Balance. Motor für wirtschaftliches Wachstum und gesellschaftliche Stabilität. Berlin.

Raddatz, G. (2008): Reform der Pflegeversicherung – zurück auf Los, Argumente zu Marktwirtschaft und Politik Nr. 105. Berlin.

Rasner, A. (2007): Wege aus der Rentenlücke in Deutschland. Stärkere Erwerbsbeteiligung von Frauen als Schlüssel zu höherer Alterssicherung. In: Demografische Forschung aus Erster Hand. 4. Jahrgang. Heft 1/2004. S. 3.

Rothgang, H., Kulik, D., Müller, R., Unger, R. (2009): GEK-Pflegereport 2009. Schwerpunktthema: Regionale Unterschiede in der pflegerischen Versorgung. Schwäbisch-Gmünd.

Rürup, B., Gruescu, S. (2003): Nachhaltige Familienpolitik im Interesse einer aktiven Bevölkerungsentwicklung. Gutachten im Auftrag des Bundesministeriums für Familie, Senioren, Frauen und Jugend. Berlin.

Schneider, H., Wieners, H., (2006): Konzeptionelle Grundlagen der Analyse betriebswirtschaftlicher Effekte einer familienbewussten Personalpolitik. FFP- Arbeitspapier Nr. 2. Münster.

Schneider, H, Gerlach, I., Juncke, D., Krieger, J. (2008): Betriebswirtschaftliche Ziele und Effekte einer familienbewussten Personalpolitik. FFP-Arbeitspapier Nr. 5. Münster, Berlin.

Statistisches Bundesamt (Hrsg.) (2008): Datenreport 2008. Ein Sozialbericht für die Bundesrepublik Deutschland. Bonn.

Statistisches Bundesamt (Hrsg.) (2009): Bevölkerung Deutschlands bis 2060. 12. koordinierte Bevölkerungsvorausberechnung. Wiesbaden.

Statistisches Bundesamt (Hrsg.) (2010): Stundenverdienste von Frauen auch 2009 durchschnittlich 23 % niedriger als bei Männern. [online abrufbar unter: http://www.destatis.de/jetspeed/portal/cms/Sites/destatis/Internet/DE/Content/Statistiken/VerdiensteArbeitskosten/Aktuell__2,templateId=renderPrint.psml (letzter Zugriff 30.06.2010)].

Stauder, J. (2005): Familiengründung, eheliche Arbeitsteilung und eheliche Instabilität. In: Tölke, A., Hank, K. (Hrsg.), Männer – das „vernachlässigte" Geschlecht in der Familienforschung. Zeitschrift für Familienforschung. Sonderheft 4. Wiesbaden. S. 198-219.

Träger, J. (2009): Familienarmut: Ursachen und Gegenstrategien. In: Aus Politik und Zeitgeschichte. Heft 17/2009. S. 33-38.

Turner, D. et al. (1998): The Macroeconomic Implications of Ageing in a Global Context. OECD Economics Department Working Papers. Heft 193. OECD Publishing. Paris.

Wengler, A., Trappe, H., Schmitt, C. (2008): Partnerschaftliche Arbeitsteilung und Elternschaft. Analysen zur Aufteilung von Hausarbeit und Elternaufgaben auf Basis des Generations and Gender Survey. Bundesinstitut für Bevölkerungsforschung, Wiesbaden.

VII. Blick in die Zukunft: Notwendige Rahmenbedingungen für eine familienbewusste Personalpolitik

Die Zukunft betrieblicher Familienpolitik aus betriebswirtschaftlicher Perspektive

Helmut Schneider

Einleitung

Analog zur gestiegenen gesellschaftlichen Bedeutung hat sich auch die Wissenschaft in den zurückliegenden Jahren intensiver mit Fragen der Vereinbarkeit von Beruf und Familie befasst. Im Mittelpunkt stand dabei allerdings weniger die einzelwirtschaftliche als vielmehr die gesamtgesellschaftliche Perspektive. Nicht zuletzt vor dem Hintergrund des sich abzeichnenden – respektive in bestimmten Qualifikationsprofilen bereits vollzogenen – Wandels der Personalmärkte von Verkäufer- zu Käufermärkten ist jedoch in Zukunft eine intensivere betriebswirtschaftliche Auseinandersetzung mit der Themenstellung einer besseren Vereinbarkeit von Beruf und Familie zu erwarten. Dabei ist eine Weiterentwicklung der Forschungsagenda in zweierlei Hinsicht absehbar. Erstens eine Ausweitung der bisherigen thematischen Schwerpunkte im Sinne eines „Broadening“. Zweitens werden vermutlich einzelne Fragestellungen in Zukunft im Sinne eines „Deepening“ vertieft analysiert werden. Ohne einen Anspruch auf Vollständigkeit zu erheben, scheinen dabei folgende Themenstellungen bedeutsam (vgl. Abb.1).

Abbildung 1: Zukünftige Forschungsfelder im Kontext der Vereinbarkeit von Beruf und Familie

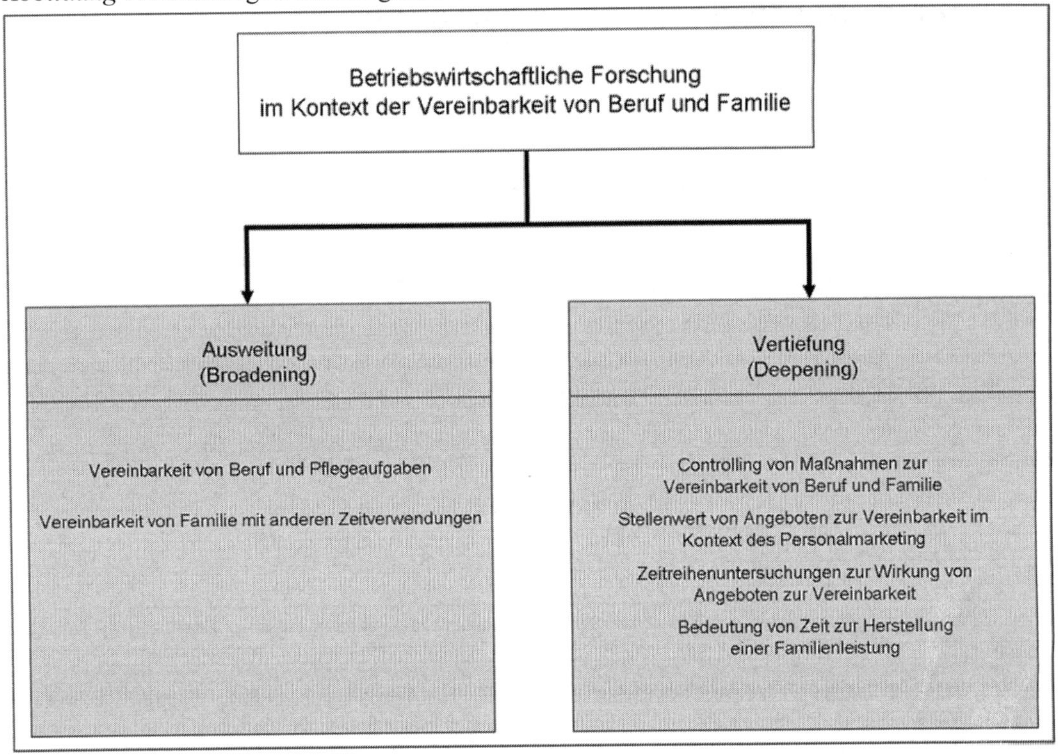

Im Kontext einer Ausweitung der Forschungsagenda wird sich die Wissenschaft erstens intensiver mit der Fragestellung einer Vereinbarkeit von Beruf und Pflegeaufgaben befassen und damit die bisherige Fokussierung auf die Vereinbarkeit von Beruf und Kinderbetreuung überwinden. Zweitens erscheint es lohnend, die Forschungsperspektive auch auf andere (zeitbezogene) Konfliktlinien, etwa zwischen Familie und Konsum, auszuweiten. Hinsichtlich der Vertiefung einzelner Themenbereiche erscheinen vier, zum Teil zusammenhängende, Fragestellungen prioritär. Erstens stehen viele Unternehmen heute nicht mehr vor der Frage, ob sie ihren Mitarbeitenden eine bessere Vereinbarkeit von Beruf und Familie ermöglichen sollen, sondern vielmehr, wie ein solches Angebot optimal auszugestalten ist. Vor diesem Hintergrund werden sich Wissenschaft und Praxis gleichermaßen dem Controlling von Angeboten zur besseren Vereinbarkeit von Beruf und Familie widmen. In diesem Zusammenhang erscheint es zweitens von Relevanz, den relativen Stellenwert von Vereinbarkeitsangeboten im Kontext sonstiger Instrumente des Personalmarketing besser abschätzen zu können. Drittens ist eine vertiefende Analyse der Wirkungen von Angeboten zur besseren Vereinbarkeit von Beruf und Familie zu erwarten. Dabei erscheinen insbesondere Zeitreihenanalysen wünschenswert. Viertens schließlich erscheint eine intensivere Forschung zum Verständnis der Bedeutung von Zeit zur Herstellung einer Familienleistung viel versprechend. In diesem Zusammenhang wurde bislang vor allem der intrapersonelle Zeitwettbewerb adressiert, vernachlässigt wurden dabei Fragen der interpersonellen Zeitsynchronisation. Die Themen der skizzierten Forschungsagenda sollen nachfolgend detaillierter vorgestellt werden.

1 Themen im Kontext einer Ausweitung der Forschungsagenda

Wesentlicher Katalysator des Vereinbarkeitsthemas in der letzten Dekade war die Erkenntnis, dass sowohl aus gesamtgesellschaftlicher wie auch einzelwirtschaftlicher Sicht ungelöste Konflikte zwischen Erwerbstätigkeit und Kinderbetreuung mit negativen Konsequenzen einhergehen. Unter den Bedingungen einer unzureichenden Vereinbarkeit von Beruf und Aufgaben der Kinderbetreuung verbleiben als Alternativen nur der Verzicht auf Kinder oder ein (befristetes) Ausscheiden aus dem Erwerbsleben. Beide Optionen gehen für die Gesellschaft mit erheblichen Folgekosten einher. Der Verzicht auf Kinder entzieht einer Gesellschaft mittel- bis langfristig ihre Existenzgrundlage, ein Verzicht auf Erwerbsarbeit resultiert vor dem Hintergrund von Engpässen am Arbeitsmarkt in ökonomischen Wohlfahrtsverlusten. Nicht zuletzt diese Konvergenz aus Interessenlagen der Politik einerseits und der Wirtschaft andererseits hat der Fragestellung einer besseren Vereinbarkeit von Beruf und Familie auf der politischen wie ökonomischen Agenda zum Durchbruch verholfen.

In Zukunft wird das Thema der Vereinbarkeit von Beruf und Familie vor dem Hintergrund demografischer Veränderungen einen zweiten Schwerpunkt erhalten. Schon heute stehen rund 1,7 Mio. Menschen vor der Herausforderung, Beruf und Pflege von Angehörigen miteinander zu vereinbaren (Schneider et al. 2011). Angesichts der demografischen Veränderungen wird diese Zahl zukünftig weiter ansteigen. Zwar ist diese Entwicklung auch den Akteuren in Politik und Unternehmen bewusst, gleichwohl mangelt es noch an systematischen Analysen der Spezifität einer Vereinbarkeit von Beruf und Pflege im Vergleich zur Vereinbarkeit von Beruf und Aufgaben der Kinderbetreuung. So scheinen abgesehen von der Tatsache, dass es sich in beiden Fällen um familienbezogene Vereinbarkeitsfragen handelt, die Unterschiede zwischen den Themenbereichen größer als ihre Gemeinsamkeiten. So sind Pflegeaufgaben zunächst einmal im Gegensatz zur Kinderbetreuung für den Einzelnen grundsätzlich nicht das Ergebnis einer bewussten Entscheidung, sondern Ergebnis exogener Entwicklungen. Betroffene sind im Kontext der Vereinbarkeit von Beruf und Pflege demnach weniger Subjekt als vielmehr Objekt. Dementsprechend ereilen Pflegeaufgaben Betroffene in aller Regel mit keinem oder einem sehr kurzen zeitlichen Vorlauf. Darüber hinaus sind die inhaltlichen Aufgaben stark divergierend und die mentale Belastung grundlegend unterschiedlich. Ebenso unterscheiden sich die infrastrukturellen Rahmenbedingungen. Schließlich sind Unterschiede in der betroffenen Alterskohorte relevant. Damit sind nur einige der zentralen Differenzen zwischen der Vereinbarkeit von Beruf und Kindern einerseits sowie der Vereinbarkeit von Beruf und Pflege andererseits dargelegt. Zukünftige Forschungsarbeiten sollten darauf ausgerichtet sein, diese Unterschiede systematisch zu erfassen. Am Ende solcher Bemühungen könnte die Erkenntnis stehen, dass die Zusammenfassung der beiden Themenbereiche unter dem Oberbegriff „Vereinbarkeit von Beruf und Familie“ keine, respektive eine unzureichende konzeptionelle Basis besitzt. Die analytische Entkopplung beider Themenbereiche ist möglicherweise Voraussetzung für eine sachgerechtere Lösung der Problemstellungen.

Neben der Differenzierung des Themenkreises aus Perspektive der Familie (Kinder vs. Pflegebedürftige) ist auch eine Erweiterung der Fragestellung von der anderen Seite der Vereinbarkeitsfrage denkbar. So stehen Menschen mit Erziehungs- oder Betreuungsaufgaben nicht nur vor der Herausforderung, diese Aufgaben mit ihren beruflichen Verpflichtungen in Einklang zu bringen, sondern auch mit anderen zeitbeanspruchenden Lebensbereichen, wie z.B. Konsum, Bildung, Ehrenamt etc. Aus betriebswirtschaftlicher Sicht erscheint dabei insbesondere eine Analyse des Spannungsfeldes aus Beruf und Konsum, genauer dem Konsum von Dienstleistungen interessant. Dienstleistungen beanspruchen aufgrund der konstitutiven Integration des externen Faktors das Zeitbudget des Dienstleistungskunden. Insofern ergeben sich Parallelen zur Frage der Vereinbarkeit von Beruf und Familie, die im Kern ebenfalls auf einem Wettbewerb um knappe Zeitressourcen beruht. Ausgehend von dieser Gemeinsamkeit wäre es beispielsweise lohnenswert zu untersuchen, inwieweit Dienstleistungsunternehmen Umsatzeinbußen durch eine mangelnde Vereinbarkeit von Beruf und Konsum entstehen oder anders formuliert inwieweit familiale Verpflichtungen für potenzielle Dienstleistungskunden ein prohibitives Integrationshindernis darstellen (z.B. für einen Kinobesuch, eine Urlaubsreise, den Besuch eines Fitnessstudios oder dem prozessorientierten Besuch eines Handelsunternehmens). Denkbar wäre auch, dass Dienstleistungsunternehmen wegen der Unmittelbarkeit ökonomischer Konsequenzen einer mangelnden Vereinbarkeit von Konsum und Familie in Form von Umsatzeinbußen in einigen Handlungsfeldern Lösungsansätze entwickelt haben, die über Arrangements im Konfliktbereich „Beruf und Familie“ hinausgehen und dorthin transferierbar sind. Insgesamt erscheint eine vergleichende Untersuchung beider Themenkreise interessant, da sie Transfer- und damit Lernpotenziale in beide Richtungen eröffnet.

2 Themen im Kontext einer Vertiefung der Forschungsperspektive

Im Rahmen der Vertiefung einzelner Fragestellungen richtet sich der Blick zunächst auf Steuerungsfragen im Kontext unternehmerischer Angebote zur Vereinbarkeit von Beruf und Familie im Sinne eines Vereinbarkeitscontrollings. So scheint heute für viele Unternehmen nicht mehr grundsätzlich in Frage zu stehen, ob Angebote zur besseren Vereinbarkeit von Beruf und Familie sinnvoll sind. Unsicherheit herrscht gleichwohl im Hinblick auf die Frage, welche Maßnahmen unternehmensspezifisch unter Berücksichtigung von Kosten und Wirkungsgraden die richtigen sind. Dazu wären zunächst Instrumente zu entwickeln, die präzise Vereinbarkeitsanforderungen der Beschäftigten erfassen. Zahlreiche Unternehmen machen sich auf den Weg, ihren Mitarbeitenden die Vereinbarkeit von Beruf und Familie zu erleichtern, ohne die spezifischen Anforderungen der Betroffenen hinreichend zu kennen. In Folge dessen kommt es fast zwangsläufig zur Fehlallokation von Investitionen, etwa weil der Kinderbetreuungsbedarf der Beschäftigten dem Management nicht bekannt ist. Ähnliche Informationsdefizite bestehen hinsichtlich der Bekanntheit oder Nutzung von Angeboten seitens der Beschäftigten, die wiederum

Voraussetzung für jegliche Form von Wirkung darstellen. Im Kontext von Wirkungen gilt es zum einen, den Beitrag einzelner Maßnahmen zur Minderung von Vereinbarkeitskonflikten abzuschätzen sowie zum anderen diese Wirkungen dann ökonomisch zu bewerten, sprich zu monetarisieren. Am Ende stünden dann belastbare Informationen über die Wirksamkeit einzelner Maßnahmen im Sinne ihrer Effektivität sowie unter Berücksichtigung von Kosteninformationen auch zumindest Hinweise auf deren Effizienz. Vor dem Hintergrund des hohen und vermutlich eher noch zunehmenden Verlangens oberster Managementebenen nach (ökonomischen) Wirkungsnachweisen scheint die Entwicklung eines themenspezifischen Controllinginstrumentariums, das Managemententscheidungen im Kontext der Vereinbarkeit von Beruf und Familie, informatorisch unterstützt, für die weitere Diffusion des Themas sehr bedeutsam.

In eine ähnliche Richtung geht die zweite hier vorgeschlagene Vertiefung. Analog zum skizzierten Controllinginstrument zielt es auf eine bessere ökonomische Fundierung der Themenstellung ab, bezieht sich jedoch weniger auf die Wirkung einer besseren Vereinbarkeit von Beruf und Familie bei aktuell Beschäftigten, sondern vielmehr auf die Wirkung betrieblichen Familienbewusstseins im Rahmen der Gewinnung neuer Mitarbeiter und Mitarbeiterinnen. Vor dem Hintergrund der sich grundlegend verändernden Marktverhältnisse im Personalmarkt stehen Unternehmen in immer größerem Maße vor der Herausforderung, qualifizierte Beschäftigte für das eigene Unternehmen zu gewinnen. Während Instrumente wie Stellenanzeigen oder Assessment Center noch Ausdruck eines verkäufermarktorientierten Personalmanagements sind, bei dem die Nachfrage nach Arbeitsplätzen das Angebot übersteigt, agieren viele Unternehmen bei der Akquise von Personal heute unter den Bedingungen von Käufermärkten, bei denen das Angebot die Nachfrage übersteigt. Folglich werden im Personalmanagement sukzessive Anleihen in der Marketingdisziplin gemacht, die im Kontext des Absatzmarktes schon seit vielen Dekaden mit den Verhältnissen eines Käufermarktes vertraut ist. In diesem Zusammenhang wäre es aufschlussreich zu untersuchen, welchen Stellenwert einzelne Instrumente des Personalmanagements für die Attraktivität eines Arbeitgebers bei avisierten Zielgruppen zukünftiger Beschäftigter besitzen. In diesem Sinne ist eine verbesserte Vereinbarkeit von Beruf und Familie ein ebensolches Instrument, wie es z.B. eine betriebliche Altersvorsorge, ein Dienstwagen o.ä. sind. Mit den im Marketing seit langem etablierten dekompositionellen Methoden der Präferenzmessung wäre hierbei nicht nur der relative Stellenwert von Familienbewusstsein in Relation zu anderen Instrumenten erfassbar, sondern über eine Integration von Gehaltskomponenten wären zudem Aussagen über das monetäre Äquivalent einer besseren Vereinbarkeit von Beruf und Familie aus Sicht potenzieller Mitarbeiter und Mitarbeiterinnen möglich.

Auch die dritte hier umrissene Forschungsvertiefung gehört in den Kontext einer intensiveren Durchdringung ökonomischer Wirkungen betrieblichen Familienbewusstseins. Auch wenn hier in jüngster Vergangenheit – nicht zuletzt durch die Tätigkeit des Forschungszentrums Familienbewusste Personalpolitik – nennenswerte Fortschritte zu verzeichnen waren, verbleiben Forschungsdesiderate. Dies gilt in erster Linie für die Untersuchung dynamischer Wirkungen unternehmerischer Investitionen in eine bessere Vereinbarkeit von Beruf und Familie. So ist zu vermuten, dass unternehmerische Bemühungen um eine verbesserte Vereinbarkeit von Beruf und Familie ihren Niederschlag in relevanten Zielvariablen, wie z.B. reduziertem Krankenstand oder erhöhter Arbeitszufriedenheit, erst im Zeitablauf finden respektive im Zeitablauf höhere

Zielerreichungsgrade realisiert werden. Die Analyse derartiger Effekte erfordert Längsschnittdaten; der Engpass liegt somit weniger in konzeptionellen Überlegungen als vielmehr in der erforderlichen Datenbasis.

Schließlich erscheint eine tiefere konzeptionelle wie auch empirische Durchdringung der Bedeutung von Zeit für die Erstellung einer Familienleistung viel versprechend (BMFSFJ 2011). Bislang fokussierte sich die Analyse auf die Frage des Zeitwettbewerbs auf einer individuellen Ebene. In diesem Sinne erfordert die Produktion von Familie neben anderen Ressourcen auch Zeit; die Familienleistung steht somit im Wettbewerb mit alternativen Zeitverwendungen, wie z.B. Arbeits- oder Freizeit. So sehr dieser Argumentation gefolgt werden kann, so ist sie zu stark auf die Frage des Wettbewerbs um Zeitressourcen begrenzt. Neben dem Erfordernis einer hinreichend großen verfügbaren Zeit ergibt sich aufgrund der konstitutiven Multipersonalität von Familie auch die Anforderung der Gleichzeitigkeit freier Zeitressourcen. Dieser hier als Problem der Zeitsynchronisation skizzierte Aspekt ist in der Forschung bislang weitestgehend vernachlässigt worden. Angesichts der fortschreitenden Erosion gesellschaftlich verbindlicher Taktgeber (z.B. Öffnungszeiten des Handels, Arbeitszeiten) ist möglicherweise aus Sicht von Familien die Frage der Zeitsynchronisation bedeutsamer als die individueller Zeitreserven.

Die zuvor skizzierten Gedanken konnten und sollten keine abschließende Forschungsagenda bilden, gleichwohl aber mögliche und subjektiv fruchtbare Forschungsthemen im Kontext der betriebswirtschaftlichen Durchdringung der Vereinbarkeit von Beruf und Familie umreißen. Die Bedeutung der Vereinbarkeit von Beruf und Familie wird in Zukunft eher weiter wachsen als abnehmen. Mit der Pflege geburtenstarker Jahrgänge kommen auf die Gesellschaft enorme Herausforderungen zu, die kaum ohne die Familie als Betreuungsinstanz lösbar erscheinen. Gleichzeitig werden die Unternehmen zukünftig noch stärker als heute auf die berufliche Teilhabe möglichst vieler Gesellschaftsmitglieder angewiesen sein. Von daher wird das Thema nicht nur gesellschaftlich, sondern auch betriebswirtschaftlich relevant bleiben.

Literatur

Schneider, H., Heinze, J., Hering, D. (2011): Betriebliche Folgekosten mangelnder Vereinbarkeit von Beruf und Pflege. Expertise im Rahmen des Projektes Carers@Work – Zwischen Beruf und Pflege: Konflikt oder Chance? im Auftrag der Volkswagen Stiftung. Berlin.

Bundesministerium für Familie, Senioren, Frauen und Jugend (Hrsg.) (2011): Zeit für Familie. Familienzeitpolitik als Chance einer nachhaltigen Familienpolitik. Achter Familienbericht. Berlin.

Die Zukunft betrieblicher Familienpolitik aus politikwissenschaftlicher Perspektive

Irene Gerlach

1 Gestaltwandel der Familienpolitik

Es gibt kaum einen Politikbereich, der sein Gesicht und seine Bedeutung in den letzten zehn Jahren derart verändert hat wie die Familienpolitik. Von einer extrem wertgeladenen –geradezu ideologieblockierten – Politik ist die Familienpolitik heute zu einem zentralen Inhalt gesellschaftlicher Zukunftsgestaltung geworden. Schlüsselerkenntnis in diesem Zusammenhang ist die Abhängigkeit der gesamtgesellschaftlichen Leistungsfähigkeit von den auf den ersten Blick scheinbar nur individuell veranlassten Entscheidungen für oder gegen dauerhafte Partnerschaften, für oder gegen ein Kind und schließlich auch für oder gegen weitere Kinder. Viele der Rahmenbedingungen heutigen Lebens lassen die Entscheidung für Familie als riskant, in jedem Fall aber mit deutlichen Einbußen in vielen Bereichen verbunden erscheinen. Das „große Glück" (für die Einzelnen ebenso wie im Blick auf die gesellschaftlichen Konsequenzen) Familie leben zu können, bleibt oft von diesen wahrgenommen Risiken verdeckt.

Aus der Sicht der Männer und Frauen, die sich für oder gegen Familie entscheiden, wirken sich die Mobilitäts- und Flexibilisierungsanforderungen der Arbeitswelt oft bindungsfeindlich aus und führen zumindest zu einer zeitlichen Verschiebung der (ersten) Elternschaft. Die „Norm der verantworteten Elternschaft" verunsichert viele Menschen, die sich ihr verpflichtet fühlen, und führt in der Elternschaft leicht zur Überforderung junger Paare. Insbesondere der Erfolg von Frauen in weiterführenden Schulen und Hochschulen stellt diese ohne das Vorhandensein von Vereinbarkeitslösungen oft vor die Situation sich für Beruf und Karriere oder für Kinder entscheiden zu müssen. Die sich noch oft nach der Geburt bei Paaren einstellende Retraditionalisierung der Arbeitsteilung löst in vielen Fällen beachtliche Mehrfachbelastungen der Frauen aus. Im öffentlichen Diskurs werden trotz größerer Akzeptanz weiblicher Berufstätigkeit auch heute noch deren Folgen für die Kindererziehung oft negativ eingeschätzt, ohne die empirisch gut nachzuweisende Tatsache zu beachten, dass die Nichterwerbstätigkeit eines Elternteils allein (meist wird hier immer noch die Mutter gemeint) keineswegs die gute Entwicklung der Kinder garantiert und umgekehrt wird davon abgesehen, dass Kinder von guter institutioneller Betreuung stark profitieren können. Im Bereich der Elternrollen geht es heute um eine Neujustierung, um Lebensmodelle für Männer wie Frauen, für Väter wie Mütter, in denen sowohl die aktive Elternschaft als auch die Erwerbstätigkeit für beide einen festen Stellenwert haben.

Der Wandel, den die deutsche Familienpolitik in den letzten zehn Jahren durchlaufen hat, trägt dazu bei, deutliche Verbesserungen im Familienleben zu realisieren. Er lebt sowohl aus bedeutsamen inhaltlichen und konzeptionellen Änderungen als auch aus einer Neugestaltung seiner Akteursszene.

Die Vereinbarkeit von Familie und Erwerbstätigkeit ist – nicht zuletzt auch als Folge von Benchmarkingprozessen im europäischen Vergleichsrahmen – als zentrales Problem identifiziert worden. Nicht mehr die weitgehend strikte Trennung von Familie und Staat, von Privatheit und Öffentlichkeit, ist Richtschnur politischen Handelns, sondern die systematische Unterstützung und Stärkung von Familien im Hinblick auf deren Aufgaben in Betreuung und Erziehung, in den Familiensystemen wie auch im Bildungs- und Wirtschaftssystem.

Teilhabe in Gestalt der Vereinbarkeit von Familie und Beruf kann durch eine gegliederte Verantwortung von Eltern und gesellschaftlichen sowie politischen Akteuren ermöglicht werden. Die Konsequenzen einer gelingenden Vereinbarkeit sind vierfach gestaltet: Frauen und Männer können zunehmend ihr Leben so gestalten, wie es sich heute mehrheitlich gewünscht wird – in der Verbindung von Erwerbstätigkeit und Familie und nicht im (zumindest zeitweisen) Verzicht auf eines. Sozialpolitische Problemlagen wie die wachsende Kinderarmut und diejenige bestimmter Familienformen und schließlich auch die in Zukunft vor dem Hintergrund des deutlich abgesenkten Rentenniveaus wieder zu erwartende Altersarmut können durch die Vereinbarkeit von Familie und Erwerbstätigkeit, wenn vielleicht auch nicht vollständig überwunden, so doch stark reduziert werden. Die Investition in die Aus- und Weiterbildung der Bevölkerung, die Schaffung eines wachsenden Humanvermögens trotz sinkender Bevölkerungszahlen, ist vor dem Hintergrund der globalisierten Ökonomie und der international zunehmend wichtigen Ressourcen „Wissen und Kompetenzen" eine ganz wesentliche politische Aufgabe. Gut ausgebildete Menschen für beachtliche Zeiten aufgrund ihrer Familienpflichten aus dem Arbeitsleben auszugliedern bedeutet schlichtweg eine Verschwendung von Ressourcen.

Im Hinblick auf die Akteure in der Familienpolitik ist die Tatsache bemerkenswert, dass sich zu den staatlichen Akteuren seit etwa zehn Jahren eine Reihe anderer Akteure hinzugesellt haben, die zwar nicht gänzlich neu in der Familienpolitik waren, aber in anderen Rollen und mit anderen Instrumenten als zuvor auftreten. Das gilt insbesondere für die Arbeitgebenden resp. die Unternehmen. Sie tragen in wachsendem Maße ganz erheblich zur Lösung von Vereinbarkeitsfragen bei und zwar oft zielgenau und problemadäquat, weil sie dem sozialstaatlichen Leitprinzip der Subsidiarität folgend sowohl ihre als auch die Probleme der Belegschaft vor Ort am besten regeln können. Sowohl als Ideengeber als auch als Multiplikatoren sind mit der „Allianz für Familie" die Spitzenverbände der deutschen Industrie und in der Folge alle Industrie- und Handelskammern zu wichtigen Akteuren der Familienpolitik geworden. Die dritte wichtige Akteursgruppe, die wesentlich zu einer geänderten Gestaltung von Familienpolitik beigetragen hat, sind Netzwerke, hier allen voran die „Lokalen Bündnisse für Familie". Sie bringen viel Potenzial für die Neugestaltung von kommunaler Familienpolitik und auch Ressourcen mit, die zuvor oft brachlagen, beispielsweise durch die Organisation von Freiwilligenarbeit.

Der Wandel der Akteursszene in der Familienpolitik hat z. T. auch einen anderen Politikstil verursacht. Alle „neuen" Akteure handeln im Hinblick auf positive Effekte in ihren je eigenen Systemen. Die Unternehmen können durch eine familienbewusste Personalpolitik positive betriebswirtschaftliche Effekte realisieren. Die Interessenverbände aus Wirtschaft und Arbeitsleben haben mit der Familienpolitik ein wichtiges Thema entdeckt, das sowohl der Mitglieder- als auch der Verhandlungslogik im System der Interessendurchsetzung zugänglich ist. Für ihre Mitglieder – sowohl die Arbeitgebenden als auch die Arbeitnehmenden – ist die Vereinbarkeit von Familie und Erwerbstätigkeit zu einem zentralen Thema geworden; für die einen, weil sich positive betriebswirtschaftliche Effekte erzielen lassen, für die anderen, weil sich Lebensentwürfe leben lassen, die noch vor zwei Jahrzehnten kaum möglich waren: Für Arbeitnehmer hat Vereinbarkeit einen extrem hohen Stellenwert. Im Sinne einer interessenpolitischen Verhandlungslogik bringen sich die Verbände aber auch mit dem Ziel der volkswirtschaftlichen Zukunftssicherung in den politischen Diskurs ein.

Die lokalen Netzwerke – und in ihnen die Kommunen – wiederum engagieren sich, weil sie, auch im Sinne von Selbsthilfe, die Probleme vor Ort in anderen Strukturen und mit anderen Instrumenten effektiver und effizienter zu lösen hoffen. Sie erwarten damit handfeste Resultate ökonomischer Art: günstige Bedingungen, Familie zu leben, bringen Vorteile im Wettbewerb um Unternehmen und um junge, ökonomisch aktive Menschen mit sich, was die Einnahmesituation der Kommunen verbessert. Frühe Unterstützung und dichte Hilfenetzwerke können auch zur Reduzierung späterer Kosten in der Kinder- und Jugendhilfe sowie der Sozialpolitik beitragen.

Wir haben es also in all diesen Fällen familienpolitischen Engagements mit Win-Win-Situationen der reinsten Form zu tun.

Die Politik hat die Chancen erkannt, die in der Einbeziehung der vielfältigen familienpolitischen Akteure liegen und deren Handeln zunehmend deutlich trotz der unterschiedlichen Motive auf ein gemeinsames Ziel gerichtet ist: die Vereinbarkeit von Familie und Beruf zu ermöglichen.

Die Familienpolitik nimmt Impulse von den anderen Akteuren auf, stärkt und steuert den Multiplikationsprozess beispielsweise mit Unternehmensprogrammen wie „Erfolgsfaktor Familie“ auf der Bundes- und der „Aktionsplattform Familie@Beruf.NRW“ auf der Landesebene, mit Förderprogrammen wie „Betrieblich unterstützte Kinderbetreuung“ und auch den „Lokalen Bündnissen für Familie“. Neben den klassischen Steuerungsformen im Wesentlichen hierarchisch gestalteter Politik, z.B. in der Gesetzgebung hat, sich in der Familienpolitik der letzten Jahre ein zunehmend auch kooperativer Politikstil etabliert.

Der beschriebene Gestaltwandel von Familienpolitik führt in einer Reihe von Perspektiven – selbstredend nach wie vor in Kombination mit den „klassischen Instrumenten“ der Familienpolitik – zu effektiven Lösungen. Familien und Menschen, die sich mit dem Gedanken tragen eine Familie zu gründen, dürften aber v. a. das Signal empfangen, dass der Regelungsbedarf bei Vereinbarkeitsproblemen gesellschaftsweit Anerkennung findet und Eltern heute nicht mehr wie noch vor wenigen Jahren damit allein gelassen werden.

2 Wegmarken für Unternehmen

Sowohl der öffentliche als auch der betriebliche Diskurs sollten zukünftig noch viel stärker als bisher die Möglichkeiten aufzeigen, die es gibt, Erwerbstätigkeit und u.U. auch Ausbildung oder Studium mit Kindererziehung in Einklang zu bringen. Dies bedeutet nicht zuletzt die „Rush Hour des Lebens“, die bisher in der Regel durch den Verzicht auf Kinder oder Erwerbstätigkeit gelebt wurde, durch alle beteiligten Akteure bewusst zu gestalten und die zentralen Konflikte, die mehrheitlich Zeitkonflikte sind, zu lösen. Auch individuelle Kombinationsmöglichkeiten und Alternativen zur „Normalbiografie“ (zeitliche Abfolge der Lebensphasen) müssen dabei ermöglicht werden. Schon in der Phase der Ausbildung –sowohl im dualen System als auch in den Hochschulen – können Zeitkonflikte beispielsweise durch Ausbildung in Teilzeit bzw. familiengerechte Hochschulen entschärft werden. Das kann auch erheblich zu einer „Entschleunigung“ der „Rush Hour des Lebens“ beitragen. Der Abschied vom Konzept der sukzessiven Vereinbarkeit, in dessen Rahmen sich Phasen der Ausbildung und Erwerbstätigkeit mit Familienphasen abwechselten, und die Ablösung durch Biografiemodelle mit einer durchgehenden Vollzeitbeschäftigung durch Parallelität von Familie und Erwerbstätigkeit sind unabdingbar.

Für Unternehmen bedeutet dies, dass es umfassende und niedrigschwellig angesiedelte Beratungsleistungen für (werdende) Eltern/Familien und Aufklärung über unterstützende Möglichkeiten, den eigenen sowie den gesellschaftlichen Ansprüchen einer Elternschaft gerecht werden zu können, geben sollte. Dies kann zum Abbau von Ängsten beitragen. Ein möglichst allgemeiner Diskurs und nicht ein solcher im Falle der konkreten Betroffenheit garantiert zweierlei: Einerseits die frühe und umfassende Information und die Suche nach Lösungen schon in der Phase der Familienplanung, andererseits aber das in die Öffentlichkeit und in die Belegschaft hinein kommunizierte Signal, dass die Unterstützung von Vereinbarkeit als gemeinsam zu lösendes Problem angesehen wird und Bestandteil der Unternehmenskultur ist, nicht mehr wie bisher, als reine „Privatsache“ der Mitarbeitenden angesehen wird.

Nach kurzen Unterbrechungen der Erwerbstätigkeit müssen Eltern schnell in die Erwerbstätigkeit zurückkehren. Während dieser Phasen sollten Betriebe wie Eltern ermutigt werden, Kontakt zu halten, um eine Verhinderung der Wertminderung von Qualifikationen und einen unkomplizierten Wiedereinstieg zu fördern. Die Überwindung geschlechtsspezifischer Arbeitsbiografien scheint ein zentrales Problem zu sein. Bei dessen Lösung können u. U. Teilzeitmodelle wichtig sein, die auch Väter ansprechen und flexibel gestaltbar sind (z.B. als 30-Stunden-Modell vollzeitnaher/qualifizierter Teilzeit). Konzeptionell wäre damit eine Weiterentwicklung von dem heute in Deutschland weitgehend gelebten Modell des 1 ½-Erwerbstätigkeitsmodells bei Paaren mit Kindern zu einem eher egalitären Vier-Drittel-Modell umzusetzen.

Das Thema „betriebliches Familienbewusstsein“ hat im Verlauf weniger Jahre eine beeindruckende Karriere in deutschen Unternehmen gemacht, dennoch gilt es dies weiter zu verbreiten und in den Unternehmen in die Umsetzung zu optimieren. Insbesondere sind die Unternehmen gut beraten, in den Bereichen Dialog und Kultur weitere Anstrengungen zu unternehmen, um traditionelle Muster aufzubrechen und ihre Angebote zur Verbesserung der Vereinbarkeit zu kommunizieren.

Ein besonderes zukünftiges Aufgabenfeld stellen die Führungskräfte dar: Unternehmen, die einen vergleichsweise hohen Anteil an Führungskräften in Teilzeit beschäftigen, haben sich als familienbewusster als der Durchschnitt erwiesen. Führungskräfte sind dabei in einer doppelten Perspektive zu betrachten. Sie haben eine zentrale Rolle bei der Realisierung von Familienbewusstsein in den Unternehmen, sie sind aber auch – in dem Falle, in dem sie selbst Vereinbarkeitslösungen nutzen – Vorbilder.

3 Wegmarken für die Politik

Staatliche Politik kann für die betriebliche Familienpolitik Rahmenbedingungen gestalten, durch positive Anreize Entwicklungen in den Unternehmen initiieren und die Ausbildung neuer Akteursstrukturen, u.a. auf kommunaler Ebene, anregen und beschleunigen. Das besondere Potenzial betrieblicher Familienpolitik liegt in deren Fähigkeit individuelle, auf die aktuelle Situation von Belegschaft und Unternehmen zugeschnittene Lösungen zu entwickeln.

Die offensichtlichsten Schnittstellen zwischen betrieblichen und staatlichen Vereinbarkeitslösungen liegen im Betreuungs- und Bildungssystem. Hier bedarf es eines schnellen und qualitativ hochwertigen Ausbaus, der mit dem Kinderförderungsgesetz von 2008 zwar angegangen worden ist, jedoch einer systematischen und stetigen Weiterentwicklung bedarf. Familienähnliche Betreuungsformen, z.B. durch Tagesmütter/-väter, könnten die gesellschaftliche Akzeptanz der externen Betreuung von Kleinstkindern erhöhen und persönliche Wertkonflikte mindern. Väter sollten zusätzlich unterstützt und in ihrer Vaterrolle gestärkt werden, damit ihnen zunehmend Kompetenzen in der Kindererziehung zugesprochen werden. In diesen und anderen Bereichen ist eine von der Politik initiierte und geförderte Evaluationsforschung sinnvoll, beispielsweise um die reale Nutzung von Vereinbarkeitsmöglichkeiten durch Väter zu untersuchen und um branchenspezifische oder auch regionale Hürden zu identifizieren.

Auf kommunaler Ebene können Unternehmen durchaus wichtige Rollen einnehmen, die durch Politik unterstützt werden sollten. Ein geglücktes Beispiel ist hier das Programm „Betrieblich unterstützte Kinderbetreuung“, das finanzielle Unterstützungen für die Einrichtung betrieblicher Kindertageseinrichtungen bereitstellt. Wenn der Fokus nicht nur auf Kinder im Vorschulalter gelegt wird, sondern auf Schulkinder, dann kann die Integration von Unternehmen in „Lokale Bildungslandschaften“ sinnvoll und lohnend sein. Unternehmen können – selbstredend in Kooperation mit Schulen – Lernorte sein, sie können insbesondere viel zur Lösung der so genannten Übergangsproblematik beitragen. Damit sind die Übergänge zwischen den Sekundarstufen und zwischen Schule und Berufssystem gemeint. Die Unternehmen selbst erhalten so die Möglichkeit, ihre „Mitarbeitenden von Morgen“ früh zu unterstützen und eventuelle Defizite ebenso früh aufzuarbeiten. Übergangsprojekte sind aber auch im Rahmen Demografie orientierter Personalpolitik für eine alternde Belegschaft interessant. Politik kann hier im Rahmen von Modellprojekten fördern.

Politik kann aber auch durch die Vermittlung von Expertenwissen und Beratung die Unternehmen unterstützen, wie dies beispielsweise durch das Zeitbüro in NRW geschieht. Sie spielt darüber hinaus im öffentlichen Diskurs eine wichtige Rolle und kann die Verbreitung des

Themas betrieblich unterstützter Vereinbarkeit betreiben und alle wichtigen Akteure entsprechend sensibilisieren. Dabei sollten immer auch die sozial- und bildungspolitischen Effekte bedacht werden, die mit der Sicherung von Vereinbarkeit einhergehen: Eine durchgehende Erwerbsbiografie auch für Eltern reduziert das Armutsrisiko z.B. für Alleinerziehende enorm.

Über diese eher allgemein formulierten Handlungsmöglichkeiten für die Politik hinaus sind auch ganz konkrete zu identifizieren: Während Mütter durch das Mutterschutzgesetz nach der Geburt umfassend abgesichert sind, sind Väter, die nach der Geburt eines Kindes ihre Erwerbstätigkeit unterbrechen, benachteiligt. Auch wenn sie ihre Berufstätigkeit innerhalb eines Jahres wiederaufnehmen, gilt ihr Arbeitsverhältnis als unterbrochen – mit sämtlichen arbeits- und sozialrechtlichen Konsequenzen (Rente, Arbeitslosenversicherung). Dies widerspricht in jedem Fall einem egalitären Konzept von Elternschaft.

Das Elterngeld betreffend muss festgestellt werden, dass es noch eine Reihe von Schnittstellenproblemen gibt. Mit Ablauf der Elterngeldzahlung nach 14 Monaten sind Eltern wieder gänzlich auf sich allein gestellt. Dies gilt zu allererst für die Kinderbetreuung. Umfang und Art des Wiedereinstiegs hängen davon ab, ob eine Betreuungsmöglichkeit vorhanden ist. Wichtig ist diesbezüglich nicht nur das Anrecht auf einen Betreuungsplatz, sondern auch die Passgenauigkeit der Betreuung im Hinblick auf die elterlichen Arbeitszeiten, die Wohnortnähe oder die Nähe zum Arbeitsplatz.

Einer Retraditionalisierung der Elternrollen könnte Folgendes entgegenwirken: Trotz des beachtlichen Zuwachses von Vätern in der Elternzeit, sind es ganz überwiegend Mütter, die Elternzeit in Anspruch nehmen – vermutlich, da sie meist das geringere Arbeitsentgelt erhalten und der Verlust somit kleiner ausfällt. Eine Berechnung des Elterngeldes aus der Summe der partnerschaftlichen Einkommen, so dass der Betrag unabhängig davon ist, welcher Elternteil in Elternzeit geht, könnte hier womöglich Abhilfe schaffen.

Das Pflegezeitgesetz sieht die Möglichkeit des befristeten Ausstiegs aus der Erwerbstätigkeit für die Pflege eines Angehörige vor, dies jedoch bisher ohne Entgelt. Vor dem Hintergrund, dass insbesondere professionelle Pflege meist sehr kostspielig ist und die Betreffenden nach wie vor für die eigene Existenz und eventuell für im Haushalt befindliche Personen/Kinder Sorge tragen müssen, bedarf es hier weiterer Lösungen, die Vereinbarkeit von Pflege und Erwerbstätigkeit ermöglichen. In diesem Zusammenhang kann das geplante Familienpflegezeitgesetz für Arbeitnehmende eine Entlastung darstellen.

Nach dem Teilzeit- und Befristungsgesetz besteht keine gesicherte Möglichkeit, eine Vollzeitbeschäftigung vorübergehend in Teilzeit auszuüben, und danach wieder im vollen Umfang zu arbeiten. Zwar kann die Arbeitszeit reduziert werden, die Rückkehr in die Vollzeit ist dann jedoch vom guten Willen und der Opportunität im Unternehmen abhängig. Hier muss nach Lösungen gesucht werden, die sowohl die Interessen der Eltern als auch die der Unternehmen berücksichtigen.

4 Wegmarken für die Politikwissenschaft

Im Zusammenhang der deutschen Politik hat die Familienpolitik seit Mitte der 1990er Jahre einen Bedeutungsaufschwung erlebt, für den sich kein Vergleich in der deutschen Geschichte findet. Dies hängt einerseits mit einer wiederholt und stetig familienfreundlich ausfallenden Urteilssprechung des Bundesverfassungsgerichtes in den 1990er Jahren zusammen, andererseits mit der nun antizipierten Wirkung der demografischen Strukturverschiebungen, mit denen Schlüsselfragen des sozialstaatlichen und wirtschaftlichen Überlebens der deutschen Gesellschaft zusammenhängen. Die deutsche Politikwissenschaft hat bis in die jüngste Zeit nahezu nicht auf diese Situation reagiert. Wenn überhaupt, dann wurde Familienpolitik bezeichnender Weise im Bereich der Frauen- und Geschlechterforschung untersucht. Erst seit wenigen Jahren wächst das Interesse an entsprechenden Policy-Analysen. Im Fokus stehen dann jedoch die klassischen Akteure: der Staat und allenfalls seine subnationalen Gliederungen. Unternehmen sind als Akteure der Familienpolitik sehr vereinzelt erst in jüngster Zeit in den Forschungsfokus der Politikwissenschaft geraten. Zentraler Gegenstand der Politikwissenschaft für die Erforschung betrieblicher Familienpolitik ist die Policy-Analyse, in deren Rahmen Formulierung, Implementierung und Evaluierung von Politikinhalten Berücksichtigung finden. Hier wäre nach der Rolle der einzelnen Akteure z.B. bei der Politikformulierung und -modifizierung zu fragen. Ein anderer politikwissenschaftlicher Ansatz, der im Kontext betrieblicher Familienpolitik von Bedeutung sein könnte, ist das Governance-Konzept, das gerade die Untersuchung der Kooperation unterschiedlicher politischer Akteure ermöglicht.

Erstaunlich ist die unzureichende Behandlung betrieblicher Familienpolitik in deutschsprachigen politikwissenschaftlichen Aufsätzen insbesondere deshalb, da sich in der Familienpolitik der letzten Jahre selbst ein Wandel der Akteursstruktur feststellen lässt, der sowohl Politikprozess als auch das Instrumentarium und schließlich vermutlich auch die Wirkung beeinflusst. Das gilt für die vielfältigen Kooperationen von staatlichen und nicht-staatlichen Akteuren ebenso wie für Policies und schließlich die föderalstaatliche Kompetenzordnung überschreitende Politik wie z.B. die Betreuungspolitik. Inwieweit schließlich eine verbesserte Vereinbarkeit von Beruf und Familie durch betriebliche Familienpolitik, Ungleichbehandlungen zu beseitigen vermag, ist ebenso eine politikwissenschaftliche Fragestellung wie die, ob perspektivisch ein Wandel vom gender- hin zum family-mainstreaming Sinn macht.

Autoren- und Herausgeberverzeichnis

Gerlach, Irene, Prof. Dr. rer. soc., Prorektorin für Forschung und Weiterbildung und Professorin für Politikwissenschaft, insbesondere Sozialpolitik an der Evangelischen Fachhochschule Rheinland-Westfalen-Lippe und Mitglied der Projektleitung des Forschungszentrums Familienbewusste Personalpolitik an der Westfälischen Wilhelms-Universität Münster.

Evangelische Fachhochschule RWL
Immanuel-Kantstr. 18-20
44803 Bochum
Tel.: 0234-36901-183
E-Mail: i.gerlach@efh-bochum.de
Homepage: www.efh-bochum.de

Heinze, Jana, Dr. rer. oec., Referentin bei econsense - Forum Nachhaltige Entwicklung der Deutschen Wirtschaft e. V.

Breite Straße 29
10178 Berlin
Tel.: 030-2028-1552
E-Mail: j.heinze@econsense.de
Homepage: www.econsense.de

Juncke, David, M.A., Projektleiter Gesundheit, Soziales & Familie der Prognos AG.

Goethestraße 85
10623 Berlin
Tel.: 030-520059-247
E-Mail: david.juncke@prognos.com
Homepage: www.prognos.com

Krieger, John, Dipl.-Kfm., ehemaliger wissenschaftlicher Mitarbeiter des Forschungszentrums Familienbewusste Personalpolitik.

Laß, Inga, M.A., wissenschaftliche Mitarbeiterin des Forschungszentrums Familienbewusste Personalpolitik.

Hittorfstraße 17
48149 Münster
Tel.: 0251-8328444
E-Mail: inga.lass@ffp-muenster.de
Homepage: www.ffp-muenster.de

Schneider, Helmut, Prof. Dr. phil. Dr. rer. pol., Inhaber der SVI-Stiftungsprofessur für Marketing und Dialogmarketing an der School of Management und Innovation an der Steinbeis-Hochschule Berlin und Mitglied der Projektleitung des Forschungszentrums Familienbewusste Personalpolitik an der Steinbeis-Hochschule Berlin.

Gürtelstraße 29A/30
10247 Berlin
Tel.: 030-293309-251
E-Mail: h.schneider@steinbeis-smi.de
Homepage: www.steinbeis-smi.de

Wieners, Helen, Dipl.-Ök., Personalentwicklung der Caritas-Sozialdienste e. V. Mülheim an der Ruhr.

Hingbergstr. 176
45470 Mülheim an der Ruhr
E-Mail: helen.wieners@caritas-muelheim.de